JN335203

The Colombo Plan and the International Order in Asia after World War II

コロンボ・プラン

戦後アジア国際秩序の形成

Shoichi Watanabe
渡辺昭一
［編著］

法政大学出版局

目次

コロンボ・プラン——戦後アジア国際秩序の形成

序章　戦後アジア国際秩序の再編と国際援助

渡辺 昭一

一　戦後アジア国際秩序の再編をめぐる課題

劇的な冷戦体制の崩壊を経験して四半世紀を経たいま、ようやく二〇世紀の歴史的諸相を同時代の現状分析というよりも新たな歴史研究の対象と見ることができるようになってきた(1)。その分析の基本的枠組みは、言うまでもなく冷戦構造の成立・展開・崩壊であり、おもにヨーロッパ連合や民族の統合と分裂などのヨーロッパ国際秩序の再編問題に関心が払われてきたといっても過言ではない。そのため、冷戦の確立期がイギリス帝国の解体期＝脱植民地化の時期でもあったにもかかわらず、帝国の解体は冷戦の脈絡ではほとんど議論されることはなかった(2)。

第二次世界大戦までアジア・太平洋地域における最大かつ最強の帝国主義国であったイギリスが、米ソの冷戦体制の確立過程においても、しばらくのあいだ当該地域の戦後国際秩序形成に相当大きな役割を果たしていたことが看過されてきた。イギリスの植民地支配から脱し国民国家へと急旋回したアジア諸国家の発展メカニズムを考えるとき、イギリスがこの転換にいかに関わっていたのか、そしてアメリカのヘゲモニー支配をいかにして導いてしまったのか、さらには国民国家としての自立化に対して他の諸国とともにイギリスの国際的援助の果たした役割とは何だったのかなど、これらの問題点が究明されることが重要であろう。

さて、最近のアジアの経済発展にはめざましいものがあり、それに関するさまざまな報告や分析がなされつつある。経済史研究において、東アジア経済の復活、いわゆる「アジアン・ミラクル」の歴史的起源を明らかにするために、地政学と経済発展との複雑な関係にあらためて注意が払われるようになってきたし、国際政治分野でも開発援助が外交の有力な手段として機能したことが認識されるようになった(3)。

第二次世界大戦以降一九六〇年代にかけての時期は、冷戦体制の緊迫から生じる政治的・軍事的緊張が高まった一方で、戦後復興に向けての国際的な開発援助交渉による、より自由なグローバル経済への移行が見られた。国連などによる多角的国際関係がこれまでの双務的関係と対抗し、少なくとも併存するに至った。しかも、その援助は南・東南アジアにおける軍事行動主義に代わりうる開発主義によって鼓舞された地域主導性とも関連していた(4)。自らの政治課題をもって新国民国家が非西欧世界に誕生し、開発に対する旧植民地主義的アプローチに挑戦するようになったのである。本書は、こうした脱植民地化、冷戦の高まり、開発主義に象徴される一九五〇〜六〇年代に関して、アジアにおける国際的援助戦略として登場したコロンボ・プランに焦点を合わせ、それが果たした歴史的役割に注目する。

しかしながら、このようなダイナミズムを分析する際に、われわれは、ひとつのパラドクスに直面した。コロンボ・プランをめぐる同時代論争の多くが、それをアジアにおける地域開発のための新たな手段として受け止めたが(5)、その一方でこのプランは、明らかに旧植民地統治国のイギリス、そしていまや新へゲモニー国家としてのアメリカをも巻き込んだ援助協定による秩序再編の原理であり、手段でもあったということである。国際的援助政策を検討していくと、支配的な開発プロジェクトにみられた合理性とか周知の論理や新奇性は、歴史的偶発性の問題と絡み合っており、援助をめぐる開発的アプローチに関してかなりの論争や不一致があった。計画の策定者たちは、さまざまな開発理論にもとづいて活動していたし、その援助へのアプローチは、明らかに、援助や開発にほとんど関係しない国民経済および世界経済との相互補完関係をめぐる国際的戦略によって影響を受けていた。言うまでもなく、コロンボ・プランは、コモンウェルスのみならずアメリカ、国連、国際復興開発銀行（通称「世界銀行」）からの経済援助に関連して、アジア諸国全域に対する経済援助の議論を含んでいたからである。

戦後のイギリスからアメリカへのヘゲモニー移転は、アジアにおける国際秩序の再編と密接に絡んでいる。ヘゲモニー国家は、伝統的に世界システムの経済的安定を図るために、「国際公共財」を提供する役割を演じてきた。[6] イギリスは、アジア太平洋において最も影響力を持つ帝国権力として、戦争直後にはその後の国際秩序形成において重要な役割を担おうとしたが、その対応はしだいに消極的になっていかざるをえなかったのである。その間、アジアにおける新独立国は、一九四五年以降も残存し再生しつつある商人ネットワークやアジア域内貿易および投資網のようなアジア固有の諸制度に依存しつつ、[7] コロンボ・プランをはじめアメリカのポイント・フォー計画（詳しい説明は、第二、三章の注を参照）、日本の戦後賠償、世界銀行、国連のエカフェ（アジア極東経済委員会）などによる支援のような経済・戦略的援助プログラムを通じて、自国の経済発展を促すために変容する勢力均衡を利用したのである。

したがって、本書の課題は、このようなアジアにおける権力・主権の譲渡（政治的脱植民地化）、イギリスからアメリカへのヘゲモニー移転、そして冷戦体制下でのアジア諸国の第三極的志向といった諸要因の相互連関を視野に入れながら、コロンボ・プランをめぐる国際的援助戦略の展開過程を分析することによって、その歴史的役割とアジア諸国の自立性の関連を問うことをめざしている。[8]

二　秩序再編戦略としてのコロンボ・プラン

（1）コロンボ・プランに関する研究視座

コロンボ・プランをめぐる援助関係について、より国際的視野に立った分析に取り組む際に、次の四点に注目した。

第一は、コモンウェルスの再編についてである。この問題については、N・マンサーやR・ヒャムなどの制度的・憲政史的視点に立った詳細な研究があり[9]、イギリス帝国からコモンウェルスへの権限移譲に関する政治的過程および政策が分析されてきた。しかしながら、アジアの戦後国際秩序の変容に演じるコモンウェルスの役割とその経済関係との特殊な連携は明らかにされてこなかったように思われる。われわれは、この特殊な連携に着目して、コモンウェルスの問題を検討することが重要であると考えている。すなわち、イギリスは植民地帝国からコモンウェルス体制へ移行する過程で、戦後も引き続き影響力を維持する方法を模索し[10]、他方で、新独立国となったアジア諸国もそのままコモンウェルス体制に残存することを選択したという事実である。イギリス、コモンウェルス諸国側の政治的・経済的意図のみならず、その体制を受け入れるアジア側の事情をも視野に入れ、相互補完関係を描き出す必要があろう。

第二は、戦後アジアにおけるイギリスのプレゼンスの再編構想と世界経済に果たすスターリング・バランス問題である。イギリスは、第二次世界大戦の遂行にあたり、イギリス帝国内の植民地やスターリング圏内諸国の貿易収支や借入金をイングランド銀行においてスターリング資産として集中管理していたが、戦後にはその累積残高が著しく巨額となった。戦後経済復興をめざしつつもドル不足と国際収支危機に陥っていたイギリスは、国内経済の復興財源および世界通貨としてのスターリングの地位回復にこの残高を有効活用しようと図ったが[11]、預託した諸国も自国経済復興のために凍結解除を求め、イギリスとのスターリング・バランス交渉をつぎつぎと展開したのである。図0－1から明らかなように、なかでもインド、パキスタンとのスターリング・バランス交渉が最も重要であり、その残高は、開発援助資金としての凍結解除が認められた結果、一九五七年ころまでに激減し、イギリスとインドとのあいだで新たな開発援助の検討が不可避となっていくのである[12]。

こうした援助の限度額が開発戦略の大きな不安定要因であり、コモンウェルス諸国のみでは対応できなくなるにつれて、アメリカ、そして国連の資本、技術援助の比重が一九五〇年代後半から急速に高まっていった。また、ソ連などの共産諸国の関与も強まっていたことにも留意する必要があった。

図 0－1　スターリング圏におけるイギリスのスターリング・バランス

（単位：£m.）

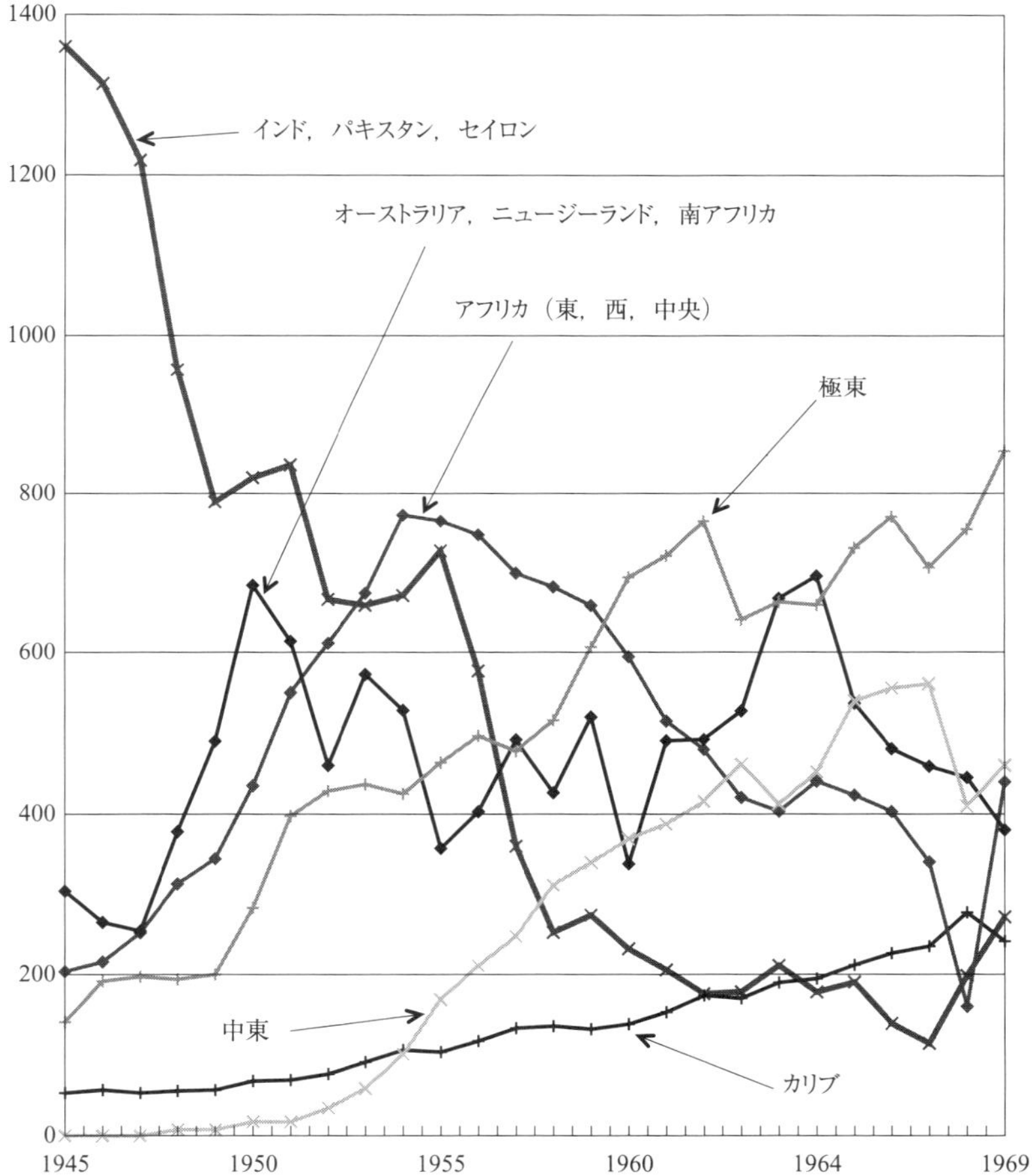

出典：TNA, T312/3379, H. A. Copeman paper. History of the sterling balancess since the war 1945.

第三は、植民地から独立した国民国家へと国際秩序の変容を促す方向へ向かうアジア諸国の自発的イニシアティブについてである。アジア諸国、とくにインド、マラヤのコロンボ・プランに対する対応は、経済ナショナリズム、国家エリートによる国家建設、「第三世界」という帰属意識の台頭に関する研究の成果でもって裏づけられる。問題は、誰が制度的枠組みにおける変化から利益を得たのか、コモンウェルスの再編がどんな方法によって台頭するアジア国民国家のさらなる成長を促したのか、そして、冷戦体制の展開という脈絡において新たな政治エリートがコロンボ・プランをどのように実施したのかということである。

一九五〇年代において、インド首相J・ネルーがアジアの政治的脱植民地化を推し進めるのに重要な役割を担ったことは指摘されつつも、その実情は十分に検討されてこなかったように見える。第I部で示すように、ネルーのイニシアティブは、アジアの地域協力においてコロンボ・プランを経済発展の要とする際に重要であり、アジアにおける国民国家の台頭、そしてコモンウェルスとの連携は、国際秩序を変容させた[13]。ネルーの個人的な政治指導力や経済外交と関連させて、コモンウェルスの「アジア化」を問題とした研究は、これまでほとんど存在しなかった。それがどのようして起こったのか、また、工業化および経済発展におけるアジアのイニシアティブのみならず、国際的な経済秩序において変容しつつある情勢にどのように関連したのかどうかが問われなければならないだろう[14]。

最後に注目したのは、アジアの冷戦構造との関連で、経済国家としての戦後日本の役割についてである。コロンボ・プランの開始当初は、中国の共産主義化のごとく、一九五〇年代初頭の東および東南アジアにおける冷戦構造の膨張を深く反映していた[15]。アジア経済発展計画、とくにコロンボ・プランに対するアメリカの対応は、そのグローバルな冷戦戦略に影響された[16]。戦後日本にとって、このプランは、本書で明らかにされるように、自由な経済国として国際市場への再エントリーのための最初の機会となったのである[17]。また、一九六〇年代におけるその変容は、アジア・太平洋地域における日本の立場を強く反映していた。さらに、韓国やアフガニスタンのような非コモンウェルス国家の加盟が増えることによって、コロンボ・プランは、かつてよりも緩やかな組織となり、しだいに地域組織として、少なくとも東南アジア諸国連合（ＡＳＥＡＮ、一九六七年）やアジア太平洋経済協力会議（ＡＰＥＣ、一九八九年）の形成に導くようなアジア諸国のフォーラムとして機能することへとつながるのである[18]。

（２）コロンボ・プランの構造

さて、コロンボ・プランとはどのような組織によって実施されたのか、その概要を紹介しておきたい[19]。第一章で明らかにされるように、その起源は、一九五〇年一月にコロンボで開催されたコモンウェルス外相会議に由来する。共産主義の膨張に対抗するためにコモンウェルス諸国によるアジア国際秩序の再編が模索され、共産主義拡大を阻止する最も有効な手段として、アジアの人々の生活水準を引き上げるための経済開発が問題にされたのである。コモンウェルス諸国が東南アジア諸国の経済開発のために互いに協力することを目的としつつ、コモンウェルス以外の先進諸国にも援助国としての協力を仰ぐというものであった。その後、表０－１に示したように、イギリス、オーストラリア、カナダ、セイロン、インド、ニュージーランド、パキスタンなどのコモンウェルス諸国が一九五〇年五月シドニーで第一回諮問会議を開き、コモンウェルス諸国のための六カ年開発計画を策定することと、開発の基礎となる技術協力機構（技術協力協議会）の設置を決めた。つづく同年九月、ロンドンで開催された第二回諮問会議では、同計画が審議され報告書としてまとめられるに至った。この報告書こそ、その後のコロンボ・プラン実施の起点となるのである[20]。

さて、援助組織についてであるが、主としてコモンウェルス諮問委員会（Commonwealth Consultative Committee）、技術協力協議会（Council for Technical Co-operation）、技術協力局（Bureau for Technical Co-operation）の三つに分かれている[21]。コモンウェルス諮問委員会は、コロンボ・プランを実施するにあたっての常設機関がなかったため、その代わりとして機能した。これは、援助国と被援助国が対等な関係で協議することを優先したからにほかならない。委員会は、官僚による審議・原案作成のための省庁間委員会と、提出された原案や計画全般にする審議をする閣僚のみの大臣会議に別れ、通常、官僚レベルの調整会議は二週間、大臣による会議は四、五日間開催されることになっていた。

表0－1　コモンウェルス諮問委員会会議の開催

回	日時	開催場所	議長	報告書	オブザーバー	正式メンバー
1	1950.05.	シドニー	P. スペンダー			
2	1950.09.	ロンドン	H. ガイツケル	コロンボ・プラン計画案（Cmd..8080）	ビルマ，カンボジア，ラオス，ヴェトナム，インドネシア，タイ	オーストラリア，カナダ，セイロン，インド，ニュージーランド，パキスタン，イギリス（含マラヤ，北ボルネオ，シンガポール，ブルネイ，サワラク）
3	1951.02.	コロンボ	A. G. ラナシンア		ビルマ，インドネシア，タイ，ネパール，フィリピン	カンボジア，ラオス，ヴェトナム，アメリカ合衆国
4	1952.03.	カラチ	F. ラーマン	第 1 回報告書	インドネシア，タイ，フィリピン	ビルマ，ネパール
5	1953.10.	ニューデリー	C. D. デシュムク	第 2 回報告書	タイ，フィリピン	インドネシア
6	1954.10.	オタワ	ハリス	第 3 回報告書		フィリピン，タイ，日本
7	1955.10.	シンガポール	D. マーシャル	第 4 回報告書		
8	1956.12.	ウェリントン	T. L. マクドナルド	第 5 回報告書		
9	1957.10.	サイゴン	V. V. マウ	第 6 回報告書		マラヤ
10	1958.11.	シアトル	J. F. ダレス	第 7 回報告書		
11	1959.11.	ジョグジャカルタ	Dr. サバンドリオ	第 8 回報告書		シンガポール
12	1960.11.	東京	小坂善太郎	第 9 回報告書	アフガニスタン	
13	1961.10.	クアラルンプール	A. ラザク	第10回報告書	韓国	
14	1962.11.	メルボルン	G. バーウィック	第11回報告書		韓国，ブータン

資料：Singh, *The Colombo Plan: Some Political Aspects* より作成。

そこでの検討結果が年次報告書としてまとめられる。その際、年次報告には、加盟諸国の過去一年間の発展結果と将来の進捗予想が記載される。

この委員会は、コモンウェルス諸国の首都で順次開催されるのが常で、開催国の代表が議長となる。参加国は、援助国と被援助国の代表ほか、国際復興開発銀行（世界銀行）、アメリカ、国連（エカフェ）の代表もオブザーバーとして参加し、とくに国連との連携が重要であった。

技術協力協議会は、前述のように、技術援助の緊急性から、コロンボ・プランが実施される一年前にすでに設置を認めてられていた。シドニーでの諮問会議直後にロンドンで技術協力協議会の規約が採択され、コロンボにその事務局が置かれた。その目的は、援助国でのアジア人技術者の養成、技術専門家のアジア諸国への派遣、アジア諸国における養成施設の建設などを支援することであり、資本援助と並んでコロンボ・プランの重要な基盤を形成した。技術援助要請とそれに対する支援方法に関して、毎年二回、援助国および被援助国の双方が協議した。

技術協力局は、各国から提出される情報の受入窓口となっている。この三者の関係について、まず技術協力局に各国から情報が集められ、とくに技術援助要請ついては、技術協力協議会で調整が図られる。諮問委員会の会議（諮問会議）では、全般的な計画構想や方針、さらには未解決問題などがおもに話し合われる。このコロンボ・プランをめぐる大きな特徴のひとつは、南・東南アジア諸国への援助計画について、参加国による合議形式が取られる一方で、その決議にもとづき実際に援助を行なう場合には、当事国の二国間交渉で決定することにある。

援助形態は大きく二種類に分かれる。ひとつは資本援助であり、もうひとつは技術援助である。まず資本援助であるが、このなかには、コモンウェルス諸国が拠出するコロンボ・プラン関連の資金のほか、世界銀行、輸出入銀行、イギリス植民地開発基金などからの資金援助、さらには、スターリング・バランスの凍結解除、そして、日本の賠償金支払いも開発資金として利用されるために、便宜上、この形態に含まれている。各国別の援助額については、表0－2に示したが、一九五一年七月から一九六一年六月まで、南・東南アジア諸国への援助額は、およそ三・五億七一〇〇万ポンドに達した。しかし、この金額は、開発計画に必要と見積もられた資金一一・五億ポンドの三分の一程度にとどまっていた[22]。

この援助額の動向について特徴的な点は、インドやパキスタンなどの南アジアへの支援が圧倒的に大きいことである。その理由は、帝国主義的紐帯を成していたスターリング・バランスの凍結解除による資金放出にあった。前述のように、このバランスは、イギリスが戦時中に戦争遂行のために多額の借金をしたため国際収支が逆転したことによって生じた負の遺産であった。この資金の返済が新たな借款というかたちで利用されたことと、アジアから提出された開発計画の総額がコモンウェルス諸国の援助能力を超え、当初からアメリカや国連の資金力に頼らざるをえない状況にあったことが、資本援助に関する大きな特徴である。

表 0－2　コロンボ・プラン資本援助支出，1950–1962 年

	援助国						
	オーストラリア	カナダ	イギリス	ニュージーランド	アメリカ合衆国	日本	インド
被援助国	ポンド(オーストラリア)(1,000)	カナダ・ドル(1,000)	ポンド(1,000)	ポンド(1,000)	ドル(100 万)	円(100 万)	ルピー(100 万)
ビルマ	616	1,940		224	91		
カンボジア	765	116		33	250		
セイロン	3,201	17,244	2,500	944	80		
インド	12,405	170,104	157,600	2,578	3,869		
インドネシア	2,407	1,919		335	486		
ラオス	267		156	5	296		
マラヤ	452	1,192	73,440	325	23		
ネパール	122	60	1,000	50	47		23
北ボルネオ	77	1	14,688	22			
パキスタン	10,589	96,973	35,073	1,935	1,879		
フィリピン	24			27	765		
サラワク	60		6,788	14	2		
シンガポール		48		19			
タイ	826			42	330		
ヴェトナム	971	405	205	7	1,702		
アジア経済開発基金							
Malaria Eradication Multi-country Project		317			88		
メコン河流域開発	165	1,019			73		
インダス港湾開発		882	20,800	57			
その他	255			200	7		
計	33,202	292,220	312,250	6,817	9,988	47,842	23

注：1）イギリスの場合スターリング・バランスを除く。
　　2）マラヤの場合，シンガポールを含む。
　　3）日本の場合，ビルマ，インドネシア，フィリピンとの賠償協定による支払いを除く。
　　4）アメリカ合衆国とインドの場合，技術援助を含む。
　　5）£1 = £A.1.25=Rs.13.33; US$1=Candian $1.081 = ¥360.
資料：*The 11th Annual Report of the Consultative Committee*, Part 3; Colombo Plan Bureau, *The Colombo Plan: Basic Information* より作成。

他方、技術援助については、援助国から技術者派遣、援助国内における技術研修者の受け入れおよび技術研修所の提供、被援助国における技術訓練施設の提供の三種類に分かれている。第三章の諸表に示されているように、資本援助および技術援助のいずれも、援助国および被援助国の双務的契約にもとづいて実施された。技術援助総額は、一九五〇年の開始当初は、五年間で八〇〇万ポンドであったが、一〇年で一億二〇〇万ポンドに達した。

以上が、コロンボ・プランの基本的枠組みである。コロンボ・プランの展開とアジア国際秩序との関連を先取りして確認すれば、およそ一九五八年が大きな転換点を示している。ポンド・スターリングの切り下げ、国際決済銀行とのバーゼル協定、「スエズ以東」からの撤退に関する公式表明のような一九六七・六八年の一連の出来事は、アジアにおけるイギリスの金融・外交プレゼンスにとって象徴的分水嶺と解釈されているが、前述したヘゲモニーの移転、冷戦構造、脱植民地化の相互連関を考慮するなら、一九五〇年代末期を国際秩序における変容期として理解されよう。インドとパキスタンのスターリング・バランスが使い尽くされてその解除協定が満期を迎えると、新たな経済援助計画をめざして世界銀行によるインド援助コンソーシアムの結成へと移行していった。これらの展開は、新「多角主義」と一致し、そのひとつの象徴は一九五八年一二月のスターリング・ドル交換性の回復であった。この点、援助関係もまた、アジア・太平洋地域に生じていた経済発展と国際関係における変化を反映する多角的組織へと移行していったと考えられるのである。

三　本書の構成

本書は、二部構成となっている。以下、各章の概要を簡単に紹介しておきたい。

第Ⅰ部の六章は、イギリス帝国解体過程のなかで、コモンウェルス再編との関連でコロンボ・プランの起源やその定着過程を取り扱う。

第一章（渡辺）は、第二次世界大戦終了直後の数年間、新たな国際情勢をめぐって対応策を検討するために、つぎつぎと設置されたコモンウェルス諸会議を通じて、コロンボ・プランが成立するまでの過程を分析する。外相会議で、議長であるセイロン首相R・セナナヤケとオーストラリア外相P・スペンダーによって、南・東南アジアへの共産主義拡大阻止と貧困対策の手段としてコロンボ・プランが提案された際、イギリス、インド、オーストラリアなど参加国のさまざまな思惑が交錯していた。しかし、コロンボ・プランの実施には膨大な経費が必要であったことが判明し、コモンウェルス体制の限界を露呈してしまうとともに、非コモンウェルス諸国をも巻き込むことで同プランを総合的アジア開発計画へと変貌させたことを明らかにした。

第二章（トムリンソン）は、第一章でのコロンボ・プランの諮問委員会の報告書分析を踏まえながら、アジアにおけるイギリスの影響力の限界を検討する。一九四〇年代から一九五〇年代初頭にかけて、イギリスとアメリカのあいだで懸案事項となっていたスターリング・バランス問題について、イギリス政府とアメリカに政府のそれぞれの思惑を分析する。イギリス政府が、アメリカ政府に対してスターリング・バランスの維持やイギリス経済の復興に向けてのドル供給を促すための手段として、コロンボ・プランを利用できなかった事実を明らかにした。結局、コロンボ・プランは、戦後蓄積したスターリング・バランスの引き出しと無償の商品輸出を促しただけでイギリス経済の復興の助けとはならなかったと指摘する。

第三章（横井）は、コロンボ・プランの技術支援の側面に注目し、その技術協力計画にもとづいてイギリスの対インド技術援助を分析するが、その手段としてインド工科大学の創設過程に着目して、技術移転とインドの産業発展との関係を明らかにする。ソ連、西ドイツ、アメリカが個別に三つのインド工科大学の設立のための金融的支援を行なっていたとき、イギリスの政府と産業界は、一九五八年にコロンボ・プランのもとでデリー工科大学の設立支援を発表した。この技術支援の直接の目的は、インドの技術教育のためにイギリス式の方法と実践を普及させることにあった。

インド政府は、一九六三年にデリー工科大学のインド工科大学への格上げを決定したが、それは、「安上がりの技術援助」を志向していたイギリスに極限までの負担を強いるものであった。しかし、インド国立機関としての大学の再編がインドの影響力を増したと結論づける。

第四章（ホワイト）は、東南アジアの英領植民地（サラワク、北ボルネオ、ブルネイ）ではマラヤ、シンガポールと同様に相対的にコロンボ・プランの効果が限定されていたことを明らかにした。イギリス帝国内の従属的地位は、コモンウェルス諮問委員会の審議のもとで追加的外部融資をもたらさず、東南アジア植民地の影響力を制限したのである。イギリス政府の官僚たちは、イギリスの伝統的勢力を維持してきた地域での大規模なアメリカの借款や贈与による政治経済的影響力を恐れ、コロンボ・プランを単に地政学的かつ影響力残存の観点から考えていた。さらに、政治的に影響力を持つ地域の企業家たちも、しばしばスターリング圏内への自由な資本の流入や域内貿易や投資の復活と拡大をコントロールしたことも明らかにする。

第五章（クロゼウスキー）は、一九五七年以降の東南アジアとアフリカにおける植民地から主権国家への移行に関して海外援助関係の特質を分析している。イギリスが実践的な援助であった植民地開発融資から撤退しようとしたとき、国際的援助国の協定は、双務的と多角的、そして地域的に分かれるようになった。イギリスの総援助額自体は減少するどころか増大していたが、それは、原理、イデオロギー、そして規範を検討したうえでのことではなく、偶発的に生じた援助関係のパラダイム変容の範囲内で起こったことを明らかにする。

第六章（都丸）は、脱植民地化の過程において東南アジアに対するイギリスの広報政策とコロンボ・プランとの関連を分析する。イギリスは、アジアの反植民地的ナショナリズムを刺激することなく、非常に限られた財政支援によってイギリスのリーダーシップを維持することへのアジアの信頼と好意を回復しようとした。一九五〇年代半ばのバンドン会議やスエズ危機以降にアフリカとアジアの結束が強まるにつれて、イギリスは、「アジアのためのニュー・ルック」政策に沿って広報を強化することでコロンボ・プランの技術援助を実施した。また、一九五〇年代後半からアフリカや東南アジアとのコモンウェルスの連携がより強くなったことを明らかにした。アフリカの脱植民地化過程が加速するにつれて、イギリスはアジアでの経験を生かしてアフリカ版コロンボ・プラン（Special Commonwealth and African Assistance Plan: SCAAP）に乗り出していくことを展望する。

第Ⅱ部も六本の論文から構成される。ここでは、一九五〇年代後半からのコロンボ・プランの変容と、その新たなアジア国際秩序の形成との相互作用を検討している。

第七章（山口）は、アジアにおける最初の国連地域機関として一九四七年に設立されたエカフェの特質と一九六〇年代半ばまでの活動について検討する。エカフェは、開発資金を持たないために実質的な援助活動をすることのない諮問機関にすぎなかったが、新独立国家が対等な関係で参加し、「アジア諸国の議会」と呼んだ最初の常設地域機関であった。非地域国の参加がこの機関の特徴のひとつであり、イギリスは当機関の設立時に少なからず影響力を持ち、戦後経済再建を支えるべく植民地的経済関係を維持利用しようとした。山口は、三つの活動領域、すなわち国内輸送（鉄道）、経済開発計画、地域貿易促進について、戦後アジアの政治経済的秩序の変容という広い視野からその性質と発展を分析する。エカフェは、政治的独立とアイデンティティの確立とともに経済的独立をも確保しようとした当該地域諸国の会議の場であったと結論づける。

第八章（菅）は、冷戦の文脈でコロンボ・プランに対するアメリカの政策について検討する。アメリカの封じ込め政策におけるコロンボ・プランの重要性を検討する際に、一九五〇年代後半における東アジア関係を特徴づける三つのダイナミズムとして、（a）冷戦の展開とモスクワと中国に対する封じ込めを強化しようとするアメリカの政策、（b）アジア諸国間の脱植民地化と自立化の動き、（c）コロンボ・プランを支持するイギリス・コモンウェルスの影響力を抑制しようとするアメリカの対応を考慮している。このような動向は、イギリス帝国体制下の旧秩序よりもより自由な方針に沿ったアメリカの対東アジア秩序の再編計画の一部とみなした。上記の文脈のなかで、菅は、アイゼンハワー政権内で検討された大規模援助計画であるボールドウィン計画の挫折、一九五五年五月のアメリカの資金援助をめぐるアジア諸国間協議の場であるシムラ会議、一九五八年一一月のシアトル諮問会議を分析対象としている。

第九章（ガイドゥク）は、フルシチョフの対アジア政策と冷戦体制下における ソ連の平和外交と「経済攻勢」の強化を分析する。ガイドゥクは、ソ連側の一次史料を用いて、ソ連が第三世界に対するこれまでの消極的な政策を転換し、デタントや平和共存という新戦略の一環として、インドへの経済援助のような積極的政策を実施したことを明らかにする。しかしながら、ソ連のアジア太平洋における影響力を強化するための「経済攻勢」は、一九六〇年代初頭の地政学的出来事、すなわち中ソ関係の悪化、中印紛争によって効果を発揮できなかったと結論づける。

第一〇章（秋田）は、資本援助プログラムから技術援助へと変容したコロンボ・プランの特徴を分析し、一九五〇年代および一九六〇年代におけるアジア国際秩序への影響について分析する。秋田は、まず一九五〇年代後半のイギリスの資金援助額を国際的文脈で検討した後に、当時のイギリス資金援助が、準基軸通貨としてのポンド・スターリング通貨の価値保全と緊密に結びついていた点を明らかにする。次いで、プラン一〇周年を迎える前後に催された諮問会議のうち、一九五九年のジョグジャカルタ会議、一九六〇年の東京会議、一九六一年のクアラルンプール会議を取り上げ、資本提供国が国際機関や組織に移行したことに着目し、一九八九年のアジア太平洋経済協力会議（ＡＰＥＣ）へとつながる「開かれた地域主義」の萌芽をも指摘する。

第一一章（波多野）は、一九五四年のコロンボ・プラン加入以来、日本はアジアに対する多角的援助のための「地域協力」を追及する枠組みとして同プランの活用を執拗に試みるものの、アジアとアメリカの双方に拒絶され、結局、技術協力に収れんする過程を議論している。その終着点であった一九六〇年の東京会議は、非コモンウェルス諸国の挑戦によって「二国間援助方式」が揺らぐものの、日本はイギリスとともに二国間援助の基本を堅持しつつ、他方では、コロンボ・プランの経験を踏まえた「開放的地域主義」を提唱し、やがて一九八〇年代の「開かれた地域主義」の浮上を支える基盤形成に一定の役割を果たしたのではないかと指摘する。

第一二章（木畑）は、アジア国際秩序の変容の脈絡において一九五〇年代半ばから一九六〇年代初頭の日英関係を分析する。一九五〇年代半ばに、日本は新国際秩序において非武装経済国家としての新しい役割を担いはじめ、東南アジアは、日本が関与できる国として登場した。木畑は、一九五〇年代後半の経済援助に関する岸計画とそれに対するイギリスの対応を検討し、一九六三〜六六年のマレーシア紛争は、東南アジアにおいて日本に有利な国際環境を生み出したが、当該地域における最も重要な変容は、一九六七年の東南アジア諸国連合（ＡＳＥＡＮ）の結成に導いた地域協力の進展であったと指摘する。

以上の概要から、本書は、戦後アジア国際秩序再編に向けて、イギリスおよびコモンウェルス諸国、アメリカ、そして国連のそれぞれの思惑とアジア諸国の受容と野心がせめぎあうなかで、コロンボ・プランが成立し変容していく過程の析出を試みたものである。各章においてその詳細が論じられる。

注記

（1）Eric Hobsbawm, *Age of Extremes: The Short Twentieis Century* (London: Michael Joseph, 1994)（河合秀和訳『20世紀の歴史』上・下巻、三省堂、一九九六年）、浜田正行編『二〇世紀的世界の形成』（南窓社、一九九四年）などを参照。

（2）数少ない研究のなかで示唆的な著書として、木畑洋一『帝国のたそがれ——冷戦下のイギリスとアジア』（東京大学出版会、一九九六年）がある。また、アジア側から新たな世界史像を構築することをめざした、秋田茂編『アジアからみたグローバルヒストリー——「長期の一八世紀」から「東アジアの経済的再興」へ』（ミネルヴァ書房、二〇一三年）も興味深い。

（3）杉原薫『アジア太平洋経済圏の興隆』（大阪大学出版会、二〇〇三年）、国際協力銀行・開発金融研究所『対外政策としての開発援助』（JBICI Research Paper No. 29, 二〇〇四年）。

（4）Michael Havinden and David Meredith, *Colonialism and Development: Britain and its tropical colonies, 1850–1960* (London and New York: Routledge, 1993), ch. 11.

（5）William Henderson, 'The Development of Regionalism in Southeast Asia', *International Organization*, vol. 9, no. 4 (1955), pp. 465–478; A. Basch, 'The Colombo Plan: a case study for regional cooperation', *International Organization*, vol. 9, no. 1 (1955), pp. 1–18; David Wightman,

Towards Economic Cooperation in Asia (New Haven: Yale University Press, 1963).

(6) Patrick K. O'Brien and A. Clesse, eds., *Two Hegemonies: Britain 1846–1914 and the United States 1941–2001* (Aldershot: Ashgate, 2002); 秋田茂『イギリス帝国とアジア国際秩序——ヘゲモニー国家から帝国的な構造的権力へ』(名古屋大学出版会、二〇〇三年)、松田武・秋田茂編『ヘゲモニー国家と世界システム』(山川出版社、二〇〇二年)。

(7) 杉原薫『アジア間貿易の形成と構造』(京都大学出版会、一九九六年)、籠谷直人『アジア国際秩序と近代日本』(名古屋大学出版会、二〇〇〇年)、秋田茂・籠谷直人編『一九三〇年代アジア国際秩序』(渓水社、二〇〇一年)、Shigeru Akita and Nick White (eds.), *International Order of Asia in the 1930s and 1950s* (Aldershot: Ashgate, 2010).

(8) ヘゲモニー転換に関する基本的枠組みについては、渡辺昭一編『帝国の終焉とアメリカ』(山川出版社、二〇〇六年)を参照。

(9) Nicholas Mansergh, *Survey of British Commonwealth Affairs: Problems of Wartime Co-operation and Post-War Change, 1939–52* (Oxford: Oxford University Press, 1958); John Darwin, *Britain and Decolonization: the Retreat from Empire in the Post-War World* (London: Macmillan, 1988); Ronald Hyam, *Britain's Declinimg Empire: The Road to Decolonisation, 1918–68* (Cambridge: Cambridge University Press, 2006). またイギリス・コモンウェルスに関する邦語文献として、小川浩之『英連邦』(中央公論新社、二〇一二年)、英連邦研究会編『英連邦の研究』(国際電信電話株式会社、一九六九年)が有益である。

(10) 拙稿「イギリスのコモンウェルス体制の再編とインド」『ヨーロッパ文化史研究』第一三号(二〇一二年)、松田幹夫『国際法上のコモンウェルス』(北樹出版、一九九五年)。

(11) Catherine Schenk, *Britain and the Sterling Area: From Devaluation to Convertibility in the 1950s* (London: Routledge, 1994); Gerold Krozewski, *Money and the End of Empire: British International Economic Policy and the Colonies, 1947–58* (Basingstoke: Palgrave, 2001); P. J. Cain and A. G. Hopkins, *British Imperialism, 1688–2000* (London: Longman, 2001), ch. 26.

(12) インドに関しては、とりあえず以下の研究を参照。B. R. Tomlinson, 'Indo-British Relations in the Post-Colonial Era: The Sterling Balances Negotiations, 1946–49', *Journal of Imperial and Commonwealth History,* vol. 13 (1979); Aditya Mukherjee, 'Indo-British Finance: The Controversy over India's Sterling Balances, 1939–1947', *Studies in History*, vol. 6, no. 2 (1990). 山口育人「コロンボ・プランの成立とアトリー労働党政権のスターリング政策」『史林』九〇巻六号(二〇〇七年一一月)。

(13) R. J. Moore, *Making the New Commonwealth* (Oxford & New York: Oxford University Press, 1987); Nicholas Mansergh, *The Comonwealth Experience*, 2nd ed. (London: Macmillan, 1982).

(14) 東南アジアに関しては、以下を参照。Peter Lowe, *Contending with Nationalism and Communism: British Policy towards Southeast Asia,*

1945–65 (London: Routledge, 2009).

(15) Bruce Cumings, *The Origins of the Korean War*, 2 vols. (Princeton: Princeton University Press, 1981 and 1990). 鄭敬謨ほか訳『朝鮮戦争の起源1　解放と南北分断体制の出現：1945年―1947年』、『朝鮮戦争の起源2　「革命的」内戦とアメリカの覇権：1947年―1950年』全三巻（明石書店、二〇一二年）; A. Rotter, *The Path to Vietnam: Origins of The American Commitment to Southeast Asia* (Ithaca: Cornell University Press, 1987); Robert McMahon, *The Cold War on the Periphery: The United States, India and Pakistan* (New York: Columbia University Press, 1994); Robert McMahon, *The Limits of Empire: The United States and Southeast Asia since World War II* (New York: Columbia University Press, 1999). また、菅英輝『米ソ冷戦とアメリカのアジア戦略』（ミネルヴァ書房、一九九二年）、木畑洋一『帝国のたそがれ――冷戦下のイギリスとアジア』（東京大学出版会、一九九六年）も参照。

(16) Daniel Oakman, 'The Politics of Foreign Aid: counter-subversion and the Colombo Plan, 1950–1970', *Global Change, Peace & Security*, vol. 13, no. 3 (2001), pp. 255–272; Ademola Adeleke, 'Playing Fairy Godfather to the Commonwealth: the United States and the Colombo Plan', *Commonwealth and Comparative Politics*, vol. 42, no. 3 (2004), pp. 393–411.

(17) 波多野澄雄「東南アジア開発をめぐる日米英関係――日本のコロンボ・プラン加入（一九五四年）を中心に」『近代日本研究』一六号（一九九四年）、二一五〜二四二頁、同「戦後アジア外交の理念形成――地域主義と東西の架け橋」『国際問題』五四六号（二〇〇五年）、大海渡「戦後日本の『東南アジア地域戦略』の萌芽――コロンボ・プラン加入を中心に」『法学政治学論究』八一（二〇〇九年）。

(18) 大庭三枝『アジア太平洋地域秩序形成への道程』（ミネルヴァ書房、二〇〇四年）、菅英輝、G・フック、S・ウェストン編『アジア太平洋の地域秩序と安全保障』（ミネルヴァ書房、一九九九年）、Shigeru Akita, 'From the Colombo Plan to the Asia-Pacific Cooperation', in Rien Segers and Shigeru Akita, eds., *Comparing Regional Integration: The European Union and East Asia* (London & New York: Routledge, forthcoming).

(19) とりあえず次の資料を参照。Her Majesty's Stationery Office, *Central Office of Information reference Pamphlet*, 58 (1964); L. P. S. Singh, *The Politcs of Economic Coopereation in Asia* (Missouri: University of Missouri Press, 1966); L. P. Singh, *The Colombo Plan* (Canberra: Australian National University, 1963); Colomb Plan Bureau, *Colombo Plan: Basic Information* (Colombo, 1962).

(20) The Colombo Plan for Co-operative Economic Development in South and South-East Asia, *Brisitih Parliamentary Papers*, Cmnd.8080, 1950. 経済安定本部官房経済計画室『南及び東南アジアの共同経済開発に関するコロンボ計画』（一九五一年）、拙稿「戦後アジア国際秩序の再編とコロンボ・プランの指針」『歴史と文化』（東北学院大学）第四六号（二〇一〇年三月）。

（21） Singh, *The Colombo Plan*, pp. 1-5. なお、年一度開催されるコモンウェルス諮問委員会の会議について、以後開催地を入れて「シドニー諮問会議」などと表記する。

（22） *The Eleventh Annual Report* (Melbouren, 1962), British Parliamentary Papers, Cmnd.1928.

第Ⅰ部

イギリスの脱植民地化とコロンボ・プラン

第1章　コモンウェルス体制の再編構想とアジア開発援助

渡辺　昭一

一　アジアにおける新国際秩序への道

イギリスは、一九四六年四月に戦後初めて自治領諸国の首相のみの非公式コモンウェルス首相会議を開催した。会議は、自治領諸国の連携強化を図る目的で、東欧諸国との平和協定案、ドイツの将来、コモンウェルス諸国間の軍事問題の協議体制、南太平洋および東南アジアにおける経済・社会福祉協力問題に関して意見交換を行なった(1)。しかし、その連携は、戦前のような宗主国イギリスによる中央集権的支配体制ではなく、コモンウェルス諸国間の対等な相互補完関係であり、国連機関との協力関係も模索されていた。米ソの対立が激化するなか、アジアにおけるヨーロッパ植民地支配が終焉を迎えつつあったことが、コモンウェルス体制の変容を促していた。インドが一九四七年の独立宣言後コモンウェルスのメンバーとして残存することを決意したことで、イギリスとインドの新たな関係がますます重要となり、一九四八年一〇月にロンドンで開催されたコモンウェルス首相会議には、旧自治領諸国のみならず、新しく独立国したインド、パキスタン、セイロンの各首相も参加を認められ、彼らの発言力が増すことになった(2)。

他方、第二次世界大戦直後のアメリカは、ヨーロッパ復興を最優先課題として、アジア問題を二次的に考えていたといわれている。アメリカは、アジアにおける極東の安全保障体制の確立、とくに戦後日本の再建に最大の関心を払っていたとはいえ、南・東南アジア問題に対する介入を極力避けていた。イギリス帝国支配の問題が冷戦体制のホットラインから外れていたため、アメリカはそれだけ関心を示さなかったのである。(3)

こうした状況で、一九四八年六月のマラヤ危機に続いて一九四九年に共産主義国家中国が誕生したことは、コモンウェルス諸国にとって大きなショックであった。戦後アジアの再編という課題に対して緊急に解決すべき問題が突きつけられたのである。南・東南アジアの再編問題は、一九四八年コモンウェルス首相会議において正式に検討課題として承認されて、次の首相会議開催までに経済および外交問題の閣僚会議を開催し、具体策を検討することになっていた。(4)こうした過程を経て、一九四九年九月にコモンウェルス蔵相会議がロンドンで、一九五〇年一月にコモンウェルス外相会議がコロンボでそれぞれ開催され、再編の切り札として「コロンボ・プラン」と呼ばれるアジア経済発展計画が採択されたのである。

イギリスが新たなコモンウェルス問題に取り組まなければならない事情は、アジアの政治情勢だけではなかった。イギリスは、ドル不足に起因する国際収支危機問題を抱え、スターリング圏におけるスターリング・バランス問題(とくにインドとパキスタンの巨額の残高)を解決しなければならなかった。戦時にイギリスは、スターリング圏諸国に対して、イングランド銀行勘定に貿易収益や軍需物資の購入資金などの軍資金を預託させる、いわゆるドル・プール制度によって、ポンド・スターリングの資金を統制していた。(5)しかし戦後、激増する輸入品に対する支払いや預託金の引き出しのために、国際収支危機に晒されていたのである。イギリスは、何よりもこの問題を最優先して解決することを迫られ、西ヨーロッパの復興を通じたアメリカの金融的支援のみならず、コモンウェルス諸国の協力を不可欠としたのである。

こうしたアジア情勢やイギリス経済の再編にあたって、その改善策として期待されたのがコロンボ・プランであった。このプランに関して、当時数多くの現状分析が行なわれたが、その後それに対する期待が薄れるにつれて取り上げられることも少なくなっていった。しかし、最近では、イギリスの東南アジア外交政策との関連で、あるいは、オーストラリア外交政策の視点からコロンボ・プランを取り上げる研究も見られるようになってきている[6]。日本でも、コロンボ・プランに対する日本の参加問題や戦後イギリスのスターリング政策との関連で取り上げる研究が出てきている[7]。本章では、こうした研究動向を踏まえつつ、冷戦構造の確立のもとにイギリスがめざしたコモンウェルス再編政策の脈絡において、コロンボ・プランの成立過程を明らかにすることを意図している。戦後のイギリスが抱えていた問題を整理しながら、一九五〇年のコモンウェルス外相会議、それに引き続いて開催された第一回シドニー諮問会議と第二回ロンドン諮問会議での審議過程に焦点を合わせて、そこで展開された議論を検討することが必要であろう。以下、戦後イギリスのコモンウェルス政策を概略しつつ、順次各会議の審議内容を検討していく。

二　コモンウェルス体制の再編

(1) 戦後イギリスの課題

イギリスは、疑いもなく戦後も戦前のようなヘゲモニー支配の堅持を模索していた。しかしながら、戦後世界は大きく変容し、米ソの対立構造のなかでの新しい位置を模索しなければならなくなっていた。イギリスは、ソ連共産主義の拡大から西ヨーロッパを防御するために、自らのリーダーシップのもとで西ヨーロッパの統合計画を進めるため、ヨーロッパ経済協力機構（OEEC）の議長として主導権を取ろうとしたが、ヨーロッパの復興は、アメリカのヨーロッパ復興計画（ERP）に大きく依存しなければならなかった。イギリスは、武器貸与法に代わって一九四五年英米金融協定により財政援助を受けていたが、その援助条件として、アメリカから自由貿易体制に向けてのポンド交換性の回復を要求されていたことから、国内の経済復興とドル・プール制にもとづくスターリング圏の決済構造の改善、スターリング・バランスが大きな問題となっていた。一九四七年、イギリスは一時的にポンド・スターリングの自由交換を実行するが、急激なドル流出が生じてふたたび自由交換の停止に追い込まれたため、引き続きポンド・スターリングの安定が大きな課題となった。イギリスは、基軸通貨としてのドルとポンド・スターリングによる世界貿易の拡大政策をめざし、アメリカ、コモンウェルス、ヨーロッパの三者の連携を考えた外交政策を実現しなければならなかったのである[8]。

戦時中に急増したスターリング・バランス問題で、イギリスはまずコモンウェルス諸国と交渉しなければならなかったが、なかでもその最大の保有者インドおよびパキスタンとの交渉が最も重要であった。なぜなら、両国は自国の国際収支決済のために毎年引き出さざるをえず、その額も年々急増していたからである。イギリスは、この引き出しを贈与と捉え、国際収支の改善に向けて利用することを期待していたが、インドは、当然のことながらイギリスに対する債権であると考え、自由に利用する権利を主張した。したがって、イギリスのポンドの安定を図り国際収支危機を乗り越えるためには、この問題の解決が緊急課題となり、コモンウェルス蔵相および外相会議に期待が寄せられていたのである[9]。

(2) コモンウェルス体制の再編とインドの残存

一九四八年一〇月にロンドンで開催されたコモンウェルス首相会議に、インドのJ・ネルー、パキスタンのアリ・カーン、セイロンのR・セナナヤケの各首相が参加した。アジアの首相がコモンウェルスの一員として初めて対等の関係で出席したことは画期的であった。とはいえ、一九四八年の会議は、イギリスの主導でイギリスの切羽詰まった経済危機とマラヤ情勢への対応に関する意見交換をすることに力点がおかれた。S・クリップス蔵相が、ヨーロッパ復興計画をめぐるコモンウェルスと西欧同盟およびカナダ、アメリカとの相互補完的経済関係、とくにスターリング地域とドル地域との連携について説明し、E・ベヴィン外相が極東および中東における共産主義の脅威の高まりを強調し、東南アジア総弁務官M・マクドナルドがマラヤにおける情勢報告、ネルーがビルマとの紛争に対する危惧をそれぞれ説明し、参加国間における情報の共有を図った。最終コミュニケでは、拡大しつつあるソ連および中国の共産主義の拡大阻止を図るために、新旧コモンウェルス諸国が対等な関係にもとづいて一致協力体制をとることを確認している(10)。この会議では、低開発国の生活水準の引き上げのための生産力拡大が問題にされたとはいえ、中心はあくまでヨーロッパの安全保障問題であった。

さらに注目すべきは、インドがコモンウェルス残存を決定したことである。一九四七年八月一五日の独立宣言に際し、イギリスのインドへの権限移譲は、将来の統治終焉に向けて自治領の地位を与えることと考えられていた。しかしながら、政治的に独立国となったインドとコモンウェルスの将来の関係については、依然として解決しないままであった(11)。ネルーは、共和制憲法を採択することを明言しつつ、コモンウェルス体制にその一員として残存することを希望したため、共和制とコモンウェルスとの関係をどのように整合的に解決すべきかの問題が浮上したのである(12)。旧自治領諸国との交渉後に、C・アトリーは一九四九年四月にロンドンで臨時のコモンウェルス首相会議を開催し、最終決着を図った。

ネルーは、インドの独立宣言後の状況を説明する際に、インド国内にコモンウェルスに残存したいという強い希望が存在するとともに、コモンウェルス内においてインドが他のメンバーより低い地位に置かれることを決して望んでいないことを強調した。彼は、従属性を排除するために、「ブリテッシュ・コモンウェルス・オブ・ネーションズ」から「ブリテッシュ」を削除し、単に「コモンウェルス・オブ・ネーションズ」という名称を使用することを要求した。結局、当該会議は、旧自治領がこれまで結束の要として堅持してきたイギリス王冠に対する忠誠というかたちを今後も維持していくことをインドが認める一方で、インドがイギリス王冠に忠誠を誓うのではなく、単にコモンウェルス諸国が連携を図っていくうえでの象徴として王冠への対応を認めるという妥協を図り、インドをコモンウェルスの一員として認め、コモンウェルス体制が世界平和に向けて強力な勢力となることを強調するに至った。この決定の背景には、イギリスがインドをアジアのコモンウェルス体制再編の要として見ていたことがあり、ビルマに次いでインドが完全に独立すると、南アジアのみならず東南アジアに対するイギリスの影響力を一気に弱める可能性があったからであり、また何よりもスターリング・バランス交渉が未決着であったことが挙げられる。また、ネルーもコモンウェルスに残存したほうが、インドの政治経済の再編にとってコモンウェルスからの支援を受けやすいと判断していたからである。[13]

(3) 対日講和問題とアジアにおける共産主義拡大の危機

新たなコモンウェルス関係を構築するにあたって、共産主義の脅威とそれに対する日本の役割が大きな問題となっていたことも注目しなければならない。オーストラリアは、インドの支援を受けて、対日講和交渉と中国に対するコモンウェルスの対応を議論することを強く要請していた。[14]

対日講和交渉に関して、一九四七年八〜九月にアメリカのイニシアティブによって開催されたキャンベラ会議は、日本の非武装、民主主義の原則、経済的・財政的支援の必要性を確認したが、最終合意には至らなかった。多くの代表は、民主主義というよりもファシズムや共産主義へと容易に向かってしまいやすい日本人のイデオロギー的危険性を感じていた。[15] そのため、一九四九年一一月初旬に東南アジア総弁務官M・マクドナルドがジョホールのブキット・シレン(Bukit Serene)で会議を開催し、さらにはオーストラリア外務大臣H・エヴァットも、日本および中国における諸問題について非公式に意見交換を行ない、コモンウェルス諸国間の協力体制の基盤づくりをめざした。[16] これらの会合で、オーストラリア政府が示した基本的考えは、①中国における共産主義国家の成立が東南アジア諸国の共産主義勢力をさらに勢いづかせ、東南アジア諸国が外部から支援を受けない限り、容易に共産主義を受け入れてしまう可能性があること、もし東南アジア諸国が共産主義陣営に入ってしまうと、オーストラリアの安全を脅かすことになること、②それを阻止するには、政治的・経済的援助を惜しまないことであった。[17] オーストラリアは、インドネシアを共産主義勢力の南下を阻止する防塁国家と想定していたのである。もしインドシナのバオ・ダイ政権が崩壊すれば、その影響はさらにタイ、マラヤにも及ぶものと恐れられたのである。バオ・ダイは、東南アジアのほとんどの国において、中国系住民が地域共同体内で重要な経済活動を行なっており、民族、血縁関係においても中国と密接な関係を持っていることを忘れるべきでないと忠告していた。オーストラリアは、インドネシアに緩衝国家として重要な役割を担わせるために、当該国に対するあらゆる支援を行なう用意をしていた。

一方、オーストラリアとニュージーランドの人々には、この共産主義拡大に対する脅威のほかに、日本帝国の軍事的膨張の残影も依然として色濃く残っていた。しかし、彼らは、発展した日本の産業がインドネシアをはじめ他の東南アジア諸国に鉄鋼、織物などを供給することで、共産主義拡大の抑制に対して平和的役割を果たすようになると確信していた。そのために、日本の産業と貿易に対して厳しい制限を課さない意向を持っていた。オーストラリアの新外務大臣に就任したP・スペンダーは、コロンボ外相会議に出席するにあたり、オーストラリアの新外交戦略を示していた。それは、ここ一〇年間の世界情勢の変容によって、世界の中心が大西洋から太平洋に移行してきたことを踏まえ、オーストラリアの将来が、これまで以上に、近隣諸国との政治的安定、アジアの経済発展、オーストラリアとアジア諸国との友好関係の推進にかかっていることを強調した内容であった[18]。

スペンダーは、再度、オーストラリアにとって共産主義の膨張がいかに危険であるかを強調し、コモンウェルス体制のみならず環太平洋の最強国家アメリカとの関係もさらに強力に推進していく姿勢を見せた。要するに、東南アジアにおける安定と民主主義の発展は、オーストラリアとアメリカに依存することになるというのであった[19]。オーストラリアは、コモンウェルス体制の一員でありながら、自国を中心としたアジアの安全保障体制の構築を志向していたのである。

三　コモンウェルス外相会議

（1）外相会議の開催

コモンウェルス諸国のあいだでは、外交政策や経済問題に関して検討すべき事項が生じた場合、前述のように、コモンウェルスの主要都市にて次のコモンウェルス首相会議の開催までに閣僚レベルの会議を必要に応じて開催できるという一般的了解があった。セイロン首相セナナヤケがコロンボでの外相会議の開催を促した結果、イギリス政府は、各国から参加の意思を確認し開催決定を認めたのである。一九四九年四月に、インドのコモンウェルス残存問題を検討した臨時コモンウェルス首相会議が開催されたことで外相会議は延期されたため、アジアにおいて解決すべき問題が差し迫っていた[20]。エヴァットは、対日講和問題や共産主義国家中国の承認問題を、インドは残存決定とスターリング・バランスの問題の早期決着を図るために、コモンウェウス会議の早期開催を望んでいた。

一九四九年七月のコモンウェルス蔵相会議後、アトリーは、コモンウェルス関係省官僚P・リーシング、外務省官僚E・デニング、外務大臣ベヴィンと協議のうえ、外相会議を一九五〇年一月半ばまで延期し、議題もコモンウェルス代表間での議論を引き起こさないような内容にすることを確認した。なかでも対日講和問題で紛糾することが予想されたため、その前に中国・東南アジア問題省庁間委員会で十分に議題を検討させることで意見が一致していた[21]。会議の日程は、コロンボの気候やインド憲法制定の祝賀日を考慮して、一九五〇年一月一二～二一日の一〇日間とし[22]、議題を①国際情勢、②対日講和問題、③中国、④東南アジア、⑤ドイツに絞る、という報告が出された。その際、東南アジアの軍事同盟や防衛協力を話題にせず、政治経済問題を軍事問題と切り離し、旧植民地支配の再現という東南アジア諸国の懸念を払拭しようとした[23]。かくして、同会議は、一九五〇年一月九日～一四日にコロンボで開催され、八カ国が参加した(24)。

議題は、予定どおりの五項目となったが、実際には東南アジア問題に最も多くの時間が割かれた。注目すべきは、審議が進むにつれて、議論が東南アジアの政治問題からしだいに経済問題へと移行したこと、および東南アジアの問題を国際情勢との関連で意見が交わされるにつれて、セイロン、インド、イギリス、オーストラリアが議事進行の主導権を握ったことであった。

議長に選出されたセイロン首相セナナヤケは、開会の辞で、すべての参加国が国土の大きさ、民族、宗教に関係なくいまや対等の関係にあることを強調した。コモンウェルスは、独立したインド、パキスタン、セイロンのコモンウェルス残存決定によってアジアにおいて新たな影響力を持つことになったものの、最も緊迫した問題として共産主義の膨張への対抗手段として、アジアの経済的未発達と貧困問題に取り組まなければならないと訴えた。さらに、世界平和の発展に寄与する組織としてのコモンウェルスの影響力を強めるために、アジアにおいてアジアの視点からアジア問題を検討することの意義をあらためて強調したのであった。この会議がアジアの意思を世界に発信する最初の機会となったことに大きな意味があった。

次に発言したネルーも、セナナヤケ同様に、コモンウェルス会議がアジアで初めて開催されたことの重要性を強調した。アジアの問題は、これまでの植民地支配に起因する後進性にあり、生活水準の低さと人口の増加により引き起こされる経済問題であり、この問題の解決こそが中国共産主義のアジアへの拡大に対抗する手段となることを強調し、インドの基本的立場を示した。

イギリス外相ベヴィンは、インドネシアの独立の問題に触れて、政治的自由が経済的混乱を引き起こさないという約束に従って、中国人が共産主義を受け入れる限りそれを認めざるをえないという立場を示した。しかし、オーストラリア外相スペンダーは、アジアの一員としての立場からこれまでの主張を繰り返し、共産主義の膨張を阻止するために、トルコやアテネの場合のようにインドネシアに経済援助を与えることによって政治体制の安定化をめざすことの重要性を強調した[25]。他の代表も自国の立場を示しつつ、このような認識に理解を示す所信表明を行なった。かくして、脱植民地化によって引き起こされたアジアの経済的貧困問題の解決が、アジア諸国を共産主義の膨張から救済する鍵となっていることを共通の認識とするに至ったのである。以下、各議題に即して内容を考察し、その関連を見ていく。

（2）会議の検討課題

①国際情勢

口火を切ったのはベヴィンであったが、その発言内容は、イギリスの外交政策を確認するうえで興味深い。彼は、ヨーロッパにおける共産主義の拡大を阻止するうえで、イギリスの財源不足により、アメリカからの経済・金融支援が不可欠であることを自覚していた。コモンウェルス諸国からの支援については、いまだに合意はないとはいえ、ヨーロッパとアジアの協力体制が非常に重要であることを強調した。ヨーロッパとの関係改善のためコモンウェルスの協力を仰ぐという姿勢を示したが、北大西洋条約のような太平洋条約（Pacific Pact）による軍事的安全保障体制には反対であった。ベヴィンは、あくまでアジアは資本と食料の確保という観点から金融的財政的に支援されるべきであると考えていた。世界貿易の観点から、イギリスとアメリカの協力によって非共産主義諸国の経済発展を支援することが、西側世界の資源開発にとって重要であることを強調した。

このようなベヴィンのヨーロッパ中心主義に対して、ネルーは、何よりもまして、アジア諸国の政治的独立確保の重要性を強調し、民主主義的政治体制を破壊することなく経済問題を解決すべきことを訴えた。ただし彼は、太平洋の同盟諸国が共産主義に対する抵抗能力を十分持ち合わせていなければその膨張の恐怖に晒されることから、太平洋条約に同意せざるをえないことも認めた[26]。他の参加国は、アジアにおけるソ連の共産主義膨張に対する防衛についても、北大西洋条約協定にもとづいたヨーロッパの防衛手段と同様の手段がとられる可能性の高い軍事的要素の強い協定には強く反対したため、結局、太平洋条約の実現に至らなかった。しかし、ほとんどの参加国は、共産主義の膨張を阻止する手段として、経済状況の改善こそが最も有効な手段であるという共通の理解に達していた。

一月一〇日の午後、国際政治問題が経済問題に密接に絡んでいることを確認したセナナヤケは、セイロン蔵相J・ジャヤワーデンに国際問題の経済的観点を説明するよう促した。これを機に、議場の雰囲気は経済問題に関する関心へと大きく流れが変わった。ジャヤワーデンは、一九四九年七月、ロンドンで開かれたコモンウェルス蔵相会議では、多くのアジア経済開発計画が必要であること、およびそれらの計画の実施がドル不足の緩和のみならず所得引き上げによる貧困の解決策となることが強調されていた点を確認した。その際のキーワードが、生産の拡大、国民所得の増大、完全雇用、適切な富の再分配であった。具体策としては、新興国は農業と工業の生産力を増強し、ゴム、茶、錫、ココナッツのような主要輸出産品に対する価格保証を受けつつ、海外からの輸入を制限するということであった。そして、貧困とドル不足の問題は、コモンウェルス諸国間の域内貿易拡大によって解決できると考えられていた。コモンウェルス諸国が最大の単一経済ユニットとして、アジア諸国の第一次産品を受け入れ、代わりに彼らが必要とする技術、資本、資本財を提供することが期待されたのである。この目的を達成するために、彼は、①コモンウェルス内の低開発地域は、自国の国家開発計画を示す一方で、他の諸国はどんな資本財を提供できるかを示すべきこと、②他のコモンウェルス諸国は、低開発国の第一次輸出産品の固定価格を保証すべきこと、③コモンウェルス諸国による単一商品市場を形成すべきことの三点を提案し、当会議において次の点を検討することを要請した。

コモンウェルス諸国であろうとなかろうと、東南アジア諸国の雇用を高め、生活水準を引き上げるためには、彼らの農業および工業を促進する必要がある。したがって、この会議は、必要な情報を収集し、一〇カ年計画を準備するために官僚による委員会を設置すべきである。コモンウェルスの他のメンバーは、当該国に対する主要輸出産品の価格保証、開発資金、技術、機械類を提供する手段を検討しなければならない。当該国の計画は、現地を調査した専門家による委員会によって、その援助額や方法に関して検討される[27]。この提案は承認され、後にP・スペンダーによってより具体化されていくことになる。

②中　国

一月初めにイギリスがすでに共産主義国家としての中国を承認する決定をしていたことは、スペンダーにとって大きな不満であった。彼は、承認する前にコモンウェルス諸国との事前協議を求めていたからで、アメリカの政策に歩調を合わせようとしたイギリスの対応に不審をいだいていた。ニュージーランド外相F・ドイジも、イギリスの承認時期を問題にした。イギリスが早期に共産主義中国を承認しようとした背景には、ソ連と中国との関係強化を阻止する狙いがあったことに理解を示したものの、早期の承認は中国におけるナショナリストとの関係を打ちこわし、日本に再軍備の口実を与えてしまうのではないかという不安を示した。

ベヴィンは、こうした見解に対して、一九四九年夏以来イギリス、アメリカ、コモンウェルス諸国の三者間で議論してきたうえでの対応であると反論した。承認のタイミングについて、ベヴィンは一九四九年末までに中国を承認するというシンガポール決議の条項、一二月末までに中国を承認したいというインド政府の思惑、インドネシアに権限を移転するまで中国政府の承認を延期するというオランダ政府の決定、そしてオーストラリア、ニュージーランドにおける総選挙による新政権誕生の可能性などを考慮せざるをえなかった。ノエル‐ベーカーもコモンウェルス政府を無視していないことを強調して、イギリス政府の対応の正当性を訴えた。ネルーもまた、一九四九年一二月三〇日までに中国を承認することが最善であったと、イギリスに同調した。しかしながら、カナダがこの問題に関して審議を始めていなかったし、パキスタンと南アフリカもこの会議終了後に検討する意思を表明していたため[28]、会議はこの中国の承認について結論を出せなかった。

会議は、引き続き、中国に対する今後の対応を検討している。ネルーは、中国が共産主義国家としてよりも大国として他の諸国へ領土を拡大することの方が脅威であると懸念したが、当面の間国内問題に取り組むであろうと予想していた。ベヴィンは、ネルーよりも楽観視していたし、アジアの経済開発の支援によって生活水準を高める組織づくりに関心を持ちはじめていた。しかし、スペンダーは、オーストラリアの安全が脅かされることを懸念して、もしインドシナで後退すれば、タイ、マラヤ、ビルマも中国およびソ連の膨張と直面しなければならなくなると、インドシナの危機的状況を繰り返し訴えた。

かくして、会議は、多岐にわたる議論を経て、①ヨーロッパ諸国は、共産主義中国が国境を越えて拡大したり、中国とソ連の協力関係が強化されたりするのを阻止しなければならないこと、②ヨーロッパ諸国は、アジアの安定を推進するために経済的支援を行なうべきことという結論に達している[29]。会議の参加国は、中国共産主義の拡大に脅威を抱いていたものの、それを軍事的抑圧によって解消することには、一致して反対であった。

③対日講和交渉

一月一一日の午前、第五回会合が開かれ、イギリスとオーストラリアの最大の関心事であった対日講和問題について議論が開始された。イギリスの代表は、政府見解を示した覚書を事前に回覧していた。

ベヴィンの説明によると、一九四七年のキャンベラ会議後、イギリス政府の立場をアメリカ政府に伝え、アメリカとの共同声明を発表しようと意図したが[30]、アメリカ政府内の意見対立により、本会議ではイギリス政府単独の考えを説明しなければならなくなったのである。戦後四年が過ぎ、これ以上最終結論を延期することは望ましくなかったが、反面アメリカ議会が、偏った政治判断と財政的理由だけで誤った決定をしてしまうのではないかという危惧もあった[31]。

対日講和問題において日本の非武装は自明であったが、問題はその非武装が経済発展にどのような影響を与えるのかということであった。ベヴィンは、アメリカとの協議を慎重に考慮した後、日本人に遺恨を与えるようなやり方をすべきではなく、非武装の過程で日本経済をどのように復興させるかについてイギリスの基本的姿勢を表明することを確認した。一方、オーストラリアの立場はかなり異なっていた。日本との戦争の傷跡が生々しく残っており、まだ日本の民主化を想定することができないでいた。しかし、対日協定の締結が間近かに迫ったことを踏まえて、スペンダーは、日本の軍国主義の復活を阻止しつつ日本経済の自立的復興を促進することで、極東委員会の管理体制を終わらせることを要請した。ドイジもスペンダーと同じ見解を示し、日本の非武装、再軍備の禁止、そして長期的に日本を監視するシステムを求めた。ソ連に対する防塁としての日本の役割が日本の再軍備を引き起こすのではないかという危惧があったからである。

ネルーは、日本の再軍備への危惧に対しては同情的であったが、日本に厳しい条件を課することは、事態をさらに悪化させてしまうのではないかと恐れていた。ネルーは、日本に軍事的圧力をかけるよりも、日本の経済的復興のための中国市場の開放を重要視していた。日本の工業製品の販路拡大は、中国市場に依存するとみていたのである。中国は、日本産業にとっての販売市場であり原料供給地であり、他方、中国も工業化に向けて日本の完成品や工業援助を必要とするであろうと考えていた。ネルーは、日本と中国の相互補完関係を視野に入れ、中国、可能であればソ連も対日交渉の協議に参加することを望んだ。G・ムハマドも同様の見解を示した。しかし、彼は、アジアにとって本当の脅威は、日本の軍国主義ではなくロシア共産主義であると考え、日本の経済復興にとって、単に中国だけでなくアジア全域が重要となるであろうと想定していた。セイロン法務大臣L・ラジャパクスはムハマドに同調し、共産主義国家ソ連が国際秩序の再編において大きな障害となりつつある現状において、日本を資本主義世界の一員として組み入れることが重要であると主張した。L・パーソンもまた、アメリカが日本をソ連の膨張に対する防塁として位置づけつつ、アメリカの占領負担の軽減をめざして日本経済の自立化を図りたいと考えているはずであるというネルーの考えに同調していた。パーソンは、対日政策をめぐる米ソ間の意見の対立を想定して、コモンウェルス諸国がその協定に関する原則を検討するよう提案した。

セナナヤケは、議長として、日本に対する罰則よりも日本人の信頼と独立を尊重すべきことを確認したが、ベヴィンは、アメリカ政府が日本をソ連に対する防塁として考えないことを再確認するとともに、日本製品のはけ口としてアジア全域を開放することをめざして、コモンウェルスの官僚による作業部会の設置を確認した[32]。

以上から、日本に対するコモンウェルスの対応として、次のような同意に達したと理解できよう。すなわち、コモンウェルス諸国は、日本の非武装・再軍備の阻止のために中国のみならずアジア市場全域を日本に開放し、経済再建を促すべきであると。それは、将来、西側の一員としてアジア経済支援の援助国の役割を担わせようとの強い意向も示されていたのである。このような対応は、戦後日本政府がめざしていた経済復興政策とまさに一致するものであった。日本も戦前の経済的侵略のイメージを払拭しながら、新「アジアの工場」として、経済協力によるアジア市場の開放をめざしていたのである[33]。

④東南アジア

回覧されたオーストラリアの覚書によって、セナナヤケが東南アジア問題へ話題を移した際、ネルーが繰り返し強調したことは、アジアから外国支配を排除することであった。彼は、フランス軍が中国共産軍の侵攻を阻止していたインドシナの状況に関心を示しつつ、セイロン蔵相の提案した一〇カ年開発計画のあいまい性を指摘しながらもその重要性を十分に認識していた。東南アジア総弁務官マクドナルドは、インドシナ、ビルマ、マラヤが紛争地域であり、インドシナを共産主義から防衛するためにバオ・ダイ政権の支援を訴えたが、ネルーは、ホー・チ・ミン政権に対する国民の支持が強いことから、フランスの傀儡政権バオ・ダイを受け入れるべきでないと反論した。マクドナルドとベヴィンは、インドとインドシナの違いを強調しつつ、バオ・ダイ政権を支援しない限り混乱が続くだろうと応戦し[34]、セナナヤケも、ヴェトナムにおける国民政府の創設に向けた妥協点を見いだそうとしたものの、会議は、バオ・ダイ政権に関する対応策について合意に達しなかった[35]。

このバオ・ダイ政権の承認をめぐる激しい応戦によって会議は一気に緊張に包まれることになったが、同日午後に、以下のような東南アジア経済政策に関する覚書が審議されると、議場はふたたびまとまりを見せている。[36] オーストラリア代表団から提出された覚書によると、[37] 中国の帝国主義的領土拡張（共産主義ではない）に対処するために、これまで不十分であった援助を拡大し食料および原料の輸出拡大を促すことこそ、ドル決済圏からの輸入制限という消極的政策よりもスターリング圏の金融問題を解決するための有効な手段であると訴えている。第一次産品の輸出生産を促す方法として、①最小限の生活水準を維持する消費財と輸出奨励金の支給、②開発計画を作成し実行するために必要な行政機構と技術援助の支援、③肥料などの農業関連物資を含めた農業設備の供与、を想定したが、とくに注意を払ったのが技術援助の問題であった。大規模な資本投資を促すには、低開発国に対する技術援助と訓練施設が優先的に与えられなければならない。したがって、各国政府が取り組むべき課題は、①国連の技術援助計画との連携、②南および東南アジアの要求に最優先して対応すること、③低開発国の要求に従って双務的援助協定を締結すること、④以上の援助を実施するにあたってコモンウェルス政府間での協議体制を組織すること、と提案された。最後の点は、南・東南アジアのためのコモンウェルス諮問委員会会議を開催することであった。その目的は、援助計画を実施するにあたって、エカフェなどの国連機関との連携を図りアジアの非コモンウェルス諸国を巻き込み、最終的にはアジア全域の経済支援体制を築くことにあったのである。この覚書には、会議で承認されれば、オーストラリア政府は最初の会議をオーストラリアで開催することを喜んで引き受ける用意があることが付記されていた。

スペンダーは、覚書に明示された提案がオーストラリア政府の公式見解であることを強調した。オーストラリア外務省は、この外相会議開催の数カ月前から周到に準備していたのである。[38] コモンウェルス諮問委員会の役割として、東南アジアの緊急事態を調査し、国民の生活水準を向上させるために必要な資本と技術内容を査定するとともに、当該問題に世界の関心を引き付け国際的な協力体制を築くことを狙っていた。彼は、東南アジアの要請を最優先して、当該地域の第一次産品の生産と輸出を拡大することを力説した。アメリカが東南アジア産品の重要な市場となることから、アメリカとの連携が不可欠であった。彼はまた、技術援助によって当該計画を速やかに実行するための諮問機関を設立するとともに、当該地域の開発に関心を抱く非コモンウェルス諸国の参加を促す必要性も繰り返した。

最終的には、スペンダーはセイロン、オーストラリア、ニュージーランド政府の合同提案として、次のようなより具体的な覚書を示した(39)。

コモンウェルス諸国が外相会議の勧告として自国政府へ報告すべき内容として、

A. ①南・東南アジアに対する資本援助の可能性を検討し、その協議事項に同意する、②世界銀行が東南アジアからの要請に最優先して応じる、③アジアにおける非コモンウェルス諸国に参加を促す、④国連の技術援助計画に貢献する、⑤この技術援助を支援する国際機関に南・東南アジアの要求を最優先させる、⑥直接援助を与えるための双務契約を締結する、⑦これらの協定を履行するために、コモンウェルス政府間での協議を行なう。

B. 設置される南・東南アジア経済開発のためのコモンウェルス諮問委員会の方針として、①本会議の勧告に沿って各国政府が検討した支援計画を受け取る、②南・東南アジアにおける生産を拡大し、生活水準を引き上げる開発方法を検討する、③長期的に主要産品の価格の安定を図る方法を検討する、④当該期間内に実行できる開発計画とそれを運営する組織を検討する、⑤以上の点を各政府に勧告する。

C. 諮問委員会への参加は、当該地域のすべてのコモンウェルス諸国に求める。

D. これらの提案が当会議で承認されれば、オーストラリア政府は第一回諮問会議の開催を引き受ける。

この覚書は、オーストラリア政府、とくにスペンダーの意向をそのまま反映していることが明らかであり、東南アジアの経済問題が国際政治問題と密接に関連していたため、この会議での提案が緊急課題を検討する絶好の機会となると考えられていたのである。覚書に署名したドイジは、スペンダーの声明に加えて、技術援助の成果を強調した。ネルーもまた、東南アジアの経済開発をただちに実施すべきという共通の理解を持ちつつ、諮問会議の前にアジア各国が自ら計画を作成しその要求内容を評価することが大事であると、アジアの自主性を強調したのである。一〇カ年計画を提案していたジャヤワーデンもまた、コモンウェルス諸国が東南アジアの生活水準の向上に関心を持つべきであるという点において、スペンダーを支持した。彼は、諮問会議の設立の重要性を認識し、オーストラリアでの第一回会合に賛成した。ムハマドは、とくに早期に詳細な計画を作成することを歓迎し、パーソンも、アメリカの役割を重視した。そして、ベヴィンも、イギリスへの財政的負担が拡大することへの懸念を抱きつつも、提案された内容を基本的に承認した。(40)

⑤ヨーロッパ

ベヴィンがヨーロッパとコモンウェルスとの補完的関係を問題にしたとき、カナダのパーソンは、とくにソ連の帝国主義的な領土膨張に関心を示し、イギリスがヨーロッパにおける共産主義拡大を阻止するように訴えた。他の参加国も同様の意見であり、イギリスがヨーロッパ経済の復興に大きな役割を果たし、コモンウェルス諸国間のみならず、ヨーロッパとコモンウェルス諸国とのあいだの関係を強化すべきことが確認された。太平洋での同盟が北大西洋同盟に匹敵し、ソ連の国際的拡大の脅威がなくなるまで重要であると述べたのは、スペンダーであった。(41)

以上が、各議題に即した会議の概要である。会議の主要な目的は、国際情勢の脈絡においてアジアのコモンウェルス諸国が抱える政治問題を検討することにあったことがわかる。とくに、東南アジアに対する共産主義の膨張の脅威とそれに関連しての対日講和協定に関して、コモンウェルス諸国間で共通認識を持つに至ったことは、太平洋における新しい国際秩序の形成を望んでいたオーストラリアとニュージーランドにとってきわめて重要であった。しかしながら、参加国は、アジアの国際秩序の再編を模索するにあたり、軍事援助よりも金融的・財政的援助の方を重視し、その援助を実施するうえでコモンウェルス・システムが演じる役割の重要性もまた共有することになり、これが、コロンボ・プランを導いたのである[42]。

四　コロンボ・プランの作成

(1) シドニー諮問会議[43]

つぎに、その計画の骨格が確立するまでの過程を追うことにする。コロンボ外相会議の決議を踏まえてすぐに、イギリス政府は第一回諮問会議に向けて内閣に作業部会を設置し検討に入った[44]。各国代表もそれぞれ自国政府に会議の勧告を報告するとともに、イギリス政府からも体制を整えるべき要請を受け入れた。第一回コモンウェルス諮問会議はシドニーにおいて、五月一一日から一四日に予備交渉、一五日から一九日にかけて本会議が開催されたが、そのおもな目的は、①東南アジア諸国への緊急援助の実施方法、②長期開発計画の作成方法の検討、③技術援助計画の具体案の作成にあった[45]。

まず主催国を代表してスペンダーが緊迫化した東南アジア情勢に触れ、緊急援助の必要性を力説して、コモンウェルスの一員ではない東南アジア諸国への経済援助に協力するように要請するが、この演説を受けて、各国代表がそれぞれの立場を力説した際、次の点に関して意見が対立した。共産主義の脅威を受けている東南アジアに対する緊急短期援助の必要性を説くオーストラリアに、セイロンとパキスタンが同調した。一方、すでに五億ポンドの援助を実施していたイギリスは、これ以上の財政負担が困難であることを強調し、ニュージーランドも、自国防衛費が巨額となり、アジアへの援助が技術支援に限定せざるをえないことを理由に反対した。イギリスは、何よりも長期援助計画を優先すべき姿勢を強調し、オーストラリアと真っ向から対立した。早くも初日で混乱含みとなった。

二日目の午後、国際機関が実施している技術援助と連携して、コモンウェルス諸国独自の技術援助の範囲と額について検討を開始した際、スペンダーは、妥協策として、東南アジアに対する緊急の技術援助基金として八〇〇万ポンドの拠出を提案したが、イギリス代表マクドナルドが強く反対し、他の代表も成り行きを静観していた。しかし、三日目の審議では、結局、技術開発のための出資額三年間総額八〇〇万ポンドを、イギリスとオーストラリアで五六〇万ポンド、インド八五万ポンド、パキスタン、セイロン、カナダ、ニュージーランドの四カ国合計一五五万ポンドを拠出することで決着が図られ、コロンボに援助活動を組織する中央本部を設置するとともに大規模な技術訓練を提供することも了承された。四日目には、スペンダーが、ふたたび逼迫した東南アジア諸国に対する緊急援助として食糧、医薬品の無償提供と非常用のストックを確保できるようにする短期クレジットの供与を提案したが、短期クレジットの件ではふたたびイギリスの反対に合い審議延期となった。この間、各国代表は、個別かつ秘密理に会談を持ちつつ、最終日には、東南アジア諸国の生活水準と福祉を向上するために早急の手段を講ずるべきであるというコロンボ外相会議での決議内容を再確認して、次の最終勧告が承認された。

かくして、最終報告書では、①開発計画の準備、②技術支援、③緊急経済物資の支援、④商品協定、⑤南・東南アジアにおける非コモンウェルス諸国との関係、⑥当該地域に関心のある諸国やアメリカへの接近、⑦支援組織などの項目にまとめられた。

①開発計画の準備

南・東南アジアの経済開発が経済的にも政治的にも最優先事項であり、計画を速やかに実行することを全会一致で確認した。そして、当該国が自国の経済状況を分析し、個々のプロジェクトの優先順位や必要な外部資金を見積もった六カ年開発プログラムに関する報告書を一九五〇年九月一日までに提出することになった。その後、提出された報告書にもとづいて、コモンウェルス諸国側がどの程度の資金と技術援助が可能かの検討に入る。その際、コモンウェルス諸国による支援規模を確認するとともに、世界銀行の支援を受けるために、同銀行に対しても情報提供をすることになった。

②技術支援

会議で確認されたことは、当該地域における技術者と訓練施設の著しい不足であり、各国の財政的援助、資本財の提供、健康および教育領域での社会発展に歩調を合わせて補充するということであった。国連の技術支援を補完しながら、コモンウェルス諸国が自らの財源の許す限り支援することが同意された。このような認識に立って、各コモンウェルス政府に対する勧告内容として、①コモンウェルス技術援助計画がただちに実施されるべきこと、②コモンウェルス技術援助計画が一九五一年七月一日から三カ年にわたって八〇〇万ポンドの予算で実施されるべきこと、③各コモンウェルス政府は、技術者の受け入れ、技術者の派遣、設備の提供の三種類に分けて技術支援の内容をできるだけ早く提示すべきこと、④援助は当事者国間の双務契約にもとづいて実施されるべきことが了承された。

③緊急経済物資の支援

会議参加者は、オーストラリアの提案に従って、南・東南アジアにおける非コモンウェルス諸国（とくにインドネシア）に対して、すでに国連、アメリカなどからの支援を受けているものの、依然として緊急支援および短期クレジットの供与を必要としていることもありうるという判断をしていた。この緊急支援物資とは、圧倒的に機械設備と基礎的な消費財であった。しかし、イギリスをはじめコモンウェルス諸国は財源不足により応じられず、積極的な要請があれば、次回のロンドン諮問会議で対応することが確認された。

④商品協定

セイロンから提出されたこの問題は、第一次産品輸出による安定した収益が南・東南アジアの経済的発展にとって不可欠の要因であり、海外市場、とくにドル経済圏への市場拡大が重要であることが確認された。国際的自由貿易協定にもとづき、国際的商品価格協定がアジアの発展にとり有益であると考えられたのである。しかし、今後の双務的協定の可能性が示唆されたため、引き続き情報の交換をすべきであるとして、次回の諮問会議まで結論が延期された。

⑤南・東南アジアにおける非コモンウェルス諸国との関係

インドはインドシナ三国をメンバーに含めることに抵抗したが、駐印イギリス総弁務官マクドナルドがこれら三国を含めることの重要性を主張したことから、スペンダーとインド代表との非公式協議の後、一〇月にまとめられる総合的開発計画に関する報告書において、当該地域のすべての非コモンウェルス諸国にも参加を促すことを盛り込むことが全会一致の合意をみた。ビルマ、タイ、インドネシア、インドシナ三国については、コモンウェルス諸国と同じ基準での計画案を準備する時間が不足していることを認識しつつも協力を促すことになった。また、オーストラリア政府を通じてエカフェに対して南・東南アジアに関する情報提供を求めるとともに、諮問会議へ事務官を派遣するよう要請することになった。

⑥アメリカおよびヨーロッパ諸国への援助要請

会議参加者の誰もが当該援助計画に対するアメリカの支援が不可欠であることを認識していたが、現在の状況から困難であると確認された。イギリスは、援助計画が明確に準備されるなど条件が整った段階で支援を求めることが望ましく、非公式な関係を維持していくべきであるという見解を示した。イギリスは、フランスやオランダに対して参加を促すことに意欲的であったが、アジア諸国の反対で参加の要請を見送らざるをえなかった。

⑦援助計画の実施機関

技術援助計画推進のための実務機関をコロンボに設置することが承認された。その役割は、当該諸国からの技術援助の要請とドナー国の援助額を調整し、技術分野における国連やその関連機関との密接な連携を図るなど、経費を含めて技術支援の障害となっている問題を検討し、コモンウェルス諮問委員会に報告することであった。ただし、組織のメンバーについては次の諮問会議で決定することになった[46]。

この会議は、東南アジア諸国が直面する経済問題を解決するために、コロンボ外相会議の決定事項を実施可能な計画に転換する方法を検討する諮問会議であった。オーストラリアとイギリスとのあいだで緊急経済援助の可否をめぐって対立したが、技術支援計画実施の承認ということで妥協が図られた。実は、技術支援はイギリスにとってもかなり好都合であった。イギリスはすでに技術教育事業としてイギリス本国の大学で四五〇〇人を受け入れており、また民間企業を通じた技術支援を行なっていたからである[47]。六カ年という長期計画の作成という点では、イギリスの思惑がかなったかたちとなった。そして、何よりも重要なことは、参加国が平等の原則にもとづき計画の緊急性と諸国の協力体制の必要性を痛感し、コモンウェルス諸国のみならず非コモンウェルス諸国の参加にも前向きな対応を示したことであった。ただし、主導権という点で、外相会議やシドニー会議ではオーストラリアが中心となっていたが、次のロンドン会議では、イギリスが中心となってまとめられていくことに留意すべきである。イギリスにとって次の課題は、各国から提出される計画に対して、今回の会議ではまったく触れられなかったスターリング・バランスの凍結解除によってどの程度の負担をすべきか、植民地にどのように対応すべきかなどを審議することであった。

（2）ロンドン諮問会議[48]

第二回諮問会議は、イギリス蔵相H・ゲイツケルが議長となって、九月二五日から一〇月四日までロンドンで開催された。今回の会議には、ヴェトナム、カンボジア、ラオス、タイの代表を、そしてインドネシアとビルマがオブザーバーとして参加した。二週間ほどの予備交渉の後、会議は、まず一〇月二九日までコモンウェルス諸国のみでの審議を行ない、つぎに一〇月二日から非コモンウェルス諸国を交えてそれぞれの経済事情を審議して、一〇月四日に報告書の確定を行なっている。また、一〇月五日に南・東南アジア技術協力協議会第一回会議が開かれ、実務機関である技術協力局の設置とその規約を承認した。前回の会議で要請されていた開発計画書は、インド、パキスタン、セイロン、マラヤ、シンガポール、北ボルネオ、サラワクより提出され、コモンウェルス諸国ならびにイギリス政府の関係者によって事前に整理検討された。

第二回諮問会議の最大の目的は、南・東南アジア諸国から提出された六カ年開発計画を取りまとめ、その計画の実施に必要な総経費とそれに対する外部支援総額を確定し、さらには技術協力協議会の規約を作成して、南・東南アジア開発計画に関する最終報告書をまとめることにあった。

これまで同様に、会議の開催にあたり各国が自らの意向を明らかにするのであるが、議長のゲイツケル蔵相は、南・東南アジアの極貧状況を改善するための経済開発計画を吟味し、速やかに実現するための報告書をまとめることに今回の会議の意義を確認し、これまでコモンウェルス諸国が主導権を発揮し、国連との連携を深めて非コモンウェルス諸国をも巻き込んだ南・東南アジア全体の総合計画をめざしていることを強調した。続いてオーストラリア外相スペンダーも、東南アジアにおける共産主義拡大の脅威から、貧困解決のためにあらゆる努力を行なう決意を述べた。このアジアの脅威については、ニュージーランド外相ドイジもこれまで以上に強調した[49]。会議では、イギリスがコモンウェルスのみならず非コモンウェルス諸国をも巻き込んだ対応を明確にしたために、イギリスとオーストラリアとの露骨な対立は見られなくなった。

初日午後の会合では、非コモンウェルス諸国の参加や技術援助などについて話し合われた。非コモンウェルス諸国の開発計画を報告書のなかに盛り込むべきかの問題に関して、ゲイツケルはできるだけ参加を促すべきであるという立場をとったが、とりあえず報告書草案を配布することにとどまった。フィリピンの参加についても、アメリカの意向を確認するまで保留となった。技術援助については、作業委員会の草案を承認し、技術協力協議会のタイトルから「コモンウェルス」の語句を削除して非コモンウェルス諸国に伝えることが承認された。これは、非コモンウェルス諸国に積極的に参加を促す狙いが認められたと言ってよい。

二日目からイギリス政府の作業部会が取りまとめた報告書草案の検討に入った。それは、三部構成からなり、第一章から第三章までは、南・東南アジアの重要性と開発の必要性、第四章から第七章まではインド、パキスタン、セイロン、マラヤおよびボルネオの開発計画書の分析、第八章から第一〇章まではプログラムの総括と技術と資本不足について検討している。報告書作成にあたって、当該委員会の包括的見解を示すものとして作成されたこと、および各開発計画については共通の様式による比較を行なわずまったく変更を加えていないことが確認された後、(50) 各国の計画書に対する具体的な検討が加えられた。

最も議論が集中したのは、外部からの資金援助の問題であった。すでに報告書草案と作業部会委員長クラークのメモが回覧されていたが、(51) 最初に言及したスペンダーは、援助総額がおよそ一〇億ポンドとなることを確認し、六カ年間に被援助国の経済事情や国際収支の改善がみられるならばそれに応じて支援額が調整されるべき点と、スターリング・バランスはコモンウェルス諸国の債権であり、開発支援のために引き出せるように協力すべきことを主張した。インドのC・デシュムクは、六カ年の定期的な支援状況を確認していくためには常設の機関が必要であること、インドの開発計画にはすでにスターリング・バランスが利用されているが、報告書のなかに今後も積極的に開発計画に利用されることを明記すべきことを要請した。スターリング・バランス問題に対して、ゲイツケル蔵相は、ニュージーランドおよびパキスタンから好意的な対応を引き出したことで、報告書草案を作成するにあたってコモンウェルス諸国政府ならびに作業部会において十分な検討を行なってきたことを強調し、これ以上の過重な負担を防ぐために詳細な検討を避けた。(52)

九月二八日の午後の第七回会合では、アメリカなどからの外部資金を受け入れる場合を想定して、ＯＥＥＣのような資金管理機関の必要性について検討されたが、アメリカの意向の確認や、被援助国の意向を優先する必要から双務的に援助協定を結ぶことが望ましいという意見が出され、結論に至らなかった。また、開発援助にあたって、国連や世界銀行との密接な連携をとり、競合しないことが確認された(53)。

九月二九日の第八回会合において、スターリング・バランス問題の取り扱いを再確認した後、一時休会に入り、一〇月二日からの非コモンウェルス諸国との審議を経て一〇月四日に最終報告書草案の取り扱いを確認し、閉会した。最終報告書は、諮問会議の最終日に承認され、イギリス政府の白書として公刊された(54)。

(3) コロンボ・プランの公表とイギリスの思惑

ベヴィン外相は、一九五〇年二月二二日付けで会議の結果に関する覚書を閣議に提出している。彼は、アジアで最初に開催されたコモンウェルス外相会議の成功を掲げ、共産主義の脅威から南および東南アジアの経済開発問題に最優先して取り組む必要性を力説した(55)。また、イギリスを中心とするコモンウェルスの役割を確認した。続いてシドニー会議については、代表のマクドナルドによる報告書が六月一六日付けで提出された(56)。この報告書では、オーストラリアとの対立が生じたものの、イギリス優位の結果が得られたことが強調されている。ただ技術援助計画に関しては、妥協ではなく総意の結果を強調している。

この二つの覚書を見る限り、イギリスの思惑どおりの成果が得られたかのように見受けられるが、会議での主導権を握りつつも現実的には、計画に対する財政負担の拡大を懸念して、消極的姿勢をとらざるをえなかった事情に留意すべきである。ゲイツケル蔵相は、一九五〇年一一月二八日にイギリス議会に報告した際、イギリス国民の支持を得るために、南・東南アジア開発計画に対するイギリスの負担が、三カ年の技術支援に二八〇万ポンド、さらに六カ年の長期計画に対してスターリング・バランスを含めて三・三億ポンド（コモンウェルス諸国三億ポンド、非コモンウェルス諸国三〇〇〇万ポンド）となることを明らかにしたが、スターリング・バランスの凍結解除がイギリス国民へ

表1－1　コロンボ・プラン

（単位：£m.）

	インド	パキスタン	セイロン	マラヤ・英領ボルネオ	合計
総額	1,379	280	102	107	1,868
対外援助額	818	145	60	61	1,084

出典：TNA, CAB129/48, C（51）51, Colombo Plan, para 5.

の負担とならないことを強調して、コロンボ・プランへの積極的援助の必要性を訴えていた[57]。イギリスは、これまでたびたび国際収支危機に見舞われ、ポンド・スターリングの安定をいかに確保するかに悩まされており、巨額なスターリング・バランスの処理が大きな課題となっていたのである。このため、コロンボ・プランは、イギリスにとって、コモンウェルスの域内開発を促しドル決済圏への第一次産品輸出を促進することでドル不足を緩和するとともに、開発計画に必要な外部資金額を確定しつつ、スターリング・バランスの計画的利用を協議できる絶好の機会となると考えられた。しかし、急激な流出は、イギリス経済に致命的打撃を与える撹乱要因でもあったのである[58]。ちなみに、一九五〇年九月時点でのアジアの新コモンウェルスおよび植民地の開発経費総額と対外援助額については、表1－1から明らかなように、インドが圧倒的であった。外部資金総額のうち、四億ポンドがコモンウェルス諸国から、六億ポンドがアメリカと世界銀行からとそれぞれの支援が見込まれていた。

一九五一年一二月二〇日付けで内閣に提出された外務大臣、大蔵大臣、コモンウェルス関係省大臣、植民地省大臣四名の連名による覚書が、イギリスの方針をより明確に示している[59]。まず強調されている点は、コロンボ・プランを共産主義拡大の阻止手段として位置づけたことである。アジアにおける共産主義の拡大を阻止するには、資本主義国側との関係を保つことが最善であることをアジアの人々に納得させることにあるとして、そのためにヨーロッパ諸国がアジアの生活水準の向上に誠意を持って積極的に対処する必要性を確認している。また、このプランが当該地域に対するアメリカの経済援助を自覚させるのに絶好の機会となることも指摘している。イギリスが、これまで可能な限り自らの統治領域への介入を避けてきたアメリカとの連携が不可欠であることを認め、軍事的支援ではない経済的援助の戦略的重要性を確認したことに留意すべきである。それは、イギリス本国の財政的支援の困難さに起因していたからにほかならない。さらにこの覚書の重要な点は、コロンボ・プランが新・旧コモンウェルス諸国の友好関係と団結を図る有効な手段となることへの期待を表明するとともに、今後インドがその中心的役割を果たしていくことを予想していたことである。インドを介したイギリスの支援体制が確保されなければ、南・東南アジアにおけるイギリス、さらにはコモンウェルスの影響力を著しく弱体化させてしまう懸念から、インドを中心としたコモンウェルス支援体制の重要性を強調していることにも留意すべきであろう。

五　コロンボ外相会議の成果

本章では、戦後の国際情勢の変容を視野に入れながら、コモンウェルスの再編との関連でコロンボ・プランの成立過程を明らかにしてきた。最後にその検討を踏まえて、戦後アジアの国際秩序再編との関連で次の二点を指摘しておきたい。

第一点は、戦後冷戦構造の確立とコモンウェルス体制の関係についてである。イギリスは、一連のコモンウェルス会議を通じて、アジアにおける共産主義の拡大を阻止し新国際秩序の再建に積極的にかかわることによって、ふたたびアジア世界、さらには冷戦体制において、コモンウェルスの再編を通じて支配力の維持拡大を図ろうとしたことを確認すべきであろう。共産主義国としての中国の台頭によって、イギリス政府と他のコモンウェルス政府は、中国の支配がビルマや東南アジアへ及ぶことを恐れていた。コモンウェルスの諸会議では、ヨーロッパにおける共産主義拡大の脅威がしだいに大西洋からアジア・太平洋に移行しつつあるという認識を共有し、ビルマや東南アジアがヨーロッパにおけるギリシャのように、アジアにおける共産主義拡大の防塁として機能することを願っていたのである。

さらに、イギリスのコモンウェルスの再建にあたって重要な問題は、スターリング・バランス処理の問題であった。概してイギリスは、国際収支危機、とりわけドル不足を解消し、戦前のようにヨーロッパおよびアジアにおける支配的国家であり続けることを望んでいた。コモンウェルスの新メンバーとしてインド、パキスタン、セイロンを迎え、旧自治領諸国と対等な地位を与えて、アジアの安全保障問題の議論に積極的に参加できる環境を整えた背景のひとつには、共産主義拡大の脅威という意識を共有して戦後アジア国際秩序の再建に関心を持たせながら、スターリング圏におけるスターリング・バランスの安定維持のために、過度の引き出しを抑制し急激な財政負担を強いられないようにしたいというイギリスの警戒が存在していたのである。とくに、共和制へ移行するインドを王冠への忠誠を求めるコモンウェルス内に留まることを認めたのは、コモンウェルス諸国、とくにイギリスが西側のグループとしての重要な役割をインドに期待したからにほかならない。かくして、イギリスは、共産主義に対抗し、大陸ヨーロッパとの関係において優位に立つために、政治的・金融的にも解体しつつある帝国システムから新たなコモンウェルス・システムへとアジア諸国を再度組み込み、ソ連、アメリカに次ぐ第三勢力としての地位を確保しようとしたと言えるだろう。なお、このスターリング・バランスの問題については、第二章と第一〇章で詳細に検討される。

第二点は、アジア国際秩序形成におけるコロンボ・プランへの期待である。コモンウェルス外相会議は、アジアで開かれた最初のコモンウェルス会議として歴史的意義を持ち、参加国が対等の立場でアジア側の観点からアジア問題を検討することを可能にした。この会議において、ネルーは、どちらの陣営にも与しない政治的独立の確保を強調し、オーストラリアも、旧自治領国としての役割を認識しつつも、アジア・太平洋の安全保障に強い関心を寄せていた。ネルーとスペンダーのリーダーシップが、この外相会議のあり方を左右したことに留意すべきである。

こうした思惑が錯綜するなかで提案されたコロンボ・プランは、スペンダー・プランとも呼ばれるように、オーストラリアの意向を強く反映していた。アジア・太平洋における安全保障体制構築の手段として、東南アジア諸国が共産主義陣営の一部として組み込まれないようにするためには、コモンウェルス諸国がアジアの人々の生活水準を引き上げ、彼ら自身の国民経済の確立を促すことが必要であった。経済的・政治的支援が軍事的抑圧よりもはるかに効果があるとみなされた。まさに軍事協定回避の役割が期待されたのである。バオ・ダイ政権の承認をめぐって、ベヴィンとネルーのあいだで激しいやり取りがあったとき、議長のセナナヤケが一〇カ年開発計画を提示したことがきっかけとなり、政治問題から経済問題へと審議が急転回した。しかしながら、一〇カ年計画は非常に概略的であったために、スペンダーがオーストリア案として事前に準備していたより包括的な経済計画を示すに至ったのである。

イギリスは、彼の声明を歓迎しつつ、単独で実行できる財源を持っていなかったことから、最初は消極的態度を示していた。[60] しかし、イギリスは、シドニーでの第一回諮問会議に向けて、ただちに閣内にコロンボ・プラン推進作業部会を設置し入念な開発計画を策定し、アジア諸国から提出された計画案をイギリス開発政策の一環として取り組んだのである。その最終決戦の場がロンドンでの第二回諮問会議であった。その計画の遂行にあたってはコモンウェルス諸国、さらには国連機関、世界銀行、そしてアメリカの財政的支援を受けることが不可避であったため、その後支援交渉が積極的に行なわれるとともに、対日講和交渉においても明らかなように、中国や東南アジア市場を日本に開放することで日本経済を復興させ、開発計画における援助国としての日本の重要な役割を期待した。アメリカが旧イギリス帝国領土内の金融的支援に積極的にかかわる意図を持ち合わせていなかったため、コモンウェルス諸国は、戦後日本における軍事的占領政策を早期に終了させ、中国・東南アジア市場の開放を視野に入れた日本の経済再建を推し進めるための金融支援をアメリカに期待したのである。[61]

コロンボ・プランは、イギリス経済への負担を最小限にしつつ、アジアにおける新国際秩序再建のためのコモンウェルス諸国の協力体制を確立する計画であったが、それにとどまらず非コモンウェルス諸国を巻き込んだ総合的アジア開発計画へと発展していく。そして、このプランこそが、その後のアジアにおける「開かれた経済」構想の起点をなしたと言えるのではないだろうか。

注記

（1） Commonwealth Prime Ministers' Meeting, 1946: Final Communique, 23 May 1946; Mansergh, Documents, vol. 1, pp. 595-596.

（2） コモンウェルスのアジア・メンバーに関して、Nicholas Mansergh, *Survey of British Commonwealth Affairs: Problems of Wartime Co-operation and Post-War Change, 1939–52* (Oxford: Oxford University Press, 1958), ch. 5を参照。

（3） 渡辺昭一編『帝国の終焉とアメリカ』（山川出版社、二〇〇六年）、R. McMahon, *The Cold War on the Periphery: the United States, India, and Pakistan* (New York: Columbia University Press, 1994); A. Rotter, *The Path to Vietnam: origins of the American Commitment to Southeast Asia* (Ithaca: Cornell University Press, 1987).

（4） 詳細は、TNA, DO35/2770, Press release from Minister of External Affairs, 12 November 1949 [169].

（5） Kenneth M. Wright, 'Dollar Pooling in the Sterling Area, 1939–1952', *The American Economic Review*, vol. 44, pt. 1 (1954).

（6） N. Tarling, 'The United Kingdom and the Origins of the Colombo Plan', *Journal of Commonwealth and Comparative Politics*, vol. 24, no. 1 (1986); N. Tarling, *Britain, and Southeast Asia and the Onset of the Cold War, 1945–1950* (Cambridge: Cambridge University Press, 1998); D. Oakman, *Facing Asia: a History of the Colombo Plan* (Canberra: Australian National University, 2004); D. Oakman, 'The Seed of Freedom: Regional Security and the Colombo Plan', *Australian Journal of Politics and History*, vol. 46, no. 1 (2000); P. Spender, *Exercises in Diplomacy: ANZUS and the Colombo Plan* (Sydney: Sydney University Press, 1969); L. P. Singh, *The Politics of Economic Cooperation in Asia* (Missouri: University of Missouri Press, 1966); V. Base, *Colombo Plan and India* (Dehli: Atma Ram & Sons, 1951); David Lowe and Daniel Oakman, eds., *Australia and the Colombo Plan, 1949–57* (Canberra: Australian Department of Foreign Affairs and Trade, 2004).

（7） 当時の新聞や雑誌のほかに、日本外務省および大蔵省、日本銀行、東京銀行なども数多く論説をまとめている。たとえば外務省調査局第四課「コロンボ・プランの現状」『調査と資料』一巻二号（一九五一年）、大蔵省調査月報「コロンボ・プランの要旨」四〇巻一号（一九五一年）、日本銀行調査局『コロンボ・プラン』（一九五六年）、東京銀行調査月報「コロンボ計画について」三巻二号（一九五一年）、同「コロンボ・プラン」六巻四号（一九五四年）などである。そのほか、日本エカフェ協会の『エカフェ通信』や国民経済研究協会編・監修『戦後復興期経済調査資料』第二〇巻（日本経済評論社、一九九九年）も概略を知るうえで有益である。

日本における研究について、郡司喜一「コロンボ・プラン」『青山法学論集』一巻一・二号（一九五九年）、吉宗宏「英国の『東南洋』に対する経済力」『東洋研究』五三号（一九七九年）、山口育人「コロンボ・プランとアトリー労働党政権のスターリング政策」『史林』九〇巻六号（二〇〇七年）、波多野澄雄「『東南アジア開発』をめぐる日・米・英関係」近代日本研究会編『年報近代日本研究16　戦後外交の形成』（山川出版社、一九六九年）、大海渡桂子「戦後日本の『東南アジア地域戦略』の萌芽」『法学政治学論究』八一号（二〇〇九年）。

（8）益田実『戦後イギリス外交と対ヨーロッパ政策』（ミネルヴァ書房、二〇〇八年）、第一、三章。

（9）詳細な交渉過程については、B. R. Tomlinson, 'Indo-British Relations in the Post-colonial Era: The Sterling Balances Negotiations, 1947–49', in A. N. Porter, ed., *Money, Finance and Empire, 1790–1960* (London: Routledge, 1985).

（10）Manserph, *Survey of British Commonwealth Affairs*, pp. 737–738.

（11）ブレヒャによると、一九四八～四九年におけるコモンウェルス問題に関連してインドの対応には七つの要因が存在していた。すなわち、①米ソを中心とした二極体制の出現、②冷戦の出現にともなうインドの対応表明の要求、③パキスタンおよびイギリスとの個別の双務関係、④東南アジアおよび極東における政治的緊迫、⑤インドの軍事的弱体、⑥インドの経済的依存、⑦インド国内の反体制力からの協力確保であった。M. Brecher, 'India's Decision to remain in the Commonwealth', *Journal of Commonwealth and Comparative Politics*, vol. 12 (1975).

（12）TNA, CAB133/89, Meeting of Prime Ministers, minutes of Meetings and Memoranda.

（13）詳細は、以下の史料を参照。TNA, CAB21/1819~CAB21/1925, Commonwealth Prime Ministers Conference, London 1949; R. J. Moore, *Making the New Commonwealth* (Oxford & New York: Oxford University Press, 1987). 拙稿「イギリスのコモンウェルス体制の再編とインド」『ヨーロッパ文化史研究』第一三号（東北学院大学ヨーロッパ文化研究所、二〇一二年）、秋田茂「南アジアにおける脱植民地化と歴史認識――インドのコモンウェルス残留」菅英輝編『東アジアの歴史摩擦と和解可能性――冷戦後の国際秩序と歴史認識をめぐる諸問題』（凱風社、二〇一一年）を参照。

（14）オーストラリア外相スペンダーによると、オーストラリア防衛にとって最も重要な項目は、アンザス（ＡＮＺＵＳ）とコロンボ・プランであった。P. Spender, *Exercises in Diplomacy: the ANZUS Treaty and the Colombo Plan* (Sydney: Sydney University Press, 1969).

（15）TNA, CAB133/78, F.M.M.(50)2. このファイルは、TNA, DO35/2773から除去されている。

（16）この会議の詳細は、Summary Record of Discussions, 14 November 1949, in Lowe and Oakman, eds., *Australia and the Colombo Plan*.

（17）Brief for Cabinet for Commonwealth Conference, Colombo (Top Secret), December 1949, in Lowe and Oakman, eds., *Australia and the Colombo Plan*.

（18）Ibid.

（19）Cablegram from Department of External Affairs to Posts, 3 January 1950, in Lowe and Oakman eds., *Australia and the Colombo Plan*.

（20）TNA, DO35/2769, Inward Telegram to Commonwealth Relation Office, Immediate no. 274 Secret, 8 November 1949: Times (London), 14

November 1949.

(21) TNA, DO35/2769, Note by Lord Privy Seal, 17 October 1949.

(22) 当該会議の開催日程については、一二月のオーストラリアの総選挙後の新体制の成立とインド憲法の確定後が望ましいという参加者からの要請もあった。The defeat of the Chifley Labor government by the Liberal-Country Party coalition in December 1949 appeared to end the independent trend in Australian foreign policy mapped out by Evatt. For the Menzies government, the specter of international Communism posed the most serious threat to the nation. Oakman, *Facing Asia*, p. 31.

(23) TNA, DO35/2769, Letter from Garner to Dening, 19 October 1949.

(24) 一九四九年七月のコモンウェルス蔵相会議以降の国際収支問題を検討するために、本会議と並行して官僚レベルでの会議が開催された。イギリス代表の主たる課題は、マーシャル・プランの満了前にどんな手段がコモンウェルス政府によってとられるか、またポンド価値の引き下げ後のコモンウェルス政府の物価政策を調整する必要性およびコモンウェルス諸国のドル不足によって引き起こされたスターリング・バランスの引出し問題をどのようにするかを検討することであった。この会議での議論が同時並行的に開かれ、必要に応じて本会議で取り上げられることになっていたのである。現在の国際収支状況を確認した後、彼らは、九月のワシントンでの会議および七月のコモンウェルス蔵相会議後の経済活動を振り返り、一九五〇年以降の国際収支を展望した。スターリング圏のドル収支の動向を検討し、コモンウェルス諸国の経済援助との関連を見いだそうとしていたことがわかる。イギリスは、この協議によって、ドル不足に対するコモンウェルス諸国の協力体制を確信したのみならず、コモンウェルス諸国の経済発展の再興とスターリング経済圏やドル経済圏への依存度を確認する機会を得たのである。他方、各代表は、ドル不足の解決や国民経済の発展のためにスターリング・バランスの利用をもくろんでいたのである。この会議の詳細については、TNA, CAB133/79, F.M.M.(E)(50); DO35/2772, [File 36] Telegram from Colombo delegation to Foreign Office no. 53, 14 January 1950 を参照。

(25) TNA, DO35/2773, ibid., item 1. Opening of the Meeting.

(26) TNA, DO35/2773, M.M.M.(50) [File 12] Minute of the 2nd Meeting, 9 January 1950.

(27) Ibid.

(28) TNA, DO35/2773, [File 13] F.M.M.(50) Minutes of the 3rd Meeting.

(29) Ibid.

(30) TNA, DO35/2773, [File 27] The Canberra Conference in Briefs for the Colombo Plan.

(31) John T. McNay, *Acheson and Empire* (Missouri: University of Missouri Press, 2001), ch. 2.

(32) 一九五〇年五月一日からロンドンで、高等弁務官らによるコモンウェルス運営委員会が開催され、講和条約に過酷な報復条項を入れない、日本の平和産業に制限を設けないなど対日講和に関する意見調整を行なっている。

(33) TNA, DO35/2773, [File 14] F.M.M. (50) Minutes of the 5th Meeting (11 January 1950). なお、戦後日本のアジア政策については、波多野澄雄・佐藤晋『現代日本の東南アジア政策　一九五〇―二〇〇五年』(早稲田大学出版部、二〇〇七年)が有益である。

(34) TNA, DO35/2773, [File 15] F.M.M. (50) Minutes of the 6th Meeting.

(35) TNA, DO35/2773, [File 16] F.M.M. (50) Minutes of the 7th Meeting.

(36) 回覧された覚書は、次の三つであった。(i) F.M.M. (50) 4 (11 January 1950) Memorandum by the Australian Delegation; (ii) F.M.M. (50) 5 (11 January 1950) Draft Resolution by Ceylon's Minister of Finance; (iii) F.M.M. (50) 6 (12 January 1950) Joint Memorandum by the Australia, New Zealand and Ceylon Delegations.

(37) TNA, DO35/2773, [File 28] Printed Copies of the F.M.M. Papers. スペンダーは、インドネシアの対米貿易によるドル収益に着目していた。David Lowe, 'Percy Spender and the Colombo Plan 1950', *Australian Journal of Politics and History*, vol. 42, no. 2 (1994).

(38) Oakman, *Australia and the Colombo Plan*, pp. 19-33.

(39) TNA, F.M.M. (50) 6 (12 January 1950) Joint Memorandum by the Australia, New Zealand and Ceylon Delegations.

(40) TNA, DO35/2773, [File 17] F.M.M. (50) Minutes of the 8th Meeting, Item3: Southeast Asia – Economic Aspects.

(41) TNA, DO35/2773, [File 19] F.M.M. (50) Minute of the 9th Meeting.

(42) TNA, CAB133/79, CP (50) 18, The Colombo Conference: Memorandum by the Secretary of State for Foreign Affairs.

(43) シドニー諮問会議に関する詳細な資料は、TNA, CO537/6097, British Commonwealth Consultative Commitee. また、イギリスの内閣に提出された公文書には最終報告のみ掲載されている。TNA, CAB133/79, CP (50) 123., Commonwealth Consultative Commitee on Economic Development in South and Southeast Asia: Sydney, May 1950. なお、第三回以降の諮問会議は、コンファレンスではなく、コミッティという用語が一般に使われるようになるために、諮問委員会と呼ぶことにする。

(44) コロンボ外相会議の決議にもとづき、イギリス政府は、内閣にコロンボ・プラン検討委員会を設置した。アトリー首相は、すでに経済開発(海外)省庁間委員会(the Official Committee on Economic Development [Overseas])を設置していたけれども、そのうち極東省庁間委員会(the Far East [Official] Committee)を南・東南アジア経済開発委員会(the Working Party on Economic Development on South and Southeast Asia)の作業部会として再編した。この作業部会こそ、イギリスの素案作成に携わった委員会であった。CAB21/2977, Confidential F.E. (O) (50) 3, 3 February 1950 [file.1]. この作業部会の詳細については、CAB21/197~CAB21/201 を参照。

(45) この予備交渉において、本会議への出席者名と検討課題が確認された。南アフリカ連邦は、アフリカの開発に追われアジアに資金提供の余力がないとして欠席した。

(46) ここで承認された技術者養成のための本国受け入れ、技術者派遣、そして技術施設の創設など技術援助計画の実施に向けて、さっそく一九五〇年七月の常任委員会で技術協力協議会の規約が起草され、一〇月初旬に諮問会議に提出された。

(47) TNA, CAB129/40, C(50)123, Commonwealth Consultative on Economic Development in South and South-East Asia: Sydney, May 1950'.

(48) ロンドン諮問会議の議事録については、TNA, CAB133/7, Commonwealth Consultative Committee: Minute in London, Sept.-Oct. 1950 に収録されている。

(49) TNA, CAB133/7, CCL(50), 1st Meeting. 開会の模様がイギリスＢＢＣによって実況されたことから、当会議に対するロンドンの関心の高さがわかる。

(50) TNA, CAB133/7, CCL(50), 3rd Meeting.

(51) TNA, CLL(50)10, Note by the Chairman of the Drafting Party (Draft Chapter X: Paragraph 28). このメモにおいて、①六カ年で当該コモンウェルス諸国に対する外部支援額は一〇億ポンド以上であると表明されているが、非コモンウェルス諸国に対する支援額を確定することは現在困難であること、②すでにインド、パキスタン、セイロンに対して、一九四九年までに三億四〇〇〇万ポンドのスターリング・バランスの凍結解除を行なってきており、今後も当該国の通貨準備額まで引き落とされることになること、③そのほかの外部支援として、とくにイギリス植民地に対して植民地開発・福祉基金、ロンドン金融市場での借款、さらにはアメリカ経済協力機関からの支援、世界銀行からの借款を挙げている。

(52) TNA, CAB133/7, CLL(50), 6th Meeting. 二九日午後の第九回会合において、ふたたびスペンダーが発議したが、非コモンウェルスの参加を促すうえで、またアメリカからの支援を得るために、スターリング・バランス問題を強調すべきでないとして、報告書での取り扱いを慎重にすることを望むに至っている。

(53) TNA, CAB133/7, CCL(50), 7th Meeting. シドニー諮問会議で問題になった、緊急支援と商品協定問題に関しては、ほとんど議論されなかった。フィリピンに参加を要請するかどうかも審議継続となった。

(54) TNA, CAB133/7, CCL(50)6 (Final). The Colombo Plan for Cooperative Economic Development in South and South East Asia; British Parliamentary Papers, Cmd.8080. イギリス政府は、写真や地図を入れた平易な冊子として、*New Horizons in the East* (London, 1950) を公刊した。この報告書の邦訳については、日本外務省第二課経済訳『南及び東南アジアの共同経済開発に関するコロンボ計画』（一九五一年）、日本大蔵省『南および東南アジアにおける共同的経済開発のためのコロンボ計画』調査月報第四〇巻第四号（一九五一年）がある。なお、この報告書の分析については、拙稿「戦後アジア国際秩序再編とコロンボ・プランの指針——一九五〇年第二回コモンウェルス諮問会議報告書分析」『歴史と文化』（東北学院大学）第四六号（二〇一〇年三月）を参照。この最終報告書にスターリング・バランスの具体的流用を盛り込むために、イギリス政府とインド、パキスタン、セイロンの各政府との間で行なわれた交渉については、TNA, T236/2753, ‘Colombo Plan: Release of Sterling Balances’.

（55） TNA, CAB129/38, CP(50)18, ‘The Colombo Conference: Memorandum by the Secretary of State for Foreign Affairs’.

（56） TNA, CAB129/40, CP(50)123, ‘Commonwealth Consultative Committee on Economic Development In South and South East Asia: Memorandum by the Paymaster-General’; TNA, CAB129/40, CP(50)127, ‘Economic Development in South and South East-Asia: Memorandum by the Chancellor of the Exchequer, the Secretary of State for Commonwealth Relations and the Minister of State’.

（57） Hansard’s Debates, 28 November 1950, vol. 481, cols. 950–953.

（58） 詳しくは、本書第二章のブライアン・R・トムリンソン「衰退国家の武器」を参照。

（59） TNA, CAB128/48, C(51)51, ‘Colombo Plan: Note by the Secretary of State for Foreign Affaires, the Chancellor of the Exchequer, the Secretary of State for Commonwealth Relations and the Minister of State for Colonial Affairs’.

（60） この会議中に、エカフェ資料の利用可能性について提案された。TNA, DO537/6092, Outward Telegram from Commonwealth Relation Office to U.K. High Commissioner in New Zealand, Union of South Africa, and Canada, 13 January 1950 [file5]. この後、外務省は、駐米イギリス大使から東南アジアへの援助をめぐり国務省との折衝を認めるように要請を受けた。TNA, CAB21/2977, 17 February 1950 [file2].

（61） 戦後日本のアジア外交については、波多野澄雄編『冷戦変容期の日本外交』（ミネルヴァ書房、二〇一三年）が有益な示唆を与えてくれる。

第2章　衰退国家の武器

イギリスのスターリング・バランスと開発支援

ブライアン・R・トムリンソン

一　コロンボ・プランの概要

一九五〇年一月にコモンウェルス外相会議がコロンボで開催され、イギリス、旧自治領諸国、そして新しくコモンウェルスに加盟したインド、パキスタン（現バングラデシュを含む）、セイロンの代表が参加した。(1) 第一章で詳細に検討されているように、この会議のおもな目的は、ソ連の領土膨張の野心と中国革命の成功によって派生する脅威をめぐり、アジアにおける相互安全保障の手段を議論することにあった。当該地域の貧困が共産主義者のプロパガンダの絶好の機会を与えてしまうことが広く認識されていた。当該会議は、セイロン首相の主導のもとで、南・東南アジアにおける国民の生活水準引き上げの必要性に関して多くの時間を割いた。オーストラリア外務大臣P・スペンダーがこの問題をさらに進展させ、オーストラリア、セイロン、ニュージーランドが合同で提出した最終プランによって、経済開発のための国際協力の枠組みを検討する諮問会議が設置されることになった。(2) マラヤ、英領ボルネオの代表を含めたこの会議は、一九五〇年五月にシドニーで開催され、技術協力計画を実施することに同意し、外部からの援助の必要性を評価するために、アジアのコモンウェルス諸国に対して六カ年計画の作成を要請した。セイロン、マラヤ連合、インド、北ボルネオ、パキスタン、サラワク、シンガポール政府によって提出された諸計画は、一九五〇年九月にロンドンで開催された第二回諮問会議において検討され、「南・東南アジアにおける共同経済開発のためのコロンボ・プラン」として報告書にまとめられた(3)。その後、一九五一年二月にコロンボで第三回諮問会議が開かれ、六カ年計画に投下される外部資金額が確定されたのである。

コロンボ・プランの本来の構想は、コモンウェルス諸国の会議から発したものであったけれども、まもなくコモンウェルスのイニシアティブがなくなった。イギリス政府は、アジアの帝国支配国家として、当初からこの計画にオランダとフランスの参加を求めていたが、インドや他のアジア諸国からの反対に合い、あきらめてしまった。他方、アメリカ政府は、イギリスの要請によって、ロンドンで開催された第二回諮問会議に官僚を送り込んだ。また、オーストラリアの要請でいくつかの非コモンウェルス諸国もオブザーバーとして参加し、技術援助計画に関与しようとした(4)。一九五一年にアメリカは、カンボジア、ラオス、ヴェトナムとともにフル・メンバーシップを獲得し、その後一九五二年三月にビルマとネパールが、一九五三年一〇月にインドネシアが、そして、一九五四年一〇月にフィリピン、タイ、日本が参加した(5)。

多くの同時代人が指摘したように、コロンボ・プランは、経済発展のための首尾一貫した計画ではなく、一九四七年にアメリカによって実施されたヨーロッパ復興計画（マーシャル・プラン）のアジア版と言えるものではなかった。一九五〇年一〇月に提出された最終報告書は、単にアジアの参加国から提出された六カ年計画を寄せ集め、その実施に必要な外部資金額を見積もったにすぎなかった。参加国の多くは経済計画や開発政策を策定するための有効な機構を確立していなかった。インドのみが例外であり、第二次世界大戦の後半からすでに検討を始めていた手順に従った綿密な六カ年計画を提出した。セイロンとパキスタンは、開発計画の一部として多数の「検討中の計画」を提出した。諮問委員会は、個々の計画について批評しなかったし、当該地域の統制された開発戦略に組み込むこともしなかった。各コロンボ・プランのもとでアジア諸国に与えられる援助は、当該国同士による双務交渉でなされることになった。

国は、自らの計画に責任を持つことになり、国家の主権が確保された。将来当該地域に対する総合的協力に対する優先順位を示しその協力機構を設立することが必要となれば、その時点で検討することになった。

一九五〇年のロンドン諮問会議は、技術援助に関する最終的な取り決めもして、海外からの技術者一四一一人（ほとんどインドとパキスタン）の支援、熟練技術者や管理者を育成する技術教育の改善についても決議した。コモンウェルス技術援助計画について、参加国の代表からなる技術協力協議会が管理し、技術協力局が情報収集の面から支援することになった。この計画に対して、開始から三年間で八〇〇万ポンドの支出が認められたが、技術協力協議会ではなく援助国‐被援助国間の双務契約によって運用された。

ロンドン諮問会議は、計画実施過程において国民生活を一定程度の水準に引き上げるために必要な外部資本額に関して、アジア諸国が必要と見積もった総額を提出させた(6)。総額一九億ポンドと見積もられた資金は、農業、輸送、通信に投下される予定であった。大規模な外部資金が必要であった。国内財源から供給される開発計画資金は、総経費の半分にも満たなかったため、国際収支不足は外部資金によって充当する必要があった。個人からの十分な資本投資が見込めなかったことから、決済手段としての外国為替が必要であり、消費財、とくに食料に対するいっそうの支援が求められていた。これが被援助国内で販売され、その売上金が開発資金に充当されることになった。イギリスの実質的援助手段となる南アジアに対するスターリング・バランスの放出でさえ、一〇億ドル以上の対外支払い不足が発生した。しかし、外国借款への淡い期待や経済成長が輸出超過と輸入削減を可能にするだろうといった漠然とした期待しかなく、確固たる計画があるわけではなかった。世界銀行が資金提供の有力な機関としてみなされていたが、イギリス政府の誰しもがアメリカの豊富な投資支援を期待していた(7)。しかしながら、ロンドン諮問会議で決定された計画に十分に資金が提供され、一九五七年までに首尾よく成功を収められたとしても、その予想される結果は、インド人一人あたりの所得がわずかに一パーセントの上昇にすぎず、食糧生産もせいぜい一〇パーセント程度にしかならなかった。重要なことは、おそらく計画中のインフラ整備がその後急速に展開すると仮定したことであった。

二　ポンド・スターリング危機とスターリング・バランス

当時の国際政治経済を概観すれば、一九五〇年代初頭におけるコロンボ・プランの将来性と現実的な限界が、明らかとなるであろう。イギリス国際的地位の盛衰についてのイギリス政策担当者の評価が興味深い。それによると、イギリス政府は、戦後世界において大国としての役割を演じようとしていたが、厳しい経済状況が露呈したことで、その野望を萎めざるをえなかった。外務大臣E・ベヴィンが主導権を握ったイギリス外交政策は、イギリスの影響力と将来の繁栄がかかっている地域（西ヨーロッパ、中東、アフリカの北部、東南アジア）での支配的地位を補強するために、アメリカからの軍事的・財政的支援を求めようとした。首相C・アトリーをはじめ労働党政府の主力メンバーが、総合参謀本部の後援を受けてアメリカとの一定の距離を保とうとしていた一方で、ベヴィンの外交戦略は、英米間の特殊な関係とソ連に対する敵意を露わにしたチャーチル的思考を基調としていた(8)。

戦争末期に見られたイギリス経済の弱体ぶりは、一九四五年後の世界秩序再編に大きな影を落とした。イギリス産業は、戦争によって消耗しきっており、工場を再建して食糧や原料の輸入経費を賄うための必需品、とくに半工業製品や資本財を十分に生産できなかった。産業の再建には、アメリカ、カナダ、アルゼンチンなどから消費財および生産財を購入するためのドル資金が必要であった。イギリスは戦費を賄うためにドル建て資産を売却してしまい、いまやわずかの資産しか残っていなかった。ポンド・スターリングは、開戦時には大蔵省とイングランド銀行によってドルとの交換が厳密に統制されていたため、まったく通貨の交換性を消失していた。イギリスは、大規模なドル借款の見返りとしてワシントンの要求に応じるために、一九四七年七月にふたたびポンド・スターリングの自由交換性を一時的に回復した。しかしドルとの交換に殺到したため、わずか五週間でふたたび交換停止に陥ってしまった(9)。一九四八年四月にカナダの高等弁務官が指摘したように、「イギリス外交政策の基調は、西洋文明の価値観が重大な危機に瀕しているという考えによって支配されているけれども、それは、ドル問題への言及なくしては説明できない。……イギリス外交政策は、ドル不足、アメリカとの密接な関係の維持、そしてマンパワーの効率化などいくつかの諸要因によって何らかの影響を受けてきたのである[10]」。

ポンド・スターリングの問題は、植民地、自治領、その他の外国政府がロンドンに預託した巨額の資金によっていっそう複雑になった[11]。一九四〇年代後半まで、この預託金は二種類あった。ひとつは、スターリング圏内外の諸国との輸出超過によって生じた余剰金として、ロンドンにおいて外国政府、植民地政府および中央銀行に代わってポンド・スターリングで保有された為替準備金であった。もうひとつは、第二次世界大戦中にイギリスが海外での戦費調達のために自治領や他の政府から借款して、ロンドンにストックされたスターリング・バランスであった。この最大の貸手が新独立国のインドでありパキスタンであった。両国は、戦後の輸入決済に充てるために、このスターリングの引き出し率の交渉に入っていた[12]。イギリス植民地は、共通のドル・プールとして、そのドル収益金を預託しなければならなかった。そして、そのプール金からのハード・カレンシーの引き出しは、イギリス自身の支出であれ他の同意された支出であれ、イギリスの一方的な判断によって行なわれてきた。マラヤ、ガーナ（黄金海岸）、ナイジェリアは、スターリング圏における純ドル獲得国であった[13]。イギリス大蔵省が一九五一～五二年のスターリング危機においてその実情を明らかにした際、イギリスのためとは決して言わなかったけれども、植民地帝国は、ドル経済圏からは継続的な、非スターリング圏からはわずかな、そしてスターリング圏内に蓄積されたそれぞれの余剰金など、あらゆる資金を通じてスターリング・システムへの貢献を期待された[14]。

一九四〇年代末、アジア問題はイギリス外交政策において最重要課題ではなかった。防衛問題では西ヨーロッパと中東の方が重要視されたが、経済問題では、短期的にはドルを獲得するマレーシアが重要であり、長期的には原料供給地としてアフリカがより魅力を持っていた。そして、西ヨーロッパと北アメリカは、工業製品市場としてさらに重

表2－1　スターリング圏のポンド・スターリング・バランス，1945–50年

（単位：£m.）

	1945	1946	1947	1948	1950
オーストラリア，ニュージーランド，南アフリカ	305	266	255	379	491
インド，パキスタン，セイロン	1,358	1,314	1,218	957	790
カリブ地域	54	58	54	57	58
アフリカ植民地	205	217	253	314	346
中東	—	1	1	8	8
極東	142	193	198	195	201
その他	284	286	260	255	282
計	2,348	2,335	2,239	2,165	2,176

注：スターリング・バランスの趨勢については，本書の第1章を参照。
出典：Schenk, *Sterling Balances*, p. 19.

表2－2　関連諸国によるポンド・スターリング圏の金・ドルプールからの出し入れ総額，1946–1952年

（単位：$m.）

	イギリス	自治領と独立スターリング地域	植民地
ドル経済圏との増（+）or 減（−）	−7,743	−3,318	1,830
国際通貨基金と世界銀行に対する拠出	−236	−35	—
特別なドル収益金	+8,160[a)]	+2,303[b)]	—
イギリスに対する金の販売			160
金・ドルプールに対する預託（+）or 引き出し（−）	181	−1,051	1,990

注：a）アメリカからの借款（$3750m），カナダからの借款（$1159m），国際通貨基金（IMF）からの引き出し（$300m），マーシャル・プラン援助（$2951m）.
b）IMFからの引き出し（$159m），イギリスにおける金販売（$1672m），南アフリカ金借款（$325m），アイルランドに対するマーシャル・プラン援助（$146m）.
出典：Havinden and Meredith, *Colonialism and Development*, p. 272.

要であった。一九四七年と一九四九年におけるスターリング危機の際，イギリス政府は軍事増強や経済外交につぎ込める余力がほとんどなかった。しかし，イギリスは依然として，アジアにおけるリーダーシップを発揮し，西側の利害を保護する自らの主導的役割を信じていた。かくして，一九四九年にイギリス政府は，イギリスの財政負担を拡大しないという条件で，国内闘争と外部干渉に対抗してマラヤの防衛に介入した。外務省政務次官ウィリアム・ストラングは，一九四九年初頭の東南アジアと極東の視察後，「オスロから東京までわれわれの周辺地域を支配し，共産主義の膨張を防ぎ，可能であれば，軍事攻撃からそこを防衛することの重要性は，まったく自明のことである。……われわれは当該地において，たとえ単独ではなしえないにしても，他国が果たせなかった役割を担いたい。それは、イギリスの経験とアメリカの資力が結合することによって最もよく発揮されるはずである」と報告した。[15]

イギリスが予想したように、一九四九年にこのような政策路線に従ってスターリング問題の解決策が実施された。それは、一九四九年一月、トルーマン大統領の就任演説において開発途上国への援助計画「ポイント・フォー」が発表され、[16]同年末にはイギリス、アメリカ、カナダによる経済協議において検討された。しかし、この協議は何ら成果を生み出すことなく、ただ最大のスターリング保有国である南アジアが重要な交渉からまったく排除されていることのみが露呈してしまった。イギリスは、第二次世界大戦の戦費に起因したスターリング・バランスを簡単には清算することはできなかった。一九四九年一一月に内閣経済政策委員会の作業部会が決議したように、「こうした諸国によるわれわれへの厳しすぎる政策の政治的・戦略的結果を慎重に検討する」ことが必要であった。「今日における彼らの政治的・戦略的重要性と経済発展に対する緊急の要請」を鑑みると、キャンセルという選択肢はまったくなかった。しかしながら、イギリスは、こうしたスターリング保有国の戦略的重要性は、「彼らが共産国陣営に取り込まれるのを防ぎ、反共産主義勢力の支柱として再建することが不可避であったために」、アメリカにイギリスの債務負担を求める有力な口実となりうると考えていたのである。[17]

三　コロンボ・プランの財源問題

こうした背景を踏まえて、イギリス外相は、防衛問題と経済政策問題に関してコモンウェルス諸国の協力を求めてコロンボ外相会議に臨んだ。インド外交政策を担ったネルーは、インドの非同盟・反帝国支配の立場を弱めることを望んでいなかったけれども、コモンウェルス間の公式な同盟関係について議論を促した。彼は、中国およびインドシナでのアメリカ政策の展開に反対した。[18]さらに、インドや他の南アジア諸国は、スターリング・バランス問題をグローバルな金融政策の一環としてではなく、イギリスとの二国間交渉で解決することを望んでいた。しかしながら、イギリスは、財源不足から金融および防衛の両面においてときどき外部支援を求めなければならなくなることを自覚した。南アジアの貧困解決に向けたコモンウェルスの協力問題が検討されたとき、ベヴィンは、財政援助や資本財の追加的負担を求められない限りにおいて、それを歓迎するつもりでいた[19]。

ベヴィンは、コロンボ外相会議の参加者が「共産主義の脅威に対抗するため、東南アジアの人々の生活水準と社会福祉の改善に関して満場一致で承認したこと」を、同僚に伝えた[20]。イギリス代表団はこの決議におおむね満足であった。その状況を知った参加者がコメントしたように、イギリスはアメリカの介入を促す戦術以外決定的方法を持ち合わすことなく、ただ次のような希望を持っていた。

会期中にアジア経済援助計画にアメリカが参加しやすいような措置がとられるだろう。これによって、被援助国の経済が強化されて共産主義の拡大を阻止できるようになるだけでなく、概して、ヨーロッパ復興計画完了後もスターリング圏にドルが流入することが期待された。それはまた、スターリング・バランスの削減を可能とし、少なくとも引き出し額を制限する絶好の機会となろう[21]。

一九五〇年一月のコロンボ外相会議から同年五月のシドニー諮問会議までのあいだに、イギリス政府は、ふたたびスターリング・バランスの問題とアジア開発に関する西側諸国の責任問題を解決するために、アメリカからの直接支援を引き出そうとした。イギリス政府は、南・東南アジアのコモンウェルス諸国の開発に向けて、年五〇億ドルをアメリカ政府に要請することになると見積もった。南アジアに悪い感情を抱かせることになろうとも、シドニー諮問会議でどの程度の資金の拠出が可能かについてアメリカとただちに交渉することが必要であった[22]。イギリス政府は、アメリカの関心を引き付けようと、前述の二つの問題解決が地政学的理由から喫緊であると訴えた。

現在のスターリング・バランスは、その不均衡が解決されない限り脅威であり続けるし、その過度の返済は本国経済のインフレを引き起こしてしまう危険性がある。一方で、南・東南アジアにおける共産主義の脅威は、ますます拡大するであろう。この脅威は、政治的にも経済的にも非常に重要な要因であり、当該地域の人々に対する経済的発展の希望を与える建設的政策によってのみ対応可能である。また、南・東南アジアからの原料・食料の供給は世界経済にとってもきわめて重要であり、とくにこの地域は、西ヨーロッパの国際収支上、また貿易相手国としても大きな役割を担っている。[23]

イギリス政府は、アメリカの直接援助がインドの発展に及ぼす将来の影響を予測しようとした。しかし、一九五〇年三月に内閣の経済政策委員会に提出された、スターリング圏と南・東南アジアの経済発展に関する作業部会の合同覚書が示しているように、「われわれは、明らかに植民地を除いて、南・東南アジアにおける経済発展の推進に関して重要な役割を演じる余裕はない。独立後のインド、パキスタン、セイロンに対しスターリング・バランスの利用を認めることによって、彼らの経済発展にできる限りの支援を行なってきており、これ以上の支援を行なうことは到底できなかった[24]」。

しかしながら、この問題が一九五〇年五月初めにアメリカ政府に提示されたとき、国務省は、その提案を棚上げにしてイギリスの要請を打ち砕き、インドとパキスタンからの予想どおりの怒りを引き起こすことになる情報を新聞に流した。同時に国務省は、イギリスに対して、アメリカをアジアのコモンウェルス開発計画に巻き込むようなことを公表すべきでないと強く警告した[25]。国務長官は、アメリカもスターリング・バランスとアジア開発を重要な問題とみなしているが、それに積極的に関わるつもりもなければ、それを開発問題とリンクさせるつもりもなく、「ただ投資問題のひとつとして、当該地域の要求の観点から接近しなければならない」と、直接イギリス大使に伝えた[26]。かくして、イギリスの代表は、まったく建設的提案を持ち合わせることなく、シドニー諮問会議に臨むことになった。イギリス蔵相がマクドナルド卿に伝えた最後の言葉は、「まったく言質を与えないようにしよう」であったといわれている。[27]

シドニー諮問会議では、技術援助の節度あるプログラムをただちに作成することが決議されたが、一〇月のロンドン諮問会議まで開発資金などの主要な問題が保留となった。[28] しかし、イギリス政府は、当初予想していた方針に同意を得ることに首尾よく成功したのである。第一は、アメリカが協力者としてロンドン大使館員をロンドン諮問会議に派遣することに同意したことであり、第二は、スターリング・バランス論争は、イギリスが犠牲を払ったとはいえ鎮静したことである。イギリス政府は、六年間スターリング・バランスの引き出し、植民地開発・福祉法基金などからコモンウェルス諸国に対して三億三〇〇〇万ポンド、非コモンウェルス諸国に対して三〇〇〇万ポンドを提供できると、新蔵相ヒュー・ゲイツケルは非公式ではあるが各代表団に伝えていた。彼は、「われわれがこれ以上の拠出をできないことを受け入れてくれるだろうと」と目論んだのである。[29] これをもとに、インド、パキスタン、セイロンは、イギリスのコロンボ・プランに対する支援が、一九五六年までにスターリング・バランスの一定の比率での解除によって実施されることに同意した。かくして、ゲイツケルは、ロンドン諮問会議に関して内閣経済政策委員会に提出した報告で、「コロンボ・プランの最も価値ある副産物のひとつは、……インド、パキスタン、セイロンに関する限り、戦時中に増大したスターリング・バランスの問題が実質的に解決されることになる」[30]が、外部からの支援をまったく受けなければ、イギリス自らがその負担に応じざるをえなくなるだろうと述べている。

四　アジア開発とアメリカの介入問題

コロンボ・プランの成立背景に関するほとんどの史料から明らかなように、アメリカ政府の対応が参加国から非難されていた。アメリカは、一九四五年以降の戦後構想において政府が関与すべき優先順位について、日本を別にしてアジアを低位に置いていた。それは、アジアがヨーロッパに支配されてきた地域だったからである。しかしながら、一九四九年の後半までに、アメリカ国務省は帝国支配を続行する同盟国を支援する必要性を悟った。東南アジアは、いまやアジアの将来を占う鍵とみなされた。結局、アメリカは、インドシナにおけるフランスの軍事行動をテコ入れし、またマラヤにおけるイギリスの支配を支援することになった。[31] ジョージ・ケナンは、一九五〇年一月にワシントンでの高官による戦略会議で、「われわれが対処できない多くのことをコモンウェルスが続行してくれるのであれば、イギリス帝国の解体はアメリカの利益にはならない」と論じた。[32] しかし、その提唱に対する支持を十分に得ることができなかった。アメリカ議会は、イギリスの帝国支配の野望を助長したり、国益を損なってまでコモンウェルスを強化したりするような行動に加担することには常に反対であった。すでに確認したように、ワシントンは、絶えずスターリング・バランス問題を救済すべき負債問題の特例として取り扱うことを拒否していた。

南・東南アジアへの直接介入に関する限り、アメリカは、一九四九年末にこれまでの政策を方向転換した。国家安全保障会議（NSC）は、アジアの冷戦に関する青写真（NSC四八）を作成し、日本の復興を支援するために自由貿易にもとづく北東アジアおよび東南アジアにおける強力な地域経済を再建する必要性を強調したのである。一九五〇年四月にトルーマン大統領は、東南アジアにおける共産主義の拡大を阻止する実践的方法をとるべきことを強調したNSC六四を承認した。[33] この時点でもまだワシントンは、コロンボ外相会議での提案に関して迷っていた。当然ながら、最大の問題は、スターリング・バランスの問題であった。同年五月、アメリカ政府は、スターリング・バランスの削減や長期的な債務転換を歓迎したが、とくにポンド・スターリングが交換できない限り、イギリス国際収支を支えるためにいっそうのドル支援を行なうような協定には依然として不安を持っていた。しかしながら、六月に朝鮮戦争が勃発すると、国家安全保障会議は、「アメリカの安全保障を確保するためには」南アジアへの積極的介入を避けられず、[34] コロンボ・プランの会議に参加せざるをえないと判断したのである。かくして、ロンドン諮問会議に官僚を派遣して、アメリカの協力範囲を確認し、かつ事業名からコモンウェルスの名称を取り除くことをめざして提案を慎重に検討した。そして、ついに一九五〇年一一月、アメリカは、今回の参加が非公式かつ試験的であるとしながらも、諮問会議への参加に同意した(35)。

ロンドンで承認された開発計画への融資問題は、一九五一年二月にコロンボでの諮問会議で決定された。この会議を前にして、イギリス政府は、承認された六カ年計画に対して、イギリスが外国為替で一〇億ポンドを、世界銀行が六億ポンド、コモンウェルス諸国が四億ポンドを拠出することになると予想していた(36)。しかしながら、一九五一年七月までに実際に約束された財源は、これよりはるかに少なかった。イギリスは、インド、パキスタン、セイロンに対するスターリング・バランスの引き出し分二億五二〇〇万ポンドと東南アジアのマラヤなどへの追加援助分とで、すでに三億三〇〇〇万ポンドの拠出を約束していた。また、ニュージーランドは三年間に年あたり一〇〇万ポンドを、カナダはインドへの小麦の贈与のほかに一九五一年度に二五〇〇万ドルを約束した。そして、世界銀行は、すでにインドに対して六〇〇〇万ドルを貸し付けていたが、パキスタンにも同様な提案をした。一九五一年二月にアメリカの援助額がいまだ不明であった。アメリカ政府は、議会に対して東南アジアへの援助として三億七五〇〇万ドルを要求して、台湾を含めて二億三七〇〇万ドルを認められた(37)。その結果、アメリカは、コロンボ諸国に対して一九五一年に六八〇〇万ドル、一九五二年に一億二五〇〇万ドル、一九五三年に一億六二〇〇万ドル、一九五四年に一億六四〇〇万ドルを提供することになった。このほか、インドとパキスタンに対して、二億六五〇〇万ドルに相当する食糧支援を行なう予定であった(38)。

このような計画の実施によって、インドが最大の受益国となると予想されたことから、米印関係が南アジアの開発援助に対するアメリカの対応を決定づけることとなった。米印関係は、それまで友好的ではなかった。一九四七〜四九年のあいだ、ネルーの率いる新独立国インドは共産主義に抵抗する姿勢を明確にしていたが、他方ではアメリカの政策に対しても、アメリカの援助が好ましくない影響力を引き起こす企てではないかと批判的であった。アメリカ国務省は、インドのたび重なる批判によって、アメリカ議会がインドを信用の置けない不安定な同盟国とみなすことになりやしないかと懸念していた[39]。しかしながら、一九五〇年度中にいたるところで発生した事件がその関係に雪解けをもたらした。朝鮮半島における対立がインド内外からの共産主義侵攻の可能性を生み出したことは、ネルーを不安がらせた[40]。ワシントンにとって、いまや中国がソ連陣営に入ったことで、「インドは、その権力、安定性、影響力という点でアジアにおける重要な非共産主義国になった。ただ蔓延する貧困、窮乏、疫病は、社会的・政治的不安の根源であった」。しかし、アメリカ国務省は、保護主義的でかつ内政干渉主義的な経済政策こそが諸困難の主要な原因であるとみなし、防衛産業における技術援助のみを求めていると、インド側の対応を分析していた[41]。一九五〇年一二月末にインド政府は、食料危機に対処するために二〇〇万トンの食糧援助を公式に要請した際、アメリカ議会は、一九五一年五月、借款としてこの要求に応じたが、両陣営で多くの誤解と激しいやり取りがあった。冷戦外交におけるインドの中立的態度は、アメリカ政府に混乱をもたらし続けた。なぜならアメリカの多くの国会議員は、防衛に直接支出されないにしても、外国援助が「自由世界の防衛のために正当化される」と考えていたからであった[42]。

五　コロンボ・プランとスターリング・バランス

ロンドンやワシントンで検討されたヨーロッパおよびアジアの戦後開発援助問題に対する解決は、しばしば非常に困難な様相を呈したが、イギリスのコロンボ・プランに対する潜在的な支援は、ヨーロッパ復興計画を正当化するために用いられてきた「生産性の政治」という共通の考えにもとづいていた[43]。とくに食料および換金作物の生産拡大は、南および東南アジアにおける所得の増大と福祉の改善をもたらし、共産主義のプロパガンダや影響から新しく独立した国家や国民を守ると考えられた。生産の拡大は、機械、技術、インフラ、新技術に対する資本投資によって最高の効果を生み、その投資の多くは海外から投下されなければならないということであった。これは将来に向けた大胆な長期的計画を実施することを意味した。しかし、イギリスにとって、南アジアにおける食料および換金作物生産の拡大という現実的かつ緊急性を要する計画でもあった。インドやパキスタンなどのスターリング圏諸国が国内での食料など第一次産品の供給を可能とすればするほど、それはそれだけ輸入の必要性を減らすことを意味した。貿易収支が改善すればするほど、ロンドンからの彼らの準備金の引き出しを少なくすることになる。インドおよびパキスタンの経済発展に対するイギリスの援助は、南アジアの極左団体の拡大を阻止するのに有益であったが（しかも決して当該地域における戦後の帝国国家の安定を脅かすに至らない）、そのような援助は西側諸国の外交から容易に支持を得ることができなかった。ネルーの指導体制下にあるインドは、反ソ連陣営への加担に強く抵抗しつつ、対等の関係で冷戦の両陣営の調和を図ろうと努力していた。

一九四〇年代から一九五〇年代にかけてのポンド・スターリング問題によって、イギリスは、コロンボ・プランとの関係と、それに対するアメリカの関与に心を注いだ。イギリス政府は、スターリング・バランスへの融資、あるいはイギリス経済への追加ドル支援のために、コロンボ・プランに参加するようにアメリカを促すことができなかった。アメリカ政府は、一九四九年までに南・東南アジアにおける受け入れ可能な経済・政治体制を確保するための積極的な政策の必要性を痛感していたが、イギリスが主導する体制に深く関わろうとしなかった。かくして、コロンボ・プランに対するアメリカの参加は消極的となり、双務的な援助計画がコモンウェルス体制の外側から継続された。一九五一年二月のロンドン諮問会議で、カナダ代表は、自国政府に対して、「アメリカはいずれにせよ南・東南アジアにおいては我が道を進むつもりでいる。コロンボ・プランにおいてどのような援助が行なわれるかにはほとんど関心がない」と報告している(44)。

一九四九年から一九五〇年にかけて、イギリス政策担当者は、南アジア経済開発への外部資金援助の提案が、インドとパキスタンをイギリス外交目的によりいっそう密接に結びつけ、またアジアの貧困とイギリス債務の問題解決にアメリカが介入してくれれば、多くの困難な問題が解決されるであろうとの希望を強く抱いていた。しかし、この希望は満たされることなく、コロンボ・プランによって、イギリスは自国経済復興を緩慢にしてしまうような無報酬輸出を求められるとともに、戦時中ロンドンに蓄積したスターリング・バランスの返済手順を確定することを求められるに至った。スターリング圏各国の経済発展のためにスターリング・バランスが引き出されることは、イギリス国際収支に大きな脅威であった。大蔵大臣リチャード・バトラーによると、一九五一～五二年の冬に新保守党政府が、「一九四九年よりも、そして、多くの点で一九四七年よりいっそう困難な危機」に直面しているのは、[45]「スターリング保有国が国際収支の赤字を決済するために、ロンドン資産の引き出し権限を認めるどうかの判断を迫られているからである。一九三九年以降世界最大の債権国から債務国へと転落して以来、いまやわれわれはこれまでと比べようのない大きな負担を負っている[46]」。

一九五〇年代初頭の保守党政府は、一九四〇年代後半の労働党政府と違って、イギリス経済復興のための重要な資産として、また世界情勢において国力が許容するよりはるかに大きな役割を可能とする手段として、植民地帝国の存続を考えていた。植民地の経済発展を促すことは、イギリス政策の重要な課題であった。植民地開発は、工業国イギリスのための食糧および原料を生産するとともに、植民地内の政治的困難をもたらしている福祉問題を処理し、ドル獲得商品輸出を高める手段であった。一九四五年以降、植民地農業に対する政府みずからの取り組みは、規模および密度において前例がなかった。しかし、そのような計画に利用できる資金は、いつも非常に限られており、植民地政府もまた資本支出、とくにドル支出に厳しい制限をかけられていた。[47]一九四七年から一九五二年までの継続したポンド・スターリング危機において植民地開発に向けられる経費は、イギリス経済に対する負担とみなされていた。しかし、開発経費としてスターリング・バランスを利用する際、南アジアは、優先権を要求できたのである。[48]なぜならインドおよびパキスタンの政治的独立が、イギリスにとっても南アジアにおける影響力を存続していくために不可欠であったからである。

一九四五年以降、歴代のイギリス政権は、これまでとは非常に異なった帝国を維持しなければならなかった。イギリス政府は、「独立諸国からなる帝国」へと変貌しつつあった「国民国家の帝国」に直面せざるをえなくなったのである。イギリスは、一九四七〜四八年にインド、パキスタン、ビルマ、セイロンに独立を認めたことで、植民地の人々を支配するためにはもはや有効ではなくなった旧式の方法から、影響力を保つ新技術へと改める必要があった。急激な社会経済的変化を刺激する本国の干渉と国家権力を掌握する政治代表の要求という二つのプロセスがアジアとアフリカの植民地帝国において生じたことで、イギリスは、自らの影響力を維持するための新しい諸制度を必要とした。一九四〇年代後半から一九五〇年代初頭にかけての短い間に、イギリス政府は、コモンウェルス諸国に対して、分離した領土をイギリスの影響力のもとに再統合し、ソ連の攻撃に備える強力な軍事同盟を結ぶことを期待した。しかし、そのようなコモンウェルスは、ただ共通の利益、相互の尊敬、共通の憲政的遺産によってのみ共に結合する自立国家間の共同体制にすぎなかった(49)。コロンボ・プランはその補強的役割を担うことを期待されたのである。戦時および戦後の再建期におけるコモンウェルスに関して、大家ニコラス・マンサーは次のように論じている。

コロンボ・プランは、基本的には経済協力の一試論であった。……(そして)その構想と実施によって、そのプランは、戦後コモンウェルス関係の形成に重要な影響力を持った。……ここで、もしそのようなコモンウェルス間の交流の規模が容易に誇張されるのであれば、コロンボ・プランも同様に無視されてはならない。経済的にも社会的もコロンボ・プランは、アジア諸国が新メンバーとして加入することで拡大したコモンウェルスに対してその結合力をもたらしたのだ(50)。

注　記

(1)　引用資料と本文とのあいだの不一致を避けるために、本論においては、南および東南アジア諸国・植民地について、当時の名称を使用している。たとえば、セイロン、ビルマ、マラヤなど。

（2） オーストラリアの役割について、Percy Spender, *Exercises in Diplomacy: the ANZUS Treaty and the Colombo Plan* (Sydney: Sydney University Press, 1969), Part Two *passim.*; コロンボ・プランに対するオーストラリアの介入に関する最近の研究として、Daniel Oakman, *Facing Asia: A History of the Colombo Plan* (Canberra: Australian National University, 2004). また、関連した政府刊行物が、オーストラリア政府の経済・貿易省から公刊されている。*Australia and the Colombo Plan, 1949–1957* (Canberra, 2005).

（3） British Parliamentary Papers（以下、BPPと略記）, Cmd. 8080, 1950, The Colombo Plan for Co-operative Economic Development in South and South East Asia: Report by the Commonwealth Consultative Committee, London September-October 1950. コロンボ・プラン初期の諸機関に関する歴史的概観については、Antonin Basch, 'The Colombo Plan: A Case of Regional Economic Cooperation', *International*, vol. 9, no. 1 (1955), pp. 1–18. ほかに Charles S. Blackton, 'The Colombo Plan', *Far Eastern Survey*, vol. 20, no. 3 (1951), pp. 27–31.

（4） TNA, CAB134/227, 'Economic Development in South and South-East Asia: report on the meeting of the Commonwealth Consultative Committee': memorandum for Cabinet Economic Policy Committee by Mr Gaitskell (Exchequer) Annex: description of the proceedings of the conference, 27 October 1950, in *British Documents on the End of Empire Series A Volume 2: The Labour Government and the End of Empire 1945–51 Part II*, ed. Ronald Hyam (London: HMSO, 1992).

（5） Frederic Benham, 'The Colombo Plan', in Benham, *The Colombo Plan and Other Essays* (London: Royal Institute of International Affairs, 1956), p. 1. ビルマの参加問題に関して、ビルマは、一九四八年一月にイギリスから独立したが、コモンウェルスに参加しなかった。Ademola Adeleke, 'The Strings of Neutralism: Burma and the Colombo Plan', *Pacific Affairs*, vol. 76, no. 4 (2003–04), pp. 593–610 を参照。

（6） この提案とその結果に関する概観は次の史料に依拠している。BPP, Cmd.8080, *The Colombo Plan*; Basch, 'The Colombo Plan'; TNA, CAB134/227, 27 October 1950: 'Economic Development in South and South-East Asia' and CAB134/225, EPC(50)105, '[Colombo Plan]: final report of the Commonwealth Consultative Committee on South and South-East Asia about co-operative economic development', October 1950, in Hyam, ed., *Labour Government, II*, no. 101–102; TNA, CAB129/48 C(51)51, 'Colombo Plan': joint Cabinet Note by Mr Eden, Mr Butler, Lord Ismay and Mr Lennox Boyd and Annex, 20 December 1951, in *British Documents on the End of Empire Series A Volume 3: The Conservative Government and the End of Empire 1951–1957 Part III*, ed., David Goldsworthy (London: HMSO, 1994), no. 397.

（7） この表現は、コロンボ・プランに対するアメリカの関与の可能性を述べるために、一九五一年一二月にイギリス外務省官僚フランシス・マクギニスによってなされた。Ademola Adeleke, 'Playing Fairy Godfather to the Commonwealth: The United States and the Colombo Plan', *Commonwealth and Comparative Politics*, vol. 42, no. 3 (2004), p. 395. コロンボ・プランに対するアメリカの財政支援はイ

ギリスおよびオーストラリア政府にとって重要な課題であった。

(8) この議論に関する有益な解説については、Richie Ovendale, *The English-Speaking Alliance: Britain, the United States, the Dominions and the Cold War 1945–1951* (London: G. Allen & Unwin, 1985), ch. 2. 当該期における帝国政策に関する英米関係について、Wm. Roger Louis and Ronald Robinson, 'The Imperialism of Decolonization', *Journal of Imperial and Commonwealth History*, vol. 22 (1994), pp. 462–511 と Wm. Roger Louis, *Ends of British Imperialism: Collected Essays* (London: I.B. Tauris, 2006), pp. 451–502 を参照。

(9) スターリングの交換性による諸問題について、C. C. S. Newton, 'The Sterling Crisis of 1947 and the British Response to the Marshall Plan', *Economic History Review*, vol. 37 (1984), pp. 391–408.

(10) *Foreign Affairs and International Trade Canada, Documents on Canadian Foreign Policy, Volume 14 Chapter X*: DEA/227(S) High Commissioner in United Kingdom to Secretary of State for External Affairs, Despatch 713, 21 April 1948. この史料は、次のウエッブサイトから閲覧可能である。http://www.maeci-dfait.gc.ca/department/history/documents-en.asp (二〇〇八年五月～六月調査) 一九四八年三月、ベヴィンは、実際に「西欧文明に対する脅威」というタイトルで、ソ連侵攻を防御する必要性に関する覚書を内閣に提出していた。TNA, CAB129/25, CP(48)72, 3 March 1948, in Hyam, ed., *Labour Government II*, no. 145.

(11) イギリス帝国およびコモンウェルスのうち、カナダだけがスターリング圏外であった。一方、エジプト、アイスランド、イラク、ヨルダン、リビア、その他ペルシャ湾沿岸諸国を含めたいくつかの非コモンウェルス諸国がスターリング圏のメンバーであった。

(12) 一九四〇年代のインドとの交渉ついては、B. R. Tomlinson, 'Indo-British Relations in the Post-Colonial Era: The Sterling Balances Negotiations, 1947–49', in A. N. Porter and R. F. Holland, eds., *Money Finance and Empire, 1790–1960* (London: Cass, 1985), pp. 142–161; Aditya Mukherjee, 'Indo-British Finance: the Controversy over India's Sterling Balances, 1939–1947', *Studies in History,* vol. 6 (1990), pp. 229–251. 当該期のインドの地位に関する概観は、以下の著書が有益である。G. Balachandran, *The Reserve Bank of India, 1951–1967* (New Delhi: Reserve Banka of India, 1998), ch. 15. インドのスターリング・バランスの引き出し計画については、Medha Kudaisya, '"The Mighty Adventure": Institutionalising the Idea of Planning in Post-Colonial India, 1947–60', *Modern Asian Studies,* 09 October 2008: 10.1017/S0026749X07003460.

(13) スターリング圏の歴史については、Catherine R. Schenk, *Britain and the Sterling Area: From devaluation to convertibility in the 1950s* (London: Routledge, 1994); Allister Hinds, *Britain's Sterling Colonial Policy and Decolonization, 1939–1958* (Westport: Greenwood Press, 2001); Gerold Krozewski, *Money and the End of Empire: British International Economic Policy and the Colonies, 1947–1958* (Basingstoke: Palgrave, 2001). 戦後イギリスの白人自治領との経済関係については、Tim Rooth, 'Australia, Canada, and the International Economy in

the Era of Postwar Reconstruction, 1945–50', *Australian Economic History Review*, vol. 40（2001））, pp. 127–152; Paul L. Robertson and John Singleton, 'The Commonwealth as an Economic Network,' *ibid*., vol. 41（2002）, pp. 241–266.

（14） Note by Treasury for Commonwealth Finance Ministers Conference, December 1951, quoted in Hinds, ed., *Britain's Sterling Colonial Policy*, p. 84.

（15） TNA, CAB129/33/2, CP（49）67, 'Report by Sir William Strang: tour in South-East Asia and the Far East'（for Mr Bevin）, 17 March 1949, in Hyam, ed., *Labour Government II,* no. 150, pp. 338, 339. イギリスコモンウェルスとアメリカを巻き込んだ防衛に関する公式な太平洋同盟（Pacific Pact）の提案は、一九四九年一一月にイギリス閣議によって承認され、一カ月後のコロンボ会議開催に向けての準備のために開催されたマラヤでの極東および東南アジアのイギリス代表による特別会議で議論された。外務省のG・バーゲスに書類が送られた後、一九四九年一〇月には所在不明となったことから、ソ連は、たしかにこれらの計画を察知していた。Ovendale, *English-Speaking Alliance*, pp. 160–165.

（16） ポイント・フォー計画は、発展途上国に対する経済援助の一般計画として、トルーマン大統領によって発表されたが、一九五〇年六月に議会で承認された計画でも、国務省が実施する技術援助に制限された。

（17） TNA, CAB134/223 EPC（49）137, Cabinet Economic Policy paper: Report of the Working Party on Sterling Balances. Appendix III: 'Notes on the treatment of the balances since the war and future prospects', 14 November 1949, in Hyam, ed., *Labour Government II,* no. 95. 開発問題に関する限り、多くの専門研究が作業部会に対して「二つの地域に対するわれわれの利害は、おそらく経済開発への融資を分担することを拒否することから弊害が生じる一方で、われわれの役割は、現在の状況において小さいし、そして、……その主たる負担はアメリカが負うことになる。これは、とくに資本援助額に際限がない極東（インド、パキスタンを含めて）に当てはまる」ことを確信させた（pp. 124–125）。

（18） 極東部門担当のイギリス外務省事務次官補は、「コロンボでネルーに対して経済的事実を示して、彼が極東および東南アジアにおける共産主義拡大を阻止するための一般的な経済および安全保障措置を講じる際に重要な役割を担うようになること」を期待していた。*Documents on Canadian Foreign Policy, Volume 15, Chapter X,* DEA/50081-40, High Commissioner in the United Kingdom to Secretary of State for External Affairs Telegram 2476, 22nd December 1949.

（19） オーヴェンデイルの考えによると、ベヴィンは、コロンボでイギリスから提案すべきでないと考えていたので、スペンダーが取り上げるように調整した。Ovendale, *English-Speaking Alliance,* p. 168.

（20） TNA, CAB129/38, CP（50）18, 'The Colombo Conference': Cabinet Memorandum by Mr Bevin, 22 February 1950, in Hyam, ed., *Labour Government II*, p. 141.

(21) イギリス政府は、アメリカが協力することに同意し、新しい財政支援を引き受けることを希望していた。「この希望が満たされ、たとえばインドに何らかのかたちでアメリカのドルが拠出されれば、インド政府が依然として不公平な取消に同意させられることがないにしてもスターリング・バランスの引き出しをよりいっそう削減することが可能であろう」。*Documents on Canadian Foreign Policy, Volume 16 Chapter VII*: DEA/50081-40. High Commissioner in United Kingdom to Secretary of State for External Affairs, Telegram 133, 21 January 1950.

(22) イギリス内閣経済政策委員会作業部会が一九五〇年三月に論じているように、「新たな資金が開発(あるいはスターリング・バランスの決済)のために見いだされない限り、南および東南アジアにおける持続的な経済発展に沿ったスターリング・バランスについて満足のいく解決を期待することができなかった」。TNA, CAB134/225, EPC(50)40, 'Sterling balances and South-East Asia', 22 March 1950, in Hyam, ed., *Labour Government II*, no. 97.

(23) 'Sterling Balances and South East Asia: Note by the United Kingdom, 17 April 1950', *Foreign Relations of the United States, 1950, Vol. III*, p. 1633. この史料は、ウエッブサイトからダウンロードした。http//digital.library.wisc.edu/1711.dl/FRUS (June 2008)

(24) TNA, CAB134/225, EPC(50)40, 'Sterling Balances and South-East Asia', 22 March 1950, in Hyam, ed., *Labour Government II*, no. 97, pp. 145–146.

(25) Schenk, *Sterling Balances*, p. 36; Adeleke, '*Fairy Godfather*', p. 400. アメリカ政府はすでにシドニー諮問会議への陪席者派遣の要請を拒否していた。

(26) *FRUS, 1950,* Vol. III, 'Memorandum of Conversation by the Secretary of State, 5 May 1950', p. 1640.

(27) J. R. E. Carr-Greg, *The Colombo Plan—A Commonwealth Programme for South-East Asia* (London, 1951), p. 262 を参照。シドニー諮問会議でのオーストラリア代表は、ひょうきんにもマクドナルドについて、「まったく何もしないマック」として引き合いに出した。Spender, *Exercises in Diplomacy*, p. 262.

(28) シドニーでのイギリス代表は、南アジア諸国への農業設備や他の重要な資材の輸入に融資するために、一五〇〇万ポンドの緊急の援助基金(イギリスが融資しなければならなくなる基金)を創設するというスペンダーの提案を拒否することに成功した。彼らは、技術援助計画への八〇〇万ポンドの三分の二を提供することに同意していた。Spender, *Exercises in Diplomacy*, p. 252; Oakman, *Facing Asia*, p. 49.

(29) TNA, CAB134/227, EPC(50)111, 'Economic Development in South and South-East Asia', 27 October 1950, in Hyam, ed., *Labour Government II*, p. 160.

（30） TNA, CAB134/227, EPC(50)111, 'Economic Development in South and South-East Asia', 27 October 1950, in Hyam, ed., *Labour Government II*, no. 101, pp. 160-161. 一九五一年初頭までに、インドがコロンボ・プランの期間満了までスターリング・バランスから年あたり三五〇〇万ポンドの引き出しを認められていた。南アジアのスターリング・バランスのその後の解決策については、Schenk, *Sterling Area*, pp. 37-39, 142; Balachandran, *Reserve Bank*, pp. 605-624 を参照。

（31） Ovendale, *English-Speaking Alliance*, pp. 165-166, 252-253.

（32） *FRUS 1950*, Vol. III, 'Minutes of the Seventh Meeting of the Policy Planning Staff [George Kennan, Paul Nitze, Charles E.Bolehn and others], 24 January 1950', p. 620. この会議で、政策企画本部長のポール・ニッツは、「それはたしかに害悪であるけれども、スターリング・バランス問題それ自体は、コモンウェルスを結合する絆となっている」と論じた（*ibid.*）。

（33） Adeleke, '*Playing Fairy Godfather*', pp. 402-403. Ademola Adeleke, 'Playing Fairy Godfather to the Commonwealth: The United States and the Colombo Plan', *Commonwealth and Comparative Politics*, vol. 42, no. 3 (2004).

（34） *Ibid.*, p. 404.

（35） *FRUS, 1950*, Vol. VI, 'The Secretary of State to the Embassy in London', 22 November 1950, pp. 160-161. アメリカの抵抗で、ロンドンでの諮問会議は計画の進展を監視する小規模な常駐事務局を設置するというイギリスの提案を拒否した。*Documents on Canadian Foreign Policy, Volume 17, Chapter VI*, DEA/11038-40: Memorandum from Under-Secretary of State for External Affairs to Secretary of State for External Affairs', 12 February 1951.

（36） イギリスの代案は、イギリスが三億三〇〇〇万ポンド、オーストラリアが六〇〇〇万ポンド、ニュージーランドが一〇〇〇万ポンド、カナダが一億ポンドをそれぞれ拠出するとともに、アメリカと世界銀行が総経費の五〇パーセントを引き受けることであった。*Documents on Canadian Foreign Policy, Volume 17, Chapter VI*, DEA/11038-40, Memorandum from Under-Secretary of State for External Affairs to Secretary of State for External Affairs Telegram 132, 22 January 1951.

（37） 'Colombo Plan', in Goldsworthy, *Conservative Government III*, no. 397. ガイツケルは、ロンドン会議後に、「カナダの主要な関心事はアメリカが参加しない純粋なコモンウェルス計画には関わらないようにすることである」と報告した。TNA, CAB134/227, EPC(50)111, 'Economic Development in South and South-East Asia', 27 October 1950, in Hyam, *Labour Governments, II*, no. 101. アメリカとカナダの食料援助計画によって、インドとパキスタンの両政府は、国内での支援物資の販売を認められ、その売上金を開発計画の国内支出に利用することが可能であった。ハード・カレンシー市場で購入しなければならなかった輸入物資を削減したけれども、ドル獲得への機会を増やさなかった。

(38) BPP, Cmd. 9622, 1955, The Colombo Plan: Fourth Annual Report, October 1955, p. 150.

(39) 当該期の米印の双務関係のついての有益な研究として、Dennis Kux, *India and the United States: Estranged Democracies, 1941–1991* (Washington: National Defense University Press, 1993), esp. pp. 68–90. いくつかの関連史料は、*FRUS, 1950*, Vol. V and *FRUS, 1951*, Vol. VI を参照。

(40) *FRUS, 1950*, Vol. V, 'The Ambassador in India (Henderson) to the Secretary of State', 10 November 1950, p. 1474.

(41) 'Department of State Policy Statement', 1 December 1950, in *FRUS, 1950*, Vol. V, pp. 1476–1480. 引用句については、一四七八頁。

(42) *Documents on Canadian Foreign Policy*, Vol. 17, Ch. VI, Extract from Cabinet Conclusions, 6 February 1951. 一九五〇年一二月における国務省の施政方針は、インドに対するいずれの援助も「インドの防衛要求、可能な地域防衛計画へのインドの参加の望ましさ、防衛問題への国際的関与の可能性に照らして」検討されなければならないという条件を設定していた。*FRUS, 1950*, Vol. V, 'Department of State Policy Statement', 1 December 1950, p. 1478.

(43) この概念の古典的な使用については、Charles S. Maier, 'The politics of productivity: foundations of American international economic policy after World War II', *International Organization*, vol. 31, no. 4 (1977).

(44) *Documents on Canadian Foreign Policy*, Vol. 17, Ch. VI, DEA/11038–40: 'Despatch from High Commissioner in Pakistan to Secretary of State for External Affairs', 24 February 1951.

(45) TNA, CAB129/48, C(51)1: 'The economic position: analysis and remedies': Cabinet memorandum by Mr Butler, 31 October 1951, in Goldsworthy, ed., *Conservative Government, III*, no. 358, p. 1.

(46) 「彼らは、われわれに対する主要な債権国家である(植民地に一〇億ポンドの負債を負っている)。イギリスの準備金が適切かどうかは、彼らの繁栄にかかっている。彼らが自立できないなら、その負担はわれわれにかかってくる。ここ九カ月のあいだ、彼らは、五億ポンド強ほどの赤字を出してしまい、スターリング・バランスから資金を引き出した。われわれが負債を返済しなければならなかった。……彼らは、利用可能なスターリング・バランスを持ち、ときどき利用しなければならない。これが実施されると、金準備であれ、われわれの輸出品であれ、われわれに負担がかかってくる。私は、彼らに自立するように促し続けたいが、われわれは、そうする能力、場合によってはそうしようとする意志に頼ることはできない。われわれはただ自らの経済を支え、自らの問題を和らげるためにのみ、彼らを頼らなければならない」。TNA, CAB129/52, C(52)172: 'The balance of payments outlook': Cabinet memorandum by Mr Butler, 23 May 1952, in Goldsworthy, ed., *Conservative Government*, III, no. 368, pp. 39, 42.

(47) 当該期の植民地開発政策について、以下を参照。D. J. Morgan, *The Official History of Colonial Development Volume 2: Developing*

British Colonial Resources, 1945–1951 (Basingstoke: Macmillan, 1980); Michael Havinden and David Meredith, *Colonialism and Development: Britain and its tropical colonies, 1850–1960* (London: Routledge, 1993), chs. 9–12; Joseph Morgan Hodge, *Triumph of the Expert: Agrarian Doctrines of Development and the Legacies of British Colonialism* (Athens, Ohio: Ohio University Press, 2007), chs. 6–7.

(48) Hinds, *Britain's Sterling Colonial Policy*, pp. 79–85. コロンボ・プランのもとで、イギリスによってインド、パキスタン、セイロンが割り当てられた二億五〇〇万ポンド強と対比して、アフリカ、カリブ、太平洋の植民地は、一九四五年植民地開発法のもとで一〇年間に一億二〇〇〇万ポンドを配分されていた。このうちわずか四一六〇万ポンドのみが、一九四五～一九四九年に支出された。一九四九年にこれらの植民地に認められた新一〇カ年開発計画は、イギリスからの融資、その半分は借款のかたちで、一億二八〇〇万ポンドの予算が認められた。このうち七六四〇万ポンドは一九五六年までに支出されていた。Havinden and Meredith, *Colonialism and Development*, pp. 252–257.

(49) 駐英アメリカ大使館員マーガレット・チベットは、一九五一年一月のロンドンでのコモンウェルス外相会議後に以下のごとく報告した。すなわち、「イギリスの観点からすると、コモンウェルスの存続と強化は、外交政策の主要な方針となっている。……インド、パキスタン、セイロンへの支援は、イギリスが、『西と東の架け橋』（ときどき繰り返された句）として、コモンウェルスを特段に重要視している表われであり、イギリスはおそらくニュージーランドを除いて他のどのメンバーよりも機構としての役割を評価している」。*FRUS, 1951*, Vol. IV, no. 425, 'The Attaché in the United Kingdom (Tibbetts) to the Secretary of State', 29 Januay 1951, p. 906.

(50) Nicholas Mansergh, *Survey of British Commonwealth Affairs: Problems of Wartime Co-operation and Post-War Change 1939–1952* (Oxford: Royal Institute of International Affairs, 1968), p. 349.

（渡辺 昭一 訳）

第3章　インド工科大学の創設と国際援助

横井　勝彦

一　途上国の産業発展を支える教育機関

途上国が抱える課題のひとつに、経済発展を担う人材をいかに育成するかという問題がある。その点に関して、アメリカ中央情報局（ＣＩＡ）は、一九五七年の覚書で援助国側の本音を次のように吐露している。

十分に訓練された行政官、企業家、技術者、さらにはその他の政策決定に関わる人材の不足は、均衡のとれた経済発展にとっての重大な障害である。こうした問題を抱えた途上国では、人的資源の開発を先進国からの援助に依存している。アメリカもその課題に応えて、途上国を積極的に援助しているが、その際の援助の目的は、それら諸国の経済発展を促進することだけではなく、経済発展の方向がアメリカ主導の民主主義陣営に追従するものとなるよう影響力を行使することにある。(1)

一方、ソ連を中心とする社会主義陣営からも、すでに一九五〇年代より低開発諸国に対して大規模な技術援助が展開されていた(2)。そしてイギリスもまた、同時期よりコロンボ・プランを介して南・東南アジア諸国に技術援助を提供したが、このコロンボ・プランは、コモンウェルス諸国の共産主義陣営に対する対抗姿勢を鮮明にした国際援助システムであった。

低開発国への技術移転が政府間の組織的なプロジェクトとしてスタートしたのは、西側陣営においては、ようやく第二次世界大戦以降、とくに一九五〇年以降のことである。以降、そのような計画は、おもにアメリカの国際協力庁(International Cooperation Administration)、国連専門機関ならびにコロンボ・プラン加盟国などによって策定されたていった(3)。それらの援助は低開発諸国での技術指導、訓練生の受け入れ、さらには大学も含めた現地技術教育機関の設立などに及んだ。

第二次世界大戦以降、経済発展に不可欠な高度な技術者や専門家の需要を満たすために、低開発諸国は短期間のあいだに多くの大学を創設してきた。一九六三年でコモンウェルス内の低開発諸国には八〇以上の大学が存在していたが、そのうちの六〇は戦後に設立されたものであった。コモンウェルス内のアフリカには、一九六三年で一二大学が存在したが、そのうちの七大学は直近の三年間に創設されたものであった。インドでも大学の数は一九五一年の二七が一九六三年には五四に倍増しており、理系学生に限ってみると、一九五〇〜五一年はわずかに一二万七一六八人であったが、一九五五〜五六年には一九万七四七五人、一九六三〜六四年には四三万四九二五人へと急増を遂げている。国際援助がこうした拡大に大きく貢献していることは明らかである(4)。

さて本章では、戦後インドの工業化を支えた高等技術教育機関――インド工科大学(Indian Institutes of Technology: 以下、IITと略記)の創設に際して国際援助が果たした役割を検討するが、そのなかでもとくにコロンボ・プランに注目して、IITデリー校(旧デリー工科大学:Delhi Engineering College)の設立過程に関連する以下の事情に順次検討を加えていく。

第一に、コロンボ・プランは、資本援助(capital assistance)と技術援助(technical assistance)という二つの援助形態で展開された。そのうち技術援助は、訓練生の受け入れ、専門家の派遣、ならびに設備供与という[5]三つの形態で行なわれたが、本章でとりわけ注目したいのは、イギリスが工科大学の設立援助によってインドやタイへ技術援助の領域拡大を試みた事実である。

第二に、独立後のインドの産業発展は、自国の教育機関での高度技術者の養成がなされなければ到底不可能である。このような認識のもとで、一九四五年にサルカール委員会（Sarkar Committee）がインド政府によって任命された。同委員会による実態調査の結果、既存の施設が絶望的な状況にあることが確認され、高度教育機関の新設が緊急課題として浮上した。インド政府が外国政府に技術援助を要請したのは、以上のような状況下においてであった。

図３－１　IIT５校の所在地

出典：筆者作成。

第三に、イギリスは、コロンボ・プランの技術援助計画が始まって以来、一貫してインドに対して積極的に技術援助を行なってきた。しかし、ソ連、西ドイツ、アメリカは、イギリスがＩＩＴデリー校の設立を援助する以前より、インド各地でのＩＩＴの設立に対して、それぞれ独自に援助を行なっていた。一九五一年にＩＩＴカラグプール校は上記四カ国の合同援助で、一九五八年にＩＩＴボンベイ校はソ連の援助で、一九五九年にＩＩＴマドラス校は西ドイツの援助で、一九六〇年にＩＩＴカンプール校はアメリカの援助で設立された。そして最後に、一九六三年にようやくＩＩＴデリー校がコロンボ・プランに依拠して、イギリスの援助によって設立されたのである。

第四に、イギリス政府は、インド政府による技術教育の拡充を積極的に支援したが、英印両国政府にはそれぞれ独自の思惑があった。一九五八年、インド政府との協議において、イギリス政府はデリー工科大学への技術援助を約束しているが、これは当時のイギリスにとって理想的な「安上がりの技術援助」であった。ところが一九六三年、インド政府はデリー工科大学の地位を、イギリスに負担を転嫁して他のＩＩＴ四校と対等の「国家戦略上の重点大学」へと昇格させる。デリー工科大学のＩＩＴデリー校への格上げは、イギリスにとって財政負担の著しい拡大を意味していたが、後述のとおり、イギリスはこれを受け入れざるをえなかった。

二　コロンボ・プランにおける技術援助

一九五〇年一月、コモンウェルス外相会議で採択されたコロンボ・プランとは、南・東南アジア諸国の生活水準を引き上げ、経済発展を促進するための協同の取り組みであった。コロンボ・プランは相互援助の原則にもとづき、参加国は二二か国にまで拡大していく(6)。

コロンボ・プランとはアジア諸国家の経済開発計画の集合体であり、そこには援助金の中央財源も地域開発のマスター・プランも中央機関の干渉も一切存在しない。コロンボ・プランの背後には、すべての援助が二国間協議によるという基本原則があるだけであった。被援助国（recipients）は必要としている項目を確定し、それを満たす最善の方法について援助国（donors）と交渉を始める(7)。技術援助に関していえば、必要とされたのは、援助要請を受け付け、援助が正当な目的地に届くのを保証する情報センター（clearing house）だけであった。

コロンボ・プランのもとで技術援助は一九五一年に始まった。技術援助は地域開発において重要な役割を担うだけでなく、資本援助に対する重要な補完的機能も果たす。前述のとおり、技術援助には、訓練生の受け入れ、専門家の派遣、そして設備の供与が含まれた。コロンボ・プランのもとで技術援助が始まった最初の七年間（一九五一～五七年）に、参加国政府の支出額はほぼ七〇〇万ポンドに達していた。その大半はイギリスとオーストラリアによって賄われており[8]、両国はその後も統計上は一九五九年まで最大の援助供与国であり続けた。一方、おもな援助の受益国は、インド、パキスタン、インドネシアであり、この三カ国はおもにイギリス、オーストラリア、カナダ、ニュージーランドから技術援助を受けていたが[9]、とりわけ注目すべきは、最大の受益国インドと最大の援助国イギリスとの緊密な関係である（表3－1参照）。

援助国イギリスに関してみると、一九五一年以降、コロンボ・プランにもとづいて受け入れたアジアの研修生は合計三二七二名に及んでいる。そのおもな分野は、「行政」（七一六名）、「産業・貿易」（四七七名）、「食料・農業・林業」（四一五名）、「医療・健康」（三八八名）、「交通・通信」（二三六名）、「金融・会計・税務」（二二九名）であった。一方、一九五一年以降、コロンボ・プランの技術援助計画にもとづいて、南・東南アジアに派遣されたイギリスの専門家は六四八名にのぼり、その内訳は三二四名がコモンウェルス諸国、一三四名がインド、九六名がセイロン、八四名がパキスタン、そして一〇名がマラヤであった。これらの専門家は、おもに教育機関や技術研究機関の教官として、あるいは特定の業種や経済問題に関するアドバイザーとして活躍した[10]。コロンボ・プランのもとでは、訓練や研究のための施設供与も技術援助の重要な一環を構成していた。製鉄所、訓練施設、研究機関、実験室、医療設備などが備わって、はじめて専門家の派遣が実効力を持つのである。しかも、そうした諸施設は帰国した訓練生が本国で活躍できる拠点にもなりうるのである。

なお、アメリカは一九五一年からコロンボ・プランに参加していたが[11]、一九五九年一月までは技術協力協議会のオブザーバーの地位にとどまっていた。その関係で一九五一年から一九五八年のあいだにおけるアメリカの援助額は、各年次報告のなかでも別個に扱われていた。アメリカがコロンボ・プラン技術協力協議会の正式メンバーに加わったのは一九五九年一月で、同年一一月にようやくアメリカの技術援助もすべてコロンボ・プランのもとでの技術援助とし

供与国別研修生と専門家数

（1950年7月～1959年6月）

与国													
日本		マラヤ	ニュージーランド		パキスタン		フィリピン	シンガポール	タイ	英国		合計	
研修生	専門家	研修生	研修生	専門家	研修生	専門家	研修生	研修生	研修生	研修生	専門家	研修生	専門家
—	—	—	—	—	—	—	—	—	—	—	—	2	—
—	—	—	—	—	—	—	—	—	—	—	—	11	1
3	—	12	45	7	24	—	—	20	2	197	29	716	68
6	2	—	—	—	—	—	—	—	—	6	4	36	20
46	62	2	78	27	10	1	—	—	—	496	108	1,032	359
64	18	1	69	10	—	—	—	—	—	814	125	1,611	191
35	6	—	102	26	26	—	—	1	—	154	8	1,055	81
—	—	—	—	—	3	—	—	—	—	—	—	10	—
5	—	—	3	—	—	—	—	—	—	12	2	48	9
3	9	—	152	2	20	—	—	—	8	57	8	624	108
—	1	—	2	1	—	—	—	—	—	36	1	686	3
—	—	—	43	12	—	—	—	—	—	—	—	140	22
17	22	6	66	15	—	—	—	9	—	620	68	1,306	171
14	—	—	4	—	6	—	—	—	—	137	—	358	10
3	—	7	34	7	—	—	2	8	—	—	—	140	23
6	—	—	27	2	—	—	2	—	—	—	—	237	51
75	20	—	30	—	—	—	—	—	—	111	—	394	31
1	29	—	13	1	5	—	—	—	—	6	5	197	46
278	169	28	668	110	94	1	4	38	10	2,644	358	8,603	1,194

表 3－1　技術援助の受益国・

援助受益国	援助供									
	オーストラリア		ビルマ	カナダ		セイロン		インド		インドネシア
	研修生	専門家	研修生	研修生	専門家	研修生	専門家	研修生	専門家	研修生
オーストラリア	—	—	—	—	—	—	—	2	—	—
ブルネイ	11	1	—	—	—	—	—	—	—	—
ビルマ	259	7	—	88	23	15	—	41	2	10
カンボジア	8	9	—	16	5	—	—	—	—	—
セイロン	189	49	—	82	94	—	—	128	18	3
インド	355	15	—	308	22	—	1	—	—	—
インドネシア	545	25	—	164	11	7	—	21	5	—
日本	—	—	—	—	—	—	—	7	—	—
ラオス	1	5	—	17	2	—	—	10	—	—
マラヤ	329	72	8	18	17	10	—	19	—	—
ネパール	7	—	—	—	—	8	—	633	—	—
北ボルネオ	88	9	—	7	1	—	—	2	—	—
パキスタン	265	45	—	281	21	3	—	39	—	—
フィリピン	126	10	—	10	—	3	—	58	—	—
サラワク	80	12	—	6	4	—	—	—	—	—
シンガポール	180	40	—	8	4	4	1	10	4	—
タイ	140	9	2	6	2	3	—	27	—	—
ベトナム	76	9	—	86	1	—	—	10	1	—
合計	2,659	317	10	1,097	207	53	2	1,007	30	13

出典：アジア協会編『コロンボ計画十年の歩み』（アジア協会，1960 年），134–135 頁。

表3－2　供与国別の技術援助の支出額（1963年6月1日～1964年6月30日）

（単位：ポンド）

供与国	訓練生	専門家	設　備	合　計
オーストラリア	919,827	217,791	697,497（1,303,859）	1,835,115
イギリス	824,923	761,258	285,732（2,372,359）	1,871,913
ビルマ	1,655	—	—（—）	1,655
カナダ	719,797	284,697	—＊（123,510）	1,004,494
セイロン	1,526	180	—（110,884◆）	1,706
インド	159,529	16,749	5,659（19,177）	181,937
日　本	191,008	516,550	86,818（71,060）	794,376
マレーシア	19,969	22	—（—）	19,991
ニュージーランド	337,978	212,640	150,898（70,505）	701,516
パキスタン	7,819	—	75（—）	7,894
フィリピン	2,049	—	—（8,743◆）	2,049
アメリカ	3,038,150	12,024,400	14,885,61?（27,900,655）	29,948,160
合　計	6,224,230	14,034,287	36,370,806（32,643,789▲）	36,370,806

注：1）＊技術援助のためにカナダが提供した設備は資本援助として計算されている。

2）（　）内の数字は，1950年6月1日から1962年6月30日のあいだにおける設備支出額である。

3）◆コロンボ・プランの訓練生用の建物設備経費を含む。

4）▲1958年7月1日から1962年6月30日の期間限定。

出典：TNA, T 317/838, Technical assistance: Colombo Plan: general policy, 1961–66, pp. 85, 87.

て明示されるようになった(12)。ちなみに、コロンボ・プランのもとでのアメリカの技術援助額は、一九六三～六四年の時点で、援助供与国の支出総額のほぼ八二パーセント、イギリスの支出額の一五倍以上という驚異的な額に達していた(13)（表3－2参照）。

技術援助の供与国としてのアメリカの圧倒的な地位については表3－2から明らかであり、また本章の中心テーマであるインド工科大学に関しても、後述のとおり、アメリカはIITカンプール校の設立で他校をはるかに凌ぐ多額の援助を行なっているが（後掲の表3－4参照）、ここでは、さらにインドの特殊な地位についても確認しておきたい。

表3－2から明らかなように、インドは技術援助の受益国として、多くの研修生をオーストラリア（三三五名）、カナダ（三〇八名）、イギリス（八一四名）に派遣し、またイギリスからは多くの専門家（一二五名）を迎え入れていたが、その一方でインドは援助の供与国として、セイロン

(一二八名)やネパール(六三三名)などから多くの訓練生を受け入れていた。インドはアジアの技術援助体制のハブ的地位にあったのである。

三　イギリスからインドへの技術援助

(1)三形態の技術援助

一九六二年六月末時点でのコロンボ・プランによる資本援助総額は約二億ポンドであったが、一方の技術援助総額は九〇〇〇万ポンド程度にとどまっていた。そのうちイギリスのインドに対する技術援助額は約二五〇〇万ポンドであった。内訳は次のとおりである。

a. 訓練生の受け入れ　一三三万二〇〇〇ポンド(一五九六名)
b. 専門家の派遣　七九万二〇〇〇ポンド(一五七名)
c. 諸設備の供与　三七万四〇〇〇ポンド

イギリスは、途上国が熟練労働力の不足を克服する最も有効な手段は、現地に訓練施設を開設し、それを拡充していくことであると考えていた。したがって、訓練所や研究所で必要とされる技術設備を提供することに特段の関心が払われた。たとえばパキスタンでは、イギリスは綿織物の訓練センターや実験所の設備を提供しているが、それが後の科学産業研究所の中核部分となった。一方、インドでもデリーのパテル・チェスト研究所、ダンバードの鉱山研究所、ブーンディのトラクター試験訓練所、そしてカラグプールとデリーのIITなどに対して、イギリスは重要な諸設備を提供している。[14]

くわえて、イギリスは自国内でも多数の訓練生を受け入れていた。イギリス側が提供した国内の訓練施設は、一九六二年一一月三〇日までで五〇三七を数えたが、そのうち一七二九はインド人訓練生のためのものであった。受け入れ対象者の内訳は、次のとおりである。

a. デュルガプール製鉄所（Durgapur Steel Works）の製鉄技師
b. デリー工科大学の教授
c. 国立石炭開発公社の鉱山技師
d. ボパール重電機産業会社の技師
e. 鉄道技師
f. インド人の中国語翻訳者（香港大学にて）
g. 原子力エネルギーの訓練生（新規事業）
h. 医療訓練生（イギリスはインドからの要請に消極的）

さらにイギリスは、大規模灌漑と水力発電事業の技術者や教育、繊維、電気通信産業での技術顧問など、多くの専門技術者をインドに送り込んだ。以下は、一九六二年末時点でインドに派遣されていた各分野のイギリス人専門家である。

a. デリー工科大学の機械工学分野の教授
b. デュルガプール製鉄所の監督代理人

c. デュルガプール製鉄所の上級課長代理および総監督官
d. 産業デザイン専門官
e. ラクナウのキング・ジョージ医科大学の麻酔学専門家
f. デリー工科大学の土質力学分野の教授
g. 建築・火災研究の専門家
h. シムラ中央研究所の専門家

さて、ここでとくに注目したいのは、前記のデュルガプール製鉄所とデリー工科大学が、コロンボ・プランのもとでイギリスがインドで行なった二大支援事業とみなされていた事実である。[15] 西ベンガルのデュルガプールにおける大規模製鉄所の建設協定は、資本援助と技術援助を結びつける巨大事業として、一九五八年六月三〇日に英印両国政府によって調印された。[16] イギリス政府は、インドから技術者、監督者、専門官など総勢四〇〇人を受け入れ、イギリス国内でも製鉄業における技術訓練を引き受けた。そのうち約二〇〇人は一九六〇年一〇月までに研修を終了してインドに帰国し、デュガルプール製鉄所の創業に貢献している。[17] そして、もうひとつの主要プロジェクトが、以下で詳述するデリー工科大学（後のＩＩＴデリー校）の設立である。

（２）サルカール委員会の提言

インド各地でのＩＩＴ設立計画は、次のような考えにもとづくものであった。すなわち、さまざまな分野の高度技術者をインドの教育機関で独自に養成することができなければ、戦後インドの持続的な産業発展はありえない、というのである。かくして、インドでは既存の施設が不十分であったため、高度技術者の養成やそれを担う教育機関の新設が焦眉の課題となった。[18] 高度技術教育機関の設立計画自体は独立直後に承認されていたが、実際には多くの問題に

表3－3　サルカール委員会（1945年設置）のメンバー

ナーシル・アハメド博士：インド関税委員会役員，ボンベイ
シャンティ・スワループ・バトナーゲル博士：科学産業分野政府審議会委員長，ニューデリー
D. R. ドゥグッド少将：軍事工業・郵政電信政府部局主任，ニューデリー
ユナン・チャンドラ博士：インド科学大学院大学（IISc）大学院長，バンガロール
H. K. クリパラニ博士：インド政府計画開発局産業顧問，ニューデリー
M. W. ラディン：シンプソン & コック社取締役，マドラス
S. ラル：労働省副長官，ニューデリー
G. L. メータ取締役：シンディア汽船海運会社，カルカッタ
A. H. パンジャ博士：ベンガル工科大学学長，カルカッタ
M. D. パリック博士：デリー・クロス・アンド・ゼネラル会社，ニューデリー
C. E. プレストン：オスマニア技術大学校長，ハイデラバード
W. G. W. リード：機械工学・鉄道委員会委員長，ニューデリー
サー・ジョン・サージャント：インド政府教育顧問，ニューデリー
ナリーニ・ランジャン・サルカール：ヒンダスタン保険会社会長，カルカッタ
A. D. シュロフ：タタ産業取締役，ボンベイ
サー・サルダル・バハドゥール・シン：ヒンダスタン住宅建設，ニューデリー
J. K. スリヴァスタヴァ：ニュー・ビクトリア工場，カンプール
サー・フレデリック・ティムス：インド民間航空・郵政・航空政府委員会委員長，ニューデリー
K. ヴァンカトラマン博士：ボンベイ大学化学工学部学部長，ボンベイ
ダーラマ・ヴィラ：産業補給省副長官，ニューデリー
W. W. ヴッド：デリー・ポリテクニーク校長，ニューデリー
R. D. T. ウールフェ准将：会計検査院長官，ニューデリー

出所：*IIT: India's Intellectual Treasures. Passage through the Indian Institute of Technology*（Maryland: India Media LLC, 2003）, p. 28.

直面して先送りにされ、IITカラグプール校が第一期生を迎えたのは一九五一年のこととなった[19]。以下では、まずその経緯を紹介しておこう。

インドの独立前夜に、タタ製鉄会社の取締役アルデシャール・ダラルは、インド総督の指揮下にある計画開発局評議会のメンバーとともにアメリカのマサチューセッツ工科大学（MIT）を訪問し、帰国後はただちに「インドのMIT」が早急に設立されるべきであると勧告している。ダラルは自らの勧告を検討する委員会構成として、インド教育省に表3－3のようなメンバーを指名した。

前記の委員会は一九四五年にインド政府によって正式に任命されたが、それは科学、産業、金融の各分野でインドを代表する指導者で構成されていた。同委員会の目的は、戦後インドの産業発展を支える重点的な高度技術教育機関の規模と必要数を検討することにあった。ダラルは、ヒンダスタン保険会社の会長サルカールを委員会の議長に任命するようインド政府に進言している。インド人が自らの手で産業を振興し、その発展方向をコントロールできるように国内で人材養成が行なわれなければ、インドにおける持続的な産業発展などありえない、サルカールもこのように確信していた[20]。

サルカール委員会は、インド国内のみならず、世界各地で高度技術教育機関の実地視察を行なった。イギリス、大陸ヨーロッパ、日本、アメリカには多様な教育機関が存在していたが、サルカール委員会が推薦したのは、やはりタタ製鉄のダラルと同様、アメリカのＭＩＴであった。同委員会はＭＩＴの数学、基礎科学、人文科学、社会科学を含んだ幅広いカリキュラムの魅力に注目した。逆に、インドにおけるこれまでの工学教育のプログラムに対しては、専門に偏った視野狭窄的なものであるとして批判的であった[21]。

一九四五年四月一一日にサルカール委員会が招集されると、ＭＩＴをモデルとした高度技術教育機関の早期設立の方法に議論は集中した。翌年には、サルカール委員会の勧告に従って、政府と全インド技術教育審議会が、インドの四都市で高度技術教育機関（the chain of four higher technological institutes）を設立することを決定している。だが、以下にみるように、実際にＩＩＴ創設計画が実現していくのは、若干遅れて五年後のこととなる。

四　インド各地におけるＩＩＴの設立過程

一九四七年以降、インド国民会議派政府は、中央政府による計画経済の遂行に努めた。ジャワラハルー・ネルーは、インドにおける社会主義経済の確立を訴え、政府の経済目標を遂行するために五カ年計画が策定された。第一次五カ年計画（一九五一～五六年）の目標は、食料・原材料の増産とインフレの抑制にあって、産業の拡張よりも農業の拡大に重きが置かれた。つづく第二次五カ年計画（一九五六～六一年）で計画規模は大きく拡大する。第一次五カ年計画では、技術教育開発の予算が約二億三〇〇〇万ルピーであったのに対して、第二次五カ年計画での当該予算は四億八七〇〇万ルピーにまで増加している。以上、二度の五カ年計画が終了した時点で国民所得は四二パーセント増加したが、第三次五カ年計画（一九六一〜六六年）では、国民所得をさらに三八パーセント増加することが目標とされた(22)。

しかし、五カ年計画の展開とともにIIT設立計画も順調に進んだというわけではなかった(23)。インド各地におけるIITの設立は、海外からの技術援助に依拠しなければ到底不可能である。教授陣や専門の設備関係は、ユネスコの国連技術援助プログラムやアメリカのポイント・フォー計画(24)、コロンボ・プランやその他の海外援助によって提供されねばならなかった。たしかに、IITが諸外国から受けた援助額は、インド政府がIITに支出した設置運営経費に比べれば、わずかにすぎない。しかし、技術移転をともなう国際技術援助は、IITの成否と発展方向を決する程の重要性を有していたのである(25)。

インド各地に設立された五つのIITを比較すれば、援助国政府のそれぞれの思惑と役割が明らかとなるが、それに先立って、ここでまずは五校の共通点を列記しておく。

a. IIT五校はいずれもが一九四六年のサルカール委員会の提言にその起源を有している。

b. IIT五校の設立は、インド政府教育省技術教育局の同一のスタッフが主導した。

c. IIT五校の設立・維持に対するインド政府の許認可は同一の内容を有している。

d. IIT五校は法的に「国家戦略上の重点大学」と規定されており、議会法令によって法人化され、他大学の系列下にある科学技術大学からは独立していた。

e. IITへの入学に際して、志願者は各IITの代表会議が作成した共通の入学試験に合格しなければならない。

f. IITが独自に発給する学位は、他の大学の工学部が発給する学位よりも高い水準を保証するものとして位置づけられる(26)。

（1） IITカラグプール校設立（一九五一年）への国際合同支援

IITカラグプール校設立の目的は、教官・技術者の交流を中心に教育機関の国際学術交流を促進することにあった。その後のIITの設立が特定の外国政府によって援助されたのに対して、カラグプール校だけは、諸外国の技術者と政府関係者の共同援助によって設立された。

各国の代表は、IITカラグプール校の設立に関与する機会を得て、援助計画に関わる情報と策定能力を得ることができた。たとえばソ連からも、そうした目的を持って、IITボンベイ校の設立に先立って、IITカラグプール校に専門家が派遣されている。また、西ドイツの専門家たちは、カラグプール校の機械工学部の学部長や同校の非常勤理事長を務め、のちに彼らがIITマドラス校の援助計画の中心的な立案者となっていく。アメリカの専門家も、インド側と協同してカラグプール校のカリキュラムと国際交流プログラムを開発しているが、その経験はのちにIITカンプール校開設の際の米印間協定に反映されていた。そして、のちのIITデリー校の設立に際しては、IITカラグプール校評価委員会のイギリス人議長が、そこでの経験を踏まえて、イギリス独自の設立計画を提案している[27]。

なかでも、アメリカの技術協力使節団は、IITカラグプール校の設立計画に対して、もっとも広範かつ多額の援助を行なっていた。イギリスはコロンボ・プランのもとで約五万ポンド相当の設備を提供していたが、これに対してアメリカは、特別研究員と専門家の派遣に加えて、約二〇万ポンド相当の設備を提供している。IITカラグプール校への初期の三年間（一九五四〜五七年）におけるアメリカの支出額は、総額四五万ドルにのぼった。しかし、ここで注目すべきは、IITカラグプール校が、アメリカの干渉を排して、終始一貫してインド教育省によって管理運営されていた事実である。サルカール委員会の書記で、一九五四年から六五年までカラグプール校の校長を務めたS・R・グプタ博士も、サルカール委員会の精神は継承されて、同校の創設者たちの間で共有されていたと報告している。

(2) ソ連の援助とIITボンベイ校の設立(一九五八年)

ソ連も、一九五〇年代にはアジア諸国の開発のために独自の海外援助計画に着手している。ソ連は、アジアの国々に対して技術教育や一般教育を大規模に実施し、教育機関の設立にも大きく貢献してきたが、その取り組みは人材育成援助を通じて教育、行政、専門職の重要人物に影響力を及ぼすことを意図していた[28]。ソ連の政策のインドへの傾斜は、一九五三年九月にさかのぼり、実際の開設は大きく遅れたものの、翌五四年にはユネスコへの参加を介して、IITボンベイ校へ多額の援助提供を行なっている。

一九五四年一月、ニューデリーにおいてユネスコ・インド国民委員会が開催された。この委員会で首相ネルーと教育大臣マウラナ・アザドは、国連の援助計画はヨーロッパとラテンアメリカ諸国を重視しすぎており、ユネスコのプロジェクトでは南アジアと東南アジア諸国に十分関心が払われるべきであると強く訴えた。IITボンベイ校設立へのソ連の援助は、この委員会を契機としている[29]。

ユネスコ・チームが、ボンベイに設立される高度技術教育機関はカラグプール校をモデルとするよう主張したのに対して、ソ連側は、スタッフもシステムもすべてロシア規格で統一することを求めてきた。実際にこの教育機関は、さまざまな学部で一〇〇万ポンド相当のソ連の設備とロシア人専門家一五名を受け入れることとなっていた。さらに、ソ連は五年間にわたって、毎年インド人訓練生二〇名を受け入れることとなった[30]。

だが、IITボンベイ校はソ連の独自モデルとして開発されたわけではなかった。IITボンベイ校設立に際してソ連がなしえた貢献は、次の五点に限定された。(i) さまざまな専門的技術分野での設備の提供、(ii) 設備設置に際しての関連分野での専門的助言、(iii) 研究所の開設援助、(iv) 専門課程での教授、(v) 教育機関向けの教材刊行、以上である。つまり、ソ連の専門家たちは、個々の技術教育分野の開発設計には関与したが、彼らが全体的な課題や運営方針の検討に加わることはなかった。IITボンベイ校における彼らの活動は、ユネスコとインド政府のあいだの協定で指定された専門領域に限られていたのである[31]。

（3）西ドイツの援助とIITマドラス校の設立（一九五九年）

ソ連からの設備提供と専門家の援助が実現したことを契機として、インドは高等教育機関の増設に関して、さらなる海外援助を求めていく。首相ネルーは一九五六年七月に西ドイツを公式訪問した際に、IITの増設構想を持ち出して、IITボンベイ校と同様の援助を要請している[32]。一九五六年に、西ドイツは途上国への技術援助に五〇〇〇万マルクを支出していたが[33]、西ドイツの開発援助額はあまりに僅少であるという指摘が相次ぎ、とくにアメリカよりドイツは低開発国への資本投資にさらに大きく貢献すべきとの圧力がかけられていた[34]。

かくして、その直後にはドイツの専門家にIITマドラス校設立援助の任務が割り振られ、土木、機械、電気、化学、冶金工学の分野で、現地の産業発展に資する高度技術教育機関の設立構想が具体化に向かった。インド政府との協定のもとで、西ドイツより専門家二〇名と工場監督官四名が送り込まれ、そのうちからIITマドラス校の学科長あるいは研究所長が選任され、彼らが必要な設備調達の責任を負った。また、西ドイツの技術系大学は自校の教員をマドラスに派遣すると同時に、インド人教授陣をマドラス校からドイツにも招聘して、両国技術者の交流の緊密化を図っており、この点、IITボンベイ校とソ連との関係と同じ展開がみられた[35]。

（4）アメリカの援助とIITカンプール校の設立（一九六〇年）

一九五九年以前に低開発諸国から派遣された訓練生五万人のうち、二万人以上はアメリカの産業訓練施設が受け入れていた。一例をあげれば、産業教育プログラムとして有名な鉄鋼教育訓練計画を通じて、インド政府は製鉄の高度な技術訓練を受けさせるために、大量の大卒技師をアメリカに送り込んでいた[36]。

その一方で、インド政府は引き続き国内における高度技術教育機関の拡充（IITの増設）にも努めた。IITボンベイ校の創設に際してソ連から援助が得られ、IITマドラス校では西ドイツからの援助が約束された余勢を駆っ

表3-4　4カ国の援助総額（1970年まで）

	IIT	専門家	設備	特奨研究員	総経費
ソ連	ボンベイ	1,271人	$4,000,000	27人	$7,200,000
西ドイツ	マドラス	1,048人	$4,000,000	80人	$7,500,000
アメリカ	カンプール	2,604人	$7,600,000	80人	$14,500,000
イギリス	デリー	920人	$2,000,000	45人	$4,800,000

出所：*IIT: India's Intellectual Treasures*, p. 30.

て、さらにアメリカからの援助獲得に向けても交渉が進められた。ナルカール委員会が提案した一連の高度な工科大学設立構想に即して、第四のIITを設立するための技術援助交渉が続けられた。

すでに一九五八年にIITカンプール校の設立をアメリカが援助するという基本合意はあったものの、その後の進展はほとんど見られず、ようやく一九六一年六月に首相ネルーがアメリカを公式訪問した際に、アメリカを代表する工科大学九校で構成されるコンソーシアムが組織され、第四のIITの設立に対する技術援助が公式に表明されるに至った(38)。

翌年には、前記の大学の代表がマサチューセッツ州ケンブリッジに集まり、IITカンプール校の創設を援助する体制のあり方について議論を重ねた(37)。一九四五年以来、インドでも学士課程の技術者訓練レベルでは幾度となく改善が重ねられてきたが、IITも含めてほとんどの教育方法は英印両国の伝統を踏襲していた。IITボンベイ校のシステムはアメリカの方式を基礎としているものの、大学院課程の専門研究に関してはソ連の影響が大きい。また、IITカラグプール校の教育課程に関しては、アメリカ・チームが小規模であったこともあって、アメリカの影響はほとんど認められない。当時、MITチームは以上のような報告を行なっている。かくして、コンソーシアムは、IITカンプール校の設立援助に際しては、アメリカの教育研究システムの導入を最重要課題として位置づけるに至っている(39)。

その後のアメリカによるIITカンプール校設立への援助がいかに大規模なものであったかは、表3-4からも明らかである。それと比べると、コロンボ・プランによるイギリスの技術援助はきわめて見劣りするものであった。以下では、他の三カ国に比べて小規模にとどまったイギリスのIITデリー校設立援助の経緯を検討していく。そこには援助をめぐる英印間の微妙な駆け引きがあった。

（5）イギリスの援助とデリー工科大学の設立（一九五八年）

ソ連、西ドイツ、アメリカによるＩＩＴ設立への援助は、国際援助に依拠する高等技術教育機関の開発が十分に可能なことをインドに確信させた。そうした期待は、ただちにかつての宗主国にも向けられていく。一九五八年にＩＩＴカラグプール校を視察した折、インペリアル・カレッジのウィルス・ジャクソン教授（メトロポリタン・ヴィッカーズ社の研究研修担当理事でもあり、後のデリー工科大学トラスト議長）は、ＩＩＴ設立への技術援助の可能性について、インド側から打診を受けている(40)。

各国のＩＩＴ設立援助競争は、イギリスを不利な立場に追いやりつつある。イギリスの政府と産業界は、この点を懸念しはじめていた。つまり、インド人高等技術者の大半は、ソ連、西ドイツ、アメリカのスタイルの技術訓練を受け、イギリス以外の設備への適応性を強めている。その結果、インドでの技術教育に対するイギリスの影響力は低下の一途を辿り、インドの機械設備の輸入に占めるイギリスのシェアも確実に低下していく(41)。

インド政府は、コロンボ・プランを通して、イギリスから専門家が派遣されることを期待していたが、それに加えて、インドの新設大学の施設経費に関しても産業界からの寄付で賄われるという情報をイギリス産業連盟の代表から聞かされていた。実際にイギリス産業界はイギリス製機械設備のインドでの普及に多大の関心を寄せ(42)、それを促進するための技術援助には全面的な支持を表明していたのである。

以上のような背景のもとで、イギリス政府とイギリス産業連盟が、デリー工科大学の施設建設でインド政府を援助する決定を行なったのは、一九五八年一〇月のことであった(43)。イギリスはコロンボ・プランのもとで、二五万ポンドの費用を投じて教授スタッフ八名ないし一〇名を募り、五年任期でデリー工科大学に派遣する。また、それとは別に二五万ポンドの基金を創設して、それを技術教育設備のイギリスでの調達に充当する。こうした支援によって、デリー工科大学設立に際してのインド政府の負担は、校地・校舎と運営費・現地費用だけに抑えられた。

一九五八年一二月一五日、コモンウェルス関係省での非公式会議において、インド政府を代表するタッカー教授は、デリー工科大学はポリテクニーク（技術専門学校）とはまったく別の教育機関であると断言している。デリー工科大学の学生にはデリー大学の学位取得が可能であり、両大学間の学生交流にはきわめて創造的な関係が期待できるとも主張した(44)。だが、デリー工科大学の地位は、やはり地方大学の域を超えるものではなかった(45)。他のIIT四校とは大きく異なっていた。

当時、インドの技術教育が著しく拡充していたのは事実であるが、実験施設は決定的に不足していた。このような状況のもとで、イギリスのデリー工科大学設立への技術援助はきわめて貴重なものであったが(46)、それはイギリスにとっても魅力的な「安上がりの技術援助」であった。というのも、当時のイギリスは産業の国際競争力が低下し、経済全体が衰退に向かいつつあり、しかもコロンボ・プランではアジアからの多様な支援要請に対応しなければならなかった。したがって、ソ連、西ドイツ、アメリカのIIT設立援助に匹敵するような多額の援助など到底不可能に思われたからである。

イギリスは、コロンボ・プランを通して、南・東南アジアへ技術援助を提供した最初の国であったが、少なくともIITに関しては、その他の諸国――ソ連、西ドイツ、アメリカ――の方が、イギリスよりも早くしかも大規模な援助を提供していた。コロンボ・プランには多く国から援助の要請が殺到しており、イギリスは財政負担の面から、インドでそれ以上の規模の工科大学の設立を支援することなど不可能であった(47)。このような状況下において、デリー工科大学は、比較的小規模であるにもかかわらず、他の先行する四校のIITと学術レベル的には同等で、しかもそれらと同等の地位を有する大学として扱われるはずであった。

一九五八年一〇月八日に開催されたコモンウェルス関係省の会議において、チャンドス卿（合同電気産業会社会長）も、デリー工科大学の設立を援助することは、イギリスにとってたいへん望ましいという点を認めていた。彼も、

表3－5　デリー工科大学トラストの出資者と所属企業

会長：
　サー・シリル・E. ハリソン：イギリス産業連盟元会長
工作機械関連団体の会長：
　R. W. マウンテン：土木技師協会
　R. C. ボンド：機械技術者協会
　サー・アルバート・マムフォード：電気技術者協会
　F. モートン教授：化学技術者協会
産業部門の出資者と所属企業：
　チャンドス卿：合同電気産業会社
　サー・ケネス・ヘイグ：バブコック & ウィルコックス社
　サー・ウィリアム・マクファジーン：イギリス・カレンダー絶縁ケーブル会社
　M. A. ファインズ：ダヴィ － アシュモア社
　スタッフォード男爵ネルソン卿：イングリッシュ・エレクトリック社
　アーノルド・リンドリー：ジェネラル・エレクトリック社
　サー・ハリー・ジェフコット：クラクソ・グループ社
　マートン子爵ボイド卿：アーサー・ギネス社
　S. P. チェンバース：インペリアル・ケミカル・インダストリーズ社
　サー・ヘンリー・スプリエ：レイランド・モーターズ社
　S. S. エリックス：ムラード社
　サー・ハリー・ピルキントン：ピルキントン・ブラザーズ社
　ホイットニー・ストレイト：ロールス・ロイス社
　F. J. ステファンズ：シェル石油会社
　G. J. コック：ユニリーバー社
　サー・ウォルター・ベントン・ジョーンズ：合同鉄鋼会社
　サー・レズリー・ローワン：ヴィッカーズ・グループ
トラスト運営委員会：
　サー・エリック・コーツ（委員長）
　R. バリントン・ブロック：ダンケルド・プレス社
　サー・ウィルス・ジャクソン教授：インペリアル・カレッジ・ロンドン
　J. O. ノールズ：メタル・インラストリーズ社
　B. N. マクラーティ：マルコーニ無線電信会社
　J. H. ピッチフォード：リカード（1927）社
　D. H. シャープ博士：イギリス産業連盟（技術部門責任者）
　S. R. スパークス教授：インペリアル・カレッジ・ロンドン
　サー・エドワード・トンプソン：ジョン・トンプソン（ヴォルバーハンプトン）社
　F. E. ワーナー：クレマー & ワーナー社

出所：TNA,OD 13/5, Colombo Plan Assistance to the Delhi Engineering College より作成。

先行する四つのＩＩＴと同等規模の援助はイギリスには不可能であると判断していたのである。[48]

その間、インドに新たな技術教育機関を設立するために、イギリスの産業界でも組織的な援助計画が進められていた。具体的には、一九五九年にデリー工科大学トラスト（表３－５参照）が設立されて、産業界から募金を募るとともに、輸出拡大への期待を込めて、インドへの設備移転の調整にあたった。四〇〇社を超える主要企業の取締役クラスに呼びかけた結果、このプロジェクトのために二五万ポンドが集まっている。[49]

五　イギリスの思惑とインドの思惑

デリー工科大学には、規模が比較的小さいにもかかわらず、他のＩＩＴ四校と同等の地位が保証されうる。イギリスの援助は、そのような前提にもとづいた「安上がりの技術援助」のはずであった。だが、この前提はほどなくインド側によって覆されることとなる。一九六一年、インド政府はＩＩＴ四校を同一のＩＩＴ法令（IIT Act）を基盤として運営される「国家戦略上の重点大学」へと格上げし、つづいて一九六三年にはデリー工科大学も独立の高度技術教育機関へと昇格させようとしたのである。デリー大学の傘下にとどまっている限り、デリー工科大学にはカリキュラムやシラバス、さらには学位や学生規模に関して多くの制約があった。イギリスの技術援助を「実効性」のあるものに高めるためにも、デリー工科大学が独立した地位を獲得することは重要であり、それを実施するためには五番目のＩＩＴへの格上げが必要である。[50] インド政府はイギリスにこのように迫った。

コロンボ・プランの技術協力局長ヴァスパーも、デリー工科大学がデリー大学から分離独立することの必要性を認めざるをえなかった。[51] もちろん、それには追加施設への多額の支出をともなう。インド政府やデリー工科大学は、新規ＩＩＴの設備経費を総額六五万ポンドと見積もり、その負担をすべてイギリスに求めたのである。[52] これを拒否することはもはや不可能であった。一九六二年、つまりデリー工科大学がＩＩＴデリー校に格上げされる一年前に、前出のウィルス・ジャクソン教授は、アメリカ、ソ連、西ドイツがＩＩＴ設立に際していかに多額の援助を行なってきたかを指摘するとともに、いまやイギリスにも同程度の援助が急務であると強調している。かくして、イギリス政府と産業界は、すでにイギリスの産業界が約束した二五万ポンドに加え、いかにして新たに六五万ポンドを調達するかというより深刻な問題に直面した(53)。

デリー工科大学を格上げする理由はほかにもあった。同大学がデリー大学の一部にとどまる限り、デリー工科大学とイギリスの名門理系大学インペリアル・カレッジ・ロンドンとの公式協定の直接的締結は望めない。デリー工科大学が「国家戦略上の重点大学」に指定されない限り、公式な協定合意は望めなかったのである(54)。

一九六三年一一月、インド政府がデリー工科大学を「国家戦略上の重点大学」に格上げした後に、インペリアル・カレッジ・ロンドンはＩＩＴデリー校と緊密な関係を持つこととなる。イギリス政府は一九六三年からの五年間に四〇万ポンド相当の追加設備の提供に合意しており、結局、イギリスによる設備負担は総額六五万ポンドに達していたが(55)、このほかにもコロンボ・プランにもとづいて、インペリアル・カレッジによって次のような技術援助が提供されていった(56)。

a．インペリアル・カレッジの教授陣をＩＩＴデリー校での教育研究援助のために派遣

b．インペリアル・カレッジ・ロンドンでのＩＩＴデリー校教員・研究者の受け入れ

c．インペリアル・カレッジ上級講師を定期的にデリーに派遣して特別講義を実施(57)

ＩＩＴカラグプール校（一九五一年設立）は、ユネスコによって多くの国々から募集された教員の協力を得つつも、もっぱらインドの努力で発展を遂げた。ＩＩＴボンベイ校（一九五八年）は、やはりユネスコを通じて、インドに派

遣された教員によって、もっぱらソ連の援助のもとに発展してきた。ＩＩＴマドラス校（一九五九年）は、西ドイツの協力と援助のもとで成長してきた。ＩＩＴカンプール校（一九六〇年）は、アメリカから他のＩＩＴを圧倒する膨大な援助を受けて急拡大を遂げた。そして、厳しい制約のもとでコロンボ・プランの枠を超えたイギリスからの技術援助によって、五番目のＩＩＴデリー校（一九六三年）が、かろうじて設立された。しかし、それは当初サルカール委員会が予定したインドの四都市でのＩＩＴ建設構想には入っていなかった。それは、インドの思惑に即して誕生した追加的存在であった。

こうして、インド政府は独立後一九六〇年代初頭までのわずか一五年のあいだに、「国際援助」を巧みに誘導することによって、インドの主要都市に五つの高度技術教育機関をつぎつぎに設立していった。独立後のインドは貧困と停滞に喘ぎつつも、その一方では相対的独自性を保持しつつ各地にＩＩＴ五校を設立し、それらを拠点として先進国の設備とシステムを積極的に導入し、先進各国のさまざまな技術慣習や先端的科学技術を吸収していった。それはインド人学生にとってのみならず、インドの産業と科学技術の発展にとってもきわめて有益であった[58]。独立後のインドにとって最も重要なことは、もはや旧宗主国イギリスからの技術移転ではなく、最先端の国際的な設備や高度な科学技術教育の情報を多角的に導入して、国際水準の高度な技術者を自国内で多数輩出していくことであった。それこそが、インドの自立的な工業化の決定的な前提条件であったのである。

注　記

（1）　US National Archives: The Central Intelligence Agency（CIA）, Memorandum, 18 October 1957: Human Resources for Economic Development, p. 1.

（2）　K. Muller, *The Foreign Aid Programs of the Soviet Bloc and Communist China: An Analysis*（New York: Walker and Company, 1964）を参照。

（3）　それら以外にもフォード財団やロックフェラー財団のような民間組織、さらには訓練や人材開発に携わっている民間企業などの各種活動もあった（*ibid.*, pp. 7, 9）。H. J. P. Arnold, *Aid for Developing Countries*（London, Dufour, 1962）, p. 48.

(4) FBI (Federation of British Industries Papers: University of Warwick, Modern Records Centre), MSS.200/F/3/E3/35/3, New Universities Overseas; India: A Reference Annual 1965 (Publications Division, Ministry of Information and Broadcasting, Government of India), pp. 72–73; India University Grants Commission, *Report on Standard of University Education* (New Delhi, 1965), p. 48. イギリスで訓練を受けている海外留学生の数は、一九五三年から一九五九年のあいだに三倍以上に増加した。一九五九年時点で三万八〇〇〇人を数えたが、そのうちの三分の二はコモンウェルスからであった。また、留学生のうち総合大学では一万二五〇〇人、単科大学では一万一〇〇〇人が学んでいたが、そのうちの半分以上は科学技術を専攻としていた(FBI, MSS.200/F/3/E3/35/1: United Kingdom Technical Assistance)。

(5) 本章では扱えなかったが、イギリスは一九六三年にタイのチュラロンコン大学に二〇万ポンド相当の技術援助を行なっており、その後も五年間にわたって、スタッフ、設備、研修施設の提供を続けた。その結果、一九六五年には同大学の機械工学部の上に先端的機械工学研究コースが開設されている。これはコモンウェルス以外の地域におけるイギリスの技術援助の最大規模の事例である。The National Archives(以下、TNA と略記), OD20/33 Aid to Thailand: Aid to the School of Engineering, Chulalongkorn University.

(6) 南アジアおよび東南アジア地域の加盟国は、ビルマ、ブルネイ、カンボジア、セイロン、インド、インドネシア、ラオス、マラヤ、ネパール、北ボルネオ、サラワク、パキスタン、フィリピン、シンガポール、タイ、ヴェトナムであった。当該地域外の加盟国としては、オーストリア、カナダ、日本、ニュージーランド、イギリス、そしてアメリカがあった。

(7) TNA, T317/838, Technical Assistance: Colombo Plan: General Policy 1961–1966, Report for 1964–1965 of the Council for Technical Co-operation in South and South-East Asia, p. 5.

(8) TNA, BW1/254, Technical Co-operation Scheme S and SE Asia: Colombo Plan Policy 1950–1959.

(9) アジア協会編『コロンボ計画十年の歩み』(アジア協会、一九六〇年)、一四〇頁。

(10) Technical Assistance from the United Kingdom for Overseas Development, *House of Commons Parliamentary Papers Online, 1960–61*, Comd.1308, vol. 17, p. 14.

(11) 英領西アフリカ、英領東アフリカ、英領ソマリランド、南ローデシア、北ローデシア、ニヤサランド、バツトランド、ベチュアナランド、スワジランド、英領カメルーン、そして英領トーゴランド、以上を含む領域の経済資源と生産力の均衡的総合的開発を目的として、一九五一年七月三一日に英米両国政府は技術情報と技能の交換ならびにその関連活動で相互に協力していくことにも合意している。TNA, FO371/91916, Agreement on Technical Co-operation between the UK and the USA, 1951.

(12) Technical Co-operation under the Colombo Plan: Report for 1959–60 by the Council for Technical Co-operation in South and South-East Asia, October, 1960, pp. 7–9.

（13）TNA, T317/838, Technical Assistance: Colombo Plan: General Policy, 1961–66, pp. 85, 87.

（14）TNA, OD13/4, Colombo Plan Assistance to the Delhi Engineering College（IIT）.

（15）Ibid.; TNA, OD20/6, Technical Assistance to India 1962–63.

（16）FBI, MSS.200/F/3/E3/35/3, The Provision of Technical Assistance for Aid-Financed Projects. その一方で、一九六一年にはインド中部のチャッティスガル州で、ソ連によってビライ製鉄所（Bhilai Steel Plant）の建設支援が大規模に行なわれている。M. Sebastian, *Soviet Economic Aid to India*（New Delhi: N.V. Publications, 1975）, p. 67.

（17）*The Colombo Plan*, vol. 6, no. 2, 1961, p. 4; Technical Assistance from the United Kingdom for Overseas Development, *House of Commons Parliamentary Papers Online, 1960–61*, Comd.1308, vol. 17, p. 15.

（18）*IIT: India's Intellectual Treasures. Passage through the Indian Institutes of Technology*（Maryland: India Media LLC, 2003）, p. 27.

（19）IITカラグプール校の学士課程は、以下の分野に及んでいた。（i）土木工学、（ii）機械工学、（iii）電気工学、（iv）冶金工学、（v）鉱山学、（vi）農業工学、（vii）造船・海洋工学、（viii）地質学・地球物理学、（ix）建築学。また、大学院の専門分野は、以下のとおりである。（i）構造工学、（ii）流体力学・水力工学、（iii）輸送工学、（iv）土質力学・基礎工法、（v）電動機設計、（vi）材料機械処理、（vii）生産技術、（viii）耐震工学、（ix）燃焼工学、（x）高度放送技術、（xi）気相反応・高圧力技術、（xii）工業物理、（xiii）応用地質学、（xiv）地球物理学、（xv）地域開発。G. K. Chandiramani, *Technological Education in India*（Delhi: Ministry of Education, Government of India, 1956）, pp. 4–5.

（20）Kim Patrick Sebaly, 'Assistance of Four Nations in the Establishment of the Indian Institutes of Technology, 1945–1970'（Ph.D. University of Michigan, 1972）, p. 18.

（21）*IIT: India's Intellectual Treasures*, p. 29. 一般教育（general education）は技術者にとっても重要であった。これまでは工学の課程は工業、数学、基礎物理に限定されてきた。その結果、専門的技術者は人間の事柄に関する広い視野を有するための、あるいは産業プロジェクトのあり方を左右する政策の決定で有効な役割を果たすための、十分な訓練を受けてこなかった。一般教育、経営学、労使関係論、産業金融論などを工学の課程に加える必要性は、それらの知識が産業プロジェクトの成否に大きく関わるために、アメリカやヨーロッパ大陸の技術教育機関では認められてきた。そして、新たにインドでもカラグプール、ボンベイ、カンプール、マドラス、デリーのIITでは、学部学生に対して人文科学と社会科学の講座が開設された。S. R. Dongerkery, *University Education in India*（Bombay, 1967）, pp. 231–232 を参照。

（22）最初の二度の五カ年計画の成果は、インドの外国為替準備金の著しい減少を犠牲にして得られたものであった。第三次五カ年計画もこの点で深刻な困難に陥っており、その結果、世界銀行の援助のもとで国際コンソーシアムを介して、インドへの資本援助が組織された。TNA, OD20/6, Technical assistance to India 1962–63: The Indian Third Five-Year Plan and Foreign Aid, 24 August 1962; TNA, DO35/8614, Proposed Government of India's First Five-Year Plan 1961–65: Indian Economic Development.

（23） Colombo Plan Bureau, *Handbook of Training Facilities at the Technician Level in South and South-East Asia*（Ceylon, 1962）, pp. 12–16 を参照。

（24） 一九四九年一月二〇日の大統領就任演説で、トルーマン大統領は施政方針を「ポイント」ごとに列挙した。そのうちの四番目の提言が「アメリカは世界の低開発地域の改善と成長を援助していくうえで主導的役割を果たす」というものであった。この提言がその後「ポイント・フォー」（'Point IV'）として広く知られるようになったのである。それは二つの施策、すなわち技術援助と投資の促進からなっていた。TNA, FO371/82923, President Truman's Point Four legislation to provide technical assistance to the underdeveloped countries of the world, 1950; R. T. Mack, Jr., *Raising the World's Standard of Living: The coordination and effectiveness of Point Four, United Nations Technical Assistance, and related programs*（New York: Citadel Press, 1953）, pp. 161–168.

（25） Chandiramani, *Technological Education in India*, pp. 5–6.

（26） *IIT: India's Intellectual Treasures*, pp. 27–33; Sebaly, 'Assistance of Four Nations in the Establishment of the Indian Institutes of Technology', pp. 8–9; D. D. Karve, 'On the Improvement of the Indian Universities', *Minerva: A Review of Science Learning and Policy*, vol. 3, no. 2（1965）, p. 166.

（27） *IIT: India's Intellectual Treasures*, pp. 35–46; J. Gould and J. H. Smith, eds., *The Teaching of Social Science in Higher Technical Education: An International Study*（Paris: UNESCO, 1968）を参照。

（28） Alexander King, 'Higher Education, Professional Manpower and the State: Reflections on Education and Professional Employment in the U.S.S.R.', *Minerva: A Review of Science Learning and Policy*, vol. 1, no. 2（1963）, p. 183.

（29） *IIT: India's Intellectual Treasures*, pp. 49–60; M. I. Goldman, *Soviet Foreign Aid*（New York: F. A. Praeger, 1967）.

（30） *The Times*, 7 May 1956.

（31） Sebaly, 'Assistance of Four Nations in the Establishment of the Indian Institutes of Technology', pp. 63–67.

（32） *IIT: India's Intellectual Treasures*, pp. 63–72; Sebaly, 'Assistance of Four Nations in the Establishment of the Indian Institutes of Technology', p. 67; German Academic Exchange Service, *Higher Education in the Federal Republic of Germany*（Bonn, 1966）を参照。

（33） FBI, MSS.200/F/3/E3/35/1, German Technical Assistance to Underdeveloped Countries; India: A Reference Annual 1965（Publications Division, Ministry of Information and Broadcasting, Government of India), pp. 72–73.

(34) Arnold, *Aid for Developing Countries*, p. 89.

(35) *Ibid.*, pp. 72, 81.

(36) *Ibid.*, p. 51.

(37) このコンソーシアムは、カンプール・インド・アメリカン・プログラム（Kanpur Indo-American Program: KIAP, 1962–1972）と呼ばれ、つぎの九大学で構成された。ＭＩＴ、カリフォルニア工科大学、パーデュー大学、カーネギー・メロン大学、オハイオ州立大学、カリフォルニア大学バークレー校、ケース工科大学、プリンストン大学、ミシガン大学。http://www.iitk.ac.in/infocell/iitk/newhtml/history.htm（最終確認日：二〇一三年二月二四日）.

(38) *IIT: India's Intellectual Treasures*, pp. 75–86; Sebaly, 'Assistance of Four Nations in the Establishment of the Indian Institutes of Technology', p. 86; R. A. Hamphrey, ed., *Universities and Development Assistance Abroad* (Washington: American Council on Education, 1967).

(39) Sebaly, 'Assistance of Four Nations in the Establishment of the Indian Institutes of Technology', pp. 92–93. 独立後のカンプールでは教育機関の急成長が見られ、基本的な初頭教育から大学レベルまでの各種の教育機関が開設されている。一九六五年まで大学の設立がなかったのは驚きであるが、現在では医科大学、ＩＩＴ、製糖技術研究所、産業技術研究所、繊維研究所、皮革技術研究所、農業大学、放射線ガン研究所などがカンプールの誇る高度研究機関として存在している。S. N. Singh, *Planning and Development of An Industrial Town: A Study of Kanpur* (New Delhi: K. M. Rai Mittal for Mittal Publication, 1990), p. 157を参照。

(40) TNA, OD13/4, Colombo Plan Assistance to the Delhi Engineering College (IIT); *IIT: India's Intellectual Treasures*, pp. 89–98.

(41) TNA, DO35/8752, Proposal to assist the Delhi Engineering College under the Colombo Plan, 1957–58. 技術援助が輸出促進を目的として利用されることは、これまでもたびたび指摘されてきた。FBI, MSS.200/F/3/E3/35/2, United Kingdom Technical Assistance Note of the Meeting held at the Overseas Development Institute on March 14 March, 1963 to discuss the Interaction between UK Official Aid Programs and Activities of Private Enterpriseを参照。

(42) Sebaly, 'Assistance of Four Nations in the Establishment of the Indian Institutes of Technology', pp. 120–121.

(43) TNA, OD13/4, Colombo Plan Assistance to the Delhi Engineering College (IIT): The Delhi Engineering College Trust: The Need for Further British Contribution.

(44) TNA, DO35/8753, Proposal to assist the Delhi Engineering College under the Colombo Plan: Brief for the Secretary of State: Delhi Engineering Institute; *The Colombo Plan*, vol. 4, no. 1, 1959, p. 3.

(45) *Lok Sabha Debates* Third Series, vol. 19, no. 1, 13 August 1963, col. 221.

(46) Ibid.

(47) TNA, DO35/8753, Proposal to assist the Delhi Engineering College under the Colombo Plan: Brief for the Secretary of State: Delhi Engineering Institute.

(48) Ibid.

(49) TNA, OD13/5, Colombo Plan Assistance to the Delhi Engineering College.

(50) *Lok Sabha Debates* Third Series, vol. 19, no. 1, 13 August 1963, col. 223.

(51) TNA, DO35/8754, Proposal to assist the Delhi Engineering College under the Colombo Plan.

(52) TNA, OD13/4, Colombo Plan Assistance to the Delhi Engineering College（IIT）: Note of a Meeting of Sponsors of the Delhi Engineering College Trust at the Department of Technical Cooperation of October 16, 1962, p. 2.

(53) TNA, OD13/4, Colombo Plan Assistance to the Delhi Engineering College（IIT）.

(54) TNA, OD13/4, Colombo Plan Assistance to the Delhi Engineering College（IIT）: The Delhi Engineering College trust: The Need for a Further British Contribution, p. 2.

(55) *The Times,* 2 May 1963.

(56) *Lok Sabha Debates*, Third Series, vol. 19, no. 1, 13 August 1963, cols. 221, 224.

(57) TNA, OD13/7, University Co-Sponsorship for the Delhi College of Engineering, 1960–1963.

(58) Ibid., col. 222.

第4章　時間と金の浪費？

一九五〇年代のマラヤ、シンガポール、ボルネオ

ニコラス・J・ホワイト

一　植民地官僚らの失望

南アジア・東南アジアの生活水準を向上させるためのコロンボ・プランは一九五一年七月に事業がはじまったが、その起源は一九五〇年一月のコモンウェルス外相会議にさかのぼる。コロンボ・プランは戦後アジアにおけるイギリス外交と脱植民地化の既存研究において大きな位置を占めている。インド亜大陸の独立と東南アジアでの植民地主義の解体にともない、コロンボ・プランは、新しい多人種からなるコモンウェルスを制御し確立する方法であり、あわせて、イギリスがグローバルな役割を維持するために経済的にも戦略的にも不可欠とみなされた東南アジアでのイギリスの主導性維持も図れる巧妙な方法であった。イギリス本国が財政的に苦しいなかで、イギリスの影響力とコモンウェルスの威信はアメリカの援助によって支えられるべきものとされ、それは、中国内戦における毛沢東の勝利の結果として必要となった反共活動の一部をなしていた(1)。

しかし、コロンボ・プランが実際にどのように実施され、南アジアや東南アジアでどのように受けとめられ、受け入れ諸国の経済にいかなる影響を与えたかについては、ほとんど研究がない(2)。プランの諸事業に対する東南アジアの

「現場にいる（on the spot）」イギリス人植民地官僚たちの失望ぶりからみれば、おそらく十分理由があるのだろう。

たとえば、一九五七年のサイゴン諮問会議への報告書作成にあたって、シンガポールの財務官僚のトム・ハートは、部下に「去年の同じ章の数字を変えるだけでよい」と言ったという。なぜならハートは、「コロンボ・プランの諮問会議とその仕事はすべて時間と金の浪費である」と信じていたからだ(3)。ハートの否定的態度は、一九五五年の六月から一〇月にシンガポール諮問会議の組織役をつとめたことに起因しているに違いない。このとき、一六〇人強の代表のための宿舎と食事、そして会場のヴィクトリア記念会堂の修繕のためにシンガポール植民地政府は四万ポンド（二〇〇九年時点に換算すれば約七五万ポンド）の出費をしたのである(4)。

マラヤ連邦の断言的経済アドバイザーであったオスカー・スペンサーは、この五年前に同様の結論に達していた。一九五二年二月から三月のカラチでのコロンボ・プラン年次会議のためにデータを集めて一章を書くように本国政府から依頼された際、彼はロンドンの植民地省に「われわれはこれらの種類の仕事の洪水にすっかり圧倒されているが、まったく非生産的だ」と報告している。コロンボ・プランの公費大名旅行は、ＥＣＡＦＥ（国連アジア極東経済委員会）の頻繁な会議と同様、スペンサーにとっては、「この国の人々の福祉にまったく」役立たないもので、「本当は国際政治上の体面を取り繕うこと」であった。マラヤ連邦は「われわれが［コロンボ・プランから］どのような利益が得られるのかまだ見つけていない」し、「おもにマレー人的な性格の強い各州政府を説得して、この非常事態［マラヤ共産党の反乱に対する鎮圧活動］のさなかに彼らの州にほとんど、あるいは一切利益をもたらすようには見えないもののために主力を傾けてもらうことはまったく不可能だ」、という状況であった(5)。一九五二年二月に（三カ月遅れで）提出したマラヤ連邦の報告について、将来の支出見込みや開発資金源について不明瞭な詳細情報を記したと批判されたスペンサーは、フレデリック・ベナムに次のように毒づいた（ベナムは、東南アジア総弁務官付きの経済アドバイザーであり、カラチ会議への英領代表団団長であった）。

われわれの使える少ない技術的資源を活用して、非常事態とその他の任務のために必要な物資の量や図表が示されていない事業について、毎年まったく新たな成果の推測をするのは確かによい計画からはほど遠い……。計画に関心のある批評家たちに優しく思い出させてほしいのだが、これまで四年間、マラヤは内戦を戦ってきたし、三八万二六〇〇人の再定住という大きな行政・社会改革を達成し、同時にスターリング圏のドル保有にかなり貢献してきている。それゆえ、ゴムの価格下落がいまやわれわれを、さらに過去にわれわれのドル獲得によって利益を得てきたコロンボ・プラン参加の他のスターリング圏諸国を心配させているに違いないが、経済計画を語るときに誰にマラヤに最初の一石を投じる資格が本当にあるのだろうか……。[6]

マラヤ連邦土地・鉱山・通信担当官僚のニック・カミルが一九五三年一〇月のニューデリー諮問会議で経験したことは、スペンサーの不満を実証するものだった。(マラヤ政府支出の三分の一が共産主義者の反乱鎮圧のためにつぎ込まれているときに)朝鮮戦争特需の終わりのゴムとスズの価格下落が、二億マラヤ・ドルの予算不足につながりそうだという熱心な訴えにもかかわらず、ニック・カミルはマラヤへのコロンボ・プランの追加援助を得てクアラルンプールに戻ることができなかった。彼は二週間のインド滞在のほとんどを「私の公的資格によって、他の国家代表団団長らや現地駐在の外交団長らの昼食会、歓迎会や晩餐会で供応を受けて」過ごした。[7] 一九五七年八月以後のマラヤ独立政府は、たしかにコロンボ・プランにはほとんど価値を見いださなかった。あるカナダ人官僚は、一九五八年一〇月に、クアラルンプールの政権がカナダの援助計画に興味を示さないことに不満をもらしていた。マラヤ連邦はコロンボ・プランのもとでのカナダからの援助への入札に招かれていたが、「連邦政府はアメリカ人からの資金貸与を増額しようと忙しすぎて、反応は貧弱」であった。[8]

本章の大半は、コロンボ・プランの英領東南アジア――すなわちサラワク、北ボルネオ(サバ)のボルネオ諸領と、マラヤ、シンガポール――への影響が、なぜ一九五〇年代をとおして比較的限られていたかを考察するものである。

そもそも、英帝国内の従属的地位は、とくにコロンボ・プランの財源からの追加的外部資金を何らもたらすものではなかった。植民地の地位ゆえに、東南アジア植民地の影響は、年次諮問会議の議事録においても抑えられていた。さらに、コロンボ・プランにおいて大いに期待されたアメリカの資金援助は実現せず、イギリス政府の官僚たちは、むしろ彼らの伝統的な影響圏に大規模なアメリカの借款や援助金が流入することで生じる経済的・政治的な帰結を恐れていた。ロンドンのイギリス人監督調整役らは、しだいにコロンボ・プランを単に地政学や威信の問題としてみるようになっていった。本章で後に明らかにするが、技術援助計画をとおしてのみ、コロンボ・プランへの英領東南アジア領の参加はまったく無駄な努力ではなかったのである。

二　従属的地位

東南アジアのイギリスに従属する諸領域はコロンボ・プランの加盟地域ではなく、イギリスによる創設のイニシアティブと加盟継続のおかげで単にプランに付属している状態であった。一九五六年、当時、王立国際問題研究所の国際経済学教授であったフレデリック・ベナムが、一九五〇年において「マラヤ」がプランの創立メンバーであったと述べたのは、したがってやや誤解を招くものであった。[9] 英領マラヤがやっと正式加盟国になったのは、一九五七年にコモンウェルス内での独立を得たのちのサイゴン諮問会議においてであった。シンガポールは完全な内政自治を得た一九五九年のジョグジャカルタ諮問会議で加盟し、サラワクと北ボルネオは、マラヤ連邦としてマラヤと（あわせて一時的にシンガポールと）合併した一九六三年まで加盟を待たなければならなかった。一方、ブルネイ・ダルサラームのサルタン国は、一九八三年に完全独立国となったにもかかわらず、二〇〇八年までコロンボ・プランには加盟しなかった。[10] マラヤ、シンガポール、ボルネオ諸領域への「特別な責任」を考慮して、イギリスは、コロンボ・プランに関する協議の早い時期に、これらの領域には、既存の調整で得られる援助以外には、他の政府からの資金援助は求めないことを明らかにした。むしろ大蔵大臣のヒュー・ゲイツケルは、一九五〇年一一月に、イギリス議会下院において、これらの領域が開発計画実施のために必要とする外部資金はいずれも、つねにイギリスが与える、と述べるほどであった。[11]

したがって、東南アジア植民地に対する外部からの開発援助の大部分は、植民地開発福祉（Colonial Development & Welfare, 以下CD&W）基金からの補助金（専門家の研修やマラヤ・ボルネオ住民のイギリスでの訓練に対する技術援助もこの補助金でまかなわれた）、戦争被害補償金、そして植民地開発公社（Colonial Development Corporation, 以下CDC）から出された。コロンボ・プランの最初の六年間の段階では、これらのイギリス本国からの資金流入をまとめると、イギリス大蔵省から五七〇〇万ポンドの寄付ということになる。一九五五年まで、マラヤ連邦は、反乱鎮圧の経費をまかなうために、このほかに一四〇〇万ポンドの補助金供与を受けていた。これらの援助の組み合わせはコロンボ・プランの年次報告にも記録されている。しかし、この点ではイギリスの側にも混乱がみられる。なぜなら、一九四五年のCD&W法や、一九四八年のCDC設立や、（同じく一九四八年の）東南アジアにおける戦争被害の補償請求への財政的対応は、明らかにコロンボ・プランよりも前のことだからである。さらに、これらの額は、コモンウェルスの経済協力のイニシアティブとは関係なく与えられるべきものだった。なぜなら帝国全般における戦後の経済開発推進の一部であり、とくにマラヤでは［反乱鎮圧のための］「人心掌握（hearts and minds）」キャンペーンの一部でもあり、イギリスが厳しい財政危機にあるときにマラヤ地域がスターリング圏のおもなドル獲得源だったという大事な都合もあったためである。[12] 実際に、一九五七年までに、植民地省は、コロンボ・プランの最初と二回目の諮問会議報告でイギリス政府から東南アジア属領に与えられた額として記録された（非常事態への支出は除く）六〇〇〇万ポンドと六五〇〇万ポンドの数値は、「誤解を招く」ということに気づいた。[13] これらの数値はコロンボ・プランの存在よりも長い期間に「使用可能とされた」援助にもとづいているからである。この間、一九五一年一二月にオスカー・スペンサーが述べたように、開発資金の追加的財源――すなわちロンドン市場からの借用――は「スターリング圏の全メンバーの生得権の一部」であった。ロンドンの金融街から借用するどころか、マラヤは実際にロンドン市場にその前の二年間で一億ポンド以上を注ぎこんだのである。[14]

さらに、一九五〇年代の東南アジア植民地の開発努力のほとんどは、領域内の独自財源によるものでありつづけた。開発資金を自前でつくる能力は、一九五〇年代初めの朝鮮戦争特需の間に、マラヤとボルネオのおもな輸出品（とくにゴム）の価格が四倍になったことでまさに証明された。[15] 北ボルネオでは、太平洋戦争終結時のイギリスからの寛大な復興費用向け財政措置が「文字通り植民地を立ち上がらせた」と、ある植民地官僚はみなした。しかし同時に、一九四八年から一九五二年の間だけで復興と開発費用のために、北ボルネオ自身から六〇万ポンドの支出が期待されたが、実際には三〇〇万ポンドに達した。[16] 北ボルネオは依然としてCD&W補助金に「重く依存」していたが、一九五五年から一九五七年の間にイギリスから受けた一四四〇万マラヤ・ドルに対して、領域内でつくられた開発資金はそれをかなり超える二二二〇万マラヤ・ドルであった。[17] シンガポール商務工業局のC・H・ウッドは、一九五三年九月のニューデリー諮問会議で官僚仲間に、この島の開発計画は、おもな住宅建設と他の社会事業に加えて、電源供給、港湾開発、新国際空港による輸送路整備に集中するが（そして一九五七年までに七五〇〇万ポンドの支出をともなうが）、現地の財源でまかなわれるだろうと伝えた。[18] 自由港としてシンガポールはその歳入を所得税とタバコ、アルコールと石油の輸入税のみで得ていたが、一九五三年には、植民地行政に使える資金は朝鮮戦争特需の数年よりも大きく、開発のための支出を差し引いても六九〇〇万マラヤ・ドルの余剰があった。事実、シンガポールの予備財源はとても健全な状況にあったので、（最初の一〇年は利子なしで）三〇〇〇万マラヤ・ドルをマラヤ連邦に貸与することができた。石油採掘からの収入に支えられて、サルタン主導の小さな保護領ブルネイは、マラヤに四〇〇〇万マラヤ・ドルを、そして北ボルネオに六五〇万マラヤ・ドルを貸与できる立場にあった。[19] シンガポールの繁栄の継続は、一九五六年の新CD&W法のもとでは領域への補助金配分がないことを意味した。このことは、シンガポールにとって「二重の不運」であった。なぜなら、CD&W計画においても、また一九五九年一一月以前は正式メンバーではなかったためコロンボ・プランの援助配分においても、イギリスの技術援助から排除されていたからである[20]。

コロンボ・プランによるイギリス外からの支援が受けられなかったことは、東南アジアの英領に開発のイニシアティブをまかなう資金が絶望的に不足していたことを必ずしも意味しなかった。しかしながら、深刻な減速要因としては、イギリスの資本財供給への依存が続いていることがあった（これはスターリング圏の為替管理と、植民地とイギリス政府の官僚制度に固有のイギリス産業偏重にもよっていた）。資本財の納品の遅れは、一九五〇年以後にアジア冷戦が「熱戦化」した後のイギリスの再軍備優先によって悪化し、マラヤ半島部では、とくに鉄道システムの近代化において大きな問題であった[21]。実際に、コロンボ・プランに関するイギリスの考え方においては、経済的な利己主義がしばしば幅をきかせた。たとえば、一九五四年のオタワ諮問会議では、イギリスはシンガポール代表に、新しい工業技術専門学校への設備供与を求めるイギリス以外の代表へのロビーイングをしないよう説得した。その根拠は、「マラヤとボルネオに、イギリスの機械で訓練された熟練工の若い世代を得ること」はイギリスの工業に長期的に利益をもたらすであろう、というものだった[22]。

このことは、マラヤ、シンガポール、ボルネオの住民がコロンボ・プランの一連の活動に影響を及ぼせる範囲は狭かったことを示している。力をつけてきた現地の政治家たちや公務員たちは、拡大中のイギリス代表団の一部として年次諮問会議に出席した。たとえば、マラヤ半島部は準閣僚の「メンバー」をおくシステム（「植民地の議会にあたる」行政評議会のメンバーが植民地行政の特定の部局を代表して発言するように要領を授けられる）を採用したので、内務担当準閣僚のダト・オン・ビン・ジャファールは、一九五二年三月のカラチ諮問会議の閣僚級会談で、マラヤ連邦を代表した。ニューデリーでの一九五三年一〇月の会議では、マラヤ連邦のニック・カミルは、シンガポールの行政評議会議員であったC・C・タンとの同席を喜んだ。タンとカミルは、一九五四年のオタワ会議にもそれぞれの植民地を代表して出席した。一九五五年のシンガポール諮問会議の閣僚級会談の議長はデイヴィッド・マーシャルであった。彼は首席閣僚に選ばれたばかりであり、イギリス外相でイギリス代表団長だったレディング卿によれば、「大きな個人的成功をおさめた」のだった。[23] 年次諮問会議はイギリスにとって、穏健なナショナリストたちの存在を広く知らしめ、コモンウェルス内での自治を支援するイギリスの比較的進歩的な政策を示すための国際的広報に役立つものだった。たとえば、ウェリントンでの一九五六年の会議では、コモンウェルス関係省大臣次官補のアルジャーノン・ランボウルドは、マラヤの商務工業大臣のイスマイル博士に感銘を受けた。「彼はマラヤがイギリスから得た援助に繰り返し敬意を表し、完全自治を達成した後もイギリスと手を携えていきたいというマラヤ連邦の願いを強調した」からだ。このことは、「ヴェトナム人が、メンバーでないフランスの悪口ばかり言っている」こととは「歓迎すべき対照」をなしていた。[24]

しかしながら、このウェリントン諮問会議までには、マラヤ・ボルネオの代表たちから、「会議の仕事の十分な分担役割を与えられず、何かを隠されているという疑念がつきまとい」、「することがあまりなく、冷たく置き去りにされているような気がする」という不満が出されていた。一九五七年のサイゴン会議では、シンガポールとボルネオの代表はイギリス本国からの代表と同じホテルに宿舎を与えられたが、上級官僚から構成され諮問会議全体の議題を確定する重要な役割を持つ業務委員会への出席は依然として認められなかった。[25]

しかし、コロンボ・プランに関するかぎり、独立は必ずしも恩恵をもたらさなかった。植民地統治下では、マラヤ連邦とシンガポール政府は技術協力計画にそれぞれ独自の貢献を行なった。たとえば一九五二年には、インドネシアの労働組合の役員たちがマラヤを訪問した。またセイロンからは一名の放送局員がラジオ・マラヤで経験を積み、その後三名も後に続くことになった。インドの農務官僚はマラヤでビンロウの実の生産方法を調査し、小規模のゴム農園所有者の問題について調査するためにビルマ人官僚のツアーも計画された。[26] これらの他のコロンボ・プラン諸国民の訓練設備費用の大部分はイギリスがまかなった。しかし、一九五七年八月のムルデカ（独立）にともない、マラヤ連邦政府はイギリスの援助が以後徐々に引きあげられることを衝撃とともに知り、クアラルンプール政府はムルデカの六カ月前に提供した訓練の約束を破棄しなければならない結果となった。[27] シンガポールも一九五九年［の内政自治獲得］後に、同じような苦境に立たされた。[28]

コロンボ・プランの有効性の限界を認識したロンドンのイギリス人監督調整役らは、プランのアジアの生活水準改善への直接的貢献よりも冷戦におけるプロパガンダや地政学上の意義にしだいに関心を寄せるようになっていった。とくに一九五五年に、ソ連と中国の対アジア援助が活発になったためであった。[29] コモンウェルス関係省のランボウルドが一九五六年末に公式に述べたように、「コロンボ・プランは『計画』でも国際組織でもない……アメリカが供与したすべての援助やイギリスからアジアへのさまざまなかたちでの資本金は、コロンボ・プランの存在とはまったく独立的」であった。[30] ランボウルドは一〇カ月後に彼の上司に対して、「コロンボ・プランのスローガンは南・東南アジア諸国に西欧諸国への共感を寄せ続けてもらうために最も有益だ」と、ふたたび強調した。[31] イギリス政府が一九五九年以後にシンガポールをプランの正式メンバーに昇格させたのは、この島の開発の可能性を高めるための配慮にもとづくものではなく、むしろ「シンガポールを喜ばせ続け、彼女《ママ》の国際的地位を高める」ためであった。とくに、「［メンバーシップを］認めないことは、［内政自治の］新憲法は完全自治への本当の進歩ではないと論じるシンガポールの左翼過激派を利することになるだろう」からであった。[32]

イギリス政府がコロンボ・プランへの直接の経済的関心を示したのは確かだが、東南アジア植民地そのものに焦点をあてたわけではなかった。オーストラリア外務省高官のアーサー・タングが一九五一年末までに認識したところでは、「イギリスの態度は大蔵省に支配され」、大蔵省のおもな関心は「まったく明確に」アメリカの援助をインド、パキスタン、セイロンに振り向けて、イギリスへのスターリング・バランス解消の「圧力を減らす」ことにあった。これがイギリスのコロンボ・プランにおけるこれらの新興独立諸国の開発のためのおもな貢献であり、結果として、「イギリスの輸出品が自由にドルを得られるようにした」のである。[33] 一九五七年八月の独立後、コロンボ・プランの援助が本当にイギリスからマラヤに流入するようになったときも、イギリスの利己主義はすぐに明らかになった。たとえば一九五九年一〇月に、コモンウェルス関係省がクアラルンプールのイギリス高等弁務官事務所に助言したのは、一九五七年から一九六三年までのコロンボ・プランの第二段階に配分された追加的な九〇〇万ポンド相当の技術援助資金の一部を、マラヤ鉄道に在留するイギリス人を雇うために使って欲しいということだった。とくに「特定の鉄道案件について日本人専門家が「マラヤに」呼ばれるようなことへのイギリスの業界の懸念をわれわれは知っている」からであった[34]。

三　アメリカによる援助の限界

国家的利己主義がイギリスの援助供与に影響したことは、コロンボ・プラン全体の構造の特異性を反映してもいた。「多国籍のメンバーシップにもかかわらず、このプランは二国間ベースで動いている。構造的にも機能的にも、プランには中央集権的なメカニズムも一貫した組織的枠組みもない[35]」。したがって、そこから寄付金や借款が特定の地域に（独立・非独立にかかわらず）配分される集中的なプラン基金といったものはなかった。ベナムは以下のように説明した。

……各国は独自の開発計画をもち、もちろんそれを、まさしく好きなように作ったりときどき修正したりするのであった。すべての援助申し出は、それが資金的なものであろうと技術的なものであろうと、関連する二国間の交渉の対象であり、二国間だけですべての詳細を決定する。諮問会議も、他のいかなる団体も、一国の一般的計画についても、さまざまな事業の実施についても、コントロールすることはない[36]。

このことは、大いに期待されたアメリカの援助が実現しなかったのでとくにそうなってしまった。一九五一年初めにアメリカが諮問委員会に加盟したときに、イギリスと他のコロンボ・プラン加盟国には「全般的満足」があったかもしれない。しかし、ベナムがふたたび明らかにしたように、アメリカの東南アジア地域への補助金や他の支援が年次報告に記録されてはいるが、アメリカ政府はこれらの供与に「コロンボ・プランのラベルを貼ら」なかったのである[37]。ロンドンの大蔵省は、アメリカが自国の南・東南アジアへの寄付をプランの「公共心」と結びつけて直接コロンボ・プランをとおして供与するのを望まなかったことは、むしろよかったと考えた。なぜならとくに、アメリカはそれでも諮問委員会のメンバーであり、アメリカ政府の支援は受給諸国が年次報告のために提出する文書に何らかのかたちで記録されるからであった。しかし、コモンウェルス関係省は、アメリカがアジアへの経済援助を「彼ら独自のやり方で」（おもに経済協力行政局［マーシャルプランのための Economic Cooperation Administration: ECA］を通して）与えることを評価していた。コロンボ・プランの組織との協議はあっても、諮問会議が「金の行き先について影響を及ぼす」ことができるとは思われなかった。さらに、アメリカの経済援助は、冷戦の「前線」にある、帝国やコモンウェルスではない国々——すなわち、タイ、インドシナ諸国、フィリピンやビルマ——に流れる傾向にあった[38]。

一九五三年までに北ボルネオは、ジェッセルトン（コタキナバル）、サンダカン、ラブアンの港湾地域の再建と拡大のために、二九〇万マラヤ・ドルをＥＣＡから、また一九五五年と一九五六年には、さらに一七一万マラヤ・ドルを同じくアメリカの国際協力局（International Cooperation Administration: ICA）から受領した。その間にマラヤ連邦は、道路建設計画のための大重量の地ならし機として約一二五万マラヤ・ドル（四〇万九七四〇米ドル）相当をＥＣＡから受領した[39]。しかし一九五〇年から一九五二年までの間だけでコロンボ・プラン諸国全体にアメリカ政府から供与された寄付金や借款の総額四億三〇〇〇万米ドルに比べれば、これらは大海の一滴であった。さらに、このうちの限定的な額の配分に関する限り、マラヤや北ボルネオのコロンボ・プランへの関わり方が意味を持ったかどうかは不明である[40]。

一九五五年から一九五八年の間にＩＣＡによって割り当てられた追加的な一億米ドルをアジア開発のために使おうという努力（「大統領基金」と呼ばれた）は、ほとんど効果がなかった。一九五五年のシンガポール諮問会議でのアメリカ人代表たちは、シンガポール、マラヤ連邦、北ボルネオやサラワク、そしてイギリスの総弁務官事務所からの官僚らによるロビー活動を受けた。しかし、ラブアンの空港、ボルネオ全域のための農業研究所、北ボルネオ・クリアス半島の米の調査、英領東南アジア全域の気象情報サービス、そしてシンガポールの空港ターミナルへの援助要請にアメリカ人たちは熱意をもって応えはしなかった。これらの計画は、大統領の特別基金の考慮対象としてよりも、個別の国の計画によりふさわしかったからである。これらは大統領基金による支援要請に対してアメリカ政府が適用した「地域性」という判断基準を満たさなかったのである。残った候補は、地域漁業計画とマラヤ大学／シンガポール工業技術専門学校だけであった。その後ロンドンにおもむいたＩＣＡ調査団は、植民地省に対して、アメリカ政府に東南アジアの英領に直接の経済援助をする計画はないと通知したのである。技術援助計画は、ケース・バイ・ケースで考慮されると伝えられた。しかし植民地省は、「最近の経験によれば、二国間調整にもとづくアメリカの技術援助には遅れや問題があるので、［東南アジアの］諸政府はイギリスから得られない技術支援を他の財源から得ることを考えたほうがよいと思われる」とアメリカに警告した(41)。

一九五五年のシンガポール会議で、アメリカ人官僚たちは、示された提案に「個人的見解以外」は伝えられる立場にないと植民地官僚たちに伝えた。最終的決定は国務省で行なわれるとのことであった(42)。実際に、コロンボ・プランの諸会議へのアメリカ代表団がとくに高位であったり権威をもっていたわけではなかったのは、コモンウェルス主導のイニシアティブをアメリカ政府が重視していなかったことのあらわれであった。一九五〇年代の多くの諮問会議に出席したランボウルドは、これらの場でのアメリカ代表たちをあまりよく思っていなかった。一九五五年のシンガポールでは、……アメリカ人たちはまったく影響力がなかった。ひとつには彼らに政策がなかったからであり、もうひとつには公式代表団団長が、小柄で感じは良かったが、とても力のない人で、彼の代表団すらまとめられなかったからである。公式会議の間、彼らはほとんど発言をしなかった。(43)

一九五七年のサイゴンでは、

……報告書の準備を退屈にさせるのはアメリカ人たちの態度である……彼らは、敵対的議員に文脈をはずれて引用されるようなことで政権に傷がつくかもしれない語句を含めることへの反対に不必要にとらわれているようだ。この目的のために、アメリカ人たちは、アメリカの経済専門用語で何かを意味する無害と思われる語句を、いつも置き換えさせようとしている。そのような専門用語は、何も意味しないと疑いたくなるのだが……。

南・東南アジアが世界の人口の五分の一をしめ、世界の他の部分に対して潜在的に大きな市場と供給源になるという報告書案の一節に対して、アメリカ人たちが批判をしたときに、ばからしさは最高潮に達した。アメリカ人たちは、「五分の一」という表現を使うことが彼らにとって問題となることを恐れると述べた。これは南・東南アジアと、ソ連側陣営を含む世界の他の「すべて」を比較することになり、南・東南アジアとソ連側陣営のあいだの貿易を勧めることになり、ワシントンで微妙な政治問題になるとの説明であった。(44)

このことは、英領東南アジアの一九五〇年代をとおしての差し迫った経済問題――すなわち、原材料輸出品の価格安定と市場の確保――については、ほとんど何も達成されていないことを意味していた。(45) マラヤ連邦は、一九五二年の諮問会議の次のような認識を歓迎したかもしれない。ひとつは、南・東南アジア諸国の歳入とそれゆえの開発の速度は、この地域のコントロールがほとんど及ばないグローバルな経済変動に左右されること。もうひとつは、「消費する側の諸国の政府は、この地域の産品を最大限に使い、輸入や消費への制限を自国の国策に必要最低限のものにしておくことで、この地域を大いに助けることができる」ということである。また、「アメリカの代表が合意した文書の最後の行が公表できたことはとくに有益」であった[46]。それでもなお、マラヤ連邦もマレーシアも一九五〇年代と一九六〇年代をとおして、アメリカの人工ゴム生産能力の継続的拡大とアメリカ政府の国際スズ協定への加盟拒否に悩まされ続けた[47]。事実、一九六一年一一月のクアラルンプール諮問会議の開会挨拶で、マラヤ首相のトゥンク・アブドル・ラーマンは、原材料価格の安定、輸出収入が急に下落した際の原材料産出国への補償を求めた。そして直近のアメリカ（とそしてイギリスの）政府による朝鮮戦争時代からの在庫天然ゴムの売却行動の文脈をふまえて、在庫放出における調整の拡大も要請した[48]。コロンボ・プランに依存するよりも、ラーマン首相はタイやフィリピンとともに東南アジア連合（Association of Southeast Asia: ASA）を、「東南アジアに共通市場のかたちを作り、これらの諸国の経済を強化し、より大きく強い資本主義諸国から搾取されないようにする」手段として推進した。これがのちに拡大して一九六七年に東南アジア諸国連合（Association of Southeast Asian Nations: ASEAN）になった[49]。

同じ時期に、戦後アジアへのアメリカの関与に対して、イギリスの官僚や閣僚たちが地理的にえりごのみの態度を示したことは強調されるべきである。大蔵省はコロンボ・プランの初期段階の協議で、スターリング放出に対して国際収支上の地位を維持するために、南アジアに米ドルの援助を引きつけるのにこだわっていたと言えるかもしれない。しかし同時に、オーストラリア大蔵省官僚はロンドンの高等弁務官事務所で、イギリスの大蔵省は大規模なアメリカの援助を促進したがらないことに気づいた。なぜなら、「（イギリスがアメリカの経済支援を得れば避けられないと思い込んでいるような）国内の経済政策や貿易案件へのアメリカの介入が、新たに独立を得た諸国に反感を持たせ、そしてさらに、マラヤのドル収入純益の一部がスターリング圏のドル保有から流出することにつながるのではないかと恐れて」いたからである[50]。したがって、コロンボ・プランのもとでは実質的なアメリカの公的投資が実現しないと明らかになる前でさえ、植民地省は一九五〇年四月に、東南アジアの英領諸地域の開発のニーズは「これらの地域への大規模なアメリカの経済的・政治的な影響を促進することにともなう政治的要因」と比較しながら評価しなければならない、と忠告していた。[51] 一九五三年末には、外務省はよりはっきりと、「東南アジア諸国へのアメリカ援助の増加はイギリスにとって市場の喪失を意味するかもしれない」と考えた。[52] 一九五〇年代半ばまでには、このような態度は緩和され、従属諸領への（たとえば世界銀行からの）ドル借款は、「植民地における資本開発を助けるためのロンドン市場の負担」を減らしたり、「必要な資本を供与するという差し迫った問題から、ドル借款が増額された分だけイギリス経済への負担を軽くする」手段として促進されるようになっていた。[53] それでも、ストックウェルが論じたように、ルイとロビンソンが指摘したイギリスの脱植民地化における英米のパートナーシップは、植民地末期のマラヤではかならずしも実現しなかった。戦後復興、非常事態、そして権力委譲の制御はこの半島をイギリスの勢力圏として維持するために工夫されたものだった。[54] 一九六〇年代初めになってもまだ、「グレーター・マレーシア」［マラヤとシンガポール、ボルネオ領域からなる統合国家建設］計画はコモンウェルスを世界政治のなかの「第三勢力」として維持するためのイギリスの決意を表わしていたのである。[55] 右で概略を述べたような諮問委員会へのアメリカの介入に対するイギリス官僚たちの不満は、アデレケが論じるような、「コロンボ・プランへのアメリカの参加はルイとロビンソンが英米連携と特徴づけたより広い文脈のなかでみられるべきである」という主張に疑問を投げかけるものでもあった。[56]

四　技術協力

コロンボ・プランの当初の壮大な意図を支えるための外的援助の量がなけなしだったので、早くも一九五一年五月には、ロンドンのコモンウェルス関係省の一官僚は、「コロンボ・プランでの重点はどんどん技術協力計画の方に集中されつつある」と評価していた[57]。プランの技術援助供与は、同様の国連の活動やアメリカの「ポイント・フォー」計画（トルーマン大統領の開発が遅れている国々への技術援助計画で、一九四九年一月の［二期目の］就任演説で発表され、一年後にはじまった）を補足するためのものであった。コロンボ・プランの技術協力計画は、大規模なインフラ整備計画に焦点をあてた経済開発計画よりも、援助額においてずっと小さく企画されていた[58]。

それでも、一九五二年のカラチ諮問会議で、また続けて行なわれた技術協力協議会の政策会議でも、コロンボ・プラン領域における訓練の発展と訓練施設の供与を増やすことに力点が置かれた。東南アジアの諸英領は、同様の援助をCD&Wの枠組みの一部として受けているために、コロンボ・プラン傘下でのイギリスからの技術支援の対象外とされていたが、コロンボ・プラン内の他の供与加盟国からの援助は自由に受け取ることができた。とくにオーストラリア、ニュージーランド、カナダのいわゆる「白人の」コモンウェルス諸国からの援助申し出の恩恵には、たしかに素早くあずかった。たとえば、一九五四年九月までには、マラヤ、シンガポール、サラワクと北ボルネオから一五〇人以上の訓練生が海外に渡った。彼らのうち四五人は一九五三年から一九五四年にかけての一年のうちに派遣された。最大のグループは、シンガポール市役所で働くために二二人のエンジニアがまとめてオーストラリアで訓練を受けた例であった。ほかには、マラヤの商業学校教員がニュージーランドで、ボルネオの教員がメルボルンで訓練を受けたり、学生たちがカナダで漁業や衛生を、セイロンで協同組合方式や「文書審査の技術」を学ぶ例があった。さらに七〇あまりの援助供与案件が準備中で、そのなかには、オーストラリアからの援助を求めるものや、マラヤ本土の結核看護への支援を求めるものがあった[59]。この間ブルネイは、一九五三年の夏までにオーストラリアから三つの訓練の機会を与えられた[60]。くわえて、一九五四年末までに、コロンボ・プランから一八人の専門家たちが英領諸地域で仕事を行なった。彼らはおもに、学校での科学教育を含む教育や商業学校での仕事に貢献した。五人は農業研究、とくに米生産の向上に関する研究の進展に携わった。二人はエンジニアであった。オーストラリアは形成外科の先進的医療チームを一九五四年四月にマラヤに派遣した[61]。キャンベラからの追加的なイニシアティブによって（赤十字による実施だが資金の七五パーセントはオーストラリア政府から得て）五人の看護婦と五人のソーシャルワーカーが派遣された。彼らは「個人的に危険にさらされる要素」があるのを承知で、マラヤ連邦の反乱鎮圧作戦の一環として五〇万人の辺地在住華人の再定住支援をあえて行なったのである。[62]

さらに、専門家が行なっている仕事、とくに農業研究と教育における仕事には、しばしば資金援助もあった。一九五三年までに、オーストラリアとニュージーランドはそれぞれ五〇〇〇ポンドずつ、マラヤ大学の図書館に寄付を行なった。オーストラリア政府はシンガポールとクアラルンプールの技術学校に施設を供与し、また繁殖のために血統書つきのヘレフォード種の雄牛をサラワクに送り、学校用の地理教科書の印刷も行なった。[63] 一年後に、オーストラリアは北ボルネオでの教員養成カレッジに設備を与えることにした。[64] 結果として、シンガポール工業技術専門学校への設備供与は、一九五七年以降は汎コモンウェルスの「協力的措置」となり、カナダが五万カナダ・ドル、ニュージーランドが五万五〇〇〇ニュージーランド・ドル（くわえて教育も）提供し、オーストラリアは機械工場に必要な旋盤やその付属品を直接にモノとして供与する方を好んだ。[65]

このような資金援助は決して莫大なものではなかった。たとえば、一九五〇年から六三年までの期間に、サラワクだけで、コロンボ・プランの支援により海外への奨学金や専門家の派遣を受けるための八九万二五四二ポンドを受け取った。[66] 支援の結果もまた、いつも劇的で長期にわたるものというわけではなかった。一九五七年七月に導入された、ダヤック族の小学校数校にカナダ政府任命の校長団を派遣して指導を行なう計画も、数校に限られ、「計画の全体的影響と効果は抑えられた」のである。[67] この間、マラヤ連邦にとっては、特別研究員援助や奨学金や他の訓練方法の受給率は、反乱鎮圧作戦の必要性から公務員不足があったために限られていた。[68] さらに、少なくともコロンボ・プランの初期には、海外への留学奨学金はかえって逆効果であった。オーストラリアでの社会的孤立と生活状態の貧しさは（「有色の人々に家の提供を拒否する無知な女性家主たちに何度も断られる屈辱感」も加わって）、マラヤ人の学生たちを「共産主義の影響を得やすく」させ、その結果、技術援助計画におけるキャンベラ政府の努力を「おおかた無にする」状態であった。[69] 同時に、コロンボ・プランが供与したものは、いつも適切とは限らなかった。ヘレフォード種の雄牛は穏やかな気候のオーストラリアから引き離されて熱帯のサラワクに落ち着かされたとたんに、絶望的に繁殖しなくなってしまった。[70] 同時に、開発事業を計画し実施することのできる専門家が足りないことが、マラヤ、シンガポール、英領ボルネオでは開発を遅らせる主要因となっていた。官僚や専門家たち――すなわちエンジニア、測量技師、排水や灌漑事業・道路・水路・医療サービス・都市計画・所得税局の技術者たち――は、かなり長い期間にわたって恒久的に必要とされた。それは、コロンボ・プランでは典型的な二年の派遣期間中にはじめた仕事を続けるべく技術行政を確立するためであった。[71] 東南アジア諸領域の公衆衛生へのおもな支援はWHOとユニセフからのものでありつづけた。[72] 現に一九五一年から一九五七年の間に、マラヤ、北ボルネオ、サラワク、シンガポールあわせてコロンボ・プラン援助供与国から合計一三三人の専門家を受け入れたが、国連諸機関からは一六六人の技術者が訪れた。[73]

しかし、コロンボ・プランの援助は何もないよりは明らかにましであり、領域内あるいはCD&Wの補助金でまかなわれる技術援助事業でできるはずのものよりもずっと多くを成し遂げることを可能にした。これはとくにオーストラリア、ニュージーランド、カナダでの高等教育支援についてあてはまった。一九五一年までには、サラワクで、(コロンボ・プランの)技術協力計画が中等教育以後の海外への奨学金のおもな財源であったし、一九六三年の植民地支配の終わりに際して、コロンボ・プランは一三四人分の学位奨学金のうちの一一六人分、五三の短期学位奨学金のうち三八、二六の資格奨学金のうち二二、三五八の実務訓練奨学金のうち二四一の資金をそれぞれまかなっていた。コロンボ・プランの技術援助の重要性の高まりは、サラワクの医学生たちの経験にあらわれていた。一九五六年には一一人の政府支援に対して六人がコロンボ・プランの支援で学んでいたが、一九六二年には、他の奨学生七人に比べてコロンボ・プラン奨学生は四〇人となっていたのだ。[74] 一九五〇年代の半ばまでには、マラヤ連邦の全訓練のうち三分の一は、(コロンボ・プランの)技術協力計画のもとで行なわれていた。[75]

現地の人材の質を高めるためと、東南アジアの脱植民地化が加速するなかで在住イギリス人による技術労働供給への依存を減らすためにも、この援助はとくに重要であった。したがって、一九五四年と一九五五年の間、マラヤの中央電力局は、上級ポストの現地化計画はその穴埋めとなる適切な資格のある現地人がいなければ進まないと十分認識していた。そこで、オーストラリアのコロンボ・プラン奨学金が海外の訓練施設を利用する方法を（マラヤに）与え、これらの「パイオニア奨学制度から、一九六〇年代にイギリス人在住者から局の運営を引き継いだ人々の多くが輩出した」のである。[76] サラワクの公務員の現地化を支える海外高等教育のための奨学金は一九四九年に導入され、一九六三年までに、コロンボ・プランは（CD＆Wの配分も含めて）他のどのようなものよりも多人数への奨学金を付与するに至った。[77]

さらに、いくつかの事例では、コロンボ・プラン派遣専門家の影響は長期にわたって続く成果をもたらすことができた。一九五七年に、カナダ政府はマラヤ半島の水力発電の可能性を調査するための専門家を送った。長期予測をするための十分なデータがなかったために結果は限定的だった。しかし、「経済アドバイザーの」スペンサーは、このカナダとの接点を利用して（コロンボ・プランをとおして）フレッド・モートンを任命してもらった。モートンは、一九五九年から一九六二年にマラヤに派遣され、水力電源開発のための二二の経済上実用的な場所を特定する総合的な報告書を仕上げた。これにより、マラヤ北部のペラ川上流の開発が行なわれることになり、マラヤ諸州国家電力局と改名された局の「一九七〇年代の拡大の黄金の一〇年間」の「活動とエネルギー」が、この開発におもに向けられることになった。[78]

一九五四年秋のオタワ会議での日本のコロンボ・プラン加盟は、コモンウェルスを越えて技術援助の範囲を拡げた。[79] アメリカと同じく日本も、東南アジアへの資金援助はコロンボ・プランの機構をつうじては行なわなかった。しかし、オーストラリア外相でオタワ諮問会議への同国代表団長だったリチャード・ケイシーは、次のことに注目をうながした。

日本は南・東南アジアの技術力向上に特別の支援を与えることができる。日本の農業・漁業・家内工業・繊維製造における経験や創意工夫は、近隣諸国にかなり意義のあるものになるであろう[80]。

マラヤ商工大臣のイスマイル博士は、東京を一九五七年の諮問会議の開催場所とする提案に、「一九四一年から四五年の記憶ゆえに」反対をしたが[81]、一九五八年八月から二年間、日本人の漁業方法の専門家、モモカワ・ヨシヒロがマラヤ連邦の漁業局本部に派遣された。日本人の陸稲・水稲植え付けの専門家も派遣されることになった。シンガポールに対しては、日本は一九五八年までに、毎年二名を沿岸漁業技術の訓練のために受け入れると合意した[82]。コロンボ・プランは日本の戦前と戦中の英語圏東南アジアとの商業的つながりを復活させる要因のひとつとなり、それはまたマレーシアとシンガポールの一九六〇年代と一九七〇年代の経済成長にとって中核的なものともなった[83]。

五　諮問会議の意義と限界

それでもなお日本のコロンボ・プラン援助は、日本の民営部門による（日本政府の強い支援に後押しされてはいたが）、戦後マラヤとシンガポールの商業全般・銀行業・海運業・鉄鉱石採掘・初期製造業における、より大きな努力に比べれば小さかった[84]。コロンボ・プランをつうじての接触はこの日本の再進出を促進したと思われる。たとえば、シンガポールがコロンボ・プランの正式加盟国になった一九五九年一一月に、日本外務省の経済協力局長で諮問委員会への代表は、シンガポール政府から日本側に、「シンガポールの失業者たちの吸収に役立つ」海綿鉄製造業などのいくつかの工業の確立の支援を求めるアプローチがあったと、在京イギリス大使館に伝えている。この件はジョグジャカルタでの諮問会議の背後で協議されることになっていた[85]。

二国間事業の交渉や援助の政策・実践へのコメントのほとんどは、ホテルの部屋、廊下、歓迎パーティーやそのほかの社交の場で行なわれた。諮問会議の仕事上の意義はここにある。代表たちは、非公式協議に時間を割くために諸会議の公的な仕事を急いで終わらせようとしている[86]。

しかし、東南アジアの第二次産業への日本の投資はとくにコロンボ・プラン援助であったわけではなく、コロンボ・プランの進行とはまったく別に、この投資促進のために少なくとも一九五七年から政府間の協議が続けられていた[87]。イギリス代表団が一九五四年のオタワ諮問会議で報告したように、英領東南アジア全体の資本形成のより大きな部分を民間投資が占めていた。おもな財源はすでに［現地に］確立された会社の未配分利益であり、また「工場・プランテーション・鉱山・材木伐採などの新事業に着実に流入した海外資本」であった。外部資金への「差別はまったくない」し、それは、現地資本に同じく適用される以外の税や法令がないためであった[88]。したがって、技術協力の重要性にもかかわらず、スターリング圏内の自由な資本の流れや、しだいに政治的にも力をつけつつあった現地の企業家たちがしばしば仲介役をつとめるアジア内の貿易や投資の復活・拡大に比べれば、コロンボ・プランはマラヤ、シンガポール、ボルネオの一九五〇年代の開発に最小限の影響しか与えなかった。冷戦の封じ込め政策――コロンボ・プランもそのひとつであったが――は、このような経済環境が繁栄することへの自信と安心感を投資者に与えるのに明らかに貢献した。東南アジアへのイギリスの主要海運路線を担いリヴァプールに本拠を置くオーシャン・スティーム・シップ社の重役、ジョージ・パルマー・ホルトは、一九六〇年にこの地域へのイギリスの輸出を増やす手段のひとつとして、コロンボ・プラン方式の訓練実施の活発化を求めた[89]。しかし、コロンボ・プランがイギリスの東南アジア諸領域の開発を遅らせたと論じることもまた可能である。この点での最後の言葉はランボウルドにゆだねるべきだろう。彼は、一九五六年のウェリントン諮問会議の後に次のように結論づけたのである。

これらの年次会議は、過大な数の上級官僚を長すぎる期間本部から引き離している。このことは、官僚を解放するのに最も適した立場にある供与側の政府にも、そして官僚がコロンボ・プラン会議のためにまず準備し次に出席する間に、多くの場合長いこと計画と開発の仕事を止めなければならないアジアの諸政府にも、感じられている。(90)

注 記

(1) たとえば以下を参照のこと。Tilman Remme, *Britain and Regional Cooperation in South-East Asia, 1945–49* (London and New York: Routledge, 1995); Nicholas Tarling, 'The United Kingdom and the Origins of the Colombo Plan', *Journal of Commonwealth and Comparative Politics,* 24, no. 1 (1986): 3–34; Nicholas Tarling, *Britain, Southeast Asia, and the Onset of the Cold War, 1945–50* (Cambridge: Cambridge University Press, 1998), ch. 6; Nicholas Tarling, *Britain, Southeast Asia, and the Impact of the Korean War* (Singapore: Singapore University Press, 2005), pp. 16–21; Nicholas Tarling, *Regionalism in Southeast Asia* (London and New York: Routledge, 2006), pp. 75–77; Peter Lowe, *Contending with Nationalism and Communism: British Policy towards Southeast Asia, 1945–65* (Basingstoke: PalgraveMacmillan, 2009), pp. 73–82; Nicholas Mansergh, *The Commonwealth Experience* (London: Weidenfield & Nicholson, 1969), pp. 343, 410; Ronald Hyam, 'Introduction', in *The Labour Government and the End of Empire, 1945–1951: Part I: High Policy and Administration,* edited by Ronald Hyam (London: HMSO, 1992), xlviii–xlix; Ronald Hyam, *Britain's Declining Empire: The Road to Decolonisation, 1918–1968* (Cambridge: Cambridge University Press, 2006), pp. 100; D. George Boyce, *Decolonisation and the British Empire, 1775–1997* (Basingstoke: Macmillan, 1999), pp. 138–139; David Goldsworthy, 'Introduction', in *The Conservative Government and the End of Empire: Part I: International Relations,* edited by David Goldsworthy (London:HMSO, 1994), xxxvii; L. J. Butler, 'Part One: British Decolonization', in Martin Thomas, Bob Moore and L. J. Butler, *Crises of Empire: Decolonization and Europe's Imperial States, 1918–1975* (London: Hodder Education, 2008), pp. 59, 83; L. J. Butler, *Britain and Empire: Adjusting to a Post-Imperial World* (London: I. B. Tauris, 2002), pp. 84–85, 120. 一九五〇年のコロンボにおけるプランの示唆は通常オーストラリア外相のパーシー・スペンダーのものとされる。しかし、スペンダーのアイディアはイギリス高官たちや大臣たち（とくに外相のアーネスト・ベヴィン）と同時であり、スペンダーのコロンボでの提案は、イギリス代表に促されたものだった。詳しくは、Tarling, 'Origins', pp. 30–31; David Lowe, 'Percy Spender and the Colombo Plan, 1950', *Australian Journal of Politics and History,* 40, no. 2 (1994), pp. 165–166.

（2） コロンボ・プランへの非西欧諸国の参加についての数少ない研究のひとつが、Ademola Adeleke, 'The Strings of Neutralism: Burma and the Colombo Plan', *Pacific Affairs*, 76, no. 4（2003–2004）である。しかしこの論文でさえ、おもにビルマのプラン加盟の起源についてであって、参加の結果についてではない。Daniel Oakman, *Facing Asia: A History of the Colombo Plan*（Canberra: Pandanus Books, 2004）はおもにオーストラリアのプランへの貢献についてである。

（3） The National Archives of the United Kingdom, Kew（TNA）, CO1030/616, Henley, UK Commissioner-General's Office, Singapore to Charles, Treasury, 25 September 1957. 諮問会議はコロンボ・プランのおもなフォーラムであり、毎年、南・東南アジアの経済的進展と見通しを査定し、加盟諸国の大臣や高官たちに非公式の接点を与えるものであった。諮問会議のおもな公式機能は、参加国の質的量的データから年次報告を準備することであった。加盟国個別の年次報告を検討し全体をカバーする要約文書をつくるための官僚や大臣たちの長い諸会合は、いつも三週間かかった。Lalita Prasad Singh, *The Politics of Economic Cooperation in Asia: A Study of Asian International Organizations*（Columbia, Missouri: University of Missouri Press, 1966）, p. 191.

（4） TNA, DO35/5742, Enclosure in savingram from the Governor of Singapore to the Secretay of State for the Colonies; TNA, DO35/5730, copy of *Meeting of Consultative Committee on Cooperative Economic Development in South and South-East Asia. Delegates Handbook*（Singapore: government printer, 1955）, http://www.moneysorter.co.uk/calculator_inflation.html, accessed 9 November 2009.

（5） TNA, CO1022/141, Spencer to Higham, 6 December 1951.

（6） TNA, CO1022/141, Telegram from Federation of Malaya to UK High Commissioner, Karachi, 14 March 1952. この吐露でより明らかなのは、スペンサーが経済計画に反対なわけではないということである。スペンサーは、英領ガイアナの経済アドバイザー兼開発弁務官として、一九四七年にこのカリブ海植民地の最初の開発計画を立てた人物である。マラヤにおいては、マラヤ連邦の一九五〇年から一九五五年の開発計画の修正への助言のために世界銀行の使節団を招聘する役割を果たし、一九五六年以後はマラヤ／マレーシアの系統だった五年ごとの開発計画の導入をもたらした。次を参照されたい。Correspondence between Spencer and J. D. Higham（CO）during May and November 1952, TNA, CO1022/485, reproduced in A. J. Stockwell, ed., *Malaya: Part II: The Communist Insurrection, 1948–53*（London: HMSO, 1995）, pp. 386–390, pp. 418–421 and Nicholas J. White, 'Spencer, Oscar Alan（1913–1993）', in *Oxford Dictionary of National Biography, online edn*（Oxford: Oxford University Press, May 2009）.

（7） TNA, CO1022/140, Enclosure in copy of Executive Council paper 'Memorandum from the Member for Local Government, Housing and Town Planning'.

（8） TNA, DO35/8791, Copy of Roland Hunt, Kuala Lumpur to W. A. W. Clark, CRO, 15 October 1958. 一九五七年から一九六〇年の間のコ

ロンボ・プラン資金援助計画のもとでのカナダからマラヤへの全配分額四三〇万カナダ・ドルのうち、一九六〇年一〇月までに使用されたのは一五〇万カナダ・ドルを少し上回る程度であった。Memorandum from N. A. Robertson, Under-secretary of State for External Affairs to Prime Minister, 18 October 1960, DEA/12850-M2-1-40, Foreign Affairs and International Trade Canada（FAITC）, *Documents on Canadian External Relations*（*DCER*）, 27, IV, no. 432. 以下のオンライン資料についてのご教示をいただいたB・R・トムリンソン教授に感謝したい。http://www.international.gc.ca/department/history-histoire/dcer, accessed 8 January 2009.

（9） Frederic Benham, *The Colombo Plan and Other Essays*（London and New York: Royal Institute of International Affairs, 1956）, p. 1.

（10） The Colombo Plan for Cooperative Economic and Social Development in Asia and the Pacific, 'Brunei Darussalam joins the Colombo Plan', *Focus: A Quarterly Published by the Commonwealth Plan Secretariat, 46*（January 2009）. Available from http://www.colombo-plan.org/uploads/cp_publication/focus2009.pdf; accessed 11 November 2009.

（11） TNA, DO35/2724, Draft paper for the Economic Policy Committee, note by the Foreign Secretary, the Chancellor of the Exchequer and the Secretary of State for Commonwealth Relations enclosing 'History of the Colombo Plan', 30 November 1951.

（12） 実のところ、大蔵省は、戦争被害の補償のための三五〇〇万ポンドの利子なし借款に加えて、一九四八年に二〇〇〇万ポンドのマラヤへの補助金供与をするよう説得された。その理由は、これが交換可能な通貨による収入の配当金を得ることになり、とくに生産と貿易の復活には在外華人企業家たちの「善意」が「非常に重要」となる場所であるということだった。Nicholas J. White, *Business, Government, and the End of Empire: Malaya, 1942–1957*（Kuala Lumpur: Oxford University Press, 1996）, pp. 73–74.

（13） TNA, DO35/5740, Note by the Treasury for Consultative Committee, Saigon, 1957. 次も参照されたい。TNA, DO35/5726, Note by the Treasury, 20 September 1955.

（14） TNA, CO1022/141, Spencer to Higham, 6 December 1951. しかしながらマラヤは、朝鮮戦争特需の終わりに一次産品価格が下がって現地の収入が減ったため、一九五四年にロンドン金融市場に貸し付けをしてもらった。

（15） Nicholas J. White, 'The State and Economic Development in Twentieth-Century Malaysia', in *Reflections on Southeast Asian History since 1945*, edited by Richard Mason and Abu Talib Ahmad（Pulau Pinang, Malaysia: Penerbit Universiti Sains Malaysia, 2006）, pp. 85–86; TNA, CO1022/139, extract from tabled papers of Federation of Malaya Executive Council meeting, 16 September 1952, Memorandum from the Member for Economic Affairs.

（16） TNA, CO1022/142, Minute, 26 January 1952（author unclear）.

（17） TNA, CO1030/616, Enclosure in savingram from Governor of North Borneo to Secretary of State for the Colonies, 13 September 1957.

(18) TNA, DO35/5538, Minutes of preliminary meeting of officials, 29 September 1953.
(19) TNA, DO35/5555, Enclosure in E. H. Davis, CO to F. Mills, CRO, 2 September 1954.
(20) TNA, DO35/8791, Note by the CO, 1 November 1956.
(21) TNA, CO1022/139, CP/UK（55）4, Memorandum from the Member for Economic Affairs, 16 September 1952. TNA, DO35/5726, Note on particular complaints received from Asian countries about the supply of capital goods from the UK, 20 September 1955. 次も参照されたい。TNA, DO35/2724, Note by Hunt for Head and Symon, 21 May 1951.
(22) TNA, DO35/5726, Treasury paper, 20 September 1955.
(23) TNA, DO35/9741, Copy of note for Secretary of State for Foreign Affairs, 4 November 1955.
(24) TNA, DO35/5742, Copy of note of 31 December 1956.
(25) TNA, CO1030/620, J. D. Hennings, CO to B. R. Curson, CRO, 16 July 1957 and reply of 8 August 1957.
(26) The Colombo Plan: *The Second Annual Report of the Consultative Committee on Economic Development in South and South-East Asia*.（London: HMSO, 1953）, pp. 81.
(27) TNA, DO35/8791 の資料を参照。
(28) TNA, DO35/8796, Telegram from Foreign Office to UK delegation to the Colombo Plan conference, Jogjakarta, 12 November 1959.
(29) Lowe, *Nationalism and Communism*, pp. 77-78.
(30) TNA, DO35/5742, Note dated 31 December 1956.
(31) TNA, DO35/5744, Minute for Sir Henry Lintott and Sir Gilbert Laithwaite, 31 October 1957.
(32) TNA, DO35/8796, Minute by W. J. Smith, 9 September 1959 and minute by Rumbold for Sir A. Clutterbuck and the Secretary of State, 22 October 1959.
(33) National Archives of Australia（NAA）, 2020/1/12, 1838, Note for Casey, December 1951, reproduced in David Lowe and Daniel Oakman, eds., *Australia and the Colombo Plan, 1949–1957*（Canberra: Australian Department of Foreign Affairs and Trade, 2004）, no. 209, 437. イギリスのコモンウェルス関係省も同様の結論に達した。次を参照。TNA, DO35/2724, Note by Hunt for Head and Symon, 21 May 1951.
(34) TNA, DO35/8791, A. E. Parsons to A. J. Brown, 5 October 1959. コロンボ・プラン援助供与国のなかでイギリスだけが自己利益に走ったわけではない。オーストラリア政府はコロンボ・プランを「近い北」における「基本的に外交の作戦」、すなわち、共産主義の封じ込めをとおしてオーストラリアの地域的安全を守る要素としてみていた。しかし、キャンベラ政府は「商業的利益を引き出せる可能性」を避けたのではない。「コロンボ・プランによるオーストラリア商品のアジア諸国への流入は、持続的基盤での商業的進出を助けるかもしれない」とみていた。とくに一九四五年と一九五二年の間のコロンボ・プラン領域におけるオーストラリアの輸出品の第二の受け入れ先であった東南アジアにおいて、そう考えていた。NAA, A4311, 145/1, Memorandum by Department of External Affairs, undated (probably August 1952), reproduced in Lowe and Oakman, *Australia*, no. 234, 498. コロンボ・プランのドル問題解決における役割についてのオーストラリアの考え方については、次も参照のこと。Lowe, 'Spender', p. 164. 一方オタワでは、カナダ内閣による一九五六年一一月のシンガポール工業技術学校に施設を提供するための補助金供与の決定は、「より責任を持ち、共産主義者たちに対してより強硬でもある」穏健な現地政治家たちを支援することにつながると期待された。しかしこの貢献は、カナダの設備へのカナダ政府の資金が「入手可能で価格上も競争力がある範囲で」使われるという条件がついていた。Extract from cabinet conclusions, 28 November 1956, PCO, FAITC, *DCER*, 22, IV, no. 690.

(35) Adeleke, 'Burma', p. 604.

(36) Benham, *Colombo Plan*, p. 2.

(37) *Ibid.*

(38) TNA, DO35/2712, Sam Bancroft, Treasury to J. B. Hunt, CRO, 2 July 1951; minute by Hunt for Kimber, 6 June 1951.

(39) TNA, CO1022/139, *Colombo Plan: Second Annual Report*, 61; memorandum from the Member for Economic Affairs, 16 September 1952; TNA, CO1030/616, Enclosure in savingram from Governor of North Borneo to Secretary of State for the Colonies, 13 September 1957.

(40) 英領東南アジアに対する限られたアメリカの援助は、その影響も限られていた。たとえば、一九六二年になっても、この地域の主要なイギリス海運会社のブルー・ファンネルは依然として、サンダカン港への進入路を航海上「理想的でない」とし、北ボルネオの「倉庫などの施設」を「かなり原始的」と述べていた。Merseyside Maritime Museum (MMM), Ocean Archive (OA), 1064, Kerry St. Johnson to Peter Nelson, W. H. Boase & Co. Ltd., Liverpool, 9 January 1962.

(41) TNA, DO35/5726, CP/UK(55), Paper on US aid to South and South East Asia, 22 September 1955; TNA, DO35/9741, note by the secretary of the UK Delegation to Singapore Consultative Committee (S. T. Charles), January 1956, draft of MAC(SA)(56)(1); TNA, DO35/5778, CP/UK(56)8, minutes of a meeting held at Victoria Memorial Hall, 15 October 1955 enclosed in copy of A. Emanuel, CO to W. Armstrong, Treasury, 17 November 1955 and note by the CO, 1 November 1956.

(42) TNA, DO35/5778, Enclosure in Emanuel to Armstrong, 17 November 1955.

(43) TNA, 35/9741, Note for Sir Saville Garner, 22 October 1955.

(44) TNA, DO35/5744, Minute for Sir Henry Lintott and Sir Gilbert Laithwaite, 31 October 1957. 一九五一年二月のコロンボでの諮問会議には、アメリカの代表団が初めて参加したのだが、オーストラリア代表たちは、アメリカ国務省東南アジア局長のドナルド・D・ケネディを「最も落胆させられる」と感じた。なぜなら、「アメリカの援助の規模や可能な時期、どのように分配されるかなどについて、議会の決定事項だからと言って何も示せない」からであった。くわえてケネディは、「アメリカは、経済開発を支援しコロンボ・プラン参加諸国の問題について話す準備がありながらも、委員会の他のメンバーと責任を共有することを避けたり、自らの政策ややり方に介入される可能性を避けたがるという持続的な印象を残した」のである。NAA, A1838, 250/10/1/1/1 part 1, Notes on Consultative Committee meeting, 2 March 1951, reproduced in Lowe and Oakman, *Australia*, no. 156, pp. 341–343.

(45) オーストラリア政府は一九五二年夏までに認識したように、「援助受領国の開発計画がいかによく考えられたものであっても、主要輸出品と輸入品の価格の安定が安定的な経済発展のための重要な基礎である」と言えた。David Lowe and Daniel Oakman, 'Introduction' in Lowe and Oakman,' *Australia*, xxxiii.

(46) TNA, CO1022/139, Memorandum from the Member for Economic Affairs, 16 September 1952.

(47) 次を参照のこと。White, *Business, Government*, ch. 5; Nicholas J. White, *British Business in Post-Colonial Malaysia, 1957–70: 'neo-colonialism' or 'disengagement'?* (London and New York: Routledge Curzon, 2004), ch. 4.

(48) Lowe, *Nationalism and Communism*, p. 81.

(49) Tunku Rahman Abdul, *Looking Back: Monday Musings and Memories* (Kuala Lumpur: Pustaka Antara, 1977), p. 156. 一次産品の輸出における協力——とくに価格の安定化と標準化をとおした——は、一九六一年七月のバンコクにおける最初のＡＳＡ会合での中心的主題であった。TNA, DO189/344, 'Draft Confidential Brief on ASA' enclosed in A. H. P. Humphrey, Department of Technical Cooperation to Roland Hunt, CRO, 19 October 1961.

(50) NAA, Cablegram from J. F. Nimmo, 17 April 1950, 9879, 2202/E1 part 1, reproduced in Lowe and Oakman, *Australia*, no. 50, 114.

(51) TNA, CO537/6092, Telegram from Griffiths to MacDonald, 7 April 1950, reproduced in Stockwell, *Malaya: II*, no. 211, pp. 201–202.

(52) Junko Tomaru, *The Postwar Rapprochement of Malaya and Japan, 1945–61: The Roles of Britain and Japan in South-East Asia* (Basingstoke: Macmillan, 2000), p. 139.

(53) TNA, DO35/5726, CP/UK (55) 3, Paper on the role of the IBRD, 9 September 1955.

(54) A. J. Stockwell, 'The United States and Britain's Decolonization of Malaya, 1942–57', in David Ryan and Victor Pungong eds., *The United States and Decolonization: Power and Freedom* (Basingstoke: Macmillan, 2000); Wm. Roger Louis and Ronald Robinson, 'The Imperialism of

Decolonization', *Journal of Imperial & Commonwealth History,* 22, no. 3 (2004).

(55) John Subritzky, 'Britain, *Konfrontasi*, and the end of empire in Southeast Asia, 1961–1965', *Journal of Imperial and Commonwealth History,* 28 (2000).

(56) Ademola Adeleke, 'Playing Fairy Godfather to the Commonwealth: The United States and the Colombo Plan', *Commonwealth & Comparative Politics,* 42, no. 3 (2004), p. 407.

(57) TNA, DO35/2724, Note by Hunt, 21 May. 1951.

(58) Lowe, *Nationalism and Communism*, p. 75.

(59) TNA, DO35/5555, Enclosure in Davis to Mills, 2 September 1954.

(60) TNA, CO1022/140, S. J. G. Fingland, CRO to M. A. Greenhill, CO, 23 June 1953.

(61) TNA, DO35/5555, Enclosure in Davis to Mills, 2 September 1954.

(62) NAA, A11604, 704/2/2, Press release by Department of External Affairs, 22 August 1952, and A10299, C15, minute from Shaw to Casey, 4 June 1954, reproduced in Lowe and Oakman, *Australia*, nos. 236, 269, 510, 580.

(63) *Colombo Plan: Second Annual Report*, p. 67.

(64) TNA, DO35/5555, Enclosure in Davis to Mills, 2 September 1954.

(65) Extract from Cabinet conclusions, 28 November 1956, PCO, FAITC, *DCER*, 22, IV, no. 690; NAA, A1838, 2020/1/12 part 2, paper by Department of External Affairs, 23 August 1957, reproduced in Lowe and Oakman, *Australia*, no. 299, 655.

(66) Vernon Porritt, *British Colonial Rule in Sarawak, 1946–1963* (Kuala Lumpur: Oxford University Press, 1997), p. 393.

(67) *Ibid.*, p. 306.

(68) TNA, CO1022/139, Memorandum from the Member for Economic Affairs, 16 September 1952.

(69) NAA, A10299, A18, Letter from Casey to Menzies, 19 July 1951 and note from Lawrence John Arnott, Head, Economic and Technical Assistance Branch, Department of External Affairs for Casey, September 1951, reproduced in Lowe and Oakman, *Australia*, nos. 184, 194, 396–398, 412. 次も参照されたい。Oakman, *Facing Asia*, pp. 185–186. もし過剰な人種主義が衰えたとしても、マレーシアの学生たちとの関係において「オーストラリア人の島国根性」は一九六〇年代に至るまで続いた。*Ibid.*, pp. 198–199, 201.

(70) Porritt, *Sarawak*, p. 201.

(71) *The Colombo Plan: The First Annual Report of the Consultative Committee on Economic Development in South and South-East Asia, Karachi,*

March 1952 (London: HMSO, 1952), p. 43.

（72） TNA, DO35/5555, Enclosure in Davis to Mills, 2 September 1954.

（73） NAA, A1838, 2020/1/12 part 2, Calculated from paper by Department of External Affairs, 23 August 1957, reproduced in Lowe and Oakman, *Australia*, no. 299, 642.

（74） Porritt, *Sarawak*, pp. 316, 350. しかしながら、この結果は、町以外での初等・中等教育のレベルの低さゆえに奨学金資格を満たすことのできる「ネイティブ」がとても少ないことでサラワクのエスニックな不均衡を悪化させることになった。「中国人学生たちがはるかに主要な奨学金受給者であった」のだ。*Ibid.*, pp. 323, 355. 同じことは北ボルネオやマラヤについても言えると思われる。

（75） TNA, DO35/5745, Memorandum by P. W. E. Curtin, Director, Council for Technical Co-operation in South and South East Asia, 10 November 1955 enclosing extracts from minutes of the seventh meeting of the Consultative Committee, Singapore, 1955.

（76） Muzaffar Tate, *Power Builds the Nation: The National Electricity Board of the States of Malaya and its Predecessors: Volume II: Transition and Fulfilment* (Kuala Lumpur: Tenaga Nasional Berhad, 1990), pp. 140–142.

（77） Porritt, *Sarawak*, pp. 132–133.

（78） Tate, *Power Builds the Nation*, pp. 126–127.

（79） 日本のコロンボ・プラン加盟の起源については、次を参照されたい。Tomaru, *Rapprochement*, pp. 137–156.

（80） TNA, DO35/5548, Minutes of fourth meeting of Consultative Committee, undated but c. October 1954.

（81） TNA, CO1030/620, Copy of Rumbold to D. M. Cleary, Wellington, 17 December 1956.

（82） TNA, DO35/9974, Enclosure II in copy of H. W. Woodruff, UK Trade Commissioner, Federation of Malaya to E. L. Phillips, Board of Trade, 19 May 1960; TNA, DO35/8791, A. J. Brown, Kuala Lumpur to A. E. Parsons, CRO, 6 October 1958 enclosing note by the Ministry of External Affairs, Federation of Malaya, 1 October 1958, 31; TNA, CO1030/617, Enclosure in savingram from the Governor of Singapore to the Secretary of State for the Colonies, 8 October 1958; 以下も参照されたい。Tomaru, *Rapprochement*, p. 205.

（83） 一九七〇年代の終わりまでにコロンボ・プランの主要な援助供与国になった日本は、一〇年後のアメリカの貢献の二倍を与えていた。Lowe, *Nationalism and Communism*, p. 82; Richard Stubbs, *Rethinking Asia's Economic Miracle: the Political Economy of War, Prosperity and Crisis* (Basingstoke: Palgrave Macmillan, 2005), p. 158.

（84） 以下を参照。Nicholas J. White, 'Malaya and the Sterling Area Reconsidered: Continuity and Change in the 1950's', in Shigeru Akita and Nicholas J. White, eds., *The International Order of Asia in the 1930s and 1950s* (Farnham, Surrey: Ashgate, 2009); Nicholas J. White, 'Complementarity, Decolonisation and the Cold War: Anglo-Japanese Economic Relations in Southeast Asia in the 1950s and 1960's', in Antony Best, ed., *The International History of East Asia, 1900–1968: Trade, Ideology and the Quest for Order* (London and New York: Routledge, 2012); Tomaru, *Rapprochement*, chs. 3–4.

(85) TNA, DO35/8796, Telegram from Tokyo to Foreign Office, 6 November 1959.

(86) Singh, *Economic Cooperation*, p. 200.

(87) Hiroshi Shimizu and Hitoshi Hirakawa, *Japan and Singapore in the World Economy: Japan's Economic Advance into Singapore, 1870–1965* (London and New York: Routledge, 1999), p. 161.

(88) TNA, DO35/5555, Enclosure in Davis to Mills, 2 September 1954.

(89) MMM, OA, 1151, 'A Shipowner's View on East-West "Interdependence"', reprinted from *Far East Trade*, 6 February 1960.

(90) TNA, DO35/5742, Note of 31 December 1956.

（都丸 潤子 訳）

第5章　イギリスの対外援助政策の再編、一九五六〜一九六四年

植民地開発から独立国に対する援助へ

ゲイロールト・クロゼウスキー

一　開発援助資金政策の分析視角

一九五〇年代・一九六〇年代における西側諸国から非ヨーロッパ諸国への援助について、なかでもイギリス帝国下の植民地やそこから新たに独立した国々への援助について、実にさまざまな観点から議論がなされている。ラウル・プレビッシュやウィリアム・アーサー・ルイスなどが著名であるが、当時、援助にかかわった、あるいは援助のありかたをめぐって専門的立場から発言した人たちは、それぞれの地域において経済発展を促進する手段にその関心があった。(1)これに対して近年の経済史家は、植民地支配国が開発において、どれほどの実質的役割を果たす能力があったのか、という議論を展開している。(2)またイギリスの対外関係を考えようとする研究者のなかには、開発援助とは、植民地主義と開発主義とが重なり合うなかで生じた（新）植民地主義の付随物であったと論じているものもいる。(3)これとは対照的に、イギリスの植民地が保有する資産を管理・運用した「クラウンエイジェンツ」の展開をより肯定的な視点から検討する研究者もいる。(4)

立場はそれぞれ異なるといえども、いま述べたアプローチのすべてが、経済開発における資金の問題についてとて

も重要な知見をもたらしてくれる。しかしながらこれまでの歴史的分析においては、植民地開発資金および援助問題というものが、国際経済あるいは国際政治の文脈のなかで、国家機構の再編と援助の専門論とが絡み合うダイナミズムに巻き込まれながら取り組まれたことを十分には考慮していないといえる。そこでこの論考では、一九五七年以降の東南アジアおよびアフリカ植民地が独立国家へと移行するプロセスを検討対象とするが、数量的分析ではなく、イギリスの対外援助関係の性格の展開を議論したい。一九五〇年代末までイギリスはその植民地に対するほぼ唯一の援助供与者であったが、一九六〇年代になると、これら新規独立した国々はより広範な援助関係のなかに急速に取り込まれていった。それは、南アジアが一〇年前に経験したことを追いかけるようなものであった。ちょうどイギリスが植民地開発への資金供給者たる立場を離れ、より現実的な援助スタイルへと転換しつつあったそのときに、国際的な援助の仕組みは二国間援助、多国間援助、軍事援助、地域援助といったさまざまな形態へと展開をみせようとしていたのである。イギリスの政策転換は、それまでの植民地開発資金供給の仕組みが一九五六年に入って以降、機能しなくなりはじめたそのときに生じたのである。それからは、独立した国々へのイギリスの援助は、おのおの異なった論理でもって実施されるのであった。一九五〇年代末、植民地および独立直後の国々が求めるローン需要は急増する一方、ロンドンの金融市場での植民地起債は危機に陥った。こうして植民地に対するローン問題は、イギリス政府や関係する諸外国政府において論争の的となった。それから三～四年の間にイギリスは、それまでの植民地開発資金政策から離れた新たな枠組みを作ることになったのである。たしかにイギリスの援助総額は減少するどころか、数字上でいっても、また議論はあるが実質からいっても増加したのであった。しかしこの変化は援助関係のパラダイム転換のなかで起こったものであり、またその転換は援助・開発についてのドクトリン、イデオロギーや規範の展開を単に反映しただけではなく、流動する環境にも左右されたのであった。

以下の本論では、「援助」をおおむね以下のものとして議論を進めたい。政府間贈与・借款、金融市場からの借り入れ（民間ならびに公的機関による出資）、軍事援助、技術援助にかかわる資金供与である。なお民間直接投資と植民地行政にかかわる支出は分析では対象外とする。

二　イギリスの植民地開発資金政策——仕組み、困難、変化

長い期間にわたって存在していた原則なのであるが、イギリス帝国において植民地開発のために外部からもたらされる資金は、おもにロンドンの金融市場で確保するものとされてきた。イギリスはローンを供与する代わりに、植民地はその金融資産をロンドンに置くという関係が成立していた。植民地資産の大部分はクラウンエイジェンツが運用・管理を行なっていたが、植民地の場合、クラウンエイジェンツはイギリス政府に責任を負うかたちであった。独立していたコモンウェルス諸国の場合は、それぞれの政府に責任を負うのであった。贈与よりもローンを好ましいとする理念は必ずしもいつも守られていたわけではなかった。事実、第二次世界大戦以降イギリスは贈与の制度を導入してきた。年限が設けられつつも更新を受けて継続した「植民地開発福祉法」による資金供与の枠組みのもとで、住宅や保健など生活改善のための支出をはじめとする福祉的支出が行なわれるようになっていたのである。[5]「植民地開発福祉法」による援助は独立とともに終了するのであったが、執行されていない援助金については独立新政府が残額を受け取ることができた。またローンは、一九四七年に創設された「植民地開発公社」（ＣＤＣ）と一九五三年にスタートした、おもに民間資金を利用する「コモンウェルス開発金融公社」（ＣＤＦＣ）によって供給されていた。[6]ＣＤＣは発足当初、一次産品の生産プロジェクトをおもな出資対象とした。イギリス政府（大蔵省）からおよそ一億一〇〇〇万ポンド（一九五八年には一億五〇〇〇万ポンドに増額）の出資を受けて運営されていた。[7]ＣＤＦＣは新たに独立した国々に対して、ＣＤＣと同じような活動を行なっていた。

一九五〇年代の半ばまでイギリスの植民地開発資金政策は、全体としては順調に機能していた。しかし一九五六年

を過ぎると、ロンドン市場で起債に成功した植民地のローンは、五〇年代初頭に年間二〇〇〇万ポンド程度であったものが一〇〇〇万ポンド前後へ落ち込むことになった[8]。植民地および新しく独立する国々の起債について、大蔵省とイングランド銀行は先々厳しくなるとの見通しを持つようになっていた。その一方で、植民地や一九五七年に独立することになるマラヤとガーナ（黄金海岸）からは、ロンドン市場でのローン確保への要求は強まるばかりであった。一九五六年だけで、植民地が求めるローン総額は三七〇〇万ポンドに達していた[9]。

大蔵省とイングランド銀行が懸念していたのは、世界の資金の流れが自由化されるのにともなって投資の流れがシフトし、植民地起債に影響が出るということだけではなかった。より大きな懸念として、クラウンエイジェンツによる植民地資金の運用について、その先行きに懐疑的になっていたのである[10]。一九五〇年代後半に入ると政府では資金問題の技術的側面に関心が高まり、またローン不足を改善する手段を見いだそうと議論が活発化した。そこでは三つほど考慮すべき問題が存在した。第一に、一九五〇年代末、ロンドン市場ではアフリカとマラヤの起債が失敗に終わるようになったこと。第二に、統治体制の転換時に植民地はローン確保で困難に直面するようになっていたこと。困難の背景には、植民地相互で資金をやり取りする仕組みの存在があった。一九五〇年代中葉になるとクラウンエイジェンツは、植民地起債への市場の信認後退や、また価格下落による一次産品輸出からの植民地収入の減退にともない、植民地相互での貸し借りに頼るようになっていたのである[11]。第三には、市場の信認ならびに投資対象としての可能性の両方ともが、一般的にみると、植民地起債を後支えすべく本国が役割を果たすという考え方と結びつきはじめたことであった。「植民地信託」という取り決めのもとで年金基金をはじめイギリスの公的機関の投資は、植民地ならびにコモンウェルス諸国の債券で運用するよう法的に決められていた。しかし一九五七年以降、イギリスの機関投資家は取り決めの変更を働きかけ、一九五九年の新しい法律によって投資先が広げられることになった[12]。この関連でイギリス政府の関係省庁では、植民地ローンに対する保証の問題が議論されることになったのである[13]。

その一方でイギリス政府の官僚たちは、約束されていた植民地開発のための資金を市場が提供できない状況を埋め合わせるために、代替の資金源を模索していた。相当な議論を経てついに政府は、植民地省の要求をいれ、植民地向けのいわゆる「大蔵省ローン」を一九五八年に導入することになった[14]。一九五九年から一九六二年のあいだでイギリスは植民地に対して総額七三〇〇万ポンドの大蔵省ローンを供与した[15]。一九五八年、認可された開発計画に対して年間最大二五〇〇万ポンド、一九五九年から一九六四年のあいだで総額一億ポンドを支出することを議会は承認した[16]。時を同じくして、独立コモンウェルス諸国向けに輸出信用というかたちでの政府ローン（コモンウェルス援助ローンとして認識された）が導入された[17]。このローンは商務省の輸出信用担当の部局が運営し、おもにコモンウェルス諸国政府が進めるインフラ開発向けのイギリス製品輸出に信用をつけるものであった。植民地向けの大蔵省ローンはイギリス製品輸出と公式にはタイドされることはなかったが、同じような仕組みをもつことになった[18]。

さらに政府は、イギリス以外のコモンウェルス諸国からの借款を推奨することになった。ただしその実現は容易でなかった[19]。アジアではコロンボ・プランによって、アメリカを含む援助の国際調整の場が提供されたが、一九五八年のジャマイカ関連の事例を除いてイギリスは、アメリカから植民地へのローン供与を排除していた。ところが、イギリスは特定のインフラ計画の資金として、世界銀行へのイギリス出資分（一八パーセント）を担保に植民地が借り入れることを認めた[20]。一九五七年からローデシアへの世銀借款がはじまり、カリバ水力発電ダム計画に対して第一段階用の資金提供が行なわれた[21]。ただし一九五八年のナイジェリア鉄道庁への世銀ローンの場合、プロジェクト完成のためにロンドン市場で起債しないことをナイジェリア側が約束することが条件とされた[22]。そのほかにイギリス政府は、開発資金源としてそれぞれの現地金融市場に目を向けることが望ましいとの立場を示すようになった。ただし現地市場はごく初期的段階にあり、ケニアでは白人入植者による株式市場が一九五四年からあったが、マラヤや西アフリカでは一九六〇年からようやく株式市場が整ってゆく状況であった[23]。

起債不足をめぐるイギリス政府における議論は、最終的には、植民地がロンドンに持っていた金融資産の利用というテーマに行き着くことになった。一九四〇年代後半から一九五〇年代初頭にかけて一次産品価格上昇によって、また植民地の輸入を抑え込んだ結果、植民地が持つスターリング・バランスは累積していた[24]。イギリスの対外収支の観点でいうと、ロンドン金融市場で新たな起債がなされることと、蓄積した植民地資産が取り崩されるのとでは違いはなかった。一九五八年に大蔵省とイングランド銀行がこの問題を検討した際には、「責任ある」管理のもとでこれら資産の取り崩しがなされるのであれば、それは数年にわたって行なわれるものとし、植民地の資産構成における流動性構造に問題を生じさせないかたちで認められるとされた。年間の取り崩し額は三〇〇〇万ポンド、最大でも五〇〇〇万ポンドを超えないものと想定された[25]。しかし認められた資金取り崩しであっても、市場での植民地による借り入れ環境全般に影響を与えるのであった。

この植民地のスターリング・バランスとローンの問題は、より広くいうと二つの議論に連関するのであった。まず第一に、一九五〇年代後半のイギリスの対外経済政策の観点からいうと、大蔵省は、ロンドンに植民地が短期資産をかなりの高水準で保有する一方で、長期ローンをロンドンで得るというやり方に疑問を抱いていた。それに対し植民地省は技術的理由と政治的理由から、スターリング・バランスが「自由に使用できる」余地は限られていると主張していた（限るべきともしていた）[26]。第二に、ここで検討しているコモンウェルス諸国に関していうと、開発計画をめぐる非常に政治色を帯びた議論と在ロンドン資産の問題とは結びついていた。一九五七年、イギリスの官僚たちはこの問題があまりにも論争を呼ぶものであるので、残っている植民地のスターリング・バランスの「凍結」議論を示唆することさえできないと考えるほどであった[27]。この立場は、インドが第二次世界大戦中に蓄積したスターリング・バランスの取り崩しペースをコントロールする手段としてコロンボ・プランが実行されていた、一九五七年までの対南アジア政策でのイギリス政府の立場とは大きく異なるものであった。

ここまでをまとめるならば、一九五六年になってイギリスは植民地開発資金のあり方を再考しはじめたのであり、また同時に資金源自体をも新たに模索しはじめたのである。他方で、独立したコモンウェルス諸国に対して輸出とタイドした政府保証を持ち込むことになり、それはイギリスの開発援助における新たな動きであった。

三　イギリスの援助と地域文脈

イギリスの地域それぞれに対する援助形態を考えるうえで、マラヤの事例はよい出発点となる。というのも開発資金供給の形態ならびにその展開を教えてくれるからであり、また起債危機で変化がはっきりと表われたからである。マラヤは一九四九年から一九五六年の間にロンドン金融市場で種々のローンを得ていた[28]。一九五一年から一九五五年の期間でイギリスからマラヤへの援助は五〇〇〇万ポンドに達していた（シンガポール、サラワク、北ボルネオを合わせた数字）。この数字は、ロンドン市場での起債、植民地開発福祉法による贈与、「非常事態」とよばれる共産系ゲリラ鎮圧にかかわる費用を含んでいる[29]。マラヤは一九四九年段階ですでにロンドン市場で八〇五万ポンドの借り入れが認められていた。マラヤ連邦政庁は、一九五四年にあわせて四八〇万ポンド、一九五六年にはクラウンエイジェンツが扱う植民地間ローンで四六六万ポンドを得ていた[30]。

ところが一九五六年以降、ロンドン市場での借り入れが止まってしまう。マラヤの開発資金はより広範な供給源を見いださなければならなくなった。イギリスによる輸出信用（あるいは贈与）、ロンドンにあるマラヤ連邦の資産（四〇〇〇～五〇〇〇万ポンド）、現地での資金調達、あるいはアメリカの「開発借款基金」や世銀などイギリス以外からの援助・借款を探す必要が出てきたのである[31]。独立を達成したコモンウェルス諸国としてマラヤは一九五八年、イギリスの輸出信用の対象国となる。そして一九六〇年に二二五万ポンドのローンを得た。イギリスからの電信設備の輸入と結びつけられたものであった[32]。また植民地開発福祉法による贈与のうち未使用であった四四〇万ポンドを、独立したマラヤは供与された。くわえてイギリス以外にアメリカを中心に資金源を求めることになり、一九五九年には二〇〇〇万ドルの開発借款基金ローンが合意された。そのほか、個別の開発計画を進めていた公的機関への借款がいくつか継続していた。一九四九年にCDCの出資によって電力開発計画がはじまったのだが、独立後はCDFCと世銀から資金供与を受けて計画は継続していた。一九六三年には、水力発電計画のために「マラヤ電力庁」は世銀から五一九〇万ドルの借款を受けた(33)。また同じ年に、マレーシアは開発援助について西ドイツと協議に乗り出していた(34)。

マラヤの事例は、クラウンエイジェンツが市場での植民地起債を「無理をして」支えようとする動きにイギリス政府の関心を向けさせたという点でも重要である。マラヤは、クラウンエイジェンツの植民地資金管理において中心的な存在であり、マラヤ政府資金の六分の一は植民地ならびにコモンウェルス債券で保有されていたことにあらわれていた。差し迫った問題はマラヤ資産の大規模な取り崩しではなく、その兆候もなかった。むしろ一九五八年にイングランド銀行が懸念したのは、クラウンエイジェンツもしくはマラヤがごく少額であっても植民地債券を売却する際に生じる市場への取り返しのつかない影響であった(35)。「帝国の一体性」を弛緩させることから生じる市場の信認へのこうした悪影響は、(植民地の)借り入れ制度全体を傷つけるものとみられたのである。この関連で、マラヤ政庁保有の一般的用途のための資産が例外的に規模が大きかったこともさらなる懸念材料であった。これら資産はイギリス政府の議論では「脆弱」と分類されたのである(36)。またあわせて、マラヤの対外収支黒字の減退と資産取り崩しの可能性は、クラウンエイジェンツが植民地間ローン運営を将来にわたって継続するうえで直面する問題をさらに深刻にすると考えられたのであった。

それでも一九六〇年代のイギリスは、マラヤに対する資金・金融面での関与をやめることはなかった。軍事援助は減るどころか増加していた。一九五七~六一年でマラヤ連邦は「非常事態」関連費用の最終分という名目で一三〇〇万ポンドを受け取っていた。さらに一九六〇年代に入るとすぐに、防衛目的で一六〇〇万ポンド相当の資金や物品贈与を受けていた(37)。一九六三年のマラヤの軍備増強計画にあわせてイギリスは三年間で約三〇〇〇万ポンドの援助に合意し、さらにこの期間を超えて援助を実施すると表明していた。そのうち三分の二は個別的な軍事支出に利用され、その大半である一五〇〇万ポンドは武器と施設整備のための「資本経費」軍事援助とされた。イギリスはマレーシア政府に対して、ボルネオに二師団を設ける費用を支払い、その他の軍事支出への支援も行なった。シンガポールでの第二歩兵連隊創設と装備にかかわる費用についてもさかのぼって援助がなされた。これらに加えてイギリスは、北ボルネオとサラワクへの経済開発援助を五年間で一〇〇〇万ポンド用意していたが、大半が贈与とされた(38)。

一九六〇年代初め独立へと動きはじめたアフリカの植民地の場合、マラヤと類似した点もあったが、重要な違いもみられた。一九五八年の法律によって、それまでは金融市場で大きな額の起債をしていた東アフリカを中心に、イギリス製品購入と結びつけられたローンがかなり流れ込むことになった(39)。東アフリカだけでも大蔵省ローンの額は一九六〇／一年から一九六二／三年のあいだで二八〇〇万ポンドに達した(40)。第二次世界大戦終結からスエズ戦争までの間に、「東アフリカ高等弁務府」（East Africa High Commission. 後の「東アフリカ共同役務機構」［East African Common Services Organization］）とケニアはロンドン市場で総額六〇〇〇万ポンドを超える資金を得ていた(41)。また他のアフリカやカリブ諸国もイギリス大蔵省からかなりの額のローンを受けていた。たとえばナイジェリアは一九五九年から一九六三年の期間に一二〇〇万ポンドを得ており、一九六二〜六八年の開発計画に対してイギリスは一〇〇〇万ポンドの支援を約束していた(42)。ガイアナの場合、一九六〇〜六三年の開発計画に必要な資金のうち八〇〇万ポンドは大蔵省ローンであった(43)。対照的なのはガーナ（黄金海岸）のケースで、第二次世界大戦終結から一九六六年のエンクルマ政権の崩壊までロンドン市場での借り入れはなく、開発プロジェクトに対して大蔵省ローンからの支援は受けていなかった。

東アフリカでは、独立移行のプロセスにあってはしばしば、非常に特殊な用途のためにイギリスから援助が行なわれることがあった。たとえば一九六二〜六三年のイギリスからの技術援助のほぼ半分は「海外行政官支援計画」（Overseas Service Aid Scheme: OSAS）に割り当てられ、東アフリカのイギリス人行政官への給与支給や役職喪失への補償が行なわれた(44)。ここでイギリスは一一〇〇万ポンドを支出したのである。ちなみに同時期、マラヤへの技術支援は二〇万ポンドであった(45)。

こうした一方で、アフリカに対する二国間援助のソースにおいては顕著な変化が生じていた。とくに技術支援においては、「コモンウェルス・アフリカ特別援助計画」（Special Commonwealth Assistance for Africa Plan: SCAAP）や一九六〇年に国連のもとで創設された「サブサハラ・アフリカ諸国相互援助計画」（Foundation for Mutual Assistance in Africa: FAMA）といった新たな仕組みが登場していた。とはいえ、相対的にみるとこうした仕組みによる援助の額は小さかった。一九六三〜六四年でコロンボ・プラン諸国に対するイギリスの技術援助は二二〇万ポンドへとなり、それは一九五七年から一九六一年までの年平均約一〇〇万ポンドからの増加であった。なおこの段階になるとイギリスは、コモンウェルス・アフリカ特別援助計画にも同額程度を割り当てていた[46]。個々の植民地でみても独立後の比較的早い段階で、開発資金源においてイギリス一辺倒から多角化へ向かう動きがみられた。たとえばマラヤ、ナイジェリア、ケニアはアメリカおよび西ドイツから公的援助を受ける関係になっていた。ガーナの場合一九六一年にはサハラ以南では初めて中華人民共和国とのあいだで援助合意が成立していたが、その後一九六二年から一九六四年の間にウガンダ、ソマリア、ケニア、タンザニアがそれに続いた[47]。ただしガーナの場合、長期の商業借款というよりは、貿易信用によって開発資金を得るかたちであった[48]。

このようにイギリスの各地域との援助関係のあり方は、大枠でみると同じような転換をしたといえるが、個々の事例に立ち入って検討すると違いもあった。さらにいうならば、イギリスの援助の性格変化や援助関係における地域ごとの違いは、それぞれのおかれた文脈をみなければならないのである。

四　世界経済におけるイギリスの新たな立ち位置と独立国への開発資金供与のダイナミズム

一九五〇年代後半に入るころからイギリスはより開放的になる世界経済のなかで生き残るための変化をはじめ、それまでにあった帝国への開発資金供与のあり方には転換がもたらされることになった。同時に新しく誕生した独立諸国は開発資金源としてイギリスに要求を強めることになったが、そこではイギリスとの二国間関係のあり方それ自体への挑戦もはじめたのである。

イギリス側においては、二つの動きがみられた。まず、植民地開発の柱のひとつであったそれまでの借り入れの仕組みが構造的困難に陥っていったことを受けて、自由化する市場のもとで新たに独立した国々と援助関係をいかに構築するのかという議論がはじまったことである。クラウンエイジェンツによる資金運営方法が市場機能に悪影響を与える問題について大蔵省は、債券市場が悪化するのはやむをえない調整過程であるとみていた[49]。クラウンエイジェンツが植民地と市場との仲介役を果たしてきたやり方は機能不全に陥ってしまったのである。その結果、否応なしに、植民地はその資産をロンドンで運用する代わりに、植民地はロンドン金融市場へのアクセスで優遇されるという、長年にわたるイギリス帝国における金融関係の原則の断念を迫られたのであった[50]。もうひとつの動きは、イギリス政府が、貸し手としての新たな役割を受け入れながら、イギリスの輸出を促進することで対外収支を守ろうとしはじめたことである。植民地に対する大蔵省ローンは、独立国になって輸出信用の仕組みが適用されるまでの一時的な措置とされた。大蔵省やイングランド銀行にとって、植民地省がいうところの、植民地は「グローバル・ブリテン」の一部をなすという発想はイギリスの対外経済関係の現実とは乖離しているように思われたのである。しかしそれでも、植民地省の世界情勢認識はなおも重みがあったことも指摘しなければならないであろう[51]。

イギリスの官僚たちはまた、援助関係の転換が政治的、経済的にいかなる意味をもつことになるか検討していた。政策決定者たちは、イギリスだけが資金を提供する状況から、コモンウェルス諸国全体が広く援助に関与する枠組みへ移行することを強く望んでいた。たとえばこの種の政府間借款は一九五九、一九六〇、一九六一年にブルネイからマラヤに対して実施され、その合計は一一五〇万ポンドになった[52]。しかしながら、このように重要な役割を果たしたブルネイの能力と意欲というものは、コモンウェルス諸国相互の関係にあって一般的というより例外的なものであった。

他方、一九五〇年代末にあってもコモンウェルス外の資金に対するイギリスの対応にはあいまいさが残っていた。

たとえばアメリカの援助の大半がタイドであり、イギリスと旧植民地との貿易関係を侵食しかねないものと考えられていた。マラヤの例を挙げると、イギリス大蔵省はアメリカからの貸付が行なわれる場合の条件について詳細に分析していた[53]。開発借款基金とは違ってアメリカの輸出入銀行からのローンの場合、アメリカ製品購入の義務が課せられる規定があった[54]。また、一九六〇年代初め大蔵省からのローンの利子は、アメリカ、あるいは中国やソ連などから(貸付が実現したとして)の二国間借款と比べて六パーセント高いものであったことも指摘しておきたい[55]。

一九六〇年代初頭の状況についてもう少し立ち入ってみると、いくつかの事例で冷戦が体系的に援助を正当化することに関連しはじめていた。独立後のマラヤに対する援助は、軍事援助と経済援助が重なり合ったものであった。外務省にとって、台頭するインドネシアに対抗するマレーシアをイギリスと連携させることが大きな関心事であった[56]。東南アジア、わけてもボルネオの地域情勢は積極的なアプローチを後支えするものであった。首相マクミランは、マラヤへの援助を削減するよう求める経済官庁の要求を抑え込むのであった[57]。

(旧)植民地で行なわれる開発議論についてイギリスの官僚たちは、開発資金をめぐって生じかねない政治的論争のドロ沼に引きずり込まれることを懸念していた。第一に、植民地の借款とスターリング・バランスとの関係が、倫理的・政治的問題として取り上げられることへの懸念があった。スターリング・バランスはいろいろなかたちの基金として(一般的な資産として・特定目的の基金として・通貨発行の基金として)存在していたわけで、取り崩しの際にはその正当な理由をめぐって論争がつきまとうのであった。さらには、ロンドンにあるこうした資産を使用することは、ナショナリストの政治において感情的問題となりうるものでもあった。ガーナの「マーケティングボード」の場合その資産は、原則的にはカカオの小規模生産者のため、価格変動に備えて蓄えられたものであった[58]。

もうひとつ、経済的「独立」をナショナリストが叫ぶなかで、在ロンドン資産の存在は、旧植民地諸国の厳しい資金確保状況をめぐる議論と連関してくるのであった。イングランド銀行は、借り入れの代替としてスターリング・バランスの取り崩しが主張されると、それが「クラウンエイジェンツ・システム」が崩れつつあることを表面化させてしまうと懸念していた[59]。たとえばエンクルマは、スターリング圏とドル・プール制からの離脱という脅しをちらつかせながら、独立まであと数カ月という段階になって突然イギリスに借款要求を強めた。イングランド銀行はこうした動きがクラウンエイジェンツ・システムの構造的欠陥をさらけ出すことにつながると見ていたのであった。スエズ危機の直後であったため、そういった可能性はとりわけ避けたいものであった。結局ガーナは一九五七年の段階では、資産取り崩しに踏み込まなかった。しかしマラヤと違って、カカオ輸出からの収入が減少するなかで、一九六〇年代初頭には開発資金確保のためロンドン資産を取り崩していった[60]。このような状況のもとイギリスの担当者はマラヤとの協議において、起債・借り入れにおける構造的問題に触れるのを意図的に避けようとした。旧植民地の起債に対する信認の全体状況について、大蔵省は秘密裏に分析を進めていたが、そのような分析を示したところで状況を悪くさせるだけなのは明らかであった。むろん、ナショナリズム感情を刺激するであろうことは言うまでもなかった[61]。それゆえに旧植民地に対してイギリス側は、起債が低調な状況を短期的現象であると強調するのであった[62]。

最後に指摘したいのだが、表面化したものにせよ、潜在的なものにせよ、(旧)本国たるイギリスとナショナリストとのあいだには緊張関係が存在していた。対外経済関係において新しい独立国の政策を制約するかに受け取られるいかなる事柄であっても、それは論争を巻き起こすことになった。イギリスとマラヤの関係も例外ではなく、イギリスの立場は事態が推移すると危うくなったのである。一九六〇年のイギリス・マラヤ通貨協議において通貨準備の一部ドル保有を法律化することが主張され、最終的にその主張は通ることになった。イングランド銀行は、マラヤ側の主張をスターリング圏に対する攻撃だとみなした。しかし大蔵省は、ここで論争が生じることによってマラヤの政治状況に与える影響をより懸念していた[63]。

開発資金をめぐる技術的問題と政治的問題の結びつきに関連していうと、イギリスの官僚たちは、植民地統治者がどれほどの実質的能力をもっているかに関する議論や新たな経済開発思想の影響を見定める必要を感じていた。一九五〇年代を通して、イングランド銀行の「正統主義」的立場とアカデミックの世界にいる開発論の専門家の考え方のあいだで摩擦が生じていた。こうした論争が重要であるのは、論争において中央銀行が現地での資金調達を促進するためにどのように積極的役割を果たすべきかという（役割を果たせるとしてであるが）テーマを含んでいたからである。ロンドン資産を現地関係者が引き受けることができれば、それは現地での資金調達制度の萌芽となりうるものであった。そして次のように論じられた。もし現地の商業銀行ならびに中央銀行がより多くの短期資金を持つならば、中小の事業者向けの融資はより容易になるだろう、と。(64) しかしながらマラヤにおいて、開発論や中央銀行創設をめぐる議論は政治的要求に常にさらされる危険性があったのである。(65)

また一九五〇年代が進むにつれ、世界銀行がイギリス植民地の金融運営や開発問題の議論にかかわりはじめたのだが、そういった行動もまたイングランド銀行の「正統主義」を掘り崩すものであると、イギリスの一部の官僚はみていた。(66) スターリング圏を支える原則が掘り崩される可能性を危惧しはじめたのであった。そこで、新規独立国の当局が、とりわけドル圏および世界銀行との関係についていかなる態度をとるか分析がなされたのである。(67) たとえばマラヤの蔵相ハンフリーの立場は、イギリスとの伝統的なつながりを超えてマラヤの対外経済関係を模索しようとする金融・財政アドバイザーのスペンサーと対比され、「理性的」考え方をしているとされた。(68) しかし一九六〇年代初頭には、イギリス政府内において国際機構への疑念がなおもあったとしても、独立移行での金融的負担を分担してもらいたいとの欲求を前にそれは徐々に後景に退いていった。このことは東アフリカの例が示している。(69)

より個別的にみてゆくと、とくにアフリカ諸国の独立プロセスにおいて援助関係をいかに設計するかという問題がイギリス政府内で浮上したとき、中心的役割をイギリスが果たすことにためらいが生じていた。冷戦の考慮から新規独立国との関係が損なわれないようにするという考え方があったのだが、そうでなければ、イギリス政府は経済開発資金供給において何らかの体系的役割を果たすことには抵抗をみせるのであった。一連の独立国誕生を招来するであろうとの覚悟をもって行なわれた一九六〇年の首相マクミランのアフリカ歴訪に向けてコモンウェルス関係省は、援助問題には一切言及しないよう彼にアドバイスしていた。そうはいっても、相手方から話題が持ち出されたときにどうするか考えておかなければならなかった。そこでマクミランは、たとえば「アフリカ版コロンボ・プラン」に関して尋ねられたときは、適切な二国間援助がすでに存在していると返答するよう助言されていた。くわえて、ＦＡＭＡと呼ばれた技術支援計画の創設をイギリスはサポートしている旨を強調すべきと助言された。この基金は、「国連サブサハラ技術協力機構」(UN Commission for Technical Cooperation South of Sahara) のもとにおかれ、旧アフリカ植民地諸国とイギリス、フランス、ベルギー、ポルトガル、南アフリカ、リベリアが参加していた(70)。

五　イギリスの援助政策の再編と地域的特徴

ここまでみてきたように一九五六年以降、政治と経済のダイナミズムが交錯しながら、イギリスは植民地開発資金をめぐるそれまでに確立していた論理からの脱却をはかったのである。並行して、それぞれの地域における援助関係は、新たなものとして各々に再編されていった。第二次世界大戦後の脱植民地化の潮流において、こうした援助関係の再編は大きく分けて二つあったと考えることができよう。ひとつは南アジアでの再編であり、もうひとつは一九五七年に独立したマラヤ、ガーナ（黄金海岸）を皮切りとするアフリカの大部分とカリブ海植民地にかかわる再編であった。

イギリスの視点からみると、前者の再編ではイギリスの対アジア二国間援助関係を、コロンボ・プランのもとでの国際的な協議枠組みとを結びつける状況が出現したのであった。大戦中に累増した南アジアのスターリング・バランスという金融的遺産ゆえに、イギリスにとって、地域諸国が独立した後も援助体制のなかで積極的役割を果たすことは望ましいと思われた。イギリスの政策立案者らのレトリックのなかではコロンボ・プランとは、南・東南アジア地域における援助の枠組みとイギリスの二国間援助とを結びつける「近道」なのであった。また同時に、加盟国が増加するとコロンボ・プランは新しいダイナミズムを帯びるのであった。

後者の再編は、帝国ならびに帝国後の世界における経済援助においてイギリスが体系的役割を果たすことをやめたという観点でいえば、南アジアにかかわる再編とは様相が大きく異なったのである。植民地開発資金をめぐる構造的問題あるいは政治的摩擦というものは、イギリス・植民地・新規コモンウェルス独立国のあいだで相互に資金をやり取りする仕組みの脆弱さをさらけ出したのであった。起債危機は、新規独立国の経済開発資金供給に大問題をもたらす危険性をはらんでいた。そしてこうした問題は、流動化する経済環境のなかでイギリスが政策アプローチを再考しようというなかで実際に生じたのであった。政策アプローチの再考においてイギリスは、援助を貿易促進や場合によっては特定の政治的なつながりを支えることと結びつける動きを示すのであった。たしかに、こうした再考によっても援助の地域ごとのシェアは変化しなかった。かなり単純化していえば、本章で議論している時期については、アジア(おもにインド)に向けて行なわれた援助と、アフリカへの援助の規模は同規模であった。さらに、植民地それぞれにおいてイギリス支配時代からの遺産があったため、援助のいくつかは逃れることのできないものであった。たとえば、東アフリカへの技術援助の名目で計上された行政費用支出の増加がそれであり、背景には植民地支配末期にあっても行政官の大部分がイギリスから派遣されていたという事情があったのである[71]。つまりいくつかの事例で「帝国後の」イギリスの援助は、植民地時代の資金援助の遺産を引き継ぎながら新たな姿を現わしたのである。アフリカやカリブ海の小国に対する「財政支援」は、以前の行政費用負担の代替といえた[72]。また次のことも指摘したい。それまでイギリスとの貿易関係を特別なものとしてきた政治的つながりの役割を、輸出信用というものが一定程度には代替したと見るむきもあろう。しかし実のところ大蔵省は、イギリスの援助増加は、政府保証付きの借り入れを認めた一九五八年の法律によるものであるとし、それは市場での植民地の資金調達に失敗があったことを公に認めるものであった[73]。

しかしそれでも一九六〇年代初頭になると、アジア地域の開発問題においてイギリスはリーダーシップを発揮するという一九五〇年代にあった公式の論理は、地域でのコミットメント清算の動きを覆い隠す試みへと変容していた。

その一方で新しい国々は植民地支配を脱し国家建設へと歩むなかで、開発のための新たな資金源および開発思想を模索し、そして国際援助のさまざまなアジェンダに巻き込まれていった。資金援助要求の急速な高まりのなか、援助国としてのイギリスの相対的役割・影響は後退をみせながら、地域ごとのバリエーションを帯びた二国間援助群が出現していったのである。イギリスが一九五七年から一九六〇年代半ばの期間においてそれまで果たしてきた各地域での役割を、あるところではいかなる理由で、どのようにして保持し続けたのか、また別な地域ではなぜ解消したのか説明してきたが、まさしくこのストーリーは、援助関係が地域ごとにさまざまに出現していったことを示すのである。

ここまでみてきた開発援助・投資関係における転換とは、ひとつの歴史的分岐で起きたものであった。国際経済環境のなかで国家の性格が変化するというこの分岐の文脈において、開発援助・投資関係というものは理解されなければならないのである。イギリスの政策決定者の立場からすると、援助を梃子にした支配というものはもはや大きな論理性を帯びるものではなくなっていた。マクミラン政権の対外援助へのアプローチにおいて、なにがしかの開発ドクトリンといったものはもはや存在しなかったといえる。関与することで生じかねない政治的問題、援助によってイギリス経済にプラスをもたらそうという発想、あるいは資源に優先順位をつける必要といったファクターが作用するなか、援助を通してイギリスが実現しようとした野心には限界がもたらされたのである。それぞれの経済的関係のなかで個々の政治的な要素が作用したわけで、たとえばケニアでは行政の継続性と安定を確保するために一時的に援助が必要とされたのであった。マラヤ（マレーシア）は、援助によって政治的目的を達することができると考えられたケースであった。そしてガーナの場合、植民地時代の開発資金供給の枠組みを解体するプロセスに悪影響を与えないのであれば、援助関係に取り込む必要はないとされたのである。さらにガーナの事例では、自らの責任であるとして経済運営が失敗することさえも放置されたのであった。健全財政・金融の原則に反するとみられたガーナについてその失敗の責任は、イギリスの植民地開発資金供給の構造的欠陥とは無関係とされたのである。

新しく誕生した国々において開発をめぐる議論とは、公共的議論の焦点であった。というのは開発の議論は、経済的「主権確立」の追求と切り離せない問題であったからである。開発の議論は新規独立国の政治家や官僚に政治的「資源」を与えるものであったわけで、孤立した「開発論」の論争として納まるものではなかったのである。だが実際のところは、イギリスの政策ならびに旧植民地諸国の政策は、意図と実効性ともに状況にかなり制約されていたことが裏づけられる。原理的にいうならば新規独立国のエリートたちは、植民地支配との断絶をはかりつつ同時に旧支配国からの援助を引き出しうる、近代化の担い手として振る舞うことで政治的立場を強固にできた。しかし援助の獲得についていうならば、交渉でのバーゲニングパワーは援助関係のより大きな枠組みの文脈に左右されたし、また開発遂行における技術的課題についてどれほどの知見があるかにも左右された。たとえばマラヤの蔵相であったハンフリーは一九五八年に開発ローンの起債に失敗したのだが、その際、借り入れが難しくなったのはマラヤが植民地から独立国へと政治的地位が変わったからであるという説明を受け入れたといわれている。だがそうした説明の背景には、対植民地ローンが危機に陥っているということを隠そうとするイギリス大蔵省官僚の動きがあったのである。植民地の場合と違って独立国の場合、ロンドン市場へのアクセスでの優遇措置はもはや消滅し、市場の基準によってのみ判断されるという説明がなされたのであった[74]。自由化へと向かう世界経済の潮流を考えると、これはもっともな考え方に思われたのかもしれない。この段階でマラヤは危機の根底にある深い構造問題を問おうとはしなかったのであるが、その後一九六〇年代になるとさまざまな局面でそのような構造的問題を意識することになるのであった。一方で一九六〇年代の初頭においてトゥンクは、共産主義に対抗する西側の防衛体制構築の一環として、あるいは共産主義モデルに対抗するべく経済開発の促進を掲げる西側の論理のもとで、援助獲得に成功したのであった。

以上、ここまで検討してきたダイナミズムのもとで、開発資金をめぐるイギリスと旧植民地との関係は重要な再編を経験した。また同様に、開発に関わる国家の機構も、より大きな世界的構造変化・制約に対応してもはや戻ることのない変容を遂げたのである。コロンボ・プランにおいて、発足段階を終えて次の局面を展望しながらより広い役割をめぐって起きた議論がその代表例となろうが、援助のレトリックと実態が分岐してゆく経過をより詳細に検討する必要があろう。本章で対象としてきた時期に植民地への開発資金供給を「対外援助」、とりわけ「技術援助」として再定義する動きは、援助供与国と受け入れ国との関係における真に新しいアプローチが存在したことをみえにくくさせるのであった。そして、イギリスのケースにおいては、開発に関わる新たな国家の機構は、危機対応のなかで誕生したのであった。

注記

(1) W. M. Scammell, *The International Economy since 1945* (London: Macmillan, 1983), ch. 6, esp. p.74. また Sir W. Arthur Lewis, *The Evolution of Foreign Aid* (Cardiff: University College, 1971), pp. 11–13.

(2) A. Booth, 'Night watchman, extractive, or developmental states? Some evidence from late colonial south-east Asia', *Economic History Review*, 2nd ser., vol. 60, no. 2 (2007), pp. 241–266.

(3) 以下の論文を参照。C. U. Uche, 'Credit for Africans: the debate for a "national bank" in the Gold Coast colony', *Financial History Review*, vol. 20 (2003), pp. 75–90; U. Kothari, 'From colonialism to development: reflections of former colonial officers', *Commonwealth & Comparative Politics*, vol. 44, no. 1 (2006), pp. 118–136.

(4) D. Sunderland, *Managing British Colonial and Post-colonial Development: The Crown Agents, 1914–1974* (Suffolk: Boydell and Brewer, 2007).

(5) 一九四〇年に成立した「植民地開発福祉法」は一九四五、四九、五〇、五九、六三年に延長・改定された。

(6) D. J. Morgan, *The Official History of Colonial Development*, vol. 4 (London: Macmillan, 1980), p. 99; N. J. Wicker, 'The Colonial Development Corporation', *Review of Economic Studies*, vol. 23, no. 3 (1955–56).

(7) Overseas Resources Development Act, 1958 での取り決め。

(8) The National Archives (以下、TNA), CAB134/1679, Cabinet. Economic Policy Committee. Commonwealth Trade and Economic Conference. Brief for UK delegation, 20 January 1958.

(9) TNA, T220/655, Colonial Loan Finance, 31 January 1956.

(10) たとえば、TNA, T232/1245, O'Brien (Chief Cashier, Bank of England) to Compton (Treasury), 'Colonial Borrowing in London', 22 October 1956.

(11) Sunderland, *Managing British Colonial and Post-colonial Development*, p. 34 に載せられている数値がこの事実を裏づける。
(12) BPP, 1959. Cmnd.915, 'Powers of investment of trustees in Great Britain'.
(13) TNA, T233/1425, Working Party on Colonial Stock Issues, Minutes, 23 April 1958.
(14) TNA, CAB134/1684, Cabinet. Report of the Commonwealth Economic Advisory Group, 27 July 1959.
(15) BPP, 1963. Cmnd.2147, 'Aid to developing countries', p. 18.
(16) TNA, CAB134/1684, Cabinet. Report of the Commonwealth Economic Advisory Group, 27 July 1959.
(17) TNA, CAB130/149, Ministerial Committee on the Commonwealth Trade and Economic Conference, 25 August 1958.
(18) TNA, CAB134/1684, Cabinet. Economic Policy Committee. Report of the Commonwealth Development Advisory Group, 22 July 1959.
(19) 一九五八年に出されたコモンウェルス開発に関する「パース報告書」の結論を参照。
(20) M. Faber, 'The Federation of Rhodesia and Nyasaland', *Bulletin of the Institute of Statistics, Oxford*, vol. 21, no. 4 (1959), p. 335; Bank of England Archives (以下、BoE), OV 68/5/2763/4, Bank of England note, IBRD, Nigeria, 31 March 1958.
(21) Faber, 'The Federation of Rhodesia and Nyasaland', p. 335.
(22) BoE, OV68/5/2763/4, Bank of England note, IBRD, Nigeria, 31 March 1958.
(23) E. A. Arowolo, 'The development of capital markets', *Staff Papers: International Monetary Fund*, vol. 18, no. 2 (1971), pp. 441–443, 446–449; C. V. Brown, *The Nigerian Banking System* (London: Allen & Unwin), pp. 163–166.
(24) G. Krozewski, *Money and the End of Empire: British International Economic Policy and the Colonies, 1947–1958* (Basingstoke: Palgrave, 2001), ch. 2.
(25) TNA, T233/1425, Working Party on Colonial Stock Issues; TNA, CO1025/125, Treasury correspondence, 3 February 1958.
(26) TNA, CO1025/111, Colonial Office, Loan finance for colonial development, 21 April 1958.
(27) TNA, T236/4776, Jenkyns (Treasury) to Armstrong (Treasury), 6 December 1957; B. R. Tomlinson, 'Indo-British relations in the post-colonial era: the sterling balances negotiations, 1947–49', *Journal of Imperial and Commonwealth History*, vol. 13, no. 3 (1985).
(28) TNA, CO1025/113, Colonial Office, Financial Aid to Colonial Territories, June 1956.
(29) TNA, CO1025/113, Colonial Office, Financial Aid to Colonial Territories, June 1956.
(30) TNA, COAG 9/33.
(31) TNA, T236/4961, Lucas (Treasury), 11 November 1959; TNA, CO1025/125, Treasury paper on the funding of sterling balances, 3 February 1958.

(32) TNA, CAOG14/68.

(33) International Bank for Reconstruction and Development, *International Organization*, vol. 18, no. 1 (1964), p. 178.

(34) TNA, T 317/40 にある報道報告を参照。

(35) TNA, T233/1425, Compton (Bank of England), Treasury meeting, 5 March 1958.

(36) TNA, CO1025/112, Report of the Working Party on Colonial Stock Issues, August 1958.

(37) TNA, T296/162, Commonwealth Relations Office, Commonwealth prime ministers' meeting, 2 May 1960.

(38) TNA, FO371/169732, Foreign Office to Commonwealth representatives, 18 July 1963.

(39) BPP, 1964. Cmnd.2147, p. 42; TNA, CAOG9/33.

(40) BPP, 1964. Cmnd.2147, p. 42.

(41) TNA, CAOG9/33.

(42) BPP, 1964. Cmnd.2147, p. 24.

(43) D. J. Morgan, *Aid to the West Indies: a Survey of Attitudes and Needs* (London: Overseas Development Institute, 1964). p. 28.

(44) BPP, 1964. Cmnd.2147, p. 48; I. D. M. Little, *UK Aid to Africa: An Appraisal of UK Policy for Aid to Africa South of the Sahara* (Oxford: Pergamon, 1964), pp. 45–49.

(45) 'The Colombo plan' (1964), p. 243; BPP, 1964. Cmnd.2147, p. 48.

(46) BPP, 1964. Cmnd.2147, p. 48.

(47) D. Bräutigam, *Chinese aid and African Development* (Basingstoke: Macmillan, 1998), pp. 43–46.

(48) J. E. A. Manu, 'Balance of payments constraint and economic development', *Economic Bulletin of Ghana*, vol. 2, no. 4 (1972), pp. 21–22; R. A. Austen, *African Economic History* (London: J. Currey, 1987), pp. 244–245.

(49) TNA, T220/655, Littler (Treasury) to Mitchell (Treasury), 26 July 1956, T 220/655. また TNA, T220/655, Treasury note, 1 August 1956 を参照。

(50) 次の法律を参照。Colonial Stock Act of 1900.

(51) Krozewski, *Money*, p. 122.

(52) TNA, CAOG9/33.

(53) TNA, DO35/9892, Jenkyns (Treasury) to Lamour (CRO), 17 April 1958.

(54)　L. Mills, *Southeast Asia: Illusion and Reality in Politics and Economics* (Minneapolis: University of Minnesota Press, 1964), p. 313.

(55)　Little, *UK Aid*, p. 30.

(56)　K. Hack, *Defence and Decolonisation in South Aisa: Britain, Malaya and Singapore, 1841–1968* (London: Curzon, 2001), pp. 272-279.

(57)　TNA, FO371/169732, Cabinet. Overseas Policy Committee, Malaysia. British Financial Aid, 17 June 1963; TNA, FO371/169733, the correspondence between PM Macmillan and Tunku Abdul Rahman Putra al-Haj, 12 and 16 July 1963.

(58)　Krozewski, *Money*, pp. 177–178.

(59)　BoE, ADM 14/50/808/2, Compton (Bank of England), Colonial stocks and colonial borrowing, 21 April 1958; TNA, CO852/1677, Colonial Secretary to Governor, Gold Coast, 28 January 1957.

(60)　Manu, 'Balance of payments constraint', p. 20.

(61)　TNA, CO852/1677, Rumbold (CRO) to Armstrong (Treasury), 4 February 1957.

(62)　TNA, DO35/9892, Commonwealth Relations Office, Mr. Humphrey's Visit, 20 August 1958.

(63)　TNA, T236/5149, Lucas (Treasury), 'Malayan Currency Talks', 18 February 1960.

(64)　T. H. Silcock, 'Merdeka' in the money market', in T. H. Silcock, ed., *Readings in Malayan Economics* (Singapore, Eastern Universities Press, 1961), p. 488; P. J. Drake, *Financial Development in Malaya and Singapore* (Canberra: Australian National University Press, 1969).

(65)　F. H. H. King, 'Notes on Malayan monetary problems', *Malayan Economic Review*, vol. 3, no. 1 (1958), pp. 30–41; C. R. Schenk, 'The origins of a central bank in Malaya and the transition to independence, 1954–1959', *Journal of Imperial and Commonwealth History*, vol. 21, no. 2 (1993), pp. 409–431.

(66)　Krozewski, *Money*, p. 142.

(67)　次の統計を参照。 the debates referring to the IBRD report on Malaya in 1955 and the Watson/Caine enquiry in 1956. また，P. W. Sherwood, 'The Watson-Caine report on the establishment of a central bank in Malaya', *Malayan Economic Review*, vol. 2, no. 1 (1957), pp. 23–34を参照。

(68)　TNA, DO35/9892, Commonwealth Relations Office (CRO), Mr. Humphrey's Visit, 20 August 1958. スペンサーについては，White, 'The frustrations' を参照できる。

(69)　A. Roes, 'World Bank survey missions and the politics of decolonization in British East Africa, 1957–1963', *International Journal of African Historical Studies*, vol. 42, no. 1 (2009).

(70) TNA, DO35/8777, Commonwealth Relations Office, PM's visit to Africa, 31 December 1959.

(71) Little, *UK Aid*, p. 50.

(72) J. D. B. Miller, *Survey of Commonwealth Affairs: Problems of Expansion and Attrition, 1953–1969* (London: Oxford University Press, 1974), pp. 302, 305.

(73) BPP, 1964. Cmnd.2147, pp. 10–11, 18.

(74) TNA, DO35/9892, Commonwealth Relations Office, Mr. Humphrey's visit, 20 August 1958.

（山口　育人　訳）

第6章　東南アジアに対する技術援助とイギリス広報政策

都丸　潤子

一　影響力維持のためのコロンボ・プラン

コロンボ・プランにおけるイギリスの目的は、おもに経済援助をとおしてアジアへの共産主義の浸透に対抗し、アメリカに反共協力を行なうことであったとされることが多い[1]。しかしながら、コロンボ・プランはイギリスにとってもうひとつの意味を持っていた。それは、第二次世界大戦後、いずれも脱植民地化途上にある旧英領や再占領を行なった英領とその周辺諸国において、住民の「人心（hearts and minds）を掌握しなおす」ことでアジアにおける帝国的影響力を維持する手段としてであった。本章では、イギリスの対東南アジア政策にかかわる、この側面に焦点をあて、コロンボ・プランがいかに密接にこの地域への非公式的な影響力を維持するためのイギリスの技術援助政策と広報政策とに結びついていたかを明らかにしたい。

一九五一年のイギリス外相ら閣僚の定義によれば、イギリスがコロンボ・プランを推進するおもな目的は、誠意ある経済援助によって対象地域の人々を西側にひきとめ、新旧のコモンウェルス諸国間のつながりを育て、それらによってイギリスが南・東南アジアで「引き続き、主要な役割を果たし、また果たしているように見られること」であった[2]。すなわち、コロンボ・プランは、地域開発計画を主導し、脱植民地化途上の英領・非英領の地域住民との友好関係を維持することで、世界の大国としての地位や体面を維持するためのイギリスの政治戦略の一部であった。この戦略は、東南アジアの人々とより対等なパートナーシップのもとに地域の共通問題に対処し、域内諸領域に対するイギリスの政策や支援において水平的な横の連携・調整を図るために、イギリスが一九四六年からシンガポールに「東南アジア特別弁務官（一九四八年からは総弁務官）」を設置・派遣したこととも軌を一にする。イギリス外務省はまた、一九四七年に、イギリスの東南アジアにおける役割は「地域協力のパイオニア」として、東南アジアの人々を域外から、復興と開発において将来の自律的な政治・経済・軍事協力に向けてゆっくりと先導することだと自負していた。これらの政策をとおしてイギリスは、戦後自国がこの地域に支配者として戻ることへのアジア人の猜疑心を解消しようと考えていた[3]。同時に、外務省は、「シンガポールをイギリスの影響力放射の中心として発展させる」ことを目指していた[4]。地域的なリーダーシップとシンガポールの確保のためには、英領のマラヤ、北ボルネオ、サラワクもまた、脅威にさらされてはならなかった。

これらの方針は、コロンボ・プランの立案にも反映された。イギリスにおける計画のおもな提案者であった外相アーネスト・ベヴィンは、おそらくインドやオーストラリアがイニシアティブを奪うのではないかと恐れていた[5]。一九五一年に、当時の外相アンソニー・イーデンと他のおもな閣僚たちもまた、マラヤ、シンガポール、北ボルネオ、サラワクの四英領については、自国が特別の責任を持っているため、他の政府から資金援助を受けるつもりはないと述べていた[6]。実際にオーストラリアやニュージーランドがコロンボ・プランの奨学生として受け入れるマラヤ人学生を増やしはじめ、一九六二年からアメリカが平和部隊ボランティア青年をマラヤに派遣しはじめても、イギリスはこの四英領に対しては、最大の技術援助供与国であり続けたのである[7]。

一九五〇年の最初のコロンボ会議とロンドンで開かれた諮問会議では、「東と西の」、すなわち新旧コモンウェルス諸国の画期的な出席と「心あたたまるほどの」協力ぶりが強調された。ロンドン会議についての内閣府報告書によれば、東南アジア総弁務官のマルコム・マクドナルドに率いられて「初めて植民地や保護領からの非公式代表が……アドバイザーとして出席し議論に参加した」ことで、イギリスは「新しい憲法上の地平を開いた」のである。これらの新アドバイザーとは、マラヤやシンガポールからのマレー人や華人のリーダーたちであり、イギリス代表団は、「このとくに新しい憲法上の離陸」を「とても有用」とみなした。[8] これらの論調には、イギリスがコロンボ・プランでの多人種間の協力を高めようとしていることが現われている。ロンドン会議ではまた、「当該地域のコモンウェルス諸国の政府はそれぞれ我が家の主であり、しっかり地に足をつけて自立していることを示すように格別の配慮がなされた」と特記された。[9] さらに興味深いのは、南・東南アジア地域の課題や開発を論じる際に、ベヴィンも諮問会議報告もともに、地域の問題は世界の諸問題に分かちがたく結びついていると強調したことである。[10] このグローバルな視点は、後述するように、イギリス政府による東南アジア政策と中東・アフリカへの政策のたび重なる比較や、アフリカ向けコロンボ・プランの準備に反映されることとなった。

二　技術援助の重視

前述のような目的を達成するために、イギリスがどのような方法をとったのかを次に検討したい。イギリス政府にとっての最大の気がかりは、財政的限界であった。植民地開発公社への資金や、マラヤやケニヤなどでの植民地反乱鎮圧のための経費を含む、世界規模での帝国としての義務から生じるさまざまな予算が必要とされたからである。さらにコロンボ・プランの初期段階からイギリスや他の加盟諸国を悩ませていたのは、実際の開発プロジェクトを遂行するための訓練を受けた人員や熟練労働者がアジアに足りないことであった。そのため、一九五〇年九月のロンドンでの第二回諮問会議では、コロンボに技術協力協議会とそのためのコロンボ・プラン技術協力局を設置し規約を作ることが合意された。初代事務局長には、イギリス大蔵省官僚のG・M・ウィルソンが就任した。以後、技術協力計画は、年に数回開かれる諮問会議の指導と調整に従って、要請に応じて二国間プロジェクトとして始められた。事務局は援助要請の記録を保管し、二国間交渉を見守り、進捗報告を出した。[11] 加盟国におけるコロンボ・プランの広報を助けるために一九五三年に設立されたコロンボ・プラン情報局(Information Unit)と、この技術協力局は、コロンボ・プランのなかで二つだけの常設の国際事務局であった。[12] このようにイギリスは、自国での訓練機会の提供と、地域へのイギリス人技術専門家の派遣と訓練施設の供与に努力を集中していくことを選んだのである。[13] イギリス東南アジア総弁務官を議長として毎年開かれ、本国政府へ提案や要請を行なったイギリス東南アジア駐在官会議(以下「駐在官会議」)の一九五三年会議では、技術協力は、「比較的少ない支出で大きな効果が与えられ」、「地域を支援するための即効的で実り多い方法」であるとして、拡大が推奨された。[14] オーストラリアもまた、外交の焦点をマラヤやインドネシアなどの隣接する東南アジア諸国との関係強化へと変化させるのにともない、同様の技術協力を活発に促進した。[15]

イギリスがコロンボ・プランで重視したもうひとつの要素は、その非軍事的・非政治的アプローチであった。他の東南アジア条約機構(SEATO)などの軍事・政治中心の組織よりも、地域住民の猜疑心の対象になりにくいとみなしたためである。ベヴィンは、政治的困難に純粋に政治的なアプローチをとっても往々にしてうまくゆかないとし、共産主義の侵略とたたかうためのコロンボ・プランの経済的アプローチを評価していた。[16] 現に技術協力計画は、軍事的目的や純粋に文化的目的のための訓練をすべて管轄外としていた。したがって、英語教員派遣の要請も、その国の国民が技術教育を受けるための不可欠な前提条件とみなせる場合のみ、受け入れられていた。[17]

くわえて、技術協力協議会と諮問会議の報告書がともに指摘したように、技術協力計画をとおした地域外からの訓練施設の供与と現地の条件にあわせた技術・教育上のノウハウの採用は、受け入れ諸国も援助供与国になることを可能にし、それによって域内相互援助を促進することにもつながった。[18] 実際に、依然として属領であったにもかかわらず、マラヤとシンガポールはそれぞれ一九五三年と一九五五年から、イギリスと協力のうえ、放送・行政・法律・入国管理業務・国内治安維持などの分野で南アジア加盟諸国への技術援助国となった。一九五四年からシンガポールは、ハブ空港と港をもつことを生かして、オーストラリアでの受講から戻るアジア人のコロンボ・プラン訓練生のための短期訓練コースと見学ツアーの準備を始めた[19]。これらの実践は明らかに、域内協力を育てシンガポールをとおして自国の影響力の放射をはかる前述のイギリスの方針の反映とみられる。訓練生のための短期帰途訓練の促進はまた、この地域でのオーストラリアの影響力増大に対抗して、イギリスが間接的影響を維持する助けにもなったと思われる。

したがって、コロンボ・プランの技術協力計画は、イギリスの対東南アジア政策の全般的目的に則した方法が使える、非常に望ましいプロジェクトであった。

三　イギリスの広報政策とコロンボ・プラン

コロンボ・プランとイギリスの政策の焦点が一致するもうひとつの分野が、情報・広報政策であった。第二次世界大戦後、一九四一年一二月のマラヤからの敗退で住民の信頼を失った反省から、イギリスは自国の再進出のプレゼンスと政策を現地住民に理解し尊重してもらえるような慎重な広報政策を行なうようになった[20]。一九四〇年代末から、政府はマラヤや東南アジアの現地住民の人心掌握のためのより積極的な広報キャンペーンに乗り出した。現地華人共産主義者の蜂起によるマラヤ非常事態とたたかい、新しく樹立された中華人民共和国をとおした地域へのより広い共産主義の影響に対抗することも必要になったためであった。一九五〇年初めからは、中東やアフリカの影響圏における政情不安も加わって、東南アジアや世界におけるイギリスの広報政策見直しのためのさまざまな調査団派遣や会議が行なわれた。

一九五一年と一九五二年の駐在官会議では、東南アジア地域におけるイギリスの広報宣伝活動の効果について議論がなされた[21]。一九五一年会議の約三カ月後には、外務省で、東南アジア、日本、韓国に対する広報政策についての指針文書が起草された。この文書は、それまでのイギリスと東洋の文化・科学交流は一面的に過ぎたので、科学を文化的に中立的であり地元のアジア諸文化と両立可能であることを示すように勧告していた。また、「もし『模範』植民地が技術的社会的進歩を顕示するとしたら、それはマラヤ、ボルネオと香港である」との自信を表明してもいた[22]。外務省はまた、コロンボ・プランについての広報指針は報道機関への非公式な状況説明で示しているのでこの文書では触れていないが、このことは同時に広報政策がコロンボ・プランと密接に関連していることを示す、とも特記している[23]。イギリスとアジア諸国のあいだのお互いの生活様式についての情報と知識の交換の重要性については、東南アジア総弁務官事務所の情報担当官によるものなど、当時の多くの公文書で繰り返されていた[24]。

一九五二年の駐在官会議はまた、この地域の情報担当官を集め、アジア人をとおした広報宣伝活動を論じるための会議の開催を求めていた。情報担当官会議は翌年一月にシンガポールで実現した。ちょうどイギリスの海外情報サービスの調査団長に任命されて世界を巡覧していたドロイーダ卿もこの会議に出席した[25]。ドロイーダ卿は一九五三年七月に政府に画期的な報告書を提出し、イギリス政府の補助金を受けて文化政策を担当する組織であったブリティッシュ・カウンシルに対して、アジア・アフリカ、とくに南・東南アジアにおける「イギリスの投影」と教育に努力をより集中するように要請したのである[26]。同じ年の第五回コロンボ・プラン諮問会議が、技術協力局に属する情報局の設置を決めたのは、まさに時宜を得たものであった。

その直後の一九五四年から一九五六年にかけて、イギリス外交、とくにその広報政策は、二つの大きな試練に直面した。ひとつは、アジア・アフリカ会議の提案とバンドンでの開催であり、会議で示されたアジア・アフリカの新興独立諸国の連帯と反植民地主義・非同盟への傾倒であった。バンドン会議の主催五カ国のインド、パキスタン、セイロン、ビルマ、インドネシアは、すべてコロンボ・プラン加盟国で、うちインドネシアを除く四カ国は旧英領であった。

もうひとつの試練は一九五六年一〇月末からのスエズ運河地域への英仏共同攻撃に対する国際的非難であった。外相のレディング卿は、スエズ戦争が「われわれの東南アジアでの地位を少なくとも一時的に揺るがした」とみなし、「われわれがふたたびしっかり自己主張」できるように何らかの対策が必要であると勧告した。(27)さらにマラヤに関しては、一九五四年の選挙から一九五七年の独立に至るまでの脱植民地化の加速で、イギリスは独立後のマラヤと密接な関係を維持するための広報政策の慎重な扱いを必要としていた。一〇〇人のマラヤ人ムスリム学生がエジプトに留学していたことは、在マラヤのイギリス当局をより心配させた。(28)

アジア・アフリカ会議の影響への危機感を反映してであろう、一九五五年の秋には、イギリス外務省は、コロンボ・プラン技術協力計画のために向こう七年間にわたり、合計七〇〇万ポンドの支出許可を大蔵省から得た。当初の六年間に対して許されたのが二五〇万ポンドだったことから考えれば、技術協力計画への政府の努力の傾注ぶりがわかる。(29)一九五五年のシンガポール諮問会議に出席した外相レディング卿は、「技術支援への貢献をかなり増やすというわれわれの発表は非常によい反応を得た」と報告した。あわせて、アジア人の出席者たちがシンガポールを見たことは教育的効果もあったとしている。(30)

しかしながら、政府の中東情勢と石油供給への懸念が増えるとともに、外務省の東南アジア専門家たちは、東南アジアや極東での支出増大をともなうプロジェクトの許可を得るのはさらに難しくなると心配し、駐在官会議がこの地域の重要性を示す調査をするように口火を切ってくれないかとも期待するようになった。(31)その結果、スエズ戦争の前の一九五六年七月に、レディング卿が議長をつとめるロンドンの東アジア政策省庁間委員会は、内閣に報告書を提出した。この報告書では、インドと日本を含むＳＥＡＴＯ非加盟諸国における非軍事的政策とブリティッシュ・カウンシルの活動の重要性が強調されていた。また次のような勧告もなされた。

コロンボ・プランは独立のコモンウェルス諸国と外国に対するイギリスの経済援助の主要な道具であり続けるべ

きである。地域の開発ニーズに比べてわれわれが提供できる資金はとても少ないので、おもに技術協力計画に傾注され続けなければならない。

報告書はまた、次のような要請も行なった。

SEATO内外双方で、われわれはすでに行なっている努力を強める必要がある。とくに、東南アジアの独立諸国の行政と国内安全保障を強化するためのマラヤやイギリスでの訓練コースなどを通してである[32]。

これらはまさにコロンボ・プランの技術協力計画や他の直接的な植民地開発援助をとおしてイギリスが行なってきたことであった。たとえば、コロンボ・プランをとおして資金が供与されたかは不明であるが、イギリスのリヴァプール郊外などに、マラヤ人学生のための二つの教員養成学校が一九五一年から一九六二年にかけて開校されており、年に約三〇〇人の学生が二年間のコースで学んでいたのである[33]。

一九五六年一一月にもまた、東南アジア情報担当官会議が開かれ、その議題には、コロンボ・プランやブリティッシュ・カウンシルの活動、英語教育、筆頭に急遽入れられたスエズ戦争の影響などがあった。出席者たちは、パン・アラブ・ナショナリズムやイスラムの連帯、反植民地主義、中立主義、共産主義などのアジア人のさまざまな考え方が「反英感情のうねりによって一緒に強く結びあわされること」。その反英感情が、今や『アジア・アフリカの』運動の特徴となった全般的な反白人感情と密接に結びついていること」を恐れていた。したがって、会議では、イギリスは「アジアの人々の福祉をこれまで以上に考慮しており、現在の危機から東洋の人々に生じる苦しみや屈辱を和らげるためのあらゆる努力を惜しまない」と自ら示すべきである、と合意された[34]。イギリス人官僚らがアジア・アフリカの住民連帯を恐れるのと同様に、公文書の表現でも東洋と西洋といった二分法が頻出していることも特筆すべきであろう。

さらに、他所ですでに詳しく論じたことではあるが、イギリスは、新総弁務官ロバート・スコットの主導による一九五六年一二月の駐在官会議提案にもとづき、一九五七年から、「アジアのためのニュー・ルック」政策を導入した。経済援助と広報政策に関するこの新政策の方針は次の四点に集約できる。（一）イギリスの政策範囲をフィリピン、日本、韓国、台湾をカバーするかたちで拡げ、東南アジア政策に関してアメリカ、オーストラリア、ニュージーランドと協力するとともに、インドともより密接に協議する。（二）ヨーロッパ経済協力機構（ＯＥＥＣ）に似た、可能であればオーストラリアの参加も得られる経済提携推進のための地域機構につながるような東南アジア小国間の協力を促進する。（三）イギリスは「経済政策を立案し、（英語教育を含めて）技術的な助言と訓練の供与に集中し、『プロジェクト』援助でアメリカ人と競わないこと」。また、地域の諸外国の警察官をマラヤで訓練する制度や行政官訓練への支援を拡大する。（四）共産主義への対抗よりも現在の政策を示し貿易を促進するための広報政策により集中する。「われわれが供与した援助から最大限に広報的価値」を引き出し、「イギリスを単に大聖堂の国としてではなく、活気ある現代的な場所として描く」こと。また、ブリティッシュ・カウンシルの支出を増やして、貿易見本市、展覧会、英語教育、奨学金でのイギリス訪問者への広報を含む個人的交流などをより活発に行なうこと[35]。最後の点については、ブリティッシュ・カウンシルが海外の英語教育に携わっていただけでなく、コロンボ・プラン奨学生や他の外国からの訓練生の世話役でもあったことが重要である。

前記のように、経済・広報関連のニュー・ルック政策のほとんどが、コロンボ・プラン技術協力計画やその関連でイギリスがすでに実施している活動と密接に結びついていたことは重要である。（二）と符号する、コロンボ・プランをアジアのＯＥＥＣ、すなわち援助を分配し実施計画を選ぶ純粋に地域的な組織に、という提案は、一九五〇年のロンドンでの諮問会議でいったん考慮され拒否されたものであり[36]、新たな提案も再考されることはなかった。それでもなお、（一）と（二）は、域内協力をオーストラリアの参加も高めて促進しようというイギリスのより広い政策として解釈することができ、すでに述べたように実際にコロンボ・プラン技術協力計画のなかで進行中であった。域内技術協力の拡大は、援助を受け入れるアジア人の反英感情を刺激しかねない一方的なイギリスのやり方の押しつけを減らすことにつながった。(三)と(四)の方針もやはり現行のプロジェクトのなかにおいて、コロンボ・プラン技術協力計画でもっともよく推進できるものであり、(四)はブリティッシュ・カウンシルを通じてうまく遂行できるものであった。

これらの勧告は実際に、技術協力とその広報宣伝を促進するイギリス政府のさまざまな努力を引き出した。一九五六年一二月にコロンボ・プラン情報局によって、コロンボ・プランの月間誌の特別号が発行されたことは最もタイムリーであった。特別号では、過去五年間の成果が紹介されるとともに、技術協力計画の詳しい説明が相互協力の側面を強調するかたちでなされた。この号には技術協力の援助諸国と被援助諸国のリストがつけられていたが、セイロンやインドとともに日本も双方のリストに挙がっていたことは注目に値しよう(37)。このような広報は、アジア諸国間の援助の相互性を示すとともに、計画の主導者であるイギリスの地位を明確にし、イギリスが一九五四年に不承不承加盟を認めた日本のコロンボ・プラン内での影響拡大を抑える役割も果たしたと思われる。一九五九年までに、イギリス外務省は、日本がコロンボ・プランをとおして「インド経済の問題に関連して有用」であると期待しつつも、「日本が生煮えの政治的イニシアティブを発揮したり陰謀をめぐらしたりする傾向」について依然警戒していたのである。外務省は、日本がスカルノの拡大インドネシアのアイデアを支援するなどインドネシアに介入する危険性をとくに指摘していた(38)。

一九五七年三月には、イギリスの省庁間コロンボ・プラン情報作業部会が、とくに技術援助の分野におけるイギリスの貢献についての広報材料を、コロンボ・プラン情報局、中央情報局や他の関連するロンドンや東南アジア地域のイギリス当局などにもっと提供するよう勧告した。コロンボ・プランの人間的側面を強調し、現代的なイギリスを投影するためと思われるが、イギリスでの訓練生たちに関する詳しい物語や彼らの写真の提供も要請された。外務省もまた、東南アジア向けのイギリスの広報材料を活発に作成してきたマラヤ映画局が、イギリスを舞台に映画を準備していること、そして中央情報局の代表がコロンボ・プランの広報を優先したがっていることを報告している。[39]

シンガポールの東南アジア総弁務官事務所の地域情報担当官はすぐにこの勧告を歓迎した。彼は、配信を指示された他のどの広報案件よりもコロンボ・プランの広報はずっと現地新聞に掲載してもらいやすいと強調した。その理由はおそらく、コロンボ・プランの事業が政治的・文化的に中立で、地元住民により近い結びつきをもっていたことにあると考えられる。情報担当官はまた、このコロンボ・プラン広報キャンペーンは「東南アジアにおけるわれわれの最も重要な積極的広報のひとつ」になろうとコメントした。彼は、オーストラリアやニュージーランドでのコロンボ・プラン訓練生の新聞記事がほぼ毎日みられるのに対して、地元新聞に提供できるイギリスからの情報があまりにも少ないと不満を述べてもいた。そこで彼は、イギリスから、とくに訓練生たちの写真や、「人間的物語」や大事業などの材料がもっと継続的に提供されるように求め、また次のように指摘した。

アジアの連帯感情が高まっており、アジア人はより他のアジア人に関心を持つようになっている。確実に示すべき点は、このプラン［コロンボ・プラン］が全アジアに利益をもたらしている、ということである。[40]

同様の勧告は九月に外務省から中央情報局宛てにも行なわれた。それは、留学生個人についての記事や写真の継続的な提供を求め、「イギリスをアジアに受け入れてもらうための、われわれにできる最善の方法のひとつは、アジア人の目をとおして伝えることである」と助言していた。[41] すでに述べた一九五二年の東南アジア駐在官会議がより一般的な表現で求めていたことと軌を一にしている。

これらの広報努力と並行して、内閣府と外務省は東南アジアへの技術援助拡大により積極的になっていった。[42] コロンボ・プラン事業や関連の広報キャンペーンをとおして、技術援助が文化的・政治的に中立で、成果も把握しやすく、相互親善を育てる直接の人的接触を含み、そして科学技術分野を主導する国としてのイギリスの投影を助ける、ということがわかったためであろう。一九五八年九月のコモンウェルス貿易経済会議では、イギリスがコモンウェルス諸国から自国への科学技術留学生招致計画を開催国カナダに打診したことをきっかけに、カナダなども受け入れ国にしたコモンウェルス・スカラシップ計画が発足し、イギリスでの英語教員養成・技術訓練の拡充も図られた[43]。また、一九六〇年にコモンウェルス関係省で作成された以後一〇年のコモンウェルスの展望を示す機密文書のなかには、次のような一文もあった。

コモンウェルスの人々のあいだの最も重要な人的つながりのひとつは、教育と訓練によって形づくられたものである[44]。

このような政策拡大は、一九六一年にイギリス政府内に技術協力局が設立され、内務大臣と同格の所管大臣が任命されたことに結実した。この局の目的は、経済開発、行政、社会事業の分野において諸外国への技術援助を連携、促進、調整することとされた。興味深いことに、所管大臣はあわせて海外情報サービス連携大臣の職もひきついだ[45]。前述のように、コロンボ・プランなどをとおしてイギリス政府が広報政策と技術協力の密接な関係を学んだことの現われである。さらに一九六四年には、前年の諮問会議の結果として、コロンボ・プラン技術協力局内に域内訓練アドバイザーのポストが作られ、相互技術援助による域内協力が名実ともに重視されるようになった[46]。

コロンボ・プラン開始後一〇年を経て、イギリスは南・東南アジアで「引き続き、主要な役割を果たし、また果たしているように見られる」ための最も効果的で安上がりな方法として技術協力計画とその広報にニッチを見いだした。しかしながら、ここでのイギリスの努力にも障害や問題点がなかったわけではない。管轄の点で、植民地のマラヤやボルネオへの直接援助や広報は植民地省の所管であるのに対して、コロンボ・プランによる英領や非英領への援助や広報は、外務省、コモンウェルス関係省、中央情報局をとおして行なわれなければならなかった。たとえば、植民地省情報局は、マラヤについての広報映画作成に関して、コロンボ・プランとの共同出資を断っていた[47]。また、コロンボ・プラン技術協力計画はすでに述べたように軍事訓練を対象外とすると規定されていたが、イギリスは、マラヤ非常事態への対応で背に腹はかえられないと考えたのか、一九五〇年代半ばに、かならずしも武器を使った訓練ではないにせよ、国内治安訓練を行ない、マラヤとシンガポールにおける高度なスパイ対策訓練も始めていた。オーストラリアもまた、一部の官僚が潜在的な敵を訓練することになると心配したにもかかわらず、アジア人官僚たちに対して反転覆活動や警察の訓練を行なった[48]。

さらに、コロンボ・プラン加盟国のなかで、アメリカとカナダは自国の専門性を国際的に誇示しつつ、一九五三年一二月の国連総会演説においてアメリカのアイゼンハワー大統領が提唱した原子力の平和利用計画（Atoms for Peace）を熱心に推進した。一九五五年のシンガポール諮問会議に出席した外相レディング卿の報告文書では、この会議の特徴として原子力の平和利用の分野へ資金・技術援助の計画が拡大したことを挙げた。一九五六年時点で、アメリカは、コロンボ・プランをとおしてフィリピンに原子力エネルギー訓練センターの設立を計画しており、ビルマとパキスタンにも設立を考慮中であった。実験的原子炉一つに三五万ドルまでの支援と核燃料の貸与をする用意があるとまで宣言したのである。カナダは、インドへの原子炉供与と、直接コロンボ・プランの事業としてではなかったが、原子力エネルギーの研究機関設立を決定した。イギリスもまたこの分野でコロンボ・プラン加盟諸国民のための訓練コースの設立に乗り気であったが、センターの立地をめぐって、アメリカのマニラ案にＳＥＡＴＯ中心の反共色が強くなりすぎると難色を示し、センター案はたち消えとなった[49]。イギリスは、マラヤで自国にあるアメリカとは別方式の世界初のコールダーホール原子力発電所を積極的に広報するなど、アメリカやカナダと競うかたちで、原子力技術の開発と技術輸出のための宣伝につとめた[50]。たとえば、マラヤのブリティッシュ・カウンシル支部は、ペナンのブリティッシュ・カウンシル読書室の壁に、紅茶物語などのポスターと並べてコールダーホール原子炉のポスターを貼らせていた[51]。このような技術援助と広報は明らかに冷戦と原子力技術輸出をめぐる西側諸国間の競争を反映し、きわめて政治的・戦略的なものであった。コロンボ・プランの技術協力計画が核拡散を加速したとさえ言えよう。

四　グローバルな応用？——アフリカ向けコロンボ・プラン

前記のような困難と当初計画からの逸脱はあったものの、イギリスはコロンボ・プラン技術協力計画の成果にとても満足したようで、一九五九年には、アフリカ向けコロンボ・プランと自らあだ名をつけた援助制度の準備を始めた。計画は一九六〇年九月にコモンウェルス・アフリカ特別援助計画（ＳＣＡＡＰ）として立ち上げられた[52]。この決定は、一九五八年にイギリス内閣が行なった「世界政治におけるイギリスの地位」の検討にもとづくと考えられる。この検討の報告書とそれに関する各省庁や官僚らの議論は、コモンウェルスのつながりが、物理的な力の衰退にもかかわらず、イギリスの世界大国としての地位をささえる鍵となっている、という確信を表わしていた[53]。報告書は次のことを認めている。

> われわれはもはや、帝国勢力としての最盛期に享受していたような圧倒的な強さ——軍事、政治、経済の——をもつ地位から行動することはできない。しかし、物理的強さにおいてもはや優勢ではなくとも、われわれは依然として世界政治に実質的影響力を及ぼすことができる——部分的にはわれわれ自身の力とヨーロッパでの地位によって、そしてもう一部分では独立したコモンウェルスのリーダーとして。われわれは今やこの影響力を自由と専制のあいだの戦いにおいてアメリカの優勢な物理的強さをサポートするために傾注すべきである。

この内閣報告書がソ連の経済と技術の潜在力と政治的権力の増大に対抗するために求めた政策のなかに、次のようなものが含まれていた。「とくに南・東南アジア（コロンボ・プラン）とアフリカ〔括弧内原文のまま〕における開発と経済援助の拡大、中東と東南アジア諸国における安全保障と反転覆活動への協力、そして、とくに中東と東南アジア諸国での英語教育を含む情報文化活動のさらなる拡大であった(54)。これらすべてが依然として東南アジア重視を示しているが、アフリカへの技術援助が求められていることは注目に値する。アフリカへの関心はロンドンだけでなく東南アジアにおいても高まっていた。一九六〇年一月の駐在官会議の議事報告のなかで、総弁務官のセルカーク卿はマクミラン首相に宛てて、首相のケープタウンにおける「変化の風」演説が「ここでも大きなインパクトを与えた」と伝えている(55)。

アフリカ向けコロンボ・プランの計画のあいだも、さまざまな省庁間の議論や海外からの要請があった。イギリスがコロンボ・プランでおいた重点と同じく、プランを技術協力だけに、また対象をコモンウェルス諸国だけに限るべきであるという要請もあった。しかしながら、非コモンウェルス諸国への資金援助も含むという部分的な原則の緩和がなされた。援助国側としては、コロンボ・プランとは異なり、経済帝国主義の印象をもたれぬようにとアメリカの参加は促されなかったが、旧来のコモンウェルス諸国であるカナダ、オーストラリア、ニュージーランドはおもに資金面で計画の大きな支えとなった。ガーナ首相でアフリカ諸国のリーダーでもあったクワメ・エンクルマからは、よりコモンウェルス主導のかたちで多国間のアフリカ開発計画を立ち上げる提案があった。しかし、イギリスの閣僚たちはコロンボ・プラン型の二国間援助に固執し、イギリスがリードするかたちを譲らなかった。閣僚たちのなかからは、資金不足と東南アジアよりも属領が多いことを理由として計画自体への反対もあった。しかし、アフリカ向けコロンボ・プランは一九六〇年九月にかなり強引に急ぐかたちで始められた。西インド島嶼国の諸政府もカリブ海向けコロンボ・プランの構想をすすめていたが、こちらは実現しなかった(56)。

ではなぜ、アフリカ向けコロンボ・プランは急いで立ち上げられたのか。一九五八年三月に、外務大臣・コモンウェルス大臣・植民地大臣の連名で内閣に提出された外務政務次官の報告書によると、前月にガーナのアクラで、サブサハラ・アフリカ諸国・領域間の相互技術援助を促進し、アメリカ、カナダ、西ドイツなど域外国からの技術援助を刺激する目的でサブサハラ・アフリカ諸国相互援助計画（略称FAMA）が設立されていた。援助の方法も「コロンボ・プランの技術援助の慣例に直接に従う」と決められた。この組織は、すでに一九五四年にイギリス、フランス、ベルギー、ポルトガルとローデシア、南アフリカが設立していたサハラ以南アフリカ技術協力委員会（CCTA）の発展形であり、設立加盟国はこれらの国々に加えて、CCTAにもその後参加してきたガーナ、ケニア、ナイジェリア、シエラレオネ、リベリア、などの独立直後か途上のアフリカ諸国であり、さらにオブザーバーとして国際連合、アメリカ、エチオピア、イタリア、スペイン、スーダンから代表が参加していた。上記報告書によれば、FAMAの設立会議では「フランスとガーナの代表団が最も印象的」であったという。[57] フランスなど他のヨーロッパ宗主国やアメリカ、国連の関与、より広いアフリカ諸国・諸領域の参加、そして目的とされる域外国からの技術援助促進はいずれも、イギリスの対アフリカ援助における主導的役割やアフリカへの影響力を相殺する可能性があったと思われ、イギリスはそれに対抗して、アフリカ向けコロンボ・プランの実施を急いだのではないか。

さらに一九六〇年がイギリスにとって難しい年であったことも影響していよう。三月の南アフリカ連邦で、人種差別政策に抗議するアフリカ人が警察の発砲により多数殺害されたシャープヴィル事件が起こり、コモンウェルスのリーダーとしてのイギリスの制御力のなさが国際的批判の的となっていた。この年にはまた、イギリスの最大かつ重要な植民地であったナイジェリアを含むアフリカの一七カ国が独立を果たして国際連合に加盟した。アフリカ向けコロンボ・プラン開始後とはなったが、一二月には、これらの急増した新興独立国が一国一票を持つ総会で、アジア・アフリカ加盟国の提案によって植民地独立付与宣言決議が採択され、国連におけるイギリスの立場はいっそう弱いものとなった。アフリカ諸国の理解を得るためにはアフリカの経済開発を急ぐ必要があったのである。このようなイギリスの焦りは、同年ころのイギリス保護領スワジランドにおける日英民間企業合弁の鉄鉱山開発事業や、一九六二年からのアフリカに関する日英官僚間の定期的公式協議にも現われていた。[58] 日本のコロンボ・プラン加盟を認めたときとちょうど同じく、[59] イギリス政府は日本が経済活動と技術的ノウハウによって、アフリカにおけるイギリスの責務の一部を肩代わりすることを期待していたと思われる。

五　アジア・アフリカの人心掌握のための技術援助

第二次世界大戦後、自らの世界規模の公式帝国が解体してゆくなかで、イギリスはグローバルな影響力を非公式に維持するようにつとめた。南・東南アジア地域はイギリスの政策のなかで特別の位置を占めていた。南アジア諸国はコモンウェルスに初めて加わった非白人の国民国家であり、東南アジアのイギリス影響圏は日本の降伏後にふたたび獲得したものだったからである。このような背景から、反植民地ナショナリズムを刺激せずにアジア人の信頼と善意を取り戻すために、イギリスはコロンボ・プランという国際計画に乗り出した。東南アジア総弁務官や駐在官会議出席者などの「現場にいる（on the spot）」官僚たちからの助言をもとに、イギリス政府は限られた資金でさまざまな援助事業を行ない、同時にマラヤでの共産主義者の反乱ともたたかって、地元住民の人心掌握の緊急性を認識した。そのなかでイギリスの政策決定者たちは、少ない資金で人的つながりや大きな広報効果など最大の成果が得られる技術援助の有効性を学んだ。

一九五〇年半ばのバンドン会議とスエズ戦争を経て、アジア・アフリカの連帯が強まると、イギリスはコロンボ・プランの技術援助に力を入れ、「アジアのためのニュー・ルック」政策とも並行して、広報も重視した。一九五〇年代末からは、コモンウェルスのつながりとアフリカや東南アジアの諸問題がより深く交錯するようになり、アフリカの脱植民地化が加速して国際的注目も高まった。そこでイギリス政府は、アジアでのコロンボ・プランで学んだことを生かしてアフリカ向けコロンボ・プラン（正式にはＳＣＡＡＰ）を開始した。ＳＣＡＡＰの成果がいかなるものだったかや、ＳＣＡＡＰとアフリカにおけるイギリスの広報政策との関連については今後の検討課題としたい。また、スエズ以東からの軍事的プレゼンスの引き上げを決めた後、アジアのコロンボ・プランについての広報政策にどのような変化があったかについても、さらなる検討が必要であろう。

注記

（1）代表的な既存研究として、以下のものがある。Nicholas Tarling, ed., *The Cambridge History of South-East Asia, Volmume Two, Part Two* (Cambridge: Cambridge University Press, 1992), pp. 270f.; Peter Low, *Contending with Nationalism and Communism: British Policy towards Southeast Asia, 1945–65* (Basingstoke: Palgrave Mamillan, 2009), Chapter 3.

（2）David Goldsworthy, ed., *British Documents on the End of Empire, Series A Volume 3, The Conservative Government and the End of Empire 1951–1957, Part III* (London: HMSO, 1994)（以下 *BDEEP A-3, III* などと略記）, Document 397.

（3）Tilman Remme, *Britain and Regional Cooperation in South-East Asia, 1945–49* (London: Routledge, 1995), pp. 83–86; *BDEEP, B-3, Malaya*, II, Document 196（引用を含む）. イギリスの対東南アジア政策については、以下も参照されたい。Nicholas Tarling, *The Fall of Imperial Britain in South-East Asia* (Singapore: Oxford University Press, 1993), pp. 179–183, 188, *passim*; 都丸潤子「東南アジアの地域主義形成とイギリス（一九四一〜一九六五）――東南アジア総弁務官と駐在官会議の役割」『国際法外交雑誌』九八巻四号（一九九九年一月）、一〜四〇頁（住民の猜疑心についても）。マラヤ連邦高等弁務官やシンガポール総督が植民地省からの任命でそれぞれ名称の領域のみを統轄したのに対し、東南アジア総弁務官は、植民地省と外務省に両属し、マラヤ、シンガポール、ボルネオなどの英領と東南アジアの非英領地域をあわせて管轄・調整下に置いた。一九六三年のマレーシア成立により、このポストは廃止された。

（4）Remme, *Britain and Regional Cooperation*, p. 86.

（5）*BDEEP A-2, I*, 'Introduction' by Ronald Hyam, p. xlviii.

（6）*BDEEP A-3, III*, Document 397.

（7）外務省アジア局『コロンボ計画協議委員会報告書　第四年次（一九五六年会議の報告書の翻訳）』（外務省アジア局、一九五六年）（以下、年次委員会報告ごとに『協議委員会報告一九五六』などと表記）、二八五頁。『協議委員会報告一九六二』、二九六頁。

（8） *BDEEP, A-2, II*, Documents 96, 101, 102.

（9） *Ibid.*, Document 101.

（10） *Ibid.*, Documents 96 and 102.

（11） *BDEEP, A-2, II*, Documents 101; *BDEEP A-3, III*, Document 397. The National Archives, London（hereafter TNA）, FO953/1748/ P1061/1, 'The Colombo Plan', December 1956, The Colombo Plan Information Unit, pp. 9f.

（12） 外務省アジア局経済協力室『コロンボ計画：技術協力機構』（一九五五〜一九五六年度技術協力協議会報告の翻訳）（外務省アジア局、一九五六年）（以下、『技術協力協議会五五—五六』と略記）、一、三〜五、七頁。情報局は一九五七年に技術協力局と統合された（Reference Division, Central Office of Information, *The Colombo Plan* [London: Her Majesty's Stationery Office, 1963], p. 32）。

（13） 『協議委員会報告一九五三』、一六〇頁。

（14） TNA, FO371/106956/ FZ1051/46, MacDonald, Commissioner-General for the United Kingdom in South-East Asia, Singapore（hereafter CG-SEA）to Foreign Office, London（hereafter FO）, 12 December 1953.

（15） コロンボ・プランをめぐるオーストラリアの外交と技術協力への努力についての詳細は、以下を参照されたい。Daniel Oakman, *Facing Asia: A History of the Colombo Plan*（Canberra: Pandanus Books, 2004）.

（16） *BDEEP A-2, I*, 'Introduction' by Ronald Hyam, pp. xlviii–xlvix.

（17） TNA, FO953/1748/ P1061/1, 'The Colombo Plan', p. 10.

（18） 『協議委員会報告一九五六』、三二頁、『技術協力協議会五五—五六』、三五頁、『協議委員会報告一九六二』、三一一頁、アジア協会『コロンボ計画十年の歩み』（アジア協会、一九六〇年）（一九五八年の原著の翻訳）、一一三頁。

（19） 『協議委員会報告一九五三』、一五三頁、付録。『協議委員会報告一九五四』、一九二頁、『協議委員会報告一九五五』、二五一頁、『技術協力協議会五五—五六』、一九六頁。*BDEEP A-3, I*, Document 66.

（20） 以下、一九四二年から一九六〇年の間のイギリスの対東南アジア文化情報政策についての言及は、別に注記のない限り、以下に拠っている。都丸潤子「イギリスの対東南アジア文化政策の形成と変容（一九四二—一九六〇）」『国際政治』一四六号（二〇〇六年一一月）、一二〇〜一三九頁。

（21） TNA, FO953/1244/P1061/1A, Rayner, CGSEA Office, to Carstairs, Colonial Office, London（hereafter CO）, 30 April 1952; TNA, FO953/1244/P1061/14, MacDonald（CGSEA）to FO, 'Bukit Serene Conference', 9 December 1952 and FO officials' minutes by Nicholls 19 December, Peck, 15 December, Falla, 16 December.

(22) TNA, FO953/1244/P1061/5, 'Guidance on Publicity toward South-East Asia（Foreign Territories）, Japan, and Korea', 17 March 1952.

(23) TNA, FO953/1244/ P1061/7, Westlake, FO, to Rayner, CGSEA Office, 13 May 1952.

(24) TNA, FO953/1244/P1061/11, Crossley, CGSEA Office, to Nadler, United States Information Service, Singapore, 5 September 1952.

(25) TNA, FO953/1244/P1061/14, MacDonald to FO, 'Bukit Serene Conference', 9 December 1952 and FO minute by Nicholls 19 December.

(26) TNA, CAB129/64/C（53）305, 'Overseas Information Services: Report of the Drogheda Committee'（いわゆる「ドロイーダ報告」）, 13 November 1953. Francis Donaldson, *The British Council: The First Fifty Years*（London: Jonathan Cape, 1984）, pp. 179–187, 190, 192–193. 「投影」とは、「尊敬と威信を獲得するために、一国の業績と価値を意図的に誇示する」（J・M・ミッチェル／田中俊郎訳『文化の国際関係』三嶺書房、一九九〇年、一一二頁）という意味で戦前から使われてきた表現である。

(27) TNA, FO371/129342, Lord Reading, FO, to Scott, CGSEA, 3 January 1957.

(28) TNA, FO953/1639 /P10637/4, Scott, CGSEA, to FO, 10 November 1956.

(29) TNA, FO371/116914/D1051/36, Allen to Scott, 21 October 1955; FO371/101236/ FZ1051/25, 'Economic aid to South-East Asia'（Brief for Lord Reading）, November 1952.

(30) TNA, CAB129/78/21, 'Colombo Plan Note by the Secretary of State for Foreign Affairs（Colombo Plan Note by SSF）', 7 November 1955.

(31) TNA, FO371/116914/D1051/36, Allen to Scott, 21 October 1955.

(32) *BDEEP, A-3, I*, Document 66.

(33) TNA, DO35/9477/INF11/84/4: Minute by Brown to Ellis, 13 May 1960; 'The British Council, Federation of Malaya, Representative's Annual Report, 1959/60, General Survey of the Year'［hereafter 'British Council Malaya Annual Report 1959/60'］, and 'Appendix A-Education', by Lucas, 25 April 1960.

(34) TNA, FO953/1639/P10637/4, Pakenham, CGSEA Office, to Stewart, Information Policy Department, FO, 13 November 1956.

(35) Junko Tomaru, 'Japan in British Regional Policy towards South-East Asia, 1945–1960', in Iokibe Makoto, Carline Rose, Tomaru Junko, and John Weste, eds., *Japanese Diplomacy in the 1950s: from Isolation to Integration*（London: Routledge, 2008）, pp. 55–75, 59–64.「アジアのためのニュー・ルック」政策提言のおもな一次史料は、以下のものである。TNA, PREM 11/2661, Scott to Eden, 18 December 1956; FO371/129343/D1052/1, 'Eden Hall conference, 1956', by CGSEA Office, 28 December 1956.

(36) *BDEEP, A-2, I*, Document 66.

(37) TNA, FO953/1748/P1061/1, *The Colombo Plan: Special Issue*, December 1956. 実際に、一九五九年までの累積の訓練生の数では、日

本は七人の訓練生をインドに、三人をパキスタンに、おそらく前者は統計の分野で、後者は運輸の分野で送っている（『コロンボ計画十年の歩み』、一三四、一三八頁）。

（38） Lowe, *Contending with Nationalism and Communism*, p. 79.

（39） TNA, FO953/1748/P1061/1H, 'Colombo Plan Information Working Party: Minutes of a Meeting', held on 14 March 1957. この作業部会は、大蔵省、外務省、コモンウェルス関係省、貿易庁、労働省、中央情報局の代表から構成され、会合は少なくとも一九五五年ころから年二回開かれていたようであるが、筆者はまだこれ以上の詳細を把握できていない。

（40） TNA, FO953/1748/P1061/12A, Pakenham, CGSEA Office, to Information Policy Department, FO, 12 April 1957.

（41） TNA, FO953/1748/P1061/12, Hawson, FO, to Garton, Overseas Press Services, Central Office of Information（COI）, 17 September 1957.

（42） *BDEEP A-4-I*, Document 5; TNA, FO371/152119/ZP15/46, 'British Cultural Diplomacy（draft）', by Steering Committee, August 1960.

（43） TNA, CAB129/94/C（58）178, 'Commonwealth Trade and Economic Conference: Note by the Chancellor of the Exchequer', 3 September 1958, p. 7; CAB129/98/C（59）144,'Commonwealth Education Conference: Memorandum by the Secretary of State for Commonwealth Relations', 11 August 1959.

（44） *BDEEP A-4, II*, Document 535.

（45） Donaldson, *The British Council*, pp. 222–227.

（46） 『協議委員会報告一九六四』、三九四〜三九五頁。

（47） TNA, FO 953/1244/P1061/5, Information Department of CO to Ross, COI, 13 August 1952. *BDEEP A-3, I*, Document 66.

（48） Oakman, *Facing Asia*, pp. 140–142.

（49） 『技術協力協議会五五—五六』、二四頁、『協議委員会報告一九五六』、二七〇頁。TNA, CAB129/78/21, 'Colombo Plan: Note by SSF'. アメリカ主導のアジア原子力センター設立構想とイギリスなど各国の反応、構想の挫折については、友次晋介「『アジア原子力センター』構想とその挫折——アイゼンハワー政権の対アジア外交の一断面」『国際政治』第一六三号（二〇一一年一月）、一四〜二七頁に詳述されている。

（50） TNA, FO371/129343/D1052/1, FO minute by Hainworth, 18 January 1957. 友次「『アジア原子力センター』構想とその挫折」、一九頁。

（51） TNA, DO35/9477/INF11/84/4, 'Appendix C-Arts and Sciences', to 'British Council Malaya Annual Report 1959/60', by Lucas, 25 April 1960.

（52） *BDEEP A-4, I*, lxv–lxvi; Document 20; *BDEEP A-4, II*, Document 337.

（53） *BDEEP A-4, I*, Document 4.

(54) *BDEEP A-4, I*, Document 5.

(55) *BDEEP A-4, I*, Document 260.

(56) *BDEEP A-4, I*, lxv–lxvi; *BDEEP A-4 II,* Documents 336–340.

(57) TNA, CAB129/92/C.(58)61, 'The Foundation for Mutual Assistance in Africa South of the Sahara: Note by SSF, the Secretary of State for Commonwealth Relations, and the Secretary of State for the Colonies', 14 March 1958. Amos Jenkins Peaslee and Dorothy Peaslee Xydis, eds., *International Governmental Organization: Constitutional Documents, Volume 1* (Martinus Nijhoff, 1961), pp. 274–278, 281–282.

(58) 都丸潤子「バンドン会議と日英関係」北川勝彦編『イギリス帝国と二十世紀　第四巻　脱植民地化の時代』（ミネルヴァ書房、二〇〇九年）、二七一～二〇九、二九五～二九六頁。

(59) Junko Tomaru, *The Postwar Rapprochement of Malaya and Japan, 1945–61: The Roles of Britain and Japan in South-East Asia* (Macmillan, 2000), pp. 137–152.

第Ⅱ部

コロンボ・プランをめぐる支援戦略とその変容

第7章　戦後アジア政治・経済秩序の展開とエカフェ、一九四七〜一九六五年

山口　育人

一　エカフェ――戦後アジア最初の地域機構

第二次世界大戦が終結したアジアでは、自国の新たな立ち位置を模索しはじめる各国のすがたがあった。国家建設に乗り出したインド、パキスタン、ビルマ、セイロン、フィリピンの一方には、イギリス、フランス、オランダが植民地支配を回復しようとしており、東南アジアの多くの領域で独立闘争が続けられることになった。世界大国として立ち現われたアメリカ合衆国とソ連は、アジアにおいても影響力を強めつつあった。中国大陸では国民党と共産党が支配権力をかけて争い、朝鮮半島は東西両陣営のあいだで分断されようとしていた。そして敗北した日本は、国際社会へ復帰するための長い道のりを前にしていた。こうした地域内と地域外の国々を抱えて（また排除して）一九四七年に国連アジア極東経済委員会「エカフェ」（United Nations Economic Commission for Asia and the Far East: ECAFE）は、戦後アジアでの最初の地域機構として誕生したのである（表7-1）。

エカフェが開発プロジェクトを執行する事例はごく限られており、また自前の開発資金を持たなかった。ワイトマンとシンの研究が登場して以降、エカフェの展開について、戦後アジアにおける経済開発・援助史とそこにつながる

表7－1　エカフェ加盟国の推移（下線は準加盟国・地域）

1947年：	中華民国，インド，フィリピン，タイ，オーストラリア，フランス，オランダ，ソ連，イギリス，アメリカ，パキスタン，ニュージーランド，ビルマ，セイロン，マラヤ連邦（シンガポール，英領ボルネオを含む），香港，カンボジア，ラオス
1948年：	ビルマ インドネシア共和国，インドネシアその他地域（‘The rest of Indonesia’），ネパール
1949年：	ヴェトナム，韓国
1950年：	インドネシア
1952年：	日本
1954年：	アフガニスタン，カンボジア，セイロン，日本，韓国，ヴェトナム
1955年：	ネパール，ラオス
1957年：	マラヤ
1958年：	イラン，シンガポール・北ボルネオ
1960年：	ブルネイ，北ボルネオ，サラワク
1962年：	モンゴル
1963年：	西サモア

出所：Singh, *Politics Economic Cooperation*, Table 1.

国際関係史の関心をもって検討されたものは少ない(1)。しかしながら、協議と調査・研究をおもな役割としたがゆえに、エカフェの展開には、地域を取り巻く政治・経済情勢のなかでアジア諸国が自らの経済的国家建設にかかわる諸問題をいかに考えていたのか、その姿勢が広く映し出されることになった。その諸問題とは、開発戦略、援助および資本投資、近隣諸国との関係、国際経済システムへの参画といったテーマに関わるものであった。またアジア諸国は、地域の政治・経済状況に影響を与えようとするエカフェの域外メンバーと向き合わなければならなかった。域外メンバーの存在はエカフェの展開を考えるうえで重要である。アメリカ、ソ連の政策にくわえて本章ではイギリス(2)の政策もまた、エカフェ発足から一〇年ほどの歩みを理解するうえで重要であったことを示す。

　以下では、大戦後アジアの政治および経済情勢の展開に向き合うエカフェ関係国の動向をみながら、発足から一九六〇年代半ばまでのエカフェの展開を検討してゆく。まず第二節ではエカフェ発足期を取り上げ、その役割が規定される経緯を整理する。第三節では三つの領域に着目して一九五〇年代を通してのエカフェの活動を検討する（内陸運輸（鉄道）、開発計画・援助、貿易促進）。第四節では、一九五〇年代末から一九六〇年代初頭にかけて地域を取り巻いた経済・援助および外交状況のなかでのエカフェの展開ならびにメンバー諸国の政策について、当時活発になった地域経済協力論を手掛かりに考えたい。そして第五節において、本章が対象とする時期のエカフェの性格やその展開を小括する。

二　エカフェの発足

一九四七年三月、国連の経済社会理事会はエカフェ創設を決議し、役割を次のように定めた。「〔地域の〕経済再建を進める共同行動を開始する、あるいはそういった行動に関わること」、「経済問題、技術問題や開発に関する調査・研究を行なうこと」、「〔再建や経済問題に関する〕情報の収集、分析、提供を行なうこと」とされた。そして翌月に上海で総会が開催され、一九五〇年までは年二回、それ以降は年一回総会が開催されることになった。総会の議決は多数決であった。また、総会決議には加われないが、委員会や作業委員会など下部組織に投票権を持って参加できる準加盟国の制度も設けられた。事務局のおもな役割は次のように定められた。年次総会やその他委員会・会合の準備、『アジア・極東経済年報（*Economic Survey of Asia and the Far East*）』の作成、総会や常設委員会の決定に従って調査・研究を行なうことであった。初代事務局長にはマドラス大学の経済学教授で、インド政府経済顧問でもあったP・S・ロカナサンが就任した。(3)

同じ地域委員会として国連ヨーロッパ経済委員会（ＥＣＥ）が設置された際とは違い、イギリスとアメリカはアジアでの地域委員会創設に消極的であった。理由のひとつは復興・開発資金拠出を求められることを恐れたからであった。それに対しインドや中華民国は創設のため活発に動いた。その役割について曖昧な規約のまま始動したエカフェはまずもって、何度かの総会を通して具体的な機能・機構を定めてゆかなければならなかった。ところがエカフェの役割をめぐって、地域諸国とイギリス、アメリカをはじめとする域外諸国とのあいだで意見対立が生じるのであった。一九四七年一一月、第二回総会の開会にあたってフィリピン大統領は「『植民地経済』は打ち捨てられ、農業は工業によって補われなければならないと」と訴えた。(4)当初、エカフェ規約には長期的な経済開発の問題は盛り込まれていなかったが、アジア諸国は戦後再建と工業化に基盤を置いた長期的な国家経済建設とを一連のものとして考える立場にあった。またアジア側メンバーはマーシャル・プランに関心を寄せており、エカフェにおいても地域の貿易や通貨問題を論ずべきとしたのであった。(5)そしてなにより、インドをはじめとする地域メンバーがエカフェに強く期待したのは、アメリカの援助を流入させるチャンネルになることであった。アメリカ政府に対して、マーシャル・プランに続いてアジアにおいても再建と工業化のための援助を求めたのであった。(6)

しかしアメリカやイギリスは、こうした工業化推進や地域協力を求める声にきわめて消極的な態度をとった。両国とも貿易や通貨問題は「関税及び貿易に関する一般協定」(GATT)および「国際通貨基金」(IMF)で論じられるべきテーマであるとした。とりわけイギリスは、ドル不足は地域的アプローチではなく世界規模の問題として取り組むべきものと主張し、またアジアでの資源や食料生産の増加をドル輸入への依存を減らすものとして期待していた。またイギリス代表は、錫や天然ゴムの問題をエカフェが取り上げることについては、他の国際機構の活動を複雑にするとして反対した。援助についていうと、アメリカ政府はアジア版マーシャル・プランを検討することはなかったし、イギリスは欧州援助に悪影響が出ることを警戒していた。エカフェに対するアメリカ政府の態度はソ連の存在によって大きく左右されたが、地域協力についても懐疑的態度であった。「西ヨーロッパ諸国の経済は相互補完的であるが、アジア諸国の経済はそうではない」という見方がそれを象徴していた。(7)

工業化、援助、地域貿易協力をめぐるこうした対立はエカフェの機構やあり方に影響を与えることになった。ロカナサンは三つの常設委員会(工業、貿易、技術支援)を設けることを考えていたが、それに対しアメリカとイギリスは、エカフェにはプロジェクト執行は想定されていないとし、常設委員会の設置に難色を示した。この域外であるが主要メンバーの両国はエカフェの活動を調査・情報交換にとどめ置くことを望んでおり、地域諸国が強い関心を示した工業化の問題についてもその姿勢は同じであった。結局、さまざまな役割が盛り込まれた「産業・貿易委員会」を設置する妥協に行き着いた[8]。また、メンバー諸国が世界銀行に融資を求める際にエカフェが支援・仲介役を果たすべきとしたインドの主張に対しても、アメリカとイギリスが反対した。ロカナサンは、国連やその他国際援助機関の活動とエカフェとの実質的連携を強く望んでいたとされるが、ここでも壁があった。世界保健機関（WHO）や国連食糧農業機関（FAO）の活動にエカフェが関与することには反対も多く、情報交換を手始めに連携を段階的に進めてゆくこととなった。また一九四九年から始まった「国連技術支援拡張計画」の実施と資金利用をエカフェ事務局は希望したが、国連本部とアメリカ政府（資金の大部分を拠出していた）は難色を示した。地域委員会の自立性を促すよりも国連本部に権限を集める体制を望んでいたとされる[9]。

もうひとつエカフェの発足当時（むしろこれは長く続く）に大きな論争となったのはメンバーシップをめぐってであった。西欧の植民地のみならず、インドネシア、ヴェトナム、朝鮮においても誰が正統な代表であるか意見対立があった。また言うまでもなくソ連は、共産党政権に中国の代表権を与える動議を毎回の総会で提出した。

一九四八年一〇月の「産業・経済開発に関する作業委員会」最終報告は、地域諸国の開発計画で必要とされる資金を五年間でおよそ一四億ドルと推計し、そのうち半分程度が外部の資金で賄われる必要があると結論づけた[10]。一九四八年から四九年を通してアジア諸国の関心は戦災復興から経済建設・開発へとシフトしたのは明らかであった。こうした関心をみたイギリスも、冷戦へ突入する情勢を前に、アジアの経済開発の重要性を否定することはできなくなっていた。しかしこうした認識はコロンボ・プランへとつながっていったのであり、一時期、イギリス政府はエカフェ消滅を望む姿勢さえ示すのであった[11]。

しかし一九五一年、経済社会理事会はエカフェの存続を決めた。そして規約からは「戦災復興」という表現が削除され、「開発」が付加される修正がなされた。さらに同年のラホール総会において、意思決定プロセスでの重要な合意ができるのであった。域外のメンバー諸国は、「地域に主として関係する経済的提案について、地域メンバーの過半が支持した場合、そういった提案への反対は原則として控える」了解が成立したのである。

こうしてエカフェは新たな段階に入った。年次総会の主要議題は「アジア経済情勢」の討議であったが、エカフェの活動の中心となる、経済開発をめぐる諸課題の調査・研究、情報提供、政策提案などは、事務局、常設委員会、小委員会、作業委員会・部会、その他会合・会議を通して進められることになった。(12)

それでは存続が決まったエカフェを、域外メンバーのたとえばイギリスはどう見ていたのであろうか。イギリス政府では、現状で唯一、資金供給において主要な役割を果たしうるアメリカにその用意がない限り、エカフェは開発資金援助にかかわってなんらか役割を果たすことはないとした。それでもラホール総会を受けて外務省は、地域諸国はエカフェの存在を評価しはじめており、とりわけ「共通課題について意見交換し、また工業国に地域の必要を示し続けるフォーラムとして」重視していると観察していた。とくにインドなどがその存在を重視していることを考慮すると、エカフェ解体は現実的でなく、イギリスもこのことを踏まえて行動しなければならないと考えるのであった。(13)コロンボ・プランとの関係については、イギリス政府はエカフェとの連携には当初、消極的であり、ロカナサンがオブザーヴァーとしてコロンボ・プランの諮問委員会に出席するのは一九五二年からであった。(14)

三　エカフェの活動

本節では、一九五〇年代を通して拡大・深化していったエカフェの活動を、鉄道、開発計画と援助、貿易協力の三領域に着目して検討する。そしてアジアの経済および開発をめぐる情勢と各国がそのなかでいかに経済建設を進めようとしたのか検討したい。

（1）鉄道分野

内陸輸送の再建・改善に向けて地域連携に取り組むようエカフェに促したのは国連本部であった。それを受け一九四八年四月に専門家会議が開かれ、セイロン、インド、パキスタンと事務局は積極的にこの問題に取り組む姿勢をみせた。前述した「産業・経済開発に関する作業委員会」の最終報告は、五二億ドルが輸送システムの再建や改善に必要とし、専門家による検討に入るよう求めていた。しかしこの分野に関する常設委員会の設置は、特別委員会の提言を受けた一九五一年三月の第七回総会まで待たなければならなかった。なお特別委員会は各国政府から独立した地域鉄道機構の創設を提言していた[15]。

「内陸運輸委員会」の初回総会は一九五一年末に開かれ、「アジア地域鉄道機構」ではなく、各国政府代表からなる「鉄道小委員会」を設けることが決められた。こうした結果となった背景には、鉄道関連の調査・研究組織をもつインドや日本によって地域機構の主導権が握られるという各国の懸念があったとされる。一方で委員会では、既存施設の再建および近代化が優先されるべきとの合意がなされた。とくに単線路線の輸送力拡大が緊急の課題であり、また効果が大きいとされた[16]。

一九五四年、エカフェと国連本部は共同でパキスタンのラホールに「鉄道運行・信号制御地域訓練センター」を設けた。資金はエカフェのものでなく「国連技術支援拡張計画」による拠出であったが、そうだとしてもエカフェが関与した初の開発関連の地域組織であった。センターには域内・域外メンバーが指導教官を派遣することになり、三か月の運行管理訓練コースがスタートした。ビルマ、インドネシア、マラヤ、台湾、タイが訓練生を送った。また日本、イギリス、フランス、オランダから機材が寄付されるとともに、たとえば単線路線での運行・信号管理を学ぶための視察団がヨーロッパ、アメリカ、日本に派遣された[17]。

ところで、路線改良といった大きな投資なしで輸送力を増加させるには、より強力な機関車の導入が不可欠と考えられるようになっていた。そこで、機関車製造の国有化に乗り出していたインドは、ディーゼル機関車をアジアで標準化する提案をし、それを念頭にプロトタイプとなる車両購入を提案した。こうして一九五三年、日本、インド、パキスタン、インドネシア、イギリス、フランスの専門家からなるチームが作られ、導入・維持費用、技術的問題、電気式と液体式駆動方式の比較、標準化にともなう問題などの検討がはじめられた[18]。

この時期に「鉄道小委員会」の活動の中心にあったのは日本とインドであった。たとえば日本は一九五四年に小委員会の第三回総会を開催し、国鉄の大規模な視察ツアーを企画した。また日本は技術報告・研究を事務局に提供し、地域各国の関係者に研究施設を公開した。インドもまた、鉄道研究センターの出版物などを事務局に提供していた[19]。

エカフェでの鉄道に関する活動においては、調査、情報提供や交換の点でそれなりの成果もあったが、提案の実行となると時間と資金が壁となった。一九五九年の「鉄道小委員会」において地域の鉄道当局が抱える課題として列挙されたものは、それまでとそう変わらないものであり、線路建設・維持方法の改善、信号システムの更新、訓練・研究設備の拡充[20]、強馬力の機関車導入（ディーゼル機関車および電気機関車）が挙げられていた。そしてそれら課題において最大の障害は資金不足にあるとした小委員会の提言は、大規模で高度な近代化に乗り出す前に、既存設備の有効活用を進めるべきというのにとどまるのであった[21]。

「鉄道小委員会」の活動でもうひとつ難しい状況にあったのは、研究・調整に関する地域組織の設置問題であった。一九五〇年代末になると、地域の鉄道研究センターを創設する要望がよせられるようになり、日本の国鉄の研究所を候補に挙げるものもいた。しかし日本やインドの研究機構をアジア地域の共同拠点とするには政治的困難があった。結局、国連本部の支援を受けながら鉄道に関する「地域アドバイザー」を任命し、そこに調査や研究課題を集め、内容に応じて研究を各国に振り分け、成果を提供する手法をエカフェはとることになった[22]。

前述したディーゼル機関車についても、インドは地域共通の標準モデルを開発することを主張したが、たとえばパキスタンが事前調査および試行に時間がかかると反論するなどして、標準化への気勢は削がれることになった。また商業上の考慮からイギリスは厳格な標準化に反対し、電気式と液体式をめぐる競争（前者はフランスが、後者はイギリスが後押していた）は決着しないままであった。一九五〇年代末になると標準化は事実上断念され、かわりに各国はディーゼル機関車の経済的・効率的利用について情報収集・交換する担当者を置くことになった[23]。

鉄道分野を例にして見るとエカフェの活動は実際的なもので、メンバー各国からも歓迎されるものとして拡大していったといえる。しかしながら、そういった成果を地域協力の事例として評価するのは過大であるし、むしろ日本やインドはこの分野を通して存在感を示そうとした点に注目すべきであろう。

（2）経済開発計画ならびに援助・開発投資

エカフェ発足の早い段階からアジア諸国は、経済開発・工業化を推し進めるには外部、内部問わず資金の確保がカギになると考えていた。しかし外部資金を供給しうるアメリカの態度により、資金援助の実際的問題はコロンボ・プランといった他の枠組みにゆだねるほかなかった。おのずとエカフェの議論は国内資金に関心をシフトすることになった。こうして一九四九年四月、国内での資金調達について検討がはじまり[24]、一九五一年にかけてメンバー各国の通貨、金融、財政政策が調査された。たとえばエカフェ事務局はＩＭＦのサポートを受けながら、政府支出が国民所得や資本形成にどういった影響をもつか、あるいは経常支出と資本支出の区分けの方法、またそれら支出の資金源について分析を進めた。フィリピン、ビルマ、パキスタン政府などがこれらテーマについて助言を受けた。つづいて、郵便貯蓄、信用組合、政府債権、金融市場の発達をテーマにした研究が作業部会において進められた[25]。

一九五三年に入ると「産業・貿易委員会」は経済開発における資金問題を検討すべく新たな作業部会の設置を決め、九月の第一回会合はメンバー各国やＩＭＦから提出された一二のペーパーを検討した。たとえば、日本政府の提出したペーパーには、税制度と経済開発との関係を分析するものもあった。作業部会は、貯蓄の促進や税関連の諸問題に関する提言をまとめ、「産業・貿易委員会」に送った[26]。この報告書を検討する一九五四年の委員会では、たとえばイギリス代表が、報告書が国民総所得にもとづき各国の総資源を算出する方法を採用したことを評価し、この方法に関連するものとしてマラヤ・ボルネオの経験を詳細に立ち入って紹介した[27]。

ところが委員会前の予想と違って、議論は税制度に集中することはなく、外国からの資金援助問題へと展開した。韓国、マラヤ、ボルネオ、台湾は国内資金の確保についての進捗を報告し、日本代表は郵便貯金と社会保険がＧＮＰの二パーセント強に相当する額の投資資金となっていることをアピールした。また外国からの資金に安易に依存する発想があることにも警告を発していた。アメリカ代表は投資を呼び込む環境整備の重要性を指摘し、フランス代表もまず各国が内部資金に基盤をおいた開発計画をスタートさせるよう主張した。これに対してパキスタン代表は、作業部会報告が外国からの投資という重要な問題を無視していると批判、「将来的には（投資資金の）柱は海外資金によってまかなわれると」付言し、フィリピン代表がそれに同調した。インドネシア代表は世界銀行や国連の資金に関心があるとし、また民間投資よりも政府間援助を好んでいるとした。インド代表は海外からの資金について個別の言及をしなかったが、国内および海外からの資金が不足に近づきつつあることに注意を喚起しようとした。

委員会は次のようにまとめをした。「国内での資金確保に最大限努力することは重要である。しかし同時に、一人あたりの国民所得の低さに鑑みると、国内資金だけでは開発計画遂行には十分でなく、外国資金の必要性は明白である」と。そして事務局長に対しては、資本供与国・受け入れ国双方を対象としながら海外資金の問題を検討するよう指示した。また、過去二年ほどの一次産品価格の下落が資本蓄積に悪影響を与えている点にも言及がなされた[28]。

一九五四年九月、経済開発に関する資金問題を検討する作業委員会の二回目会合がもたれた。そこでは財政赤字と投資の関係について参加国の知見は深まりをみせたが、やはりここでも対外収支赤字と海外から資金の問題を避けて議論を進めることはできなくなっていた。作業委員会を受けた翌年の「産業・貿易委員会」では、地域の開発資金としては毎年五〇億ドルが必要であるが（日本と大陸中国は除く）、そのうち一〇億ドルが不足しているとの試算をまとめていた[29]。

（3）貿易協力

エカフェの活動のうち貿易については、事務局に、「貿易に関する調査・研究を行なう」、「貿易実務関連の機構について各国政府に助言する」、「貿易・経済に関する情報集約・提供拠点となり、種々の会議を開催する」ためのセクションが設けられた[30]。その後、一九五三年になりアジア諸国から二回目（一回目は一九五一年に開催）の「アジア貿易促進会議」開催の声があがった。四月のマニラでの会議にはエカフェメンバー・非メンバーの政府代表、経済団体代表が参加した。取り上げられたテーマは、マーケティング、規格化、仲裁業務の改善、貿易促進にかかわる人材育成、生産財の供給問題などであった。そして会議は、各国政府に対して為替・関税・輸出入管理の簡素化を求める決議を採択した[31]。

このマニラ会議では、貿易・取引情報を交換するにとどまらず、貿易をめぐるより大きな事項が話し合われた。たとえば、一次産品価格の安定、外貨不足、貿易促進のための特別なバーター協定、アメリカの関税政策、エカフェ諸国と欧州との貿易などがそうであった。そして会議は、域内貿易ならびに決済制度の改善に向けた方策を検討することに合意した。それを受けロカナサンは、「貿易促進会議」の年次開催化および事務局に独立した貿易小委員会を設けることを提案することになった[32]。

一九五四年の「産業・貿易委員会」に向けてロカナサンは「域内貿易・決済」というタイトルのメモを準備した。それは貿易制度、商品情報、通関などの状況に付加して、域内貿易の現状分析と貿易拡大の方策を検討したメモであった[33]。このメモについてインドネシアは域内貿易促進を論じたことを評価したが、マラヤと香港代表はイギリス本国の姿勢に沿うかたちで域内貿易の促進が世界貿易全体に悪影響を与えないように留意しなければならないとした。また地域決済同盟のアイデアについては疑問を隠さなかったし、中継貿易港としての香港・シンガポールの重要性に言及していた。ラオス代表は、自国の貿易においてはアメリカ（錫の主要輸出先）やフランス（生産財の輸入先）との関係が重要であるとし、また通貨フランを利用する多角決済の仕組みを活用していると指摘していた。

表7－2　おもなエカフェ諸国の貿易関係（1955年，四半期平均）
（単位：100万米ドル，上段：輸出額，下段：輸入額）

	総貿易額	対エカフェ・アジア諸国	対エカフェ・スターリングエリア諸国[1)]
日本	502.7	174.3	87.3
	617.9	177.2	74.6
インド	319.1	58.7	31.8
	353.4	59.6	40.0
フィリピン	100.2	16.8	0.7
	136.9	25.5	7.3
マラヤ連邦	112.3	16.0	4.9
	78.1	38.6	8.7
インドネシア	232.8	79.7	54.5
	151.0	47.9	21.4
タイ	90.7	53.8	31.6
	74.7	36.2	17.0
香港	111.1	69.0	20.6
	162.8	91.7	16.2
台湾	30.8	24.4	3.7
	50.2	18.0	1.6
ヴェトナム	17.2	5.6	1.9
	65.8	17.4	2.3
パキスタン	100.2	36.7	16.9
	72.3	15.7	5.5
シンガポール[2)]	227.2	70.6	25.5
	234.0	151.5	31.7
セイロン	101.8	13.7	6.4
	76.7	32.7	22.1
ビルマ	56.7	40.4	21.4
	45.0	21.5	10.6
韓国	4.5	2.3	0.5
	63.6	20.8	9.6
ラオス	0.5	0.5	—
	4.7	2.9	0.2
カンボジア	10.0	4.3	1.4
	11.9	7.5	2.7

注：1）エカフェ・スターリングエリア諸国：ビルマ，セイロン，香港，インド，マラヤ連邦，シンガポール，英領ボルネオ（北ボルネオ・サラワク），パキスタン。
2）マラヤ連邦とシンガポール間の貿易は数字に含まず。
出所：*Economic Survey of Asia and the Far East 1957* より作成。

委員会の年次会議がはじまると、例によってソ連代表は中国の代表権問題を提起したが、それまでとは違ったのは、エカフェの活動において中国大陸の経済をいかに取り扱ってゆくかという話題が取り上げられたことであった。インド代表は、中国本土経済に関する情報は地域すべての国々にとって重要であるから、事務局はそれら情報の収集に努めるべきと指摘した。また、積極的な貿易・援助関係の構築に乗り出そうとするソ連の姿勢がこの会議でみられた。ソ連代表団は、工業設備供与に長期信用をつけることや固定価格での長期輸入契約を結ぶ意欲があることを表明した。
委員会の最終報告は妥協的なものとなった。域内貿易拡大の重要性を指摘すると同時に、それは「域外との貿易をゆがめるような施策」をともなってはならないとされた。アジア諸国にとって域内と域外いずれの貿易が重要か、数量的には簡単に決めることができない状況にあった（表７－２）。それでも、国際貿易に関する問題は予定されているＧＡＴＴ会議で論ずべきとしたイギリスやアメリカなどの主張に抗して、地域諸国は「貿易小委員会」の設置を決議した。

他方、貿易についての議論のなかでアジア各国は、域内貿易促進にとって障害の多くが通貨面にあるとの認識をもつようになっていた。前述したロカナサンのメモは、「エカフェ地域でのより広範な多角決済制度の可能性を模索することを念頭に置きつつ」さまざまな決済制度の特徴を整理していた。ところが、このメモはイギリスの警戒感を呼び起こした。というのは、ポンド・スターリングの交換性回復と国際通貨としての地位を回復する目標を持っていたイギリスにとって、当時でエカフェ域内貿易の半分の決済を担っていたスターリングの役割が否定されかねないとの懸念が生じたのである。イギリス政府の立場としては、「欧州決済同盟」を含め地域決済制度は、スターリングをはじめとする主要通貨の交換性回復がなった暁には解体すべきという立場にあった。

「産業・貿易委員会」では通貨問題について、エカフェ事務局、ＩＭＦ、中央銀行関係者からなる専門家作業部会によって検討を進めることが合意された。そして作業部会が招集されたのだが、スターリングが地域決済において大きな役割を果たしていることを確認しつつ、いくつかの国々が地域決済同盟の創設を前向きに考えていると報告された。ただし地域決済制度を実現するには資金的バックアップが必要で、要はアメリカのドル援助が必要なのであった。「産業・貿易委員会」は作業委員会の報告書を「学術専門的によく検討されたもの」としながら、事務局において問題の検討を続けるべきとした(34)。

四　アジア経済・外交を取り巻く状況変化とエカフェ

（1）一九五五年東京総会

一九五五年に入りイギリス政府はアジア経済開発に関する政策総括を行なった。また、前年八月のインドシナでのフランス敗北という情勢を受けてアイゼンハワー政権は対アジア援助政策の見直しに動き出し、そこでは「大統領基金」創設も議論された。イギリスはこうしたアメリカの議論が、コロンボ・プランとスターリング政策に悪影響を与えることを懸念していた。たとえば一九五四年九月、ＦＡＯ長官ハロルド・スタッセンと蔵相リチャード・バトラーの会談はアジア経済開発を議題としていた。スタッセンは国際通貨問題とアジア開発とを結びつけつつ、ドル援助を後支えにした地域決済構想についてイギリス政府の考えを問うていた。これに対しバトラーは、スターリングが重要な決済機能を果たしていることを強調した。またイギリスには、日本がドル援助を利用しつつ多角決済など地域協力制度の実現に動き、アジアへの経済進出の突破口にするのではないかとの危惧があった[35]。

エカフェについては、イギリス外務省のメモは次のような総括をしていた。ソ連はプロパガンダの場として活用しており、また共産中国が将来的にメンバーになることも想定しうると。そしてそのメモは「エカフェは、地域の『真』の必要やイギリスの地域での利益とは齟齬をきたすような経済・貿易政策を〔各国に〕とらせるところまでになりつつある」と分析し、コロンボ・プランや東南アジア条約機構（ＳＥＡＴＯ）の役割をエカフェが侵食することがないようイギリスは影響力を行使すべきとしていた[36]。

一方、事務局長ロカナサンは、地域開発および協力を促進するべくエカフェが実際的な行動に乗り出す時機にあると考えるようになっていた。彼は一九五五年の第七回東京総会を前に各国政府にメモランダムを送付した。メモは公式のものとはならなかったが、ロカナサンにとってはアジアの経済協力・開発をめぐるイニシアティブがバンドン会議に奪われることへの危機感があったという[37]。まず彼は、もし地域諸国が資源の非効率な利用をやめ、市場規模の限界を乗り超えようというのであれば、開発計画を相互に検討、修正、調整しなければならないと論じた。また政府間協力の項目として、共同の工業投資、財・サービスの共同利用、多角決済システムの導入、貿易協議、国際道路・鉄道網整備、地理調査、河川の国際利用などを挙げた[38]。ロカナサンの提案に対して各国は、自国の開発計画の調整・変更につながるようなものはほとんど拒否したが、「経済開発・計画作業委員会」の設置については合意された。

一九五〇年代半ば、アジアの政治情勢は新たな局面にさしかかりつつあった。その中心的な出来事は、一九五四年ジュネーヴ会議への共産中国の登場が象徴した東側の攻勢であろう。しかし同時に、アジア諸国を取り巻く経済状況にも新たな局面がもたらされようとしており、エカフェの動きにもそのことは反映されたのである。ひとつには、冷戦がアジアの経済関係に入り込んできたことであった。中国モデルの宣伝や国家主導・管理の工業生産の利点にひきつけられる政治指導者もみられるようになった。これを前にした西側諸国にとって、高まるアジア諸国の開発資金要求は無視できない圧力となった。アイゼンハワー政権のアジア政策見直しは短期的には経済・援助政策の大きな動きにはつながらなかったが、日本をはじめいくつかの国はアメリカの政策転換がより積極的な地域協力関係をつくりだす契機になると考えはじめた。

もうひとつは、アジア諸国にとって開発をめぐる世界経済環境が厳しくなりはじめたことであった。なかでもインドの対外収支悪化は、その第二次五か年計画が過大と思わせるほどになっていた。一次産品価格の下落と交易条件の悪化が進行し、また西側諸国への輸出は競争が激しくなるうえに、輸入制限も課せられ頭打ちに陥っていた。そして一九五〇年代半ばになると、西側諸国はインフレ抑制のため内外ともに投資を絞る動きを示していた。かかる世界経済情勢に対応を迫られるなかで、エカフェでも地域経済協力の議論が活発化するのであった。西欧の経済協力がこうした機運をもたらしたことは間違いないが、皮肉なことに欧州経済共同体（ＥＥＣ）発足は、ヨーロッパ諸国の貿易・投資の流れをいっそう変化させることでアジア経済が直面しつつあった困難を強めると認識されていたのである。

(2) 一九六〇年バンコク総会「地域協力」決議

以下では、一九五〇年代末から一九六〇年代初頭にかけてアジアを取り巻いた経済および外交状況が変化するなかでのエカフェの展開ならびにメンバー諸国の政策について、地域経済協力をめぐる議論に着目しながら検討したい。

一九五五年の東京総会では、自国の経済開発政策の調整や修正に応じる国はなかったとはいえ、その後、貿易や工業化における地域協力への関心が衰えることはなかった。それを反映して「貿易小委員会」は一九五七年になって常設委員会へと昇格した[39]。ただしその決定を詳しくみると、それは先進国と発展途上国との経済関係の変化、とりわけ欧州経済統合への懸念が背景のひとつにある決定といえた[40]。

こうしたなかアジア諸国との貿易関係強化を模索する日本の岸内閣は、貿易促進に向けたエカフェ年次会議の開催を提案した。そして一九五九年一月に第一回目の「域内貿易促進会議」が開催された。さらに同年の総会で、カンボジア、セイロン、日本、インドネシアは、工業化計画の相互情報提供の仕組みが必要との考えを表明した。ヴェトナム代表は、開発計画の共同策定とまではいかなくとも調整が重要と述べるに至っていた。いくつかの国は、市場規模が工業化のネックになっていることを感じていたのである[41]。

一九六〇年三月、バンコク総会では「貿易・工業発展のための地域経済協力」決議が採択された。決議は、「とくに農業、工業、運輸、貿易分野において、経済・社会発展のための地域協力を促進する具体的方策やアイデアを検討する」よう事務局長に求め、メンバー諸国に対しては「経済開発を促す手段として」地域協力を模索し、「域内貿易拡大の方策」を立案するよう促すものであった。決議案は、インドとともにビルマ、インドネシア、日本、ネパール、パキスタン、フィリピン、タイが共同提案国となり、カンボジア、イラン、ソ連が賛成した[42]。

しかし、決議を受けた事務局による検討は強い支持を得ることにはならなかった[43]。貿易協力については、関税同盟や経済連合に乗り出す前に、まずもって地域の経済状況の多面的・包括的調査が必要で、現実的な協力策を模索すべきとの声が上がった。政治・経済環境がかりによかったとしても、経済統合は実現困難という意見が相ついだ。かたや多くの国が資金・技術援助のみならず生産財供給を域外に頼っていたため、域外諸国との貿易関係の維持は重要な政策課題であり続けていた。またアジア諸国間で工業化の程度と速度に相当な開きがあることが実感されはじめ、野心的な統合構想の余地を狭めていた。「貿易委員会」は経済計画コーディネートおよび共同工業プロジェクトは域内貿易拡大の起爆剤になるとしたが、自国の経済開発プランを犠牲にして他国と経済・開発政策の調整を行ない、地域の分業化を進めようとする国はなかった。「貿易委員会」の結論は、「地域プロジェクトとは、各国の活動に覆いかぶさるのではなく、補完するものである」というものであった。

また一九六〇年代初頭、日本とインドの外交的、経済的ポジションが変化していたことが、地域協力議論の方向性を左右する要因のひとつとなっていた。一九五〇年代末からインドは、自らの対外収支危機への対応と援助確保に追われていた。たとえば一九五三年のエカフェ総会でインド代表は、開発を取り巻く世界経済情勢、経済開発での地域協力、さらにはインドによる地域諸国への援助・支援にその演説の四割ほどを割いていた。しかし一九五九年総会になると、代表演説のほとんどが自国の対外収支危機に関する内容となっていた。一方、日本はこの時期、エカフェでの地域協力議論に積極的に関わろうとしたといえるが、一九六一年発足の経済協力開発機構（ＯＥＣＤ）に加盟したように、先進国としての立場から議論に関与する姿勢が強まりつつあった。

バンコク決議は、世界経済情勢の変化に対するアジア諸国の懸念を反映したものであったことに注目すべきであろう。決議には次のような文言があった。「われわれの主要輸出産品は量・価格ともに大きな変動にさらされている」、「大戦終結以来、工業国が享受してきた経済成長・安定といった大きな進歩は地域諸国の輸出改善を伴っておらず」、「開発に必要なコストと輸出収入とのギャップは拡大する一方である」と。そして、地域協力への関心を呼び起こした欧州経済統合の進展自体がアジア諸国にとって懸念材料であった。「欧州の地域協力・統合は、エカフェ地域の国々が経済発展を加速させようとしているそのときに進行している」とし、とりわけ途上国の輸出に悪影響を与えないか、西欧経済統合の行方を注視していた。この時期エカフェでは、多くの委員会でＥＥＣや欧州自由貿易連合（ＥＦＴＡ）が議題とされ、イギリスやフランスなど欧州メンバーはアジア諸国からの批判や疑問にこたえなければならなかった。

エカフェでの地域経済協力への関心の背景には、世界経済構造の変化、具体的にいうならばＥＥＣ発足がひとつ象徴したといえる工業国と途上国の格差拡大で開発環境が厳しくなる状況を克服したいとの意識があったわけだが、アジア諸国が直面していたこうした経済問題の多くは、先進国を巻き込んだ枠組みでなければ克服が難しかった。「貿易委員会」も、「アジアにおける経済進歩の実現は、地域外のより発展した国々に相当依存する」ことを認めざるをえなかったのである。

アメリカの開発に対する関心は、冷戦の主戦場が第三世界に移りつつあるなかで高まっていた。ジョン・Ｆ・ケネディの国連総会演説（一九六一年）は「国連開発の十年」の起点になるものであった。しかし国際通貨システムが不安定さを増し、またアメリカ自身の対外収支赤字が危惧されはじめたなかで、開発資金問題はＩＭＦ、Ｇ10、世界銀行、国際開発協会（ＩＤＡ）、ＯＥＣＤの開発援助委員会（ＤＡＣ）といった枠組みで取り上げられるようになった。またそこには、ドル危機が忍び寄るなかで、西ドイツの外貨黒字を還流させようといったアメリカの国際通貨政策の考慮も働いていた。当初、アメリカ代表はバンコク決議に難色を示し、修正を求めた（イギリス、韓国が同調した）。決議案は一次産品価格の安定を強調しすぎており、また援助の必要を過剰に強調し、アジアへの援助資金配分も過大な要求であると批判したのである。また援助資金問題はＩＭＦなどで、一次産品価格や先進国の貿易開放などの通商問題についてはＧＡＴＴで論ずべきとしたのであった。結果、決議案は修正され、「地域協力のあるべきパターンはＧＡＴＴの原則と調和的」なものとし、地域諸国に対しては「海外と国内双方の資金を動員するためにより大きな努力を払う」ことを求めるものとなった。[44]

イギリスやフランスの「帝国の終焉」が明らかになろうとするなかで、植民地あるいは新しい独立国の経済開発に

（旧）宗主国が第一義的に関与する状況は変化していた。いわゆる南北格差の広がりや冷戦の第三世界への拡大といった流れのなかで、発展途上国への援助問題は西側諸国全体としての課題にされようとしていた。そして開発を左右する国際援助や国際貿易・通貨制度をめぐる議論は西側先進国が主導するものであった。それに対して一九六〇年代が進むと途上国は、国連貿易開発会議（ＵＮＣＴＡＤ）を中心舞台に「南北問題」によるアプローチで、自らの経済開発が直面する世界経済構造の壁を打ち破ろうとするのであった。

一方、エカフェは「南北問題」アプローチに固執せずに、経済開発（とその障害）をめぐるどちらかというとより個別具体的な事柄が論じられる場であり続けたといえるかもしれない。こうしたなかでたとえば一九六三年の『アジア・極東経済年報』では、各国が得意とする軽工業を重視し、また外資を呼び込み、比較優位を踏まえた輸出志向で工業生産を発展させる可能性が、市場規模の限界を抱えた香港を事例に論じられた。当時、主流であった開発論ともいえる輸入代替工業化や「投資・資本ギャップモデル」にかわる経済発展路線を予感させるようなテーマが、一九六〇年代に入ってエカフェの報告書で取り上げられたことは注目に価しよう(45)。

地域協力構想のその後であるが、「アジア経済計画担当者会議」などで地域協力を模索する動きが重ねられたが、見るべき進展はなかった。一九六二年の東京総会において欧州経済協力機構（ＯＥＥＣ）のアジア版ともいえる「ＯＡＥＣ構想」が提起されるとの期待も裏切られた(46)。結局エカフェでの地域協力をめぐる議論は、包括的な経済調整や統合構想というのではなく、アジア開発銀行（ＡＤＢ）へとつながる資金援助問題、船舶運賃の問題、貿易手続きの簡素化や関税引き下げなどよりテーマを絞って論じられることとなった。そしてアジアという枠組み自体、東南アジアと南アジアとの分離が顕著になっていった。一九六五年四月、ジョン・ホプキンス大学での講演でアメリカのジョンソン大統領は一〇億ドル規模のアジア援助供与について言及したが、ターゲットとしたのはビルマ以東であった。このジョンソン演説が日本政府の提唱した「東南アジア開発閣僚会議」につながったことは、よく知られているとおりである。また一九六五年はヴェトナム戦争がエスカレートした年であった。インドネシアとマレーシアとの緊張もあわせて言及しなければならないが、「アメリカのヴェトナム介入によって引き起こされた地域の緊張を緩和するために」東南アジア諸国がアセアン創設に向って動き出すのは一九六七年のことであった。(47)

五　戦後アジア諸国の国家建設とエカフェ

最後にまとめにかえて、大戦後アジアにおける経済開発・援助史とそこにつながる国際関係史の関心でもってみたときのエカフェの展開、ならびに各国の関与のありようをめぐって、コロンボ・プランとの関係にも言及しつつ五点ほど確認したい。

第一点であるが、イギリスを筆頭にコロンボ・プラン加盟国では当初、エカフェがコロンボ・プランの活動を浸食することへの警戒が強かった。しかし一九五三年以降、総会や各種会議に互いにオブザーバーを派遣し、また情報交換や調査研究の相互利用など両者は関係を深めた。時間が経るに従って、コロンボ・プラン諸国からはエカフェが作成する統計や報告書の質の高さを評価する声が上がるようにもなった。一九六〇年代に入るころには、エカフェの活動が「国連水準」にもとづいていることで各国から信頼を受けていることや、またコロンボ・プランを通した援助よりもエカフェを通すほうがイギリスの貢献を世界に知らしめるには効果的であると指摘する、イギリス外務省のメモが登場するほどであった。エカフェは開発資金を持たず、プロジェクトの執行に関与することは限られていたが、調査・研究、情報交換・提供など着実にその活動は拡大を続け、国際協力の素地を広げていた。本章では検討できなかったが一九五七年に創設された流域四カ国からなる通称「メコン委員会」(Committee for Coordination of Investigation of the Lower Mekong Basin) の設置は、それまでのエカフェにおける灌漑や水力利用に関する調査活動の蓄積を基にしたものであった。一九六〇年代に入って「メコン委員会」とエカフェは、ダム建設や灌漑など開発プロジェクトの実行や資金援助の調整において実際的役割をみせるのであった[48]。

二点目である。コロンボ・プランは、非共産諸国の組織としてつくられ（多分にコモンウェルスの機構としてスタートしたが）、資本援助、技術援助の実行が協議される場であった（実際の援助は二国間方式であったとしても）。対するエカフェは新しく独立した国々が対等な立場で会する初めての地域機構として「アジア諸国の議会」（'Parliament of Asia'）と呼ばれたが、とくに発足からしばらくは、冷戦対立に覆われたことはいうまでもなく、各国の外交がせめぎ合う場となった。中国の代表権、ソ連の発展途上国への経済攻勢やこれに対応するアメリカの第三世界への関心、日本の国際社会復帰、新規独立国の外交的地位の確立、英仏植民地の取り扱い、インドのアジアでのリーダーシップとこれへの反発といった問題が浮き彫りになる場となったのである。また世界経済の動向といった大きなテーマになると、議論は政治・外交的色彩を帯びる傾向があった。他方、アジアの国々にとりエカフェのメンバーシップは、自国の外交的地位を支えるように思われたのも確かであった。多くの国にとってエカフェの会議を主催することは国際社会での存在感を示し、国内的にも政府の威信を高めるものと考えられた。日本政府はエカフェ加盟を、国際舞台への復帰に向けたひとつの足がかりと考えていた。オーストラリアは域外メンバーとしてエカフェに加わったが、一九六三年にはニュージーランドとともに域内メンバーになった。そこではオーストラリアの外交的、経済的ポジションの変化に対する政府の認識があったといえよう[49]。

第三点目として指摘したいのは、エカフェの展開にあって、他の国連地域委員会と異なりイギリスやアメリカ、ソ連といった域外諸国の存在が実質的な影響を持ったということである。そして、エカフェでのイギリスのプレゼンスとそのあり方の変化は、一九五〇年代アジアにおける政治・経済情勢の展開を一面で物語った。イギリスは、マラヤなど植民地代表を利用しながら、自らの経済再建方針や国際経済政策を主張しながらエカフェの活動に関与した。しかし一九五〇年代半ばになるとイギリスは、一方では植民地支配国としての経済力および援助能力の限界を感じ、もう一方でそれと反比例するかのように、共産圏のイデオロギー・経済攻勢、日本の経済的復活の動き、そしてアメリカの援助や地域への関心の強まりといったものが地域情勢を形成するより大きなファクターとなっていることを認識するようになった。そして、イギリスのエカフェへの関与はより形式的なものへと移っていった。

四点目であるが、エカフェは資金援助や開発プロジェクトなどにおいて決定・執行機能を有さなかったが、その代わりにアジア諸国が世界経済あるいは地域経済にいかに参画して自国の経済建設・開発を進めるのか、とくに援助・資本、開発戦略、近隣との経済関係、国際経済システムへの参画といった基本的問題をいかに考えていたのか、その考え方の変遷を含めてエカフェの活動と各国の関与のあり方から読み取ることができるのであった。アジア諸国の開発政策において中心的課題とされたのは、少なくとも一九六〇年代半ばまでは、「投資・資本ギャップ」と「対外収支ギャップ」をいかに埋め、生産および投資を拡大するかにあった。ただしエカフェの報告書が、「一般的にエカフェ諸国では、インフレを生じさせずに望ましい水準の投資を実行するには国内資本は不足している。海外からの資本流入が欠かせないのである……〔また〕機械やその他の必要な財は輸入に依存しており、海外資金を必要としているのである」と指摘したように、経済建設が一国主義的な路線にもとづいていたとしても、それは世界経済環境に大きく左右されることをアジア諸国は認識せざるをえなかったのである。[50] それゆえにエカフェでは、貿易、通貨や援助問題と各国の経済開発政策とのしばしば緊張をはらんだ関係が論じられる主要テーマとなったのである。

最後に五点目として、エカフェでみられた地域経済協力への関心を検討したことで、一九五〇年代末から一九六〇年代初頭にかけてアジア諸国を取り巻いた経済・開発援助情勢ならびに、政治・外交状況について確認できることを述べておく。地域協力への関心は、先進国と途上国との格差拡大という世界経済の変化を敏感に反映したものであった。エカフェでも高まりをみせた欧州経済統合への関心もその表われであった。また一九六〇年代に入るころから、冷戦情勢も作用したのであるが、国際援助や開発問題は西側先進国全体としての課題とされ、また国際貿易・通貨制度といった世界経済構造に関わる問題に結びつけて議論されはじめた。この時期の世界経済・政治の全体的状況の変化、それを受けた援助パラダイムの転換は、エカフェの活動（その限界）や関係国の動向に反映されたといえよう。

本章で取り扱った一九四七年の発足から一九六〇年代初頭までのエカフェとは、政治的独立、アイデンティティ確立とともに、経済的自立を達成しようとする地域諸国が集まる場であったということになる。しかしそのエカフェの展開においては、植民地経済関係を清算する複雑なプロセス、地域外メンバーの存在、冷戦のイデオロギーや経済競争によって国連のほかの地域経済委員会とは異なる様相がもたらされたのである。

注記

（1） David Wightman, *Toward Economic Cooperation in Asia: The United Nations Economic Commission for Asia and the Far East* (New Heaven and London: Yale University Press, 1963); Lalita Prasad Singh, *The Politics of Economic Cooperation in Asia: A Study of Asian International Organizations* (Columbia: University of Missouri Press: 1966). 新しくは、Leelananda de Silva, 'From ECAFE to ESCAP: Pioneering a Regional Perspective', in Yves Berthelot, ed., *Unity and Diversity in Development Ideas: Perspective from the UN Regional Commissions* (Bloomington and Indianapolis: Indiana University Press, 2004) が出版された。またエカフェ／エスカップが編纂した冊子も参照できる (ECAFE, *ECAFE: Twenty Years of Progress*, 1967; ESCAP, *The First Parliament of Asia: Sixty Years of the Economic and Social Commission for Asia and the Pacific*, 2007)。日本とオーストラリアのエカフェに対する政策については、大庭三枝『アジア太平洋地域形成への道程——境界国家日豪のアイデンティティ模索と地域主義』(ミネルヴァ書房、二〇〇四年) を参照。また日本のエカフェ政策については、保城広至『アジア地域主義外交の行方、1952–1966』(木鐸社、二〇〇八年) にも多くの記述がある。

（2） 本章ではエカフェの報告書や議事録を利用するとともに、イギリスの政府文書を活用する。理由は、とりわけ一九五〇年代末まではイギリス政府文書にはエカフェについて豊富な情報、分析を見いだすことができるからであるが、同時に本文で述べたようにイギリスの動向がエカフェの展開に一定程度、影響をもったことも理由のひとつである。

（3） ロカナサンの後は、一九五六年からC・V・ナラシマン、一九五九年以降はウ・ニュンが事務局長に就任。

（4） TNA, CAB134/418, IOC(48)(FE)1, Report by the UK Representative on the 2nd Session of ECAFE, Cabinet Steering Committee on International Organisations, the Working Party on ECAFE, 9 January 1948.

（5） アジア諸国のなかには、日本の工業生産力を経済開発のため積極的に活用すべきという考えもみられた (Singh, *Politics Economic Cooperation*, pp. 118–119)。日本のエカフェ加盟については、Oba Mie, 'Japan's Entry into ECAFE', in Iokibe Makoto, Caroline Rose, Tomaru Junko and John Weste, eds., *Japanese Diplomacy in the 1950s: From Isolation to Integration*（Abingdon: Routledge, 2008）を参照。

（6）一九四七〜四九年のエカフェの活動の詳細は、*ECAFE Annual Report to the Economic and Social Council*（*1st and 2nd Session*）; *Report of the 3rd Session of ECAFE*; *Interim Report of the 4th Session*.

（7）TNA, CAB134/418, IOC（FE）（48）6, Meeting of the Working Party on ECAFE, 6 November 1948. エカフェについてのイギリスとアメリカ政府での協議については、Memorandum of Conversation by the Director of the Office of Far Eastern Affairs（Butterworth）, 12 September 1949, *Foreign Relations of the United States 1949*（以下 *FRUS* と略す）, Vol. VII, pt. 2（Washington, D.C.: USGPO, 1976）, pp. 1199–1200; Telegram from the Ambassador in Thailand to the Secretary of State, 27 February 1950 and Telegram from the Ambassador in Australia to the Secretary of State, 24 March 1950, *FRUS 1950,* Vol. VI（Washington, D.C.: USGPO, 1976）, pp. 30, 66 を参照。

（8）E/CN.11/AC.11/8, 'Establishment of a Committee on Industry and Trade', Resolution adopted on 5 April 1949'（the Committee of the Whole）,（E/CN.11/ . . . はエカフェもしくはその下部組織の文書を示す）; TNA, CAB134/219, IOC（FE）（49）1, Note by the Foreign Office, 19 January 1949; TNA, CAB134/219, IOC（FE）（49）2, Record of a Meeting of the Working Party on ECAFE, 24 January 1949; TNA, CAB134/219, IOC（FE）（49）3, Draft Brief for the UK Representatives on the Committee of the Whole, 16 March 1949.

（9）Wightman, *Toward Economic Cooperation*, pp. 47–48; Singh, *Politics Economic Cooperation*, pp. 58–60.

（10）日本銀行（調査局）「アジア・マーシャル・プランを促進すべきＥＣＡＦＥの役割」（一九四九年一二月一六日）、日本銀行調査局編『日本銀行調査資料』（日本金融史資料第一三巻）、一九八三年、五七〇〜五七二頁。

（11）TNA, CAB134/197, ED（SA）（50）48, Documents for use by the UK Delegation to the Sydney Conference, 29 April 1950.

（12）*Report of the Economic Commission for Asia and the Far East*（*7th Session*）*to the Economic and Social Council, 1951*（以下、*ECAFE Annual Report, 1951* のように表記）.

（13）TNA, CAB134/421, IOC（FE）（51）2, Draft Brief for the UK Delegation to the Seventh Session of ECAFE, 2 February 1951; TNA, CAB134/421, IOC（FE）（51）4, Report by the Leader of the UK Delegation, 9 April 1951; TNA, CBA134/201, ED（SA）（51）51, 'The Work of the Economic Commission for Asia and the Far East', Note by the Foreign Office, 10 April 1951.

（14）TNA, CAB134/866, ED（SA）（52）1, Brief for Lord Reading on ECAFE and the Colombo Plan, Note by the Foreign Office, 19 January 1952.

（15）E/CN.11/262, Report of the Ad Hoc Committee of Experts on Inland Transport, 10 November 1950; E/CN.11/SR.89, 'ECAFE 7th Session held in Lahore, Summary Record of 80th meeting（1 March 1951）'.

（16）TNA, CAB134/969, IOC（FE）（52）19, 'Report of the Inland Transport Committee', Draft Brief by the Ministry of Transport, 8 January 1952;

TNA, CAB134/969, IOC(FE)(52)35, Report of the UK Representative, 5 February 1952; Wightman, *Toward Economic Cooperation*, pp. 207–208. 事務局では、路線建設・維持方法の改善、信号制御訓練センターの創設、地域向けディーゼル機関車・車両の形式調査を開始することになった。

(17) E/CN.11/TRANS/Sub.1/37, ‘Railway Training Centre’, Progress Report by the Executive Secretary, 25 August 1954.

(18) E/CN.11/TRANS/Sub.1/23, Report of the 1st Railway Sub-Committee, 19 January 1953; E/CN.11/TRANS/Sub.1/35, Report of the 2nd Railway Sub-Committee, 18 November 1953. 独立後インドの鉄道近代化政策のうち、とりわけ機関車製造の国有化戦略と海外からの援助問題については、渡辺昭一「イギリス統治の終焉とインド鉄道システムの自立化」渡辺昭一編『帝国の終焉とアメリカ――アジア国際秩序の再編』(山川出版社、二〇〇六年)参照。

(19) TNA, CAB134/971, IOC(FE)(54)34, ‘ECAFE Inland Transport Committee, Railways Sub-Committee 3rd Session’, Report of UK Delegate, 12 November 1954; E/CN.11/TRANS/Sub.1/44, Report of the 3rd Railway Sub-Committee, 18 November 1954; TNA, CAB134/972, IOC(FE)(55)17, ‘4th Session of Inland Transport Committee of ECAFE’, Report of UK Delegate, 22 February 1955.

(20) 一九五八年、ラホールのセンターはパキスタン政府に移管されたが、コロンボ・プランやその他の政府間取り決めで訓練生受け入れは継続した。

(21) E/CN.11/TRANS/141, Report of the Inland Transport Committee to the Commission, 28 December 1959; *ECAFE Annual Report 1960*, p. 12.

(22) E/CN.11/TRANS/Sub.1/L.10, ‘Research Facilities in the ECAFE Region’, 25 August 1959; Wightman, *Toward Economic Cooperation*, pp. 213–214.

(23) E/CN.11/TRANS/Sub.1/L.7, ‘Diesel Locomotives (Final Report by Expert Group)’, Report by the Secretariat, 9 October 1957.

(24) E/CN.11/AC.11/1, ‘Financial Institutions’, Resolution adopted on 5 April 1949’ (the Committee of the Whole).

(25) TNA, CAB134/969, IOC(FE)(52)41, ‘Mobilising of Domestic Capital: Second Meeting’, Report by the UK Delegate, 9 October 1952.

(26) TNA, CAB134/970, IOC(FE)(53)58, ‘ECAFE Working Party on Financing Economic Development’, Brief for J. Grieve Smith, 21 August 1953; TNA, CAB134/970, IOC(FE)(53)60, ‘ECAFE Working Party on Financing Economic Development’, Report by the UK Representative, 22 September 1953.

(27) E/CN.11/I&T/101, ‘Official Records, 6th Session, 26 January-5 February’, 13 May 1954.

(28) E/CN.11/I&T/100, Report of the Committee on Industry and Trade (6th Session), 4 February 1954.

(29) *ECAFE Annual Report 1955*, p. 24.

(30) ECAFE, *ECAFE: Twenty Years of Progress*, p. 28.

(31) TNA, CAB134/970, IOC(FE)(53)48, 'ECAFE 2nd Trade Promotion Conference, Manila', 26 March 1953; E/CN.11/I&T/84, 'Report of the second ECAFE Conference on Trade Promotion', 23 March 1953.

(32) E/CN.11/I&T/84, 'Report of the second ECAFE Conference on Trade Promotion', 23 March 1953; E/CN.11/I&T/93, 'Activities Relating to Trade Promotion', Report by the Executive Secretary, 19 October 1953; 'Organizational Arrangements for Future Consideration of Trade Activities by the Committee on Industry and Trade', Note by the Executive Secretary, 13 November 1953, E/CN.11/I&T/98; TNA, CAB134/971, IOC (FE)(54)3, 'Committee on Industry and Trade 6th Session, Item 11 Report of the Second ECAFE Conference on Trade Promotion', Draft Brief for the UK Delegation, 4 January 1954; TNA, CAB134/971, IOC(FE)(54)4, 'Committee on Industry and Trade 6th Session, Item 12 Secretariat Trade Promotion Activities', Draft Brief for the UK Delegation, 15 January 1954.

(33) E/CN.11/I&T/92, 'Intra-Regional Trade and Payments', Note by the Executive Secretary, 12 October 1953; E/CN.11/I&T/100, Report of the Committee on Industry and Trade (6th Session), 4 February 1954; E/CN.11/I&T/101, 'Official Records, 6th Session, 26 January-5 February', 13 May 1954; TNA, CAB134/971, IOC(FE)(54)6, 'Committee on Industry and Trade, 6th Session, Item 14 Intra-regional Trade and Payments', 13 January 1954.

(34) TNA, CAB134/972, IOC(FE)(55)16 (Revise), 'ECAFE Committee on Industry and Trade, Item 15: Report of the Working Group of Experts on Payments Problems of the ECAFE Region', Draft Brief by the Treasury, 24 February 1955; E/CN.11/I&T/112, 'Problems of the ECAFE Region', Report of the Working Party of Experts on Payments to the Committee on Industry and Trade.

(35) TNA, CAB134/868, ED(SA)(54)32, 'Discussions in Washington on United States Aid', 13 October 1954.

(36) TNA, CAB134/972, IOC(FE)(55)3, '11th Session of ECAFE', Note by the Foreign Office, 26 January 1955; TNA, CAB134/972, IOC(FE)(55)4, 'UK Participation in the ECAFE', Note by the Foreign Office, 31 January 1955; TNA, CAB134/972, IOC(FE)(55)27, '11th Session of ECAFE, Economic Co-operation among Countries in Asia and the Far East through ECAFE', Draft Brief by the Foreign Office, 7 March 1955.

(37) Wightman, *Toward Economic Cooperation*, p. 292.

(38) TNA, CAB134/972, IOC(FE)(55)27, '11th Session of ECAFE: Economic Co-operation among Countries in Asia and the Far East through ECAFE', Draft Brief by the Foreign Office, 7 March 1955; E/CN.11/408, 'Official Records, 11th Session, 28 March-7 April', 24 May 1955; *ECAFE Annual Report 1955*; Wightman, *Toward Economic Cooperation*, pp. 103–106, 292–293; Singh, *Politics Economic Cooperation*, pp. 144–147.

（39）「産業・貿易委員会」は、「貿易委員会」と「産業・資源委員会」へと分割された。
（40）一九五七年の『アジア・極東経済年報』はヨーロッパ経済統合を特集テーマとした。
（41）E/CN.11/TRADE/6, ‘Committee on Trade, Summary Records, 2nd Session（23 January-2 February 1959）’, 13 May 1959; E/CN.11/SR.201–213, ‘ECAFE 15th Session, Summary Record（9–19 March 1959）’; Singh, *Politics Economic Cooperation*, pp. 148–149.
（42）‘Regional economic co-operation for development of trade and industries’, in *ECAFE Annual Report 1960*.
（43）以下四段落の記述は、次の資料におもにもとづく。E/CN.11/TRADE/11, Report of the Committee on Trade（4th Session）, 3 February 1961; E/CN.11/I&NR/31, Report of the Committee in Industry and Natural Resources（13th Session）, 16 February 1961; E/CN.11/L.95, ‘Regional Co-operation: Interim Report by the Executive Secretary’, 31 January 1961; *ECAFE Annual Report 1960*; *ECAFE Annual Report 1961*.
（44）E/CN.11/SR.214–231, ‘ECAFE 16th Session, Summary Record（9–21 March 1960）’; E/CN.11/525, Draft Resolution on Economic Co-operation in Asia, 14 March 1960; E/CN.11/526, Communication from the US on Resolution, 14 March 1960; E/CN.11/528 Rev.1, Resolution on Regional Economic Co-operation for Development of Trade and Industries, 21 March 1960.
（45）‘Import Substitution and Export Diversification’, *Economic Survey of 1963*.
（46）一九六二年東京総会については、保城『アジア地域主義外交の行方』、第五章参照。
（47）Marc Frey, Ronald W. Prussen and Tan Tai Yong, eds., *The Transformation of Southeast Asia: International Perspectives on Decolonization*（Singapore: Singapore University Press, 2004）, Introduction.
（48）Ly Thim, *Planning the Lower Mekong Basin: Social Intervention of the Se San River*（Berlin: Lit, 2010）, ch. 3.
（49）大庭『アジア・太平洋地域形成』、第二章。
（50）‘Findings of the Working Party on Economic Development and Planning（7th session）’, *Economic Bulletin for Asia and the Far East*, vol. 8, no. 3（1962）.

第8章　アメリカの冷戦政策と一九五〇年代アジアにおける地域協力の模索

菅　英輝

一　コロンボ・プランに対するワシントンの初期対応

(1) 加盟に慎重なワシントン

一九五〇年代後半の東アジア国際関係は三つの主要な力学が交錯する場であった。第一はアジア冷戦の激化とモスクワ・北京に対するアメリカの「封じ込め」政策の強化である。第二は、アジア諸国のあいだで強まる脱植民地化と自立化の運動である。第三は、コロンボ・プランから「コモンウェルス色」を薄めようとするアメリカの試みである。最後の点は、イギリス帝国下の「旧秩序」に代わり、より「リベラル」な線に沿ってアジアの秩序を再編しようとするアメリカの戦後ビジョンの一環だとみなすことができよう。本章は冷戦、脱植民地化、アジア秩序の再編の脈絡のなかでコロンボ・プランに対するアメリカの政策を検討するものである。

一九五〇年代初めに国務省内で作成された複数の文書によると、コロンボ・プランへのワシントンの初期対応は、「あいまい」、「むしろ控えめ」、「慎重」と記述されている。[1] アメリカ政府は当初、この組織に対して、なぜ様子見の姿勢をとったのだろうか。

先行研究では、消極的姿勢の背後には、イギリス主導のこの組織が、日本の東南アジア進出を排除する狙いを有している、とワシントンが懸念したからだと説明されている[2]。しかし、そうした懸念が、トルーマン政権の消極姿勢の主たる要因だったことを示す証拠は見当たらない。一九五〇年三月一一日、P・ジェサップ米特使はロンドンで、イギリス外務省の担当者と会談した。その際、ロンドン駐在米公使J・C・ホームズは「通商国家としての日本の立場に十分な配慮がなされているかどうか」の確認を求め、「かりに市場ならびに食糧供給地としての東南アジアを日本に対して閉ざすということがなされれば、日本は支援を求めて他の地域を探さざるをえなくなる」と述べ、日本の中立化や共産主義中国への接近の可能性に懸念を示した。これに対して、イギリス外務省の極東担当次官E・デニングは、競争は「公平で政府による財政的補助をともなわない」ものでなければならないとしながらも、「産業分野での日本との新たな競争は受け入れなければならない」ことは認識されていると返答した。問題はイギリスの対応というよりも、反日感情がいまだかなり根強いマラヤ、オーストラリア、ニュージーランド、フィリピンだという認識であった。ジェサップとデニングは双方とも、「オーストラリアでは今後しばらくのあいだ、反日感情は政治的なフットボールになる」という点では意見の一致を見た[3]。

一九五〇年三月九日、オーストラリア外相P・スペンダーは下院で初の外交演説を行ない、コロンボ・プランへのアメリカの参加を要請した。その四日後、外務省のJ・W・バートン局長が、在豪米大使館を訪れ、来る五月にシドニーで開催されるコモンウェルス諮問会議にオブザーバーとして参加するようアメリカ政府に要請した。しかしながら、国務省は会議不参加国と諮問会議参加国による「誤解」を生む可能性を怖れてこの要請を断った[4]。

国務省が最も避けたかった「誤解」とは、コロンボ・プラン予備会議へのアメリカの参加が、期待されている「外部からの資金援助見積もり」への支持を意味すると受け取られることであった。トルーマン政権の政策形成者たちは、イギリス政府が必要な資金を供給できないことを認識していた。このため、コロンボ・プランへのワシントンの参加が、必要とされる援助総額とアメリカ以外から得られる実際の資金額との差額を埋めるものだと解釈されないようにするため慎重な対応が求められていた。

トルーマン政権は、なかでもインドとの関連で、イギリス政府がスターリング・バランス問題を緩和する方法として、ワシントンのコロンボ・プランへの参加を期待している、との疑念を持っていた。戦争終結後四年が経過した時点でインドのスターリング・バランスは依然として六億三〇〇〇万ポンドもあり、これはイギリス本国が保有する金とドルの準備金からの純流出額のおよそ三分の一を占めていた[5]。マーシャル・プランの開始以来、この援助のお陰で、イギリスはスターリング・バランスに対する引き出し額の水準をかろうじて維持してきた。しかしマーシャル・プランは一九五二年に終了することになっており、イギリス政府としては、南アジアと東南アジアの開発のためには、新たな資金をアメリカから拠出してもらう必要に迫られていた。イギリスの狙いは、この地域の経済発展によって、イギリスの準備金に対する増大する圧力を緩和することにあったが、スターリング・バランス問題の満足すべき解決のためには、アメリカのコロンボ・プランへの参加は不可欠だと考えられた。

一九五〇年三月のデニング＝ジェサップ会談は、トルーマン政権内でそうした疑念を呼び起こすものであった。会談において、デニングは、コロンボ・プランが「目下ワシントンで協議中のスターリング・バランス問題」と密接に関連していると示唆した。彼はまた、来るシドニー会議の結果、ワシントンは「途方もない請求書」を提示される可能性のあることを認めた[6]。その結果、D・アチソン国務長官は五月初め、ワシントン駐在英大使館のL・ローワンと会談した際に、スターリング・バランス問題は基本的にイギリスとスターリング・バランス保有国との取り決めであり、イギリス政府はスターリング・バランスに関連して、ワシントンが南アジアと東南アジアにおいて何ができるのかといったことを考えるべきではない、と釘をさした[7]。一方、カナダ政府が、コロンボ・プランに対するワシントンの反応を探るために接触をした際には、アメリカ政府は南アジアへの援助に関する最善の方法について彼らの助言を求めた。そのさい、アメリカ側は、イギリスはじめスターリング・ブロック諸国からの意見は、「スターリング・バランス問題への彼らの直接的な利害」ゆえにうさんくさいと語った[8]。

（2）「コモンウェルス色」を薄めたいワシントン

トルーマン政権がコロンボ・プランへの加盟に当初消極的だったもうひとつの理由は、同計画がイギリス主導であり、開発プログラムも主として、コモンウェルス諸国向けであったことによる。国務省の役人の表現を借りるならば、ワシントンは「東南アジアで排他的なアメリカ＝コモンウェルス諸国クラブが形成されつつある」との印象を与えるのを避けたかった(9)。ワシントンの政策形成者たちは、コロンボ・プランから「コモンウェルス色」を薄める必要があると考えていた。裏を返せば、コモンウェルス諸国以外の国々の参加が増えれば、コロンボ・プランにおけるイギリスの影響力もまたその分だけ低下すると判断された。

トルーマン政権はイギリス政府に対して、加盟国を他のアジアの非共産主義諸国にも拡大するよう促したが、スターリング・バランス問題を抱えたイギリス政府としては、ワシントンの要請に応えることにやぶさかではなかった。一九五一年一〇月初め、在米英大使館は、一九五二年一月に予定されているコロンボ・プラン閣僚会議にビルマ、タイ、フィリピン、インドネシアの参加を要請した、とワシントンに伝えてきた。そのうえで、アメリカ政府としても、ラングーン、バンコク、マニラ駐在米大使館に対して、これらの国々の政府に同様のメッセージを伝達する訓令を発してくれるよう要請した。ただし、イギリス外務省は、インドネシアに関しては、この問題で米英が「足並みをそろえている」と受け取られるのは賢明ではないとの考えを伝えた(10)。

一九五〇年九月にロンドンでコロンボ・プラン諮問会議が開催された。アメリカ政府は、この会議に出席するにあたって、イギリス政府が望んだオブザーバー資格での参加ではなく、連絡官（liaison officer）を派遣した。このことは、ワシントンがいまだコロンボ・プランにコミットしていないことを意味した。

しかしワシントンの慎重な姿勢はその後、非コモンウェルス諸国の加盟が増加したこともあって、ロンドン諮問会議以降は変化の兆しをみせ、アメリカは一九五一年二月には、カンボジア、ラオス、ヴェトナムとともに、コロンボ・プランに正式に加盟した。続いて、一九五二年三月までにビルマとネパール、一九五三年一〇月にはインドネシアも正式に加盟した。

加盟国がコモンウェルス諸国以外に拡大するにともない、「コモンウェルス色」は低下した。だが、トルーマン政権はさらに、諮問会議の機能が「調査的、諮問的、かつ協議的」な性格のものであること、アメリカの援助は二国間ベースで行なわれるべきだとの考えにこだわった。ワシントンは、コロンボ・プラン諮問会議は被援助国間の開発援助の必要性についての優先順位や、援助受け入れ国が受け取る援助額を決定するべきではないと主張した。アメリカ政府が二国間援助に固執したのは、「第一義的には」、供与する援助資金に対する統制を維持するためであった[11]。以上の要件が満たされれば、援助資金をコントロールすることによってワシントンの影響力を維持することができると考えられた。

前述のような「危険」が「大幅に除去された」とみなされるにつれて、国務省内には、ワシントンがコロンボ・プランに「より積極的な支援」を与えるべきだとか、「よりはっきりとした立場」をとるべきだとの意見が出されるようになった[12]。

アメリカの政策形成者たちのコロンボ・プランへの積極的な姿勢は、以下に検討するように、日本加盟問題が浮上すると、さらに強まった。

二　日本加盟問題と一九五四年のオタワ会議

（1）日本の戦後復興と東南アジア市場の重要性

すでに一九四七年の時点で、連合国最高司令官総司令部（GHQ／SCAP）は日本の戦後復興の鍵を握るものとして、日本の東南アジアとの貿易の必要性を重視していた。そうした見解は一九四〇年代末には、トルーマン政権内で広く認められるようになった。

一九四九年一二月二三日付け国家安全保障会議（ＮＳＣ）文書はそうした見解を反映するものであった。上記文書の作成者たちは、かりに日本がソ連ブロックに加えられた場合、「世界の勢力均衡はアメリカに不利になる」と分析していた。日本に関して、このＮＳＣ文書は、アメリカの対日援助によって、「それなしでは、政治的安定が脅かされるような経済情勢の悪化を回避している」と指摘したうえで、「もし必要な食糧と原材料のさらに大きな部分を確保することができれば」日本は自立できるとしていた。その輸入先は、「日本の輸出市場として小さいアメリカではなく、本来的な市場が存在するアジア地域である」と考えられた。この文書は、続けて次のように述べている。日本は「中国に圧倒的に依存する」のを避けるべきであるが、そのためには、「東南アジアの食糧と原材料の輸出をかなり増やす必要がある」。そうした分析の上に立って、ＮＳＣ四八／一の策定者たちは、「いまや東南アジアはクレムリンの指揮する、統合された攻勢の対象となっていることは明白である」として、この地域の防衛がアメリカの対ソ「封じ込め」政策にとってきわめて重要になったとの認識を示した[13]。

アチソン国務長官も同様の認識を持っていた。アチソンは一九四九年一二月、駐米英大使Ｏ・フランクスとの会談で、「日本が共産主義ブロックに加えられれば、ソ連は世界の勢力均衡を著しく変えることが可能な熟練した労働力と工業潜在力を獲得することになるだろう」と語った[14]。一九五〇年一月に開催された上院外交委員会の秘密聴聞会の席でアチソン長官は、もし日本にとっての市場と原材料の供給地の問題を解決することができれば、日本から東南アジア、インドにいたる「大三日月弧」地帯は安定化するだろうと証言した。と同時に、国務長官はそれが実現できなければ、日本は共産主義陣営にずるずる接近するか、中立主義に傾くことになるだろうとも警告した。東南アジアは日本経済の将来の鍵を握るとの認識であった[15]。一九五一年六月、アチソンはまた、トルーマン大統領宛て覚書のなかで、「今後、自由世界と共産主義とのどちらと日本が連携するかは、おそらくドイツに次ぎ最も重要な問題である」と強調した[16]。

国務省はまた、日本と東南アジアとの結びつきを促進するにあたっては、障害が存在することも認識していた。東京とワシントンにとってとくに厄介だと思われたのは、「戦争および賠償問題の未解決による対日不信や悪感情の継続」であった。それゆえ、国務省としては、日本が「貿易国の仲間に完全に受け入れられるよう」、「機会あるごとに強く勧められる」べきだとの立場であった。アメリカの役割は、「協力による相互利益」に加えて、関係諸国の信頼を増大させるような雰囲気を醸成し、かつ「具体的なプロジェクトや取り決めを遂行する」ことにあるとされた[17]。

コロンボ・プランの重要性が、アメリカの政策形成者たちの視野に入ってくるのは、そうした脈絡においてであった。ワシントンの政策担当者たちは、コロンボ・プランへの日本の参加は、日本が直面する前述の障害を克服し、その結果日本と南アジアおよび東南アジアとの商業的結びつきが促進されると期待した。

コロンボ・プランへの日本の参加の可能性を探るワシントンの努力は、一九五二年三月に予定されているカラチでの諮問会議の準備を進めていくなかで開始された。国務省はＧＨＱ／ＳＣＡＰの経済・科学局のプログラム・統計課の課長であったＫ・モローがワシントンを訪れた際、ＧＨＱ／ＳＣＡＰから代表者をカラチ会議に派遣すべきだと提案した。これを受けてモローは、東京駐在英公館スタッフに接触した。しかし、カラチ駐在のイギリス代表から、そうした要求は「非常に大きな困難を引き起こす」と指摘されたため、イギリス外務省は、イギリス政府としては、この問題を提起する用意はないが、この点に関するアメリカのいかなる努力も支援する、とモローに伝えた。アメリカ代表は、カラチ会議に出席する他の重要な代表に打診をした後、この問題を急ぐのは得策ではないと判断した。その結果、国務省は、カラチ会議では日本の参加問題を正式に提起すべきではないとの結論にいたった[18]。

日本はアメリカの「封じ込め」政策における要石だという考え、および日本の経済復興にとって東南アジアは重要だという認識は、アイゼンハワー政権首脳にも継承された。ダレス国務長官は、アメリカのアジア冷戦戦略における日本の重要性については前任者のアチソンと見解を共有していた。トルーマン政権下で国務省顧問を務めていたダレスは、一九五〇年一二月にアチソン長官宛て覚書のなかで、「日本はドイツとともに、ソ連が援助を利用してその攻撃的な政策を追求する二大資産（assets）のひとつである」と力説していた[19]。

（2）続く日本への警戒心

一九五三年四月に北東アジア課で作成された国務省文書は、同年一〇月にインドで開催が予定されているコロンボ・プラン加盟国の年次会合に日本の加盟を提起すべきだとの観点から、次のような意見具申を行なった。北東アジア課によると、諮問会議への日本の加盟はいまや、「明らかに可能性のある」状況にあった。というのは、先にバンドンで開催されたアジア極東経済委員会（ＥＣＡＦＥ）会合において、日本代表の打診に対して、インド代表を務めた産業通商大臣が、「個人的には日本の加盟に賛成である」と述べた、との情報が入ってきていたからである。上記文書はまた、「あらゆる点を考慮すると」、コロンボ・プランはアメリカの諸目的を達成するために「利用できる最善の方法を提供する」と強調する。コロンボ・プランの利点は、「東南アジア諸国の繊細な感情」を考慮すると、この組織がアメリカの援助を遂行する「もうひとつの方法」を提供する点にあると考えられた。すなわち、コロンボ・プランは二国間方式ではなく多国間方式であることから、アメリカの援助を「政治的により受け入れやすくし、受け入れ国を支配しようとしていると見られる危険に悩まされなくてすむ」とみなされた[20]。

こうした考慮は、ワシントンがコロンボ・プランに積極的に関与するようになる重要な要因であった。一九五三年九月一五日、国務省は在日米大使館に訓令を発し、日本政府がオブザーバーとして、ニューデリーで開催予定の諮問会議に出席することに関心を有している旨インド政府に伝えるよう指示した。これを受けて、日本外務省はコモンウェルス諸国駐在の日本大使館にこれらの国々の態度を確認するよう求めた。ところが意外にも、インド政府は、会議への招聘に関する日本政府の打診は撤回したほうがよいとの見解を伝えてきた。在日米大使館の経済顧問を務めていたＦ・Ａ・ウォリングは、その背景には、オーストラリアが、東南アジアで日本と経済的に競合することを懸念していること、また同国にはいまだ根強い対日不信が残っていることを挙げた[21]。

その後、インドの対応がいまひとつはっきりしないのと、インドネシアも強く反対しているとの情報がもたらされたことから、インド駐在米大使Ｇ・Ｖ・アレンは、「面と向かって反対される」のを避けて、次回の会議まで待った方がよいとの意見であった[22]。その結果、一九五三年九月二八日から一〇月一七日にかけて開催されたニューデリー会議では日本の加盟問題は提起されなかった。

ニューデリー諮問会議終了後、国務省は報告書を作成した。この報告書は、第五回諮問会議で提起された最も注目すべき問題として、援助形態が適切でないこと、援助の利用度の低さ、長期プロジェクトに対する援助の継続性に関する不確実性、この地域が不安定な輸出商品価格に依存していることなどを指摘した。しかしながら、同報告はまた、ワシントンはコロンボ・プランをもっと積極的に支援するべきだと訴えた。アメリカが他の多国間組織できわめて積極的な役割を果たしていることを考えれば、コロンボ・プランに対する「どっちつかずの態度」は「弁解の余地がない」というものであった。それゆえ、同報告は、「次のオタワ会議は、アメリカがコロンボ・プランにおいてより積極的な役割を果す格好の機会」であるとの進言を行なった[23]。

ニューデリー会議が終了するまでには、日本を取り巻く国際環境もまた、かなり改善された。一九五一年九月八日に調印されたサンフランシスコ平和条約は翌年四月に発効し、日本は独立を回復した。同年六月には、日本のＥＣＡＦＥ加盟も実現した。さらに一九五四年四月、日本はビルマとのあいだに賠償協定を締結し、一〇年間で二億ドルの財とサービスでの支払いを約束した。一九五五年七月のタイとの協定に続き、さらに一九五六年にフィリピンとのあいだでも賠償協定を締結し、二〇年間で五億五〇〇〇万ドルの財とサービスの支払い、および二億五〇〇〇万ドルの民間借款を供与することで合意した。インドネシアとの協定締結は一九五七年一一月まで待たなければならなかったが、賠償協定の進展は、日本のコロンボ・プラン加盟に有利な状況をつくりだした。

以上のような情勢の進展のもとで、アメリカが日本のコロンボ・プラン加盟に向けてより積極的な活動をする準備が整った。国務省は日本加盟問題についてカナダと非公式に協議した結果、カナダ政府が原則として賛成であることが判明した。国務省は、日本のコロンボ・プラン加盟は日本と南アジアおよび東南アジアとの「連携を強める積極的手段である」とカナダ側に強調した。しかしカナダ政府関係者から、オーストラリア、ニュージーランド、それにインドネシアが反対するとの説明を受け、国務省はこれらの国の反応を探るためにワシントン駐在のオーストラリア、ニュージーランド、イギリス代表とこの問題を協議した。これらの協議を通して、日本加盟に関して最も受け入れられやすい方式は、技術協力協議会（CTC）への正式加盟ならびに諮問会議へのオブサーバー資格での参加であることが判明した。この方式に従えば、日本が援助国なのか被援助国なのかという問題をめぐって協議する必要がなくなるという利点があった[24]。

（3）オタワ会議と日本の加盟

それゆえ、国務省は一九五四年八月、キャンベラ、ウェリントン、ロンドン駐在米大使館に対して、「日本をさらに西側寄りにさせる」という観点から日本加盟は望ましいことを強調するよう指示した。九月二日にP・スペンダー外相は国務省に覚書を送付し、オタワで日本が正式に加盟申請を行なうならば、オーストラリア政府は日本の正式加盟を支持すると伝えた。ワシントンにとって意外であったのは、キャンベラが日本の加盟に賛同しただけでなく、オタワ会合で日本の正式加盟の発起人になることを申し出たことであった。その際の条件は、日本が被援助国としてではなく、援助国としてコロンボ・プランに加盟することであった[25]。非公式の打診を通して、ビルマとラオスも賛成することがわかった。ビルマはもともと、賛否を明確にしていなかったが、ちょうどこのころ東京で日本とのあいだに賠償協定を締結したことから、ビルマによる反対の可能性はなくなった。残すはインドネシアの反対のみであった[26]。しかしインドネシア代表が、オタワ会合で以前の立場を変えたことにより、一九五四年一〇月五日、日本は正式に諮問会議に加盟することになった。

日本のコロンボ・プラン加盟はアジアへの日本の公的復帰を告げるものであった。一九五四年八月、駐日米大使J・アリソンは東京から次のような電文をワシントンに送った。「ひよわな東南アジアを結合させること」、それ自体は新たな力を生み出すものではない。大使の意見では、「新たな要素」は日本を参加させることによってのみ生み出される、というものであった。日本と東南アジアとの経済関係の相互補完性に注目したうえで、アリソン大使は、日本の賠償と技術力を「東南アジアの地域経済組織」と結びつけるべきだと述べた。そのことによって初めて、「われわれは、日本のアジアにおける未来は自由世界にあるのだという自信を日本に与えるのに大きく前進することになるだろう」と観察していた(27)。

アメリカの立場から見れば、オタワ会議での日本のコロンボ・プラン加盟は、アジアにおけるワシントンの目的を推進するうえで重要な成果であった。これによって、日本と東南アジアとの経済的結びつきは促進されるだろう。そのことはまた、日本の西側志向を確保するうえでも重要なものとなると考えられた。

オタワ会議に関していえば、日本だけでなく、タイとフィリピンの加盟が新たに認められたことも注目される。その意義は、オタワ会議に関する秘密報告のなかで、アメリカ代表団が、コロンボ・プランから「コモンウェルス色」がさらに薄められたことを歓迎する、と記した点に示されている(28)。

三　アジア経済開発大統領基金と一九五五年のシムラ会議の開催

(1) ソ連の「経済攻勢」と「ボールドウィン計画」

冷戦の性格は、一九五三年のスターリンの死去後変化しはじめた。集団指導体制下のクレムリンは、その戦略と戦術を変化させ、第三世界諸国においてモスクワと北京の影響力を高めるために経済援助を重視するようになった。

一九五三年一〇月に作成された国務省文書は、冷戦の一環として展開されるソ連の「経済攻勢」が南アジアおよび東南アジアの発展途上諸国に影響を与えており、この点に共産主義者の関心が向けられていることに注意を喚起したうえで、こうした状況の進展は、この地域におけるこの問題に関するアメリカの立場について「最高位レベルの決定」をますます必要としている、と警告した[29]。

ワシントンの対外援助政策は、一九五一年の相互安全保障法（ＭＳＡ）が五四年六月三〇日に期限切れになることを踏まえ、五三年末には再検討が行なわれていた。一九五四年四月六日、国務省の極東担当経済調整官（同ポストは後に極東経済問題担当国務次官補代理と名称変更になった）Ｃ・ボールドウィンは、極東局、経済局、欧州局の代表から構成される「アジア経済作業班」を省内に設置したが、後日構成メンバーを拡大し、政策企画室、情報調査局の代表がこれに加わった。

そうしたなか、一九五四年八月三〇日、「アジア経済作業班」の報告が、Ｗ・Ｓ・ロバートソン、Ｈ・Ａ・バイロード、Ｓ・Ｂ・モートン、Ｓ・Ｃ・ウオーの各国務次官補および政策企画室長に提出された。この報告は、最初の数年で総額二〇億ドルの援助を供与すれば、この地域の国々に「劇的なインパクト」を与えるだろうと述べたうえで、一〇年間で総計一〇〇億ドル相当の大規模援助計画の実施によって、援助受け入れ国の生活水準を年間一人あたりおよそ一パーセント上昇させることになると推計した。作業班はまた、地域的な経済グループの下で運営される多角的に供与された開発資金のような、多角的アプローチが望ましいとした。なかでも注目されるのは、より発展したコロンボ・プランのような組織を提言したことである[30]。

しかし前記の「ボールドウィン計画」に対して、ダレス長官や対外援助計画の監督・調整の任にあったＨ・スタッセン対外活動庁（ＦＯＡ）長官は賛同したものの、他省庁からは援助総額の規模およびマルチの枠組みを介する援助に異論が出された。Ｇ・Ｆ・ハンフリー財務長官や予算局は大規模援助計画には反対であった。

（２）「ボールドウィン計画」の大幅後退とＦＡＥＤの創設

その結果、一九五五年二月三日にＮＳＣ五五〇六として採択された文書に述べられている「一般原則」が示すように、アメリカの援助計画はボールドウィン作業班の提案からかなり後退した内容となった。それはまた、異なる見解の妥協の産物でもあった。たとえば、経済援助は「自由主義勢力」を強化するための計画の「一部にしかすぎない」とされた。援助方式については、二国間方式または「選択的な無理のないグループ」を基準に行なわれるとされた。また、資金の統制はワシントンが保持するべきだとされた。上記のうち最後の二点に関しては、アジア各国が、「それぞれユニークな、経済的・政治的・社会的問題」を抱えているうえに、アジア諸国間の格差や違いが大きいために、二国間援助方式をとる必要があるという考えにもとづいていた。

なかでも注目されるのは、NSC五五〇六の以下の指摘である。第一に、「援助を増大しても、それを活用する能力がアジア諸国には限定されているので」、アジア諸国の開発へのアメリカの資金援助は、「現実的かつ合理的な額であるべきだ」とされたことである。第二に、援助に対する議会の厳しい雰囲気を踏まえて、アメリカの財政的支援は議会の承認を得る必要があるため、継続的な援助を約束するべきではない、と述べている点である。そのうえで、この文書は、この地域で新たに多国間の金融機関ないし信用機関を創設することには明確に反対である、と述べている。以上の点は、明らかにボールドウィン作業班の提言からの大幅後退であった[31]。

ダレスはといえば、経済的手段によって共産主義と闘うという「ボールドウィン計画」の考えには賛成であったが、同計画が提言するような大規模援助を議会が承認するかどうかについては確信が持てなかった。アイゼンハワー政権の前特別顧問で、このとき『タイム』誌副社長の地位にあったC・D・ジャクソン宛て書簡のなかで、ダレスは、「財務省、予算局、世銀、輸出入銀行、そしてとりわけ議会と闘うという任務そのものが、片手間でできるような仕事ではないし、それだけではなく、他の閣僚、上院議員などと対等な立場で協議することのできる人物が、フルタイムで取り組まなければならない仕事である」と吐露し、反対派を説得するのが困難であるとの認識を示した[32]。

「ボールドウィン計画」は大幅に後退したものの、ワシントンの対外援助計画は、アジアにおける地域協力を促進することを意図したアジア経済開発大統領基金（FAED）の創設というかたちをとって実現することとなった。

スタッセンは一九五五年二月二一日から三月一三日にかけて、インドを含むアジア諸国を歴訪した。その際彼は、アメリカ政府がいくつかの結論に達した、とインド大使に語った。第一に、アメリカは、現行のインド五カ年計画を推進するために二国間経済援助を延長することによって、インドと協力を続けるべきである。第二に、アメリカはコロンボ・プランの枠組みのなかでアジアにおける地域的計画が拡大されることを期待すべきだ。第三に、アメリカは、コロンボ・プラン諸国の協力とイニシアティブにもとづき構築される地域的計画の促進に際して、大統領にこれまで以上の自由裁量を付与するよう議会に要請する(33)。

三月三〇日、スタッセンは、大統領開発基金にもとづく援助計画は二国間ベースで実施される、とインド大使に伝えた。いいかえると、アメリカはコロンボ・プランとは緊密な協力を継続するが、この組織は、「多国間の決定ないしは援助資金の配分やプログラムの用途」に使われることはないということを意味した(34)。

四月二〇日、アイゼンハワー大統領は議会に対外援助年次予算書を提出したが、その際アジア経済開発大統領基金創設のために二億ドルの予算を要請した。議会は三二億九〇〇〇万ドルの対外援助法案を七月に承認する手はずになっていた。このなかには、大統領がその創設を求めたＦＡＥＤ向け二億ドルも含まれていたが、最終的には一億ドルに削減され、残りの一億ドルは一九五七年財政年度に議会があらためて歳出を承認することとされた(35)。

一九五五年三月の第一週目にインドを訪問したスタッセンは、「議会に提出されている合衆国大統領援助計画に関連して考慮するために」、アメリカの対外援助に関するアジア諸国の見解を得ることができるように、インド政府のイニシアティブで会議を開催したらどうかと打診した。スタッセンはまた、プロジェクトの提案を調査し、評価するための専門家と技術者からなる小規模グループに加えて、小規模の事務局を設置する件に関するインドのアプローチを歓迎すると述べた。インドはワシントンの要請に同意し、一九五五年五月九日から一三日までの期間にインドのシムラでの会議開催を呼びかけた(36)。

（3）インドのイニシアティブとシムラ会議

アイゼンハワー政権は以下の理由で、インドのイニシアティブを歓迎した。第一に、日本とインドはアジアにおける「きわめて重要な二つの自由主義国家」であることから、これら二国がそれぞれどの程度自由主義世界との連携を明確にするかは、「アジアの方向性を決定づけるだろう」と考えられた。ワシントンは、日本、インド、その他の中立主義諸国を自由世界に引き込む「またとない機会」だと捉えた[37]。第二に、四月一八日にバンドンでの開催が予定されていたアジア・アフリカ会議がどういう展開を見せるかに非常に関心を寄せていた。というのは、この会議で、共産主義中国が大きな役割を果たすと見られていたからだ。そのような時期にインドがシムラ会議の開催に同意したという事実は、インドおよび他のアジアの中立主義諸国が、「アメリカの経済援助の原則を受け入れ」、さらにアジア地域がイニシアティブをとってそうした援助受け入れの協議をする用意があることを意味した。この意味で、シムラ会議は、ワシントンにとって、「政治的その他の点できわめて大きな意義」を有していると受け止められた[38]。

アイゼンハワー政権はまた、日本およびインドと他のアジア諸国とのあいだに意義深い経済協力関係がシムラ会議から生まれるだろうと期待した。また、小規模の常設事務局の設置はコロンボ・プラン諮問会議の機能を強化すると期待された。

しかしシムラ会議開催を呼びかけるインド政府の要請文は、アジアのコロンボ・プラン加盟国のあいだに混乱を生んだ。というのは、インド政府の要請文は、シムラ会議の目的が、アメリカの援助の活用に関する協議だという印象を参加国に与えたからだ。それゆえ、参加国のなかには、これまで行なわれてきた二国間方式ではなく、今後はコロンボ・プラン組織が、アメリカの援助資金の配分を行なうのではないかと恐れる国が現われた。このため、アメリカ政府はインドと会議参加諸国に対して、小規模事務局の設置を含めて、コロンボ・プラン組織を強化することを目指すという考えは歓迎するが、アメリカの援助資金の配分に関して協議することには反対である旨を明確にしなければならなかった[39]。ワシントンの立場は、アメリカの援助資金の配分はアメリカ政府が行なうというものであった。ダレスはまた、在外米公館に対して回状を送り、アメリカは引き続き援助を二国間ベースで実施し、援助資金を多国間で決めることには賛同しない旨を周知させるよう指示した[40]。

だが、インドからの招聘状は参加国の誤解を招くような内容を含んでいた。(一)アメリカの援助計画の運用の側面、(二)多国間組織を通してアメリカの援助を供与する可能性、(三)短期的な国際収支の赤字を乗り切るための、何らかの地域的な支払い取り決めの可能性、(四)提案されているアジア経済開発大統領基金に関連する二億ドルの活用についての協議、(五)コロンボ・プラン会議への欧州経済協力機構(OEEC)代表参加問題。これに対して、国務省は、(一)と(二)を議題に含めないことが望ましいとインド政府に伝えた。ワシントンは、(三)と(四)もまた、第一義的にはアジア諸国が自らの資源の範囲内で取り組むべき事柄であり、アメリカの援助と関連づけるべきではないと考えていた[41]。

(4) 地域協力をめぐるシムラ会議の議論

結局、一四カ国が参加して、五月九日から一三日にかけてシムラ会議が開催された[42]。ビルマとセイロンだけが参加を拒否した。会議参加者たちの議論は、(一)二国間ベースよりも地域ベースで援助を活用すべきか否か、(二)常設の事務局の設置によって諮問会議を強化すべきかどうか、(三)アメリカの援助の十全で、迅速かつ効果的な活用に関して生じるいくつかの問題、の三点に集中した[43]。会議から明らかになったことは、参加国はアメリカの援助形式として、多国間主義よりも二国間主義が望ましいと考えているということであった。彼らのあいだではまた、諮問会議内に小規模の常設事務局を設置する件に関しても、時期尚早だという意見が多数を占めた[44]。参加者たちの考えは、諮問会議が諮問機関に留まり、援助方式が二国間である限り、常設の事務局を設置する必要はないというものであった。

パキスタン政府代表が常設事務局設置反対論の火ぶたを切ったが、パキスタンの立場は、「インドと日本以外のすべての代表からただちに、しかも圧倒的支持」を得た。反対は弱小国側に存在する懸念にもとづくもので、彼らは、援助資金の配分が日本とインドに支配されることを恐れた[45]。セイロンは当初、インドからの会議参加要請を断ったが、それも同様な懸念にもとづくものであった。もっともセイロンは、ワシントンの説得に応じて最終的には参加することになった。ニューデリー駐在のインドネシア大使館付き経済顧問は、参加国のなかには、「日本がアジアで経済的な立場を再確立する」ことを狙っているのではないかとの不安があると打ち明けた。アメリカ大使館駐在の経済顧問は、インドネシアもまた、「新たな装いのもとに新アジア共栄圏を作るのではと恐れている」との印象を抱いた。(46)

以上のほかに、シムラ会議はヨーロッパ諸国の諮問会議加盟問題についても協議を行なった。しかし参加諸国は、依然としてヨーロッパ植民地主義の負の遺産に苦しんでおり、コロンボ・プランへの彼らの参加は不要だという結論に達した。参加諸国のなかには、ヨーロッパ諸国の加盟に強く反対する国があった。拒絶感がとくに強い国の場合、ヨーロッパ諸国の加盟が多数決で認められれば、組織からの脱退を表明しかねない雰囲気であったことは注目される。(47)

シムラ会議参加者たちはまた、彼らが地域計画や地域機構に関心を抱いていないことを明確にした。日本代表はニューデリーのアメリカ大使館スタッフに対して、この会議は地域的計画に関して採るべき措置についてなんらの進展も見られなかったと語った。彼はさらに、地域間の貿易と開発という観点から考える用意ができていたのはインドと日本だけであったと付言した。日本代表によると、弱小国は、「日本自らの威信と経済的地位を構築する」ために、彼らの利益を無視して地域組織を利用するのではないかと恐れたという。(48)

では、ニューデリーのアメリカ大使館はシムラ会議の成果をどう評価したのだろうか。

（5）シムラ会議についてのワシントンの評価

コロンボ・プランに関する博士論文の著者プレス－バーナサンは、アジア経済開発大統領基金は、シムラ会議参加諸国によって「最終的に拒否された」と主張する。(49) たしかに、会議参加諸国は、二国間援助方式を好み、地域的アプローチへの関心は低かった。しかしそのことは、彼らが大統領基金そのものを拒否したということを意味しない。ニューデリーのアメリカ大使館によると、地域的アプローチへの理解が得られなかった理由として、二点を指摘している。

第一は、彼らが、地域開発の必要性よりも自国の開発を優先させたいと考えたからである。もうひとつは、ワシントンが、この二億ドルの開発資金が地域プロジェクトにだけ適用されるのか否かについて明確な説明をすることを怠ったことによる。大統領基金についての協議を行なう際に、参加国代表団たちは、この資金が各国別に配分される資金とは別個のものであり、追加的な資金であることを十分認識していなかった。このため、インド駐在米大使館によると、アジア地域全体ないしは地域内の複数の国家にとって利益となるプロジェクトを重視する、「大統領の四月二〇日のメッセージと相容れない」立場をとりたくなかったのが実情であった[50]。

コロンボ・プランの研究者アデレケは、シムラ会議は「スタッセン・プランを葬った」と主張する。スタッセン・プランとは、OEEC型の組織を念頭に大規模援助プログラムを構想していた[51]。しかし彼の指摘は正しくない。なぜなら、すでに検討したように、一九五五年二月に作成されたNSC五五〇六は、そうした大規模援助プログラムを退けていたからだ。

シムラ会議報告書に関する国務省のポジション・ペーパーは、きたるシンガポールでのコロンボ・プラン諮問会議開催に向けて準備されたものだが、シムラ会議の議題に関しては、「できるだけ建設的かつ友好的」なものにするべきだとアメリカ代表に求めたうえで、さらにシムラ会議報告書の以下の点に関して具体的に「好意的な」コメントを行なうよう要請した。シムラ会議が到達した結論を要約した後、上記文書は、この会議で得られた合意を「有益なもの」であると評価した。具体的には、アメリカ政府代表は、参加者のあいだで「他国の経済発展に向けた活動に関する諸問題や態度についての理解が深まった点を評価するよう」表明するべきだと進言した。ワシントンはまた、アジア諸国自らが、「この地域の二カ国ないしはそれ以上の国々に影響を及ぼす経済開発の重要性」をよりよく理解するようになったことを評価した[52]。

アメリカの援助方式に関しては、日本とインドを除く参加諸国が二国間方式を強く望んだという事実は、これまでのワシントンの考え方と一致していた。ニューデリーのアメリカ大使館は、二国間援助方式は、国務省と米議会の見解と「同じ」だと述べている[53]。

ニューデリーのアメリカ大使館は、「アメリカの提案をベースに」インドがイニシアティブをとったことにとくに満足の意を表わした。経済開発の領域におけるインドのイニシアティブ、協力の努力、および会議の運営は、アメリカの援助に対する「インドの願望」ならびに「経済分野における米印協力への満足」を「十分」立証したというのが、シムラ会議へのワシントンの評価であった[54]。

四　シアトル会議を主催するワシントン

(1) 中ソの援助攻勢と続く地域協力の模索

ニューデリーからの報告のなかで、アメリカ大使館は、シムラ会議は「原則においては」地域的計画に反対ではなかったが、この点に関して、アジア諸国を「教育し、説得する」ためには、さらなる時間が必要だったとの見解を披歴し、議会が大統領基金に理解を示すよう期待した。大使館スタッフはまた、大統領基金は地域的な意義を有するプログラムに優先的に使用されるべきだということを明確にすべきである、と進言した[55]。

しかし、前節で明らかにしたように、シムラ会議は、アジア諸国のあいだではいまだ地域協力の準備が整っておらず、それゆえアメリカの援助は地域開発計画よりもむしろ、これまでどおり国ごとに行なわれるべきだということをアメリカ政府に思い知らせた。と同時に、政府首脳は、ワシントンとしても、地域的相互依存の意識はもちろんのこと、地域経済協力をよりいっそう奨励する努力をすべきだと感じた。したがって、当面、アジア経済開発大統領基金は、アジア地域全体ないしは地域内の諸国家グループにとって利益となるプロジェクトに使用されるというのが、彼らの考えであった。

一九五五年に入って、中ソによる対アジア援助のさらなる増大は、ワシントンの懸念を強めた。コロンボ・プラン諮問会議に出席したアメリカ代表団の秘密報告は、一九五五～五六年は、中ソブロック側が、「初めて大々的に」アジアへの経済援助を開始した年だと述べている。その際の援助受け入れ国はインド、ビルマ、ネパール、カンボジア、インドネシアであったが、なかでもアメリカ政府は、カンボジアが東西両陣営から援助を受け取っていることに注目した。それは、カンボジアが、「中立主義政策の価値を理解している」からであり、その含意は明らかであった[56]。

ダレスは一九五六年三月のアジア歴訪後、ソ連の「経済攻勢」への対処は、「われわれの経済計画に関するいっそう想像力に富む思考、アジアの域内協力の拡大、そしてアジアの人びとの想像力と目的により明確に訴えるような類のプロジェクトによってのみ」可能である、と「これまで以上に強く確信するようになった[57]」。

一九五六年一月一八日、NSCは、進行中のNSC基本文書の改定作業を念頭に、アジアに対する将来の経済援助方針についてまとめたNSC五五〇六の見直しを行ない、その結果を報告するよう対外経済政策会議（CFEP）に求めた。その後、一九五六年に着手された相互安全保障計画（MSP）の作定が数回にわたって修正されたために、この見直し作業は延期された。続いて一九五六年一二月には、大統領特別顧問C・B・ランドールが、対外経済政策についてアメリカの在外公館の高官と協議するため極東を歴訪した。その結果を踏まえ、ランドールは、アジアにおける地域経済協力に関する提言をまとめた報告書を作成した。ランドール提言の核心は、経済発展を達成するにあたって、日本と東南アジア諸国とのあいだの相互補完的な経済関係を強調するものであった。その後CFEP委員長に就任したランドールは一九五七年にアジアの地域経済開発と協力に関する報告書をまとめるためにK・T・ヤングを座長とする委員会を新たに設置した。アジア地域経済開発・協力委員会（CAREDC）の報告の調査結果と勧告は、一九五八年一月一五日にCFEPによって承認された[58]。

この報告の勧告要旨によると、アメリカはアジアの経済協力を促進するための努力を強化するべきだが、それは、「既存の地域機構を通して、しかも国別ならびに小規模グループのかたちで」行なわれるべきだというものであった。

上記報告はまた、アメリカ政府は「新たな地域機構の創設を追求すべきではない」ことも明確にした[59]。

これらの勧告は基本的には、一九五五年二月のNSC五五〇六の結論と同じであった。地域ベースではなく二国間アプローチを重視するワシントンの考えはまた、一九五八年八月に行なわれた大統領の国連演説でも再確認された。アイゼンハワーは、「地理と賢明な経済計画の観点からは、地域レベルの開発計画より国別のそれの方が望ましい」、それゆえ「地域的アプローチへの願望が明確に表明され、そして国別よりも地域アプローチの有利性が明らかな場合にのみ、アメリカは地域的アプローチに変えることになるだろう」、と述べた。これが、一九五八年一一月のシアトル会議に向けた準備作業段階におけるアメリカの基本的立場であった。

（2）高まるコロンボ・プランの政治的重要性

しかしながら、「既存の地域組織を通して実施する」というワシントンの政策はオルタナティブが消えたという点で、逆にコロンボ・プランの利用価値を高めたということに留意する必要がある。シアトル会議に向けた準備作業はまた、一九五七年に政権内で生じた新たな環境によっても助けられた。援助問題でどちらかというと消極的だったH・フーバー（ジュニア）が政権を去り、代わって開発援助積極派と見なされるC・ハーターが国務次官に就任した。また、緊縮財政派のハンフリーが財務長官を退き、前任者に比べより柔軟な立場のR・B・アンダーソンが後任ポストに就任した。くわえて、援助問題の積極派C・D・ディロンが、駐仏アメリカ大使としての任務を全うし、経済担当国務次官代理（その後次官に昇格）としてワシントンに帰国した。

国務省職員が、来るシアトル会議に向けた準備作業を本格化させるなか、コロンボ・プランの重要性とさまざまな利点が指摘された。この点でとくに重要だったのは、国際協力庁長官J・H・スミスが、ディロンのために準備した一九五八年八月二二日付け覚書である。スミスはコロンボ・プランと米州機構（OAS）に関連して大統領が述べた国連総会演説に留意したうえで、アメリカはコロンボ・プランを通して「自由世界とアジア諸国との連携を強化する」ことができると強調した。スミスはさらに、コロンボ・プラン組織の利点として以下の点を指摘したのが注目される。第一に、ソ連ブロックが同組織には参加していない。第二に、この組織は中ソによる経済攻勢以前に誕生しており、その点で反共的意味合いや米ソ対立と直接の関連性が薄いと見られている。第三に、「アジアの人々からはこの組織が自分たちのものだと見られている」。それゆえ、第四に、モスクワはＳＥＡＴＯのときとは違って、この組織を非難することが困難だと感じている。スミス覚書はまた、「アメリカ合衆国の援助計画や目的と同一視されている」計画や諸目的に固執するよりは、コロンボ・プランのような「アジア諸国に賞賛されているアンブレラ組織」の下での援助計画の方が、政治的に中立主義諸国の支持を得られやすい、と付け加えた(60)。

だが問題は、アメリカの援助が被援助諸国のあいだで必ずしもコロンボ・プランと関連していると受け止められていないことであった。それゆえ、スミスは、アメリカの援助は「大部分がコロンボ・プランとの関係にもとづくものだという」事実を、「政府援助に関する公的声明の中に織り込む」ことが必要だと指摘した(61)。

スミス覚書は、国務省高官の特別な関心を引いた。そのうちの一人は、コロンボ・プランに関するスミスの考えは、「大きなメリットがある」と評価している(62)。その結果、スミス覚書で示された見解は大統領宛て覚書に取り入れられ、シアトルでの閣僚会議で大統領自らが演説するよう進言された。

ダレス自身、九月一三日付け大統領宛て覚書のなかで、スミスの考えを繰り返した。アメリカはコロンボ・プランにおいて「多大な好意を享受している」ので、「そうした好意を涵養することは非常に大切である」。また、コロンボ・プランは、「この地域でわれわれの目的のいくつかを追求するための賞賛すべき組織」である。コロンボ・プランをこのように評価するダレスはスミスの指摘を受けて、受け入れ国が、アメリカの援助をコロンボ・プランと結びつけることがめったにないという問題があることを大統領に説明したうえで、このような状況を改善する最善の方法は、この地域に対するアメリカの援助計画を策定する際には、コロンボ・プラン加盟国会合の席で、経済開発に関する諸問題を十分協議したかどうかを考慮するつもりだということを強調することである、と進言した。アジア諸国が、自国の経済を発展させようと努力するなかで、ダレスは、コロンボ・プランを強化したいというワシントンの願望を強調することによって、「アジア諸国の人々のあいだに彼らとのパートナーシップの姿勢をより強く植え付けることになるはずだ」と信じていた。彼は、この目的を達成しようとするにあたって、「コロンボ・プランほど適切なフォーラム」はないと考えていた(63)。

以上の目的に加えて、アイゼンハワー政権は、コロンボ・プランの技術協力協議会（CTC）への参加の希望を表明することにした。この決定の背景には、ワシントンの政策形成者のあいだで、資本の効率的活用のためには技術協力が必要であり、資本と技術協力は車の両輪だとの認識が強まったことがある。これまで、アメリカは技術協力協議会に参加することには消極的だった。参加をした場合、この組織が調整機関の役割を担い、アメリカの二国間技術援助計画の「効果を妨げることになる」のではないかと恐れたからだ。しかしながら、技術協力委員会は決定機関ではなく、加盟国の技術援助に関する情報交換組織としての役割を果たしていることが明らかとなった。そうした認識が、アメリカ政府のコロンボ・プランへの積極的姿勢に反映された(64)。

ディロン国務次官は、シアトル会議での演説で、コロンボ・プランが、「非常に効率的できわめて実際的なメカニズム」として、「着実な発展」を遂げてきたことに賛辞を送ったうえで、アメリカ政府は近いうちに技術協力協議会に参加すると発表した。ディロンはまた、コロンボ・プラン創設以来、アメリカは四〇億ドルを拠出してきたと語った。彼はまた、開発借款基金（DLF）は一九五七年一月に活動を開始して以来、開発資金として約五億七二〇〇万ドルの拠出を約束し、そのうち三億三二〇〇万ドルが、コロンボ・プラン加盟国のプロジェクトに拠出されたことを明らかにした。DLFを創設するにあたって、米議会は、一九五九年六月三〇日を終了期限とする二年間の試験期間の予算を承認した。しかし同基金は「明らかにきわめて重要な手段として確立した」として、次官は政府としても、同基金に対する追加予算の承認を議会に求めるつもりであると明言した(65)。

他方で、アイゼンハワー政権はFAEDの打ち切りを決めた。FAEDは三年間の期限付きで、一九五五年に一億ドルの予算でスタートした。しかし基金が底をついたため、一九五九年六月三〇日に期限切れを迎えることになった。FAEDが期限切れを迎えることになり、同基金の考えに沿ったアジアでの協力を推進する計画は六〇会計年度予算には盛り込まれないことになった。

常設事務局の設置に関しては、アメリカ政府は、シアトル会議でこの問題を正式に提起する前に、アジア諸国の見解を確認するべきだという立場で臨んだ。もしアジア諸国代表団が常設事務局の設置に賛成であれば、アメリカ代表団もそうした動きを支持するという姿勢であった(66)。

シアトル会議に臨んだアメリカ代表団の秘密報告書によると、アジア諸国はコロンボ・プラン会議に満足の意を表明し、さらにアメリカは「好意的に受け止められた」という。シアトル会議はまた、アメリカ政府がコロンボ・プランの政治的意義を高く評価するようになったことを示している(67)。

すでに検討してきたように、当初はコロンボ・プラン参加問題であいまいな態度をとっていたワシントンであったが、「コモンウェルス色」が薄まり、また二国間援助方式など対外援助に関するアメリカの原則が確認され、さらにはコロンボ・プラン諮問会議が政策決定機能を有するのではなく、諮問的、調査的な協議機関であることが明らかになるにつれ、米国の政策形成者たちはしだいにコロンボ・プランへの関与を強めていった。なかでも、日本のコロンボ・プラン加盟が持つ意義、インドを主催国とするシムラ会議への高い評価を通して、アメリカは地域協力の枠組みとして、コロンボ・プランを重視するようになった。共産主義、植民地主義、自立化を志向する反植民地主義ナショナリズムの挑戦を受けるなか、ワシントンにとって、帝国主義批判を受けずにこれらの挑戦にどのように対処するかは重要な課題であった。コロンボ・プランはソ連が参加しない組織であり、アメリカの冷戦政策のなかで西欧諸国とアジアの非共産主義諸国との協力を促進する枠組みとして重要であった。多国間組織としてのコロンボ・プランは、ワシントンの政治的意図や冷戦の論理を薄める機能を果たすことができるため、日本はもちろんのこと、インドなど中立主義諸国の西欧志向を確保する枠組みとして、アメリカの目的に資するとみなされた。

また、コロンボ・プランへのワシントンの対応過程は、アメリカによる冷戦統合の限界を示すものであった。アジアにおける秩序再編過程にとっての障害（地域意識の欠如、自国優先の論理、援助活用能力の限界）は根強く、ボールドウィン計画が後退したことにもみられるように、アメリカが意図したような秩序形成の枠組みの構築という点では不満を残すものとなった。

そのことと表裏一体の関係にあったのが、アジア諸国にみる脱植民地化運動、自立志向（民族自決・生活水準の向上）の強さと独自の国際秩序の模索であった。バンドン会議にみられるように、アジア諸国は、帝国主義秩序、社会主義秩序、リベラルな秩序に代わる、独自の国際秩序を模索した[68]。シムラ会議において、ワシントンがインドのイニシアティブを尊重し、コロンボ・プラン加盟国の主体性に配慮する対応を示したことは、この時期の脱植民地化の潮流を無視できなかったことを示している。

一方、一九五〇年代アジアの秩序再編については、コロンボ・プラン加盟国の数は着実に増加し、コモンウェルス諸国以外の国々を含むようになった。その結果、当初濃厚だった「コモンウェルス色」がコロンボ・プラン組織からしだいに薄められていった。このことは、アジアの秩序をより「リベラル」な路線に沿って再編しようとするワシントンの計画の一部を反映していた。ダレスは前述の大統領宛て覚書のなかで、「コロンボ・プランに公式に分類されている」援助の大半は、アメリカの拠出によるものであり、一九五一年以降の拠出額は、コロンボ・プラン援助額全体のおよそ八五パーセント、すなわち三〇億ドルにのぼると説明した[69]。コロンボ・プラン加盟国に対するアメリカの援助が占める比重の大きさは、「リベラル」な原則や規範に沿ったアジア秩序再編の担い手が誰であるのかを如実に示すものであった。

注記

（1） Gay to Allison, Johnson and Young, 3 December 1952; Hemmendinger to McClurkin, 20 April 1953, RG 59, Central Decimal File（以下、

CDF）1950–54, Box 5524, National Archives, College Park, Maryland.

（2）日本要因を重視する見解としては以下を参照されたい。Sayuri Shimizu, *Creating People of Plenty: The United States and Japan's Economic Alternatives, 1950–1960*（Kent, Ohio: The Kent State University Press, 2001）, pp. 90–91. 波多野澄雄「コロンボ・プラン加入をめぐる日米関係」『同志社アメリカ研究』（別冊）第一四号（一九九五年）、一四～三七頁。

（3）*Foreign Relations of the United States (FRUS), 1950,* Vol. VI（Washington D.C.: USGPO, 1976）, pp. 46–47.

（4）*FRUS, 1950,* Vol. VI, pp. 54, 63.

（5）Ademola Adeleke, 'Ties without Strings? The Colombo Plan and the Geopolitics of International Aid, 1950–1980', Ph.D. dissertation, University of Toronto, 1996, p. 54.

（6）*FRUS, 1950,* Vol. VI, p. 51.

（7）*FRUS, 1950,* Vol. III, p. 1640.

（8）Adeleke, 'Ties without Strings?', p. 136.

（9）Hemmendinger to McClurkin, 20 April 1953, CDF. G. Strong to Fluker, 8 December 1953, Box 5525 も参照。

（10）British Embassy, Washington D.C., 9 October 1951, 'Participation in the Colombo Plan of Non-member Countries in South-East Asia', *ibid.*

（11）Hemmendinger to McClurkin, 20 April 1953, CDF, Box 5524.

（12）*Ibid.*; Gay to Allison, Johnson and Young, 3 December 1952, CDF, Box 5524.

（13）*U.S.-Vietnam Relations: 1945–67: Study Prepared by the Department of Defense*, Book 8 of 12（1971）, pp. 225–264, esp. pp. 239, 248, 258.

（14）*FRUS, 1949,* Vol. VII, p. 927.

（15）Michael Schaller, *The American Occupation of Japan: The Origins of the Cold War in Asia*（NY: Oxford University Press, 1985）, pp. 193–214.

（16）*FRUS, 1951,* Vol. VI, pt. 1, pp. 1159–1161. *Ibid.*, pp. 1300–1301 も参照。

（17）Acheson to all diplomatic TAC and ECA Far East Missions, Joint State-ECA Message, 21 December 1951, CDF, Box 5523.

（18）Tokyo to SOS, 21 March 1952, cable 1993; Acheson to USPOLAD Tokyo, cable 2539, 21 March 1952; Karachi to SOS, cable 1039, 21 March 1952; Acheson to US embassy Karachi, cable 1039, 21 March 1952; Acheson to USPOLAD Tokyo, 16 April 1952, CDF, Box 5524.

（19）*FRUS, 1950,* Vol. VI, pp. 1359–1360.

（20）Hemmendinger to McClurkin, 20 April 1953, CDF, Box 5524.

（21）US embassy, Tokyo to SOS, cable 625, 9 October 1953, CDF, Box 5524.

(22) New Dehli to SOS, cable 655, 19 October 1953, CDF, Box 5524.

(23) G. Strong to Fluke, 8 December 1953, CDF, Box 5525.

(24) Dulles to US embassy, Canberra, Wellington and London, 9 August 1954, CDF, Box 5525.

(25) Sir Percy Spender's memorandum to the Acting Secretary, 2 September 1954; Acting Secretary（Smith）to US embassy, Manila, cable 949, 7 September 1954; Memorandum of conversation between K. T. Young and Shigenobu Shima, 30 August 1954; Dulles to US embassy, Tokyo, cable 446, 30 August 1954, CDF, Box 5526.

(26) Ottawa to SOS, cable 63, 24 September 1954; Djakarta to SOS, cable 489, 23 September 1954; Vientiane to SOS, cable 39, 23 September 1954; Ottawa to SOS, cable 70, 30 September 1954, Box 5526; Supplement to the Unclassified Report of the U.S. Delegation to the Colombo Plan Consultative Committee Meeting, Ottawa, Canada, 20 September-9 October 1954（confidential）, RG 59 General Records of the DOS, 1955–59, CDF, Box 4987. この報告書は以後，the Ottawa conference report（confidential）と表記する。

(27) Tokyo（Allison）to SOS, cable 283, 4 August 1954, CDF, Box 5525.

(28) the Ottawa conference report（confidential）, CDF.

(29) J. R. Fluker to Kennedy, 'Economic Warfare', 27 October 1953, CDF, Box 5524.

(30) *FRUS, 1952–54,* Vol. XII, pt. 1, pp. 809–812.

(31) *FRUS, 1955–57,* Vol. XXI, pp. 16–22.

(32) Walt W. Rostow, *Eisenhower, Kennedy and Foreign Aid*（Austin, Texas; University of Texas Press, 1985）, p. 104. Burton I. Kaufman, *Trade and Aid: Eisenhower's Foreign Economic Policy, 1953–1961*（Baltimore: The Johns Hopkins University Press, 1982）, p. 51 も参照。

(33) Memorandum of conversation between Amb. Mehya of India and Governor Stassen, 15 February 1955, CDF, Box 4987.

(34) Memorandum of conversation between G. L. Mehya, Amb. from India and Governor Stassen, 30 March 1955, CDF, Box 4987.

(35) Kaufman, *Trade and Aid*, pp. 54–55, 66. Shimizu, *Creating People of Plenty*, p. 97.

(36) *FRUS, 1955–57,* Vol. XXI, pp. 85–86.

(37) Young to Robertson, Sebald, Baldwin, 'The Simla Conference', 19 April 1955, RG 59 General Records of the DOS, 1955–59, CDF, Box 4988. Stassen to Dulles, letter, 14 April 1955, *ibid.*, Box 4988. *FRUS, 1955–57*, Vol. XXI, p. 92.

(38) Young to Robertson, Sebald, Baldwin, 'The Simla Conference', 19 April 1955, CDF., Box 4988. Memorandum of conversation between J. K. Atal, Minister, Embassy of India and K. T. Young, 18 April 1955, re. 'The Proposed Simla Conference', CDF, Box 4988.

(39) Telegram from the DOS to the Embassy in India, 20 April 1955, CDF., Box 4988; *FRUS, 1955–1957*, Vol. XXI, pp. 85–87. C. Baldwin to Robertson, 19 April 1955, re. the Simla Conference, CDF, Box 4988.

(40) Dulles to US embassies (Circular), Joint State-FOA cable No. 639, 3 May 1955, *ibid.*, Box 4988; *FRUS, ibid.*, pp. 92–93. 清水は、「中央集権的な援助配分機関」を介して資金配分が行なわれるよう組織の再編を提案したと述べているが、そういう事実はない。Shimizu, *Creating People of Plenty*, p. 99.

(41) *FRUS, 1955–1957*, Vol. XXI, pp. 92–93 and notes 4 and 5.

(42) 参加国はインド、日本、カンボジア、インドネシア、シンガポール、マラヤ、北ボルネオ、サラワクであった。

(43) 'Report of Simla Meeting: Agenda Item Four', 21 September 1955, RG 59 General Records of the DOS, Records of the Division of Far Eastern Affairs (以下 Records, FE), 1954–56, Ad Hoc Committee of the NSC on Asian Economic Grouping to Foreign Aid 1954, Lot 56 D 206, Box 4.

(44) From New Dehli to DOS and FOA, telegram 1801, 16 May 1955, CDF, Box 4988.

(45) Memorandom of conversation between Moekarto, Indonesian Ambassador and C. F. Baldwin-FE, 16 May 1955; New Dehli to SOS, telegram 1792, 18 May 1955, *ibid.*

(46) Dulles to US embassy, Colombo, telegram 350, 20 April 1955; Memorandum of conversation, New Dehli, telegram 1312, 20 May 1955, *ibid.*

(47) 'Report of Simla Meeting', Singapore Meeting of CPCC, 21 September 1955, GR 59, Records, FE, Lot 56 D 206, Box 4.

(48) Memorandum of discussion, telegram 1312, C. H. Wilson with the members of the Japanese embassy, 19 May 1955; New Dehli to SOS, telegram 1838, 24 May 1955 CDF, Box 4988.

(49) Press-barnathan, Galia, 'Choosing Cooperation Strategies: The US and Regional Arrangements in Asia and Europe in the Early Post-World War II Years', Ph.D. dissertation, Columbia University, 1998, pp. 368, 394.

(50) From New Dehli to SOS, telegram 1792, 18 May 1955; New Dehli to SOS, telegram 1838, 24 May 1955; New Dehli to DOS, telegram 177, 3 May 1956, CDF, Box 4988.

(51) Adeleke, 'Ties without Strings?', pp. 250–258.

(52) 'Report of Simla Meeting', Singapore Meeting of CPCC, 21 September 1955, RG 59, Records, FE, Lot 56 D 206, Box 4.

(53) New Dehli to SOS, telegram 1792, 18 May 1955, CDF, Box 4988.

(54) *Ibid.* Letter to Senator A. H. Smith from T. B. Morton, Assistant Secretary, re. a copy of the communiqué, 19 May 1955, CDF, Box 4988 も参照。

(55) New Dehli to SOS, telegram 1838, re. 'Evaluation of Simla Conference', 24 May 1955, CDF, Box 4988.

(56) 'Classified Report of US Delegation to the CPCC Meeting, Wellington, 5 November-8 December 1956: Supplement to the official Report', RG 59, General Records of DOS, Records, FE, Lot 56 D 206, Box 4.

(57) Dulles to Stassen, letter, 21 April 1956, reply to Stassen's letter of March 2 1956, CDF, Box 4980.

(58) *FRUS, 1958–1960*, Vol. XVI, pp. 1–3.

(59) *Ibid.*, p. 5.

(60) J. H. Smith, Jr. to C. D. Dillon, 22 August 1958, CDF, Box 4992.

(61) *Ibid.*

(62) R. C. Brewster, Staff Assistant, memorandum for J. W. McDonald, Jr., Executive Secretary, International Cooperation Administration, 6 October 1958; CSW to Mr. Leddy, Under Secretary for Economic Affairs, DOS, memorandum, 25 August 1958, *ibid.*

(63) Dulles, memorandum for the President, 13 September 1958, CDF, Box 4993. F. Reinhardt, the Counselor, memo for the President, 8 October 1958, *ibid.* も参照。

(64) Beale to Dillon, 7 November 1958, *ibid.*, CDF, Box 4993.

(65) McClosky, USDEL SEATTLE to SOS, telegram 42, 12 November 1958, *ibid.*, Box 4993.

(66) Seattle Meeting of the CPCC Ministerial and Officials Meeting, Establishment of CP Secretariat, RG 59 General Records of DOS, Records, FE, 1956–58, Lot 60 D 514, Box 5.

(67) 'Classified Report of US Delegation to the CPCC Meeting, Seattle, 20 October-13 November 1958, Supplement to the Official Report', RG 59, General Records of DOS, 1955–59, CDF, Box 4993.

(68) この点の詳細は以下の拙論を参照されたい。「東アジアにおける冷戦」木畑洋一他編『東アジア近現代通史　第七巻（アジア諸戦争の時代）』（岩波書店、二〇一一年）、四六～七〇頁。

(69) Dulles, memorandum for the President, 13 September 1958, CDF, Box 4993.

第9章　二つの戦争の間の平和攻勢
フルシチョフのアジア政策、一九五三〜一九六四年

イリヤ・V・ガイドゥク

一　平和攻勢とバンドン会議

インドシナでの戦争状態に終止符を打ち、朝鮮半島の膠着状態を実質的に認めて分断を固定化したジュネーヴ会談の直後に、アメリカ合衆国の情報当局は、朝鮮戦争とヴェトナムでのフランスの敗北の結果生じた新たな状況のもとで、共産主義者の対アジア政策の査定書を作成した。その分析者たちは、上司に次のような警告を発していた。「共産主義陣営の指導者は、アメリカが受け入れ難い対抗措置を引き起こすことなく、転覆活動や武装蜂起の支援を安全に継続できるような多様な策略の手段を、アジアで手にしたと確信している」。その策略において、ソ連と中国は、「スターリンの死後『新たな主要因』になり、『最低限のリスクで現在の軍事・経済的目的を実現し、アジアからアメリカ合衆国の影響力を最終的に淘汰することになる』、長期にわたる『平和共存』政策」に依存していた。彼ら情報当局によれば、アジア諸国は、「軍事的な弱さや、共産主義中国と敵対する恐怖感、政治的な未熟さと不安定、直面する社会経済的な諸問題、反西欧ナショナリズムの広がりを通じて、共産主義者の力と影響力の拡張に対し危険なくらい脆弱であるため、簡単にこうした共産主義者たちの策略の犠牲になる可能性がある(1)」。

実際、当時のアジア地域は、アメリカの政策決定者にとって関心の的であった。アジアの情勢は、冷戦で敵対する両陣営の分断線がすでに決まり安定していたヨーロッパでアメリカ当局が直面した状況とは異なっていた。アジア地域は、大幅な多様性により特徴づけられ、それは冷戦対決が及ぼす影響の流動性と過程の柔軟性を決定づけた。アジアには、すべてを包括するような多角的あるいは地域的な同盟体制は存在しなかった。存在したのは、常に超大国と地域同盟国との二国間同盟であった。これは、グローバル、リージョナル、ローカル、それぞれ異なるレベルで展開された協力のタイプに、地域内部で重大な差異を生み出した。換言すれば、「諸国間共通の行動様式にもとづいた安定した国家間関係、政府の正当性に関する共通見解、域内諸国と域外国との相互関係に関する共通の前提条件の存在」を示す地域秩序が、アジアには存在しなかった[2]。その結果、北大西洋条約機構（ＮＡＴＯ）やヨーロッパ経済共同体（ＥＥＣ）のような、ヨーロッパ型の安全保障や経済同盟が、少なくとも本章で考察する時期のアジアには存在しなかった。

こうした地域情勢の特性に、中立主義や非同盟運動に体現されるナショナリズムの成長がつけ加わった。アジアのナショナリズムは、第三世界の他の諸地域と同様に、反植民地主義、独立と民族自決を求めた闘争の副産物であった。これがアジアにおける全体的な勢力図をいっそう複雑にし、アメリカの政策決定者のあいだで、アメリカの立ち位置に関して一種の危機感を生み出した。一九五五年四月の国家安全保障会議の会合で、アイゼンハワー大統領は、「戦争の終結以来、世界中で顕著になったナショナリズムの広範な成長」に言及した。彼は、「共産主義勢力が、その諸目的を台頭するナショナリズムと巧みに重ね合わせている事態は危機的である。他方で、アメリカ合衆国は、この新たなナショナリズムの精神を自国の利益のために活用することに失敗した。……共産主義者は、この領域において、われわれよりもはるかに成功を収めているように見える」と発言した[3]。

しかし、アジア情勢に関してワシントンの関心を呼び起こした事態は、ソ連の指導者にとっても同じように問題となった。彼らがヨーロッパで慣れたアメリカ合衆国との対決という二極構造が、多様な諸勢力、同情や頻繁な利害対立をともなうアジアに当てはまらないことは明らかであった。これはモスクワの指導層に、アジア特有の情勢に冷戦政策を適応させる課題を突きつけた。だが、これを成功裏に行なうには、ソ連指導部は、経験、伝統、アジアに対する基本的知識を欠いていた。N・フルシチョフ自身が、一九五五年のN・ブルガーニンとの最初のアジア訪問に関する回想録で、この点を認めていた。彼はインドに関する章を、「われわれは事前にインドについて何を知っていたであろうか。われわれとは、私自身とブルガーニンであるが、おそらく、ほとんど何も知らなかった」という記述で始めた。彼は続けて、「率直に言って、われわれのインドに関する知識は、表面的なだけでなく、まったく初歩的であった」と認めざるをえない。[4] 彼とその同僚たちは、ビルマとインドネシアについてはなおさら無知であった。[5] これら諸国は、一九五三年三月のスターリンの死後始められた新たなソ連の政策の主要な対象国であった。彼らが一般的なことしか知らない他のアジア諸国については、いったい何が言えるのであろうか。

にもかかわらず、新ソ連指導部は、一九五三年春から国際政治の領域で追求した緊張緩和と平和共存の新戦略の一部として、第三世界を無視した以前の政策を覆す決心を固めた。ソ連指導層による対アジア政策の再評価が、一九五五年四月に二九のアジア・アフリカ諸国が参加したバンドン会議で、決定的ではないが、重要な役割を演じたのは明白である。バンドンでは、その多くが以前はヨーロッパ列強の植民地であり、最近独立を達成したばかりの第三世界諸国が、史上初めて、影響力を有する自由な当事者として、国際政治で自己主張を行なった。ワシントンでは、外交政策を論じるために集まった第三世界指導層の意図は、猜疑心と懸念を引き起こしたが、[6] モスクワは、会議前には強い関心を、会議後には熱意を示していた。

一九五五年四月初めの駐ソ連インド大使K・メノンとの会談で、ソ連最高評議会議長のN・ブルガーニンは、バンドン会議について尋ね、その主張に同意した。(すなわち) たとえ具体的な決定がなされない場合でも、非抑圧民族の意識を覚醒させるのに寄与するため、そうした会議の召集自体は大きな意義を持つであろう。[7] フルシチョフの回想録から読み取れるように、バンドン会議主催者がソ連を招聘しなかったことにいくらか失望したにもかかわらず、ソ連指導部は、諸国間関係を規定する「平和五原則」を宣言したバンドン会議決議への支持を表明し、ソ連を他の植民地列強のなかに含めることに異議を表明した[8]。おそらく、中華人民共和国が会議に参加し、中国首相・周恩来が中心的役割を演じたことで、モスクワ指導部が抱いた懸念は緩和されたであろう。

いずれにしても、公的発言の場で、ソ連指導部は、バンドン会議とその決議を賞賛する機会を見逃さず、平和と協力を希求する世界の闘争におけるその重要性を強調した。彼らは、バンドン会議直後に、ユーゴスラヴィア指導部との交渉で会議に言及した。それは二国間の和解につながり、両国共同宣言の草案には、次のような文言が挿入された。「ソ連とユーゴスラヴィアは、アジア・アフリカ諸国の、政治的・経済的な独立を希求しいかなる植民地支配にも反対する闘争を全面的に尊重し、諸国間関係は平等と平和的協力の原則にもとづくべきであるという彼らの願望を常に支持するものである。こうした抱負は、とくに、最近バンドンで開催され二九のアジア・アフリカ諸国が参加した会議で明らかにされ、その会議は、アジア・アフリカ人民の、民族的自意識の発展と国家主権の強化に向けた新たな一歩となった。この会議の成果とそこで採択された決議は、平和、自由、独立を求める人民闘争の大義にとって、重要な役割を演じるであろう[9]」。

発展途上国代表が集まった会議という事実そのものと、世界の世論へのインパクトを通じて、ソ連指導部は、国際政治とくに冷戦での優位を求める闘争において、第三世界が有する大きな潜在力を明確に理解できた。同時に、モスクワ新指導部の、アジア・アフリカの発展と資本主義の切迫した崩壊に関する明らかな楽観主義は、バンドン会議参加国が表明した中立主義と非同盟路線の再評価につながった。ソ連指導層は、非同盟中立を、国際舞台で彼らが追求する戦略目標とは矛盾せず、西側との競争でまさに彼らが求めてきたものであると認めた。

二　アジア諸国歴訪と対日国交正常化の模索

第三世界との和解に向けた第一歩として、一九五五年末に、フルシチョフとブルガーニンは、インド、ビルマ、アフガニスタンのアジア諸国を歴訪した。インドのジャワハルラル・ネルーとビルマのウ・ヌーとの会談と討議、さらに三カ国の視察旅行を通じて、ソ連指導部は、アジアの指導者たちの見解や協力により得られるソ連の利益を、じかに習得する機会を得た。彼らは、アジア歴訪の成果に満足し、ソ連の潜在的支持国の拡大を喜んだ。一九五六年一月のヨーロッパ同盟国との会議の前に、この歴訪を総括して、ソ連外相V・モロトフは、「ソ連を含む全社会主義陣営とアジア諸国との友好・協力の発展にとって、その歴訪は大きな政治的重要性を有する」と強調した。彼によれば、その歴訪は、インド、ビルマ、アフガニスタンにおける西側陣営の影響力の弱さを「以前に見られないほどはっきりと」示し、これら諸国のソ連および他の社会主義諸国と緊密な絆と協力関係を維持したいという強い願望が明らかになった。さらに、以前は植民地や従属国であった新興独立諸国は、「平和を求め、帝国主義国の侵略政策に反対する闘争において、われわれの積極的な同盟国である」とモロトフは宣言した[10]。

その直後のソ連共産党第二〇回党大会で、フルシチョフは、非同盟諸国との和解を理論的に正当化した。彼は、「外交政策の原理としてブロックへの不参加を表明し、平和を愛好するヨーロッパとアジア諸国の集団が世界に出現した」と述べた。非同盟諸国は、社会主義諸国とともに、「広大な平和地帯」を形成した。フルシチョフは、以下のように宣言することを通じて、新興諸国の経済建設努力に対しソ連の援助を提供した。「今日、彼らは、近代的設備のために以前の抑圧者たちに頭を下げる必要はない。彼らはそれを、いかなる政治的・軍事的な義務からも解放されて自由に、社会主義諸国で調達できる。（中略）ソ連と他の社会主義陣営諸国が存在し、それら諸国は、平等・互恵の条件で低開発諸国の産業発展を支援する用意があるという事実自体が、植民地政策を阻む主要な障害物となる」[11]。この宣言は、低開発世界に対する国際的な経済援助計画への参入を含めた、ソ連の新たな姿勢を確認することになった。その点はまもなく、国連技術支援拡張計画（ＥＰＴＡ）に対するモスクワの貢献の増大を通じて、明らかになった[12]。

対アジア新戦略の一部として、ヨーロッパ外でのソ連の立場強化を目指すクレムリンの決意は、一九五四〜五五年の日本との関係正常化を目指したモスクワの試みでも見られた。回想録でフルシチョフは、サンフランシスコ講和条約への調印拒否を「大失敗」と呼び、スターリンを批判した[13]。すでに、一九五三年八月のソ連最高幹部会での演説で、首相Ｇ・マレンコフは、朝鮮での休戦の実現により、極東諸国、とくに日本との関係正常化の時期が熟したと発言していた[14]。それ以来ソ連は、日本との国好回復を希望するサインを送り続けていた。そうしたソ連の模索は、二国間関係の正常化に向けてソ連の意向打診を試みた日本政府当局の同様な試みと重なった。ソ連外務省によれば一九五三年から、日本首相の吉田茂は、海外の外交団を通じて一度ならず、ソ日関係の正常化問題でソ連外交官と非公式の接触を維持しようと試みた[15]。

この問題に前向きに取り組む新たな機会が、一九五四年一二月に、民主党党首鳩山一郎の首相就任により訪れた。ソ連外務省の同じ文書に記録されているように、新政府は「日ソ関係の正常化問題でより積極的な政策の遂行に着手した」[16]。実際に、自立的な外交防衛政策の追求で世論の強力な支持を得た鳩山は、ソ連との外交関係樹立を内閣の優先事項のひとつとした[17]。しかし、最初に決定的措置をとったのはソ連であり、それは、極東での地位の改善を目指したモスクワの決意表明とみなすべきである。周知のように、一九五五年一月二五日に、ソ連代表アンドレイ・ドムニツキーが、二国間関係の正常化を望む提案を含んだソ連政府の信書を、鳩山に個人的に手渡した。二月四日、日本政府は、モスクワとの交渉開始を閣議決定した[18]。

日本との関係正常化交渉は困難を極め、よく知られた北方領土問題での交渉団の立場の相違により幾度も中断したが、ソ連は、交渉を取り巻く環境改善を意図する手段を講じることで、交渉を加速する意思を示した。そうした手立てのひとつが、平和条約締結の如何にかかわらず、一九五五年の国連総会で日本の国連加盟を支持するソ連最高幹部会の決定であった[19]。加盟問題の討議を通じてソ連の国連代表団は、「いくつか留保」したものの、日本に対する全般的に好意的な立場を堅持した[20]。彼らは、強硬に反対するスペインに対しては、拒否権行使を示唆した。しかし、台湾の中華民国代表が、安全保障理事会において、一八カ国のなかでもモンゴル人民共和国（外モンゴル）の国連加盟に断固反対し、アメリカが国民政府の翻意を促す説得に失敗したため、その報復措置としてモスクワは、日本の加盟提案に拒否権を行使した[21]。だが同時に、ソ連代表は、日本の加盟問題の討議を次期総会まで延期する提案を行ない、その問題を好意的に解決することに決して反対しない意思を表明した。実際よく知られているように、一九五六年一二月一八日に、国連総会での全会一致決議の結果、日本は国連の構成員として認められた。

一九五〇年代のアジア、とくにアジア太平洋地域に対するソ連の政策を分析すると、その地域でモスクワの地位強化を目指したソ連の諸活動の方向性が明らかになる。その活動は、モスクワが対処すべき政権の性格や、国際舞台での共感や連帯のパターンに左右された。その特徴に応じて、アジアでは、個別にソ連の外交政策決定者が対応した三つの国々の集団が存在した。第一集団には共産主義政権の諸国が含まれ、それら諸国は、イデオロギー上の親和性と政治的偏愛により、盲従したわけではないがモスクワと緊密な同盟関係にあった。本章で論じる時期には、中華人民共和国、北朝鮮、モンゴル人民共和国（外モンゴル）、ヴェトナム民主共和国の四カ国が含まれていたが、共産主義中国が最も重要な地位を占めていた。

日本、タイ、フィリピン、韓国、南ヴェトナムおよび中華民国（台湾）を含む第二集団は、その外交政策が西側、とくにアメリカ合衆国志向の国々であった。最後の第三集団は、東西対立で中立を宣言し、非同盟政策と政治・軍事ブロックや機構への不参加を追求する国々から構成された。ここでは、インドとインドネシアが主要な役割を演じ、アジア・アフリカの新興独立諸国の大半が追従した。

これら三集団のいずれも、内部対立や矛盾のない均質でまとまりのあるブロックではなかった点に留意する必要がある。アメリカの政策決定者が「一枚岩的」とみなした第一集団の内部においてさえ、アジア諸国に共通のナショナリスト的感情で説明できるような、完全な利害の一致はありえなかった。通常、アメリカの指導者は、敵対陣営内部での利害対立の表われを過小評価していたが、中ソ友好関係が最高潮に達した一九五四年三月に、早くもアメリカの情報当局は、アジア情勢を次のように分析し警告を発していた。「ソ連は、アジアのさまざまな共産党や政権に対して、ヨーロッパの共産党や衛星国で行使しているような絶対的統制力を有していないように見える(22)」。

親西側陣営でも、ヨーロッパ以上の多様性が見られた。以前アメリカの占領下に置かれ外交政策でアメリカに大幅に依存した日本でさえも、国際舞台で独立独行を主張しようと努めていた。非同盟原則で括られた諸国のあいだでは、もっと明白な多様性が見られた。インドの政体は西洋民主主義国家と非常に類似していたが、インドネシアでは、議会で共産党が主要な役割を演じ、北京とモスクワを志向するスカルノの外交政策路線を規定していた。いずれにしても、ある研究者が主張するように、「冷戦が『自由世界』と共産主義独裁制との対立から構成されたという見解は、アジア情勢には該当しなかった。東アジアの親西側諸国の経済は市場指向型であったが、その大半は『自由な』民主主義政府の支配下にはなかった。さらに、日本を例外とすると、とくに東南アジアの政府の大部分は権力の行使が脆弱で、その存続は多様な試練に晒されていた(23)」。そのため、東南アジア諸国の外交政策は一貫性に欠け、より便宜主義的で予測不能であった。

三　中国への依存

アジア太平洋地域で特徴的であった多様性と流動性は、ソ連に難題と機会を提供した。一方において、モスクワは、世界の連帯状況に応じて、諸国に対する政策を多様化させる必要があったが、ソ連指導部での知識と地域専門家の欠如により、その実行は常に容易ではなかった。[24] フルシチョフとブルガーニンのアジア歴訪の成果をめぐる討議で、ソ連最高幹部会メンバーが、アジア諸国でのソ連の活動に言及する際に、しばしば「ばらばら」「まとまりがない」という表現を使わざるをえなかったのは不思議ではないし、彼らは「われわれはインドを知るが、その文化には全く疎い」ことに同意せざるをえなかった。[25] これは、ソ連外交政策でアジアを完全に無視したスターリン時代の遺産であった。

他方で、そのように流動的で、忠誠義務が変化する状況のもとで、ソ連はさまざまな国々に接近し、一方では経済協力の恩恵を提供し、他方では軍事援助を約束し、さらに、二つの超大国の矛盾を利用する機会で別の国家を惹きつけるという、大きな柔軟性を享受することができた。

当初、アジアの対共産主義同盟国政策において、モスクワは、中華人民共和国に依存した。朝鮮戦争の終結以来、中国は、すべての国々との友好・協力関係を発展させることを通じて、世界中での地位強化を模索する有力な地域大国として登場した。中国がバンドン会議に参加したのは、近隣諸国への膨張・征服を目指す侵略国家としての中国に対する恐怖感を取り除き、その代わりに、平和共存政策と対外世界で互恵的協力を追求する平和愛好国家としてのイメージを創り出すことを目標としたためであった。中国指導部は、朝鮮戦争参戦の帰結であった政治的孤立に終止符を打つ決意を固め、中国の経済発展にとって、そうした孤立が何にも増して有害であると考えていた。周恩来が、一九五四年七月の中国共産党政治局会議で言明したように、「われわれが開放的であらねばならないのは必然的」であった。毛沢東は「門戸はもはや閉じられるべきでなく、われわれは外に出るべきだ」と発言し、周の判断を支持した。毛は「われわれは、関係構築を望む全ての諸国との有益な関係を発展させねばならない」との指令を発した。[26]

したがって、バンドンで周恩来が採用した懐柔的な協力路線は、この新たな中国共産党の政策の実行であった。バンドン会議での周の振る舞いは、中国の会議参加に恐怖心と懸念を抱いたワシントンにとっても、「心地よい驚き」であった。[27] 国務長官ダレスは、会議直後の閣議で次のように心情を吐露した。「われわれは周恩来が、会議において、中国ではなく合衆国が極東での侵略者であるとアジア諸国に『売り込み』、その結果、台湾地域での前進政策と軍事力行使の承諾を得る可能性が高いことを恐れていた。だが、まったく逆のことが起こった」[28]。

この中国の新たな懐柔姿勢は、アジアの共産党と民族解放運動との関係で、北京に権限を移譲しようとするソ連指導部の諸計画と（煽動されたのではないとしても）[29]完全に符号していた。フルシチョフは回想録で、次のように明言した。「われわれは、非共産主義国の共産党との関係で、ある種の『分業』の遂行が望ましいと考えた。中国で共産党が勝利を収めて以来、われわれは、中共がアジア・アフリカ諸国の同胞である共産党と緊密な絆を維持するのが望ましいと確信した。……同時に、われわれは、西側共産党との関係維持をわが手に留保することを望んだ」[30]。モスクワは、一九五四年のジュネーヴ会談の終了後に、この方針の遂行に着手した。北ヴェトナム副首相でヴェトナム代表団団長であるファン・バン・ドンとの会合で、ソ連首相マレンコフは、援助を求める北ヴェトナムの要請に対して、世界のあらゆる人民民主主義国への支援はソ連の能力では無理であるため、ハノイは中国に支援要請を行なうべきである、と助言した[31]。

ソ連指導部のそうした立場の合理性は明確であった。モスクワは明らかに、いたるところで共産主義政権を支援するという過剰な関与を回避し、政治的・戦略的な利益を得るためにクレムリンが重要であると考える、アジア太平洋地域の別の二つの国家集団との関係構築に専念することを望んでいた。この地域で成果をあげるために、ソ連は、より幅広い諸国との政治的接触を促す基盤として機能するような、経済関係構築を重視する決定を行なった。ある研究者の見解によれば、「一九五三～一九五四年に着手されたソ連の援助計画と貿易振興で、政治的命題が優位を占めていた点は疑いない。一九五五年に、ブルガーニンとフルシチョフが、アジア諸国への友好訪問に乗り出したとき、彼らが行なった製鉄所や造船所建設の気前の良い提案は、政治的好意と支持獲得を意図したゼスチャーであった。二人の指導者は、第二次世界大戦の荒廃からほぼ全面的に復興したソ連産業に必要な物だけでなく、経済的な将来性も考慮していた。彼らが留意したのは、ソ連の膨張する経済需要と援助計画を調和させることではなく、新興諸国の経済的野心を巧みに操ることであった」[32]。

ソ連指導部が、第三世界での平和攻勢を構想する際に、自国の経済的利害や潜在力を完全に無視していたかどうかは今後の検討課題であるが[33]、発展途上国との経済協力計画において、彼らが経済的利潤や市場への関心よりも、政治的考慮で動かされた点は疑いない。インド、ビルマ、インドネシアのような諸国との貿易・援助の第一目標は、それら諸国の中立的感情を強化し、ソ連に対する共感と感謝の念を強めることで、ソ連の影響力を拡大することにあった。

四　ソ連援助政策の特徴

インドは、ソ連が経済援助協定を締結したアジアで最初の非共産圏国であった。一九五五年二月に、インド政府は、ビライ製鉄所の建設・整備協定に調印した。インドのソ連援助受け入れは、他の諸国の抵抗感を弱め、アジア諸国とソ連との貿易・経済関係の発展を促す刺激要因となった。すぐに、ビルマ、カンボジア、セイロンとインドネシアがインドに続いた。一九五八年までに、アジアのほとんどすべての中立国が、ソ連と長期借款・技術支援・貿易の二国間協定を締結していた[34]。

ソ連は、二国間の経路だけでなく、国連技術支援拡張計画（ＥＰＴＡ）のような援助計画に参加することで、国連を通じてもアジア諸国に協力していた。たとえば、ソ連は、毎年ＥＰＴＡに対して、四七〇万ルーブル（一一七万五〇〇〇ドル）を拠出していたが、海外経済援助計画を統括したソ連政府機関であった「対外経済関係国家委員会」によれば、一九五九年までにソ連の拠出総額は三〇〇〇万ルーブル（七五〇〇万ドル）に達した[35]。この拠出は、ソ連の低開発諸国に対する二国間経済援助のほんの一部（約〇・五パーセント）にすぎなかったが、政治的に重要であった。というのも、それはモスクワに中立諸国との緊密な接触を保証し、二国間の経済・文化交流を促進したからである。「ソ連技術者の技能とソ連資材の効用は、好意的に受け止められた。最小の費用と努力で、ソ連製品は広大な市場に浸透した」[36]。

アジア諸国のなかでインドは、ソ連援助の受け入れ国として、首位の座を維持しつづけた。一九五九年までにソ連は、インドに二一七万二〇〇〇ルーブルの長期借款を提供し[37]、ソ連人は三二件の産業プロジェクト建設に携わり[38]、ビライ製鉄所の建設だけで八〇〇人以上のソ連技術者が関与していた[39]。ソ連が一九五三～五五年に国連経済援助基金に拠出した資金のうち七九・二パーセントが、インドの技術支援に特別に振り向けられた[40]。インドの後塵を拝したが、インドネシアとビルマも、多額のソ連援助を受け取った。一九五九年までにソ連は、インドネシアに四億七〇〇〇万ルーブル、ビルマに一億六七〇〇万ルーブルの長期借款を供与した[41]。一九五七年一月一七日にラングーンで、ソ連とビルマは、工科大学、病院、劇場、文化・スポーツ複合施設の建設・整備に関する協定を締結した。それと交換に、ビルマはソ連に対して、米と多様な物産を供給することになった[42]。さらに同時期にソ連は、カンボジアとネパールに無償援助を供与した。

アジアにおけるソ連の中立国との経済協力は、多様な形式で展開された。ソ連の諸機関は、これら中立諸国の産業プラントの計画・建設を支援し、長期借款を提供し、専門家を派遣し、訓練のため現地人幹部をソ連に招聘した。ソ連の対アジア援助は第三世界全般への支援活動と相違はなく、途上国への援助総額の九二・四パーセントが長期借款と無償贈与であった[43]。

ソ連の援助計画に共通して見られた特徴は、以下の六点であった[44]。(一) 統合された援助基盤—一連の資金供与、技術支援、技術者訓練と、多くの場合は、長期間の関与を保証した。(二) 援助計画における低利融資 (二あるいは二・五パーセント) と、通常はプロジェクト完成後まで返済が猶予された。(三) ソ連の計画は事業の外貨コストのみをカバーし、残額は [被援助国の] 内部資金から資金調達された。(四) ソ連の援助資金は産業開発部門に関連し、公衆衛生・下水処理・住宅開発ではなく、化学工場や製糖工場、建設資材、鉱山プラント、製造業に資金が供与された。(五) これらの産業に関わる諸計画は、民間あるいは自由企業部門でなく、経済の公的部門・社会化された部門の拡張を目標とした。最後に、（六）ソ連と発展途上国との援助・貿易取り決めは、軍事同盟とは切り離されていた。換言すれば、発展途上国は、共産主義陣営の軍事同盟には巻き込まれずに、ソ連から経済・軍事援助を受け取ることができた。この点は、冷戦対決において中立的立場を重視する非同盟諸国にとって、魅力的であった。

アジアのどの国と貿易・援助関係を構築するか決定するに際して、ソ連は、［被援助国の］戦略的位置や、冷戦構造の中で協力を通じて自国が獲得できる利点を考慮した。インドがソ連の援助計画で最も重要な地位を占めたのは、不思議ではない。それは、アジアにおけるインドの［地政学的］位置と、中立諸国の指導者としての比類なき役割から説明できる。ソ連は、かりにインドを自陣営に取り込むことができれば、南アジア・東南アジア全域で、西側諸国との競争で優位に立てると判断した。共産主義諸国との関係拡大を望んだインド国民会議派が追求する「資本主義国と社会主義諸国を巧みに操る戦術」を常に認識していた。(45) ソ連指導部は、その内部文書に記されたように、ネルーとインド自体の意思も当然重要であったが、ソ連の立場を強化し、アメリカとその同盟国の影響力を弱める目的で立案されていた。(46) それゆえ、インドをめぐるクレムリンのあらゆる行動は、それぞれがソ連

しかし、ソ連は、アジアの中立諸国とのみ互恵的通商関係の構築に努めたわけではなかった。モスクワにおいて経済は、西側陣営との同盟を顕示する諸国との関係において、強力な交渉の道具とみなされていた。とくに日本は、クレムリンの努力の主要対象国であった。事実、日ソ間の交渉開始の原動力となり、両国の外交関係再開をもたらしたのは、経済利害――日本漁業のニーズであった。交渉の過程で、ソ連は、漁業利害を日本の姿勢を軟化させる切り札として使用した。(47) その後もソ連は、しばしば、経済の領域での互恵的協力を通じて、二国間関係の発展で東京を説得する方策を考案した。一九六三年一二月のソ連最高幹部会での議論において、フルシチョフは、ソ連とアジア諸国、とくに日本との貿易を左右する重要事項として、ソ連極東部の化学産業の発展を取り上げた。

「サハリンは日本列島のすぐ隣にあるではないか。私が知る限り、日本人は彼ら独自の窒素源を有していない」と、フルシチョフは推論した。

発声：彼ら日本人は、原料を持たない。
フルシチョフ：彼らが独自の原料を持たぬまま産業を維持する場合、自国の原料を活用できる産業と競争するのは非常に高くつくのではないか。だから彼らが――どこから？――アメリカ、ヨーロッパから、原料を輸入するとしたら、我が国の方が非常に近いではないか。日本は資本主義国であり、かりに低価格で産物を提供できれば、われわれは競争可能である。そこに資本主義市場があり、安価なものが受け入れられるのだ。
（さらに続けて）「われわれにとって、日本の財界人と対話するのは有益であろう――「あなた方が我が国に機械設備と信用を供与する――われわれは、現実として、サハリンで化学産業を建設し、製品を日本に輸出することで借款を返済できる」。これは何と合理的であろう。(48)

この計画を発案するにあたり、フルシチョフは、極東開発に関する初期の日本側の提案に言及した。(49)

ソ連は、アジア諸国との経済関係を発展させ、資金援助・技術支援・支持を提供することに努め、アジア地域における地位と影響力を強化し、真摯に援助に努める不偏不党で好感が持てる大国としてのソ連に好意的なイメージを高めるという、目に見える成果を挙げた。その成果のひとつが、アメリカの分析者が述べたように、「アジア・アフリカにおける中立主義的感情を強化することに成功したこと」であった。(50) これは、ソ連の援助額が西側を下回り、援助の質も劣悪であったにもかかわらず実現した。援助の劣化の大部分は、援助の供与と分配を統括したソ連側の諸機関が非効率であったことに原因があった。個人のレベルでは、以下のような噂話が広く語られていた。「雨季に届いた大量のセメントが、ラングーンの波止場で風雨に晒され固まってしまった――産業設備購入のためソ連に支払われたルピー貨が、その後プレミアム付きで西欧で売却された――インドネシアは設備の欠陥、石油精製施設の整備不良、補充部品伝達の遅延を経験している」(51)。

だが、アジアのソ連の被援助国は、その援助を喜んで受け入れつづけ、それが西側諸国の援助努力拡大への刺激要因となった。アジア諸国はしばしば、自国の経験から以下の教訓を引き出していた。（すなわち）ソ連の経済的攻勢以前、モスクワが第三世界諸国への莫大な援助に乗り出す前は、アジア諸国に対する西側の援助は取るに足らない額であった。ソ連が援助計画に着手して以来、西側諸国の援助努力は大幅に増大した。[52] したがって、ある意味で、経済領域でソ連の協力が進展することで、それに関与しない国々も含めたアジア諸国は、アジア地域のニーズと要求にもっと注意を払うよう政治的にアメリカを促すことが可能になった。これはさらに、アメリカが主要な役割を演じたアジアにおける経済システムの形成に、一定のインパクトを与えた。

五　ソ連の対アジア政策の「挫折」と帰結

フルシチョフ指導下のソ連は、アジア情勢への関与拡大のため多大な努力を図ったにもかかわらず、投入資金量と、その経済モデルの効率性と魅力の両面で、アメリカとは競争にならなかった。いくつかの共産主義政権を除くと、大半のアジア諸国は、自由主義市場経済を選択した。インドのように、（たとえば、国家計画や国営企業等）ソ連型経済運営の方策を模倣した国家もあったが、一般的にアジア諸国はアメリカ志向で、国内市場の開放と自由経済原理の採用を通じて、急速な経済成長政策を追求した。[53] くわえて、アジア太平洋地域に対するソ連の政策は、一九五〇年代末〜一九六〇年代初頭に、中国との論争と中印国境紛争の勃発で深刻な後退を経験することになった。

中ソ対立については多くの研究がある。ここでは、中国と離間したソ連は、非常に強力な同盟国を失い、アジアにおいて最も危険な競争者に直面した点に着目しておきたい。中国は、自由を愛好する人民の指導的地位からソ連を追放し、アジア太平洋地域を含めた世界のあらゆる地域で、ソ連とその影響力を争う決意を固めた。フルシチョフがソ連最高幹部会で認めたように、「今やわれわれと争う中国は、悪魔と同盟を結ぶであろう」[54]。実際に、国際舞台でソ連の立場を掘り崩そうとする中国は、千島列島［北方領土］の「ソ連による占領」を非難しただけではない。一九六四年七月一〇日の日本社会党国会議員代表団との会談で、毛沢東は、日本のソ連に対する北方領土返還要求への支持を明言した[55]。また中国政府は、外モンゴルを征服したとしてソ連を非難したのである。

一九六二年に両国間での戦争に発展した中印国境紛争は、アジアにおけるソ連の諸計画に深刻な打撃を加えた。モスクワは、巨大な人口を抱える中印両国の友好関係を、常にこの地域における国際関係システム構築の基盤とみなしていた。一九五九年の中印関係概観において、ソ連外務省は、「一九四九～一九五八年のインドと中華人民共和国との友好関係が、アジアにおける平和と安全の重要な要因であった」と述べた[56]。したがって、ソ連は、一九六二年秋の中印国境での軍事衝突のニュースに危惧を抱いた。米ソ間のキューバ危機のもとで中印紛争からは距離を置きつつ、公式には中国を支持したにもかかわらず、ソ連指導部は個人的に中国政府を批判した。一九六二年一一月のソ連最高幹部会での演説で、フルシチョフは苛立ちを隠せなかった。「同志諸君、なぜインドとの戦争は始められたのか？　誰がこの戦争を必要とするのだ？　何のために血が流されるのか？　戦争終了時に、この係争地には誰も住めない。……これは恥ずべき戦争である。この戦争が共産主義者により引き起こされたのはとんでもないことだ[57]」。

一九六〇年初頭のこれら二つの出来事――中ソ決裂と中印紛争――は、直後にヴェトナム戦争に発展するインドシナ情勢の悪化とともに、アジア太平洋地域での影響力拡張にとって好都合な国際的環境を創出しようとしたソ連の失敗を、さらに悪化させたように見える。一部の研究者はそれらに加えて、ソ連の失政として、対日関係の正常化と平和条約締結の挫折、アメリカの経済的地位を掘り崩し、さらに多くの国々を共産主義の大義に転向させることに失敗したことを挙げている。彼らは、「ソ連の東方への進出は大概失敗した」と結論づけている[58]。しかし、アジアでのフルシチョフの平和攻勢は、まったく成果を残さなかったわけではなかった。というのも、ほぼ完全な無視の時代の後で、フルシチョフのアジア政策は、ソ連が世界のこの地域に参入し、アジア諸国との関係を構築し、後の時代の野心には欠けるが穏健で堅実な開発協力政策の基盤を定置するのに貢献したからである。

注　記

（1）　National Intelligence Estimate 10-7-54, ‘Communist Courses of Action in Asia through 1957’, 23 November 1954, FOIA Electronic Reading Room, www.foia.cia.gov.

（2）　Michael Yahuda, *The International Politics of the Asia-Pacific, 1945–1995*（London: Routledge, 1996）, p. 9.

（3）　Minutes of Discussion, NSC, 7 April 1955.　以下から引用。Jason Parker, ‘Cold War II: The Eisenhower Administration, the Bandung Conference, and the Reperiodization of the Postwar Era’, *Diplomatic History*, vol. 30, no. 5（November 2006）, p. 877.

（4）　N. S. Khrushchev, *Vremia, Liudi, Vlast’: Vospominaniia v4-kh knigakh*（*Time, People, Power: Memoirs in four books*）, vol. 3（Moscow: Moscow News, 1999）, p. 317.

（5）　*Ibid*., pp. 339, 369.

（6）　Parker, ‘Cold War II’ および以下を参照。Matthew Jones, ‘A “Segregated” Asia?: Race, the Bandung Conference, and Pan-Asianist Fears in American Thought and Policy, 1954–1955’, *Diplomatic History*, vol. 29, no. 5（November 2005）, pp. 841–868.　アメリカの国務長官ジョン・フォスター・ダレスは、バンドン会議が「アジアにおいて、反西洋、『反白人』路線につながる趨勢を定着させ、その将来的帰結は途方もなく危険である」と、懸念を表明した（Jones, ‘A “Segregated” Asia?’, p. 859）。

（7）　The Reception by N.A. Bulganin of the Ambassador of India, K. Menon, 8 April 1955, Rossiiskii Gosudarstvennyi Arkhiv noveishei istorii（Russian State Archive of Contemporary History）, fond 5, opis’ 30, delo 116, list 47（hereafter RGANI）.

（8）　Khrushchev, *Vremia, Liudi, Vlast’*, p. 318.　回想録においてフルシチョフは、明らかにバンドン会議の開催時期を混同している。というのも、スターリンの死から二年後に、バンドン会議への彼の承認が得られたと言及しているからである。会議宣言に言及した別の箇所で彼は、「その文書は好ましいものになった」と記している（*ibid*., p. 382）。

（9）　Attachment to the Communist Party of the Soviet Union Central Committee Presidium（Politburo）decision ‘The Questions of Yugoslavia’, P121/I, 23 May 1955, *Prezidium TsK KPSS, 1954–1964, Chernovye protokolnye zapisi zasedanii, Stenogrammy, Postanovlenia*, ed. by A. A. Fursenko, T. 2: *Postanovleniia, 1954–1958*（Presidium of the CPSU CC. Draft Minutes of Meetings. Stenographic Records. Decisions. Vol. 2: Decisions）（Moscow: ROSSPEN, 2006）, p. 83（以後は *Prezidium TsK KPSS*）.

（10）　外交政策問題に関するソ連外相の書簡（Material for the Meeting of 6 January 1956）, Secret. Foundation Archive of the Parties and Mass Organization of the Former GDR in the Federal Archives（SAPMO）, Berlin, JIV 2/202/193.

（11）　*Pravda*, 15 February 1956.

(12) Alvin Z. Rubinstein, *The Soviets in International Organizations: Changing Policy Toward Developing Countries, 1953–1963* (Princeton: Princeton University Press, 1964), p. 32.

(13) Khrushchev, *Vremia, Liudi, Vlast'*, vol. 1, p. 636.

(14) Kimie Hara, *Japanese-Soviet/Russian Relations since 1945: A Difficult Peace* (London: Routledge, 1998), p. 86.

(15) USSR Foreign Ministry, Committee on Information, 'Some Peculiarities of Economic and Political Position of Japan in the Post-war Period', Top Secret, n/d [December, 1955], RGANI, f. 5, op. 28, d. 318, 1. 92.

(16) Ibid.

(17) Hara, *Japanese-Soviet/Russian Relations since 1945*, pp. 59–60.

(18) *Ibid.*, p. 61.

(19) 'On the Admission of New Members in the UN', Strictly Secret, Resolution of the CPSU CC Presidium, P168/II, 6–7 November 1955, *Prezidium TsK KPSS*, Vol. 2, p. 107. 決議は以下のとおり――「日本を含む一八カ国の国連加盟に賛成する。日本の国連加盟を、ソ連と日本との平和条約締結とは結びつけない」。

(20) Memorandum of conversation, Dulles-Molotov, 13 November 1955, *Foreign Relations of the United States*（以下 *FRUS* と略す）, *1955–1957*, Vol. XI: *United Nations and General International Matters* (Washington, D.C.: US Government Printing Office, 1998), p. 351.

(21) *Ibid.*, pp. 450–451.

(22) CIA, National Intelligence Estimate, 'Communist Courses of Action in Asia through mid-1955', 9 March 1954, FOIA Electronic Reading Room.

(23) Yahuda, *The International Politics of the Asia-Pacific*, p. 44.

(24) 以下を参照。Aleksandr Kaznacheev, *Inside a Soviet Embassy: Experiences of a Russian Diplomat in Burma* (Philadelphia: Lippincot, 1962). この著者は、ラングーンのソ連大使館において自由にビルマ語を話すことができる唯一の外交官であった。

(25) Protokol No. 175 of the meeting of December 22, 1955, *Prezidium TsK KPSS*, vol. I: Draft Minutes of Meetings, Stenographic Records, p. 74.

(26) Shu Guang Zhang, 'Constructing "Peaceful Coexistence": China's Diplomacy toward the Geneva and Bandung Conferences, 1954–55', *Cold War History*, vol. 7, no. 4 (November 2007), p. 519.

(27) Jones, 'Diplomatic History', p. 862.

(28) *FRUS, 1955–1957*, Vol. XXI: *East Asian Security; Cambodia; Laos* (Washington, D.C.: US Government Printing Office, 1990), p. 91.

(29) 一九五四年七月の中国共産党政治局会議で周恩来は、「ソ連も、我が国が国際情勢に参画することを希望している」と発言した

(Zhu Guang Zhang, 'Constructing "Peaceful Coexistence"', p. 519)。

(30) Khrushchev, *Vremia, Liudi, Vlast'*, vol. 3, pp. 44-45.

(31) Ilya V. Gaiduk, *Confronting Vietnam: Soviet Policy toward the Indochina Conflict, 1954–1963* (Washington, Stanford: Stanford University Press, 2003), p. 57.

(32) Elizabeth Kridl Valkenier, 'Soviet Economic Relations with the Developing Nations', in Roger E. Kanet, ed., *The Soviet Union and the Developing Nations* (Baltimore: Johns Hopkins University Press, 1974), pp. 215–216.

(33) モスクワが経済的攻勢に乗り出す余裕ができた事実自体は、一九五〇年代初頭までに、ソ連経済が第二次世界大戦の破滅的打撃から完全に復興し、高い成長率を示した事実により説明可能であろう。第三世界とソ連の経済関係に関するアメリカの調査は、以下のように報告していた。「低開発諸国へのブロック援助と貿易の大幅な拡張は、明らかに共産主義圏の能力の範囲内に収まっている。ソ連のGNPはアメリカの四〇パーセントにすぎないが、それは巨額で急速に成長している。現在のクレジット利用率では、自由世界諸国へのすべてのブロック援助を充たすには、ソ連GNPの一パーセント弱で十分である。たとえ援助が年間三〇〜四〇億ドルに増額されたとしても、その契約履行はソ連GNPの二パーセント弱で可能である。中華人民共和国や東欧の衛星諸国への援助のようなその他の責務に、注目する必要があるが、将来ソ連の消費者が、過去以上に多くの生産物シェアを受け取る兆しが見られる。にもかかわらず、ソ連は、国内経済の軍事・資本財部門で高水準の活動を維持する一方で、その外国援助・貿易計画を大幅に拡張できるはずである」('Soviet Economic Growth, Resources Use, and Economic Relations with Underdeveloped Countries', 29 November 1957, FOIA Electronic Reading Room)。

(34) Rubinstein, *The Soviets in International Organizations*, pp. 88–89.

(35) State Committee for Economic Ties (Skachkov) to CPSU CC, 7 September 1959, RGANI, f. 5, op. 30, d. 305, l. 126.

(36) Rubinstein, *The Soviets in International Organizations*, pp. 88–89.

(37) Skachkov to CPSU CC, l. 123.

(38) State Committee on Foreign Economic Ties, 'The Development of Economic Ties of the USSR with the Economically Underdeveloped Countries', n/d [June, 1961], RGANI, f. 5, op. 30, d. 371, l. 41.

(39) Rubinstein, *The Soviets in International Organizations*, p. 44.

(40) USSR Foreign Ministry Southeast Asia Department, 'Republic of India', 28 December 1958, RGANI, f. 5, op. 30, d. 302, l. 48.

(41) *Ibid*., d. 305, l. 124.

（42） *Prezidium TsK KPSS*, vol. 1, p. 909.

（43） State Committee on Foreign Economic Ties, 'The Development of Economic Ties of the USSR with the Economically Underdeveloped Countries', n/d [June, 1961], RGANI, f. 5, op. 30, d. 371, l. 41.

（44） Studies in Intelligence, 'The Assessment of Communist Economic Penetration', by Edward Allen (1959), FOIA Electronic Reading Room.

（45） 'Republic of India', l. 41.

（46） ソ連外務省覚書のひとつで述べられたように、「印ソ関係問題でのソ連政府の政治的行動と立場は、インドにおけるアメリカの影響力を弱めるために、また、軍事同盟への不参加政策をインドが放棄するのを阻止するために、立案され遂行されてきた」（USSR Foreign Ministry, 'Republic of India', 24 December 1959, RGANI, f. 5, op. 30, d. 303, l. 145）。

（47） Hara, *Japanese-Soviet/Russian Relations since 1945*, pp. 62–63.

（48） Stenographic Record of the meeting of the CPSU CC Presidium, 23 December 1963, *Prezidium TsK KPSS*, vol. 1, pp. 785–786.

（49） *Ibid*., p. 786.

（50） 'Soviet Economic Growth'.

（51） Rubinstein, *The Soviets in International Organizations*, p. 176.

（52） *Ibid*., p. 59.

（53） Yahuda, *The International Politics of the Asia-Pacific*, p. 12.

（54） Stenographic Record of Khrushchev's speech before the CPSU CC Presidium, 10 September 1963, *Prezidium TsK KPSS*, vol. 1, p. 759.

（55） *Ibid*., p. 1169.

（56） USSR Foreign Ministry, 'On Indian-Chinese Relations', 24 December 1959, RGANI, f. 5, op. 30, d. 303, l. 73.

（57） Concluding Remarks by N. S. Khrushchev at the Plenum of the CPSU CC, 23 November 1962, RGANI, f. 2, op. l, d. 612, l, 146.

（58） Roger Buckley, *The United States in the Asia-Pacific since 1945* (Cambridge: Cambridge University Press, 2002), p. 122.

（秋田　茂　訳）

第10章　コロンボ・プランの変容とスターリング圏

一九五〇年代後半から一九六〇年代初頭

秋田　茂

一　資金援助から技術協力へ

本章では、一九五〇年代後半におけるコロンボ・プランの性格の変容過程を再考し、その変化が一九五〇年代から一九六〇年代のアジア国際秩序に与えた影響を考察する。

本書で検討の対象となっているコロンボ・プランは、本書第一章（渡辺論文）・第二章（トムリンソン論文）でも明らかなように、一九五〇年一月にセイロン（現スリランカ）で開催されたコモンウェルス外相会議での問題提起を契機として始まった、イギリスとコモンウェルス諸国を中心とする南アジア・東南アジア諸地域に対する経済援助計画である(1)。コロンボ・プランは、本来、経済開発への資金援助と技術援助の二本柱で構成されてきた。プランは、公式には一九五一年七月から六年間の経済開発計画として開始され、その第一次年次報告書（The First Annual Report）は、一九五〇年九〜一〇月にロンドンで開催された第二回コモンウェルス諮問会議に提出された(2)。

その後、コロンボ・プランは一九五〇年代前半の初期段階で多くの注目を集め、一九五七年六月までは順調な発展を遂げてきた。その間、一九五五年にシンガポールで開催された第七回諮問会議で、一九五七年七月から一九六一年六月まで、プランの四年間の延長が決定され、同時に、一九五九年にインドネシアのジョグジャカルタで開催予定の諮問会議で、プランの将来計画を議論することが決められた。

しかし、この最初の四年の延長期間中に、「コロンボ・プランの将来」(the future of the Colombo Plan)をめぐって、さまざまな議論が提起された。一九五〇年代の後半、プランの開始から一〇周年を迎えるころから、資金援助は大きく縮小する一方、技術援助が重視され強調されるようになった。なぜ、コロンボ・プランの存在感はこの時期に急速に小さくなり、その役割は低下したのであろうか。プランの変容は、一九六〇年代初頭のアジア国際秩序にどのような影響を与えたのであろうか。

本章では、一九五〇年代後半から一九六〇年代初頭の、コロンボ・プランの変容の過程を、次の三つの観点から考察する。第一の論点は、一九五〇年代中葉からのスターリング圏の変容と、そのコモンウェルス開発計画に対する金融面での影響である。資金援助計画として、スターリング圏とプランの関係性を提示するために、一九五五〜五七年に活動した、「スターリング圏に関する大蔵省・イングランド銀行共同作業部会」(The Treasury/Bank of England Working Party on the Sterling Area)での議論と報告書を検討する。

第二の論点は、コロンボ・プランの「一〇周年記念」(the tenth anniversary)時に出された、三回のコモンウェルス諮問会議(一九五九年のジョグジャカルタ、一九六〇年の東京、一九六一年のクアラルンプール)における、プランの将来政策をめぐる議論や論争の整理である。とくに、一九六〇年の東京諮問会議でフィリピンとビルマ代表により提起された、資金援助の相互調整を求める新たな提案に着目し、プランの被援助国であるアジア諸国の必要性の変化を明らかにしたい。

第三の論点は、一九五〇年代末に見られた、コモンウェルス諸国に対する開発援助の組織面、プログラム面および思想面における変化と代替案・機構の出現が持った意味である。一九五七〜五九年の「コモンウェルス経済開発に関するイングランド銀行・内閣委員会」(The Bank of England and the Cabinet Committee on the Commonwealth Economic

Development）での議論や、開発資金供給源の国際機関・機構への移行の問題、新たな多角的経済援助計画の形成とプランの変容を関連づけて考察する。

二　一九五〇年代末の経済開発援助とスターリング圏

本節では、一九五〇年代末におけるイギリス・コモンウェルス圏の対外経済援助の全体像を概観し、そのなかにおけるコロンボ・プランの位置を確認したい。この作業は意外に困難である。というのも、プラン自体の援助には、「海外におけるイギリス政府の支出」で非常に大きな比重を占めた軍事援助が含まれておらず、資金援助としてその比重は低いからである。本節では、イギリス大蔵省やイングランド銀行（以下、「バンク」と略す）の史料により、全体像を概観する。

ところで、アジアにおけるイギリスのプレゼンス（存在感）は、コモンウェルスを通じた影響力の行使に限定されるだけではなく、スターリング圏の存在によっても大きく規定された。大蔵省・バンク作業委員会は、スターリング圏について次のように述べている。「連合王国［イギリス］為替統制規則のポンド地域（the Scheduled Territories in the United Kingdom's Exchange Control Regulations）として列挙された諸国のリスト以外に、スターリング圏を規定するのは困難である。しかし、それは本質的に、すべてではないが大半がコモンウェルスのメンバーであり、海外での金融取引で全般的に類似した政策を採用している一群の諸国である」[3]。われわれは、このイギリスを中心とした、コモンウェルスとスターリング圏という二つの制度的枠組みと、それらのアジアにおける域外諸国・地域との関係に留意する必要がある。

表 10 - 1　開発援助，1958–59 年

		（100 万ポンド）	（100 万ドル）
イギリス	(a) 政府間借款	35	
	(b) 贈与	33	
	(c) ロンドン民間ローン	15	
	(d) 植民地開発公社	5	
	(d) スターリング・バランス取崩（概算額）	150	
	小計	£238	$666
アメリカ	(a) 国際協力局		
	（ i ）技術支援		159
	（ ii ）開発援助（主として開発借款基金）		128
	（iii）軍事援助		815
	（iv）その他の援助		470
	(b) 輸出入銀行融資（年平均概算額）		500
	(c) 公法（PL）480 による援助（年平均概算額）		900
	小計		$2,972
国際機関	(a) 国際復興開発銀行（世銀）		426
	(b) 国際金融公社		7
その他	西ドイツ・日本（概算額）		$100
	総計（概算額）		$4,200

出典：Bank of Emgland (BoE), OV171/1(706), ‘Development Assistance’, 21 August 1959 より作成。

（1）一九五〇年代末の経済開発に対する資金援助とコロンボ・プランの実績

一九五九年のバンクの報告書は、一九五八～五九年における低開発諸国に対する国際資本援助の全体像を把握するうえで有益である（表10－1）。それによれば、世界全体の開発援助は約四二億ドルで、アメリカ合衆国が二九億七二〇〇万ドル（七〇・七パーセント）を提供する突出した第一位の援助国であった。イギリスは、二億三八〇〇万ポンド（六億六六〇〇万ドル、一五・八パーセント）を提供し、アメリカに次いで第二位の位置にあった。その内訳は、（a）政府間借款三五〇〇万ポンド、（b）贈与三三〇〇万ポンド、（c）ロンドン金融市場の民間ローン一五〇〇万ポンド、（d）植民地開発公社五〇〇万ポンド[4]、（e）スターリング・バランス（sterling balances）使用額一億五〇〇〇万ポンドで、その三分の二弱がロンドンに蓄積されたスターリング・バランスの活用（取り崩し）であった点が特徴的である。国際機関も、後で言及する国際復興開発銀行（ＩＢＲＤ、以下「世銀」と略す）を中心に四億三三〇〇万ドル（一〇・三パーセント）の援

助を行なっていた。[5] 英米両国の政府援助の大半は、軍事支援のための援助であり、それは世界的規模での冷戦の展開と緊密に関連していた。

この一九五八～五九年の単年度における援助額を前提に、いくつかの関連するイギリス政府文書を組み合わせて、一九五〇年代末までのコロンボ・プランを通じたイギリスの援助の実績を確認する。

一九五五年五月に書かれたコモンウェルス関係省によるコロンボ・プランに対するイギリスの拠出に関する覚書は、一九五〇年代半ばにおけるイギリスの資金援助とその問題点を以下のように示している。

一九五〇年にコロンボ・プラン諮問会議が認めたように、アジアにおける開発に対する主要な障害は、すべてのレベルにおける資金の欠乏と専門的技術の不足である。従来われわれは、わが国の資金拠出が、(i) インド、パキスタン、セイロンのスターリング・バランスの取崩、(ii) ロンドン市場に対するコモンウェルス諸国のアクセス、(iii) イギリスの民間利害によるコモンウェルス諸国への投資、(iv) 一九五四年にパキスタンに与えられた一〇〇〇万ポンドの特別クレジット、(v) 認可されたプロジェクトに対する国際復興開発銀行〔世銀〕へのイギリスの拠出金からの融資、以上を通じてなされてきたと認識してきた。しかし、この理解は浅薄である、というのもとくに、インド、パキスタン、セイロンとの金融協定にもとづいて、これら諸政府は一九五七年までに、自国のスターリング・バランスをさらに取り崩すであろうし、それら諸国の政策は、外部から多額の民間資金を引きつけることは考えられないからである。[6]

これは、南アジアと東南アジアのプラン加盟国に対する資金援助に関する便利な要約である。

一九五九年九月のイギリス大蔵省が作成した文書（表10－2）によれば、プランを通じた援助は、当然コモンウェルス諸国に限定されており、とくに一九五〇年代後半は、マラヤ連邦とインド、パキスタンに集中していた。一九五

表10－2　コロンボ・プラン諸国へのイギリスの援助（実行額）

（単位：100万ポンド）

援助の類型	1951–52年	1952–53年	1953–54年	1954–55年	1955–56年	1956–57年	1957–58年	1958–59年	1959年4–6月	累計額
1. マラヤ連合州										
植民地開発福祉	0.237	0.588	0.562	0.484	0.833	0.642	0.155			3.501
植民地開発公社	2.250	1.460	1.665	1.627	1.483	0.510	0.792	0.817		10.604
植民地サービス経費	6.500	7.500	10.000	10.000	1.537					35.537
コモンウェルス・サービス経費								1.130	0.179	1.309
2. シンガポール										
植民地開発福祉	0.057	0.062	0.521	0.459	0.740	0.402	0.412	0.272	0.038	2.963
植民地開発公社	0.100		0.010				0.020	0.040		0.170
3. 北ボルネオ										
植民地開発福祉	0.262	0.397	0.279	0.430	0.514	0.526	0.612	0.491	0.104	3.615
植民地開発公社	0.918	1.402	0.255	0.200				0.200	0.100	3.075
植民地サービス経費	0.047		0.175							0.222
4. サラワク										
植民地開発福祉	0.194	0.184	0.253	0.030	0.041	0.162	0.452	0.371		1.687
植民地サービス経費	0.175	0.033								0.208
マラヤ・ボルネオ小計	**10.740**	**11.626**	**13.720**	**13.230**	**5.148**	**2.242**	**2.443**	**3.321**	**0.421**	**62.891**
5. 技術支援計画										
(a) 外国			0.030	0.060	0.150	0.179	0.299	0.318	0.035	1.071
(b) コモンウェルス諸国	0.029	0.182	0.343	0.531	0.509	0.563	0.708	0.671	0.165	3.701
6. パキスタンへの輸出信用保証				2.800	1.725	1.345	1.990	1.170	0.615	9.645
7. インドへの輸出信用保証								18.800	5.250	24.050
総計	**10.769**	**11.808**	**14.093**	**16.621**	**7.532**	**4.329**	**5.440**	**24.280**	**6.486**	**101.358**
8. 世銀拠出金からのポンド融資										
(a) インド					1.520	2.804	9.760	10.431	1.853	26.368
(b) パキスタン				3.370	2.221	0.570	0.192	3.163	1.152	10.668
(c) セイロン					0.001	0.018	0.027	0.001	0.033	0.080
(d) ビルマ							0.004	0.014	0.006	0.024
(e) タイ	0.050			0.043	0.002	0.002	0.019		0.002	0.118
8 の小計	**0.050**			**3.413**	**3.744**	**3.394**	**10.002**	**13.609**	**3.046**	**37.258**

注：上記の数字には，以下の項目は含まれていない。

　スターリング残高の解除分，民間部門の投資，コロンボ・プラン地域で活動する国際諸機関に対するイギリスの拠出金。

　マラヤ非常事態および連合州軍拡張のための現金・物資の贈与。

出典：The National Archives（TNA），CAB134/2514（1959），H. M. Treasury, 22 September 1959.

一～五九年六月までの累計額は約一億一三六万ポンド、そのうち一九五八年から本格化したインド・パキスタン両国に対する輸出信用保証の供与を通じた援助は、約三三七〇万ポンド（三三・二パーセント）を占めていた[7]。だが、この文書には、上記の（ⅰ）スターリング・バランス使用額と、（ⅱ）コモンウェルス諸国によるロンドン金融市場での起債、（ⅲ）ロンドン金融市場の民間ローンが含まれていない。

このギャップを補正するために、公的資金あるいは政府間協定（たとえば、イギリスとインド・パキスタン間でのスターリング・バランス解除協定）で動いた資金に関する一九五六年の大蔵省報告[8]を併用すると、次のような数字が浮かび上がってくる。すなわち、世銀への拠出金からのローン（三七二六万ポンド）を含めて、一九五一～五九年前半までの資金供与額は一億三八六〇万ポンド、これに一九五一～五七年のインド・パキスタン・セイロンとの政府間協定によるスターリング・バランス使用額二億八七〇〇万ポンド、さらに一九五一～五七年のロンドン金融市場で承認されたローン金額二億九一万ポンドを加えると、大蔵省が推計するプランを通じたイギリスの資金援助額は、一九五一～五九年に総額で六億三四七〇万ポンドに達した。

だが、この大蔵省による推計値には、軍事援助が含まれていない。その点を補正するうえで、一九六〇年に大蔵省が「東南アジア開発に関する内閣委員会」に提出した覚書、「南・東南アジアにおけるイギリスの経済・金融利害」が有益である。それによれば、「イギリス政府の経常費（軍事費、経済的贈与、政府勘定での他の諸経費）は、過去五年にわたり、年間約六〇〇〇万ポンドであった。……政府支出の大半（約五〇〇〇万ポンド）が軍事目的に振り向けられてきた。経済的贈与は、ごく最近になって増大しており、一九五九年は六〇〇万ポンドであった」。軍事費の大部分は、マラヤとシンガポールに集中しており、年間四〇〇〇万ポンドを下らなかった。また、「この地域の諸国に対するイギリス政府の資金供与（一九五八～五九年二一五〇万ポンド、一九五九～六〇年三五二〇万ポンド）は、五カ年計画を資金面で支えるためのインド向け貸付の増大（一九五八～五九年一八八〇万ポンド、一九五九～六〇年三三〇〇万ポンド）により、急激な増加を示した[9]」。

これらの記述は、一九五〇年代末の時点で、南・東南アジアにおけるイギリスの軍事援助の増大と、一九五八年から本格化したインドに対する資金援助の重要性を示していた。同時に、プランの資金援助の成果を知るうえで有益である。

(2) スターリング圏の諸問題——大蔵省・イングランド銀行共同作業部会

すでにみたように、低開発諸国に対するイギリスの資本援助は、ほとんどがコモンウェルス諸国に向けられていた。その資本援助の規模(金額)は、援助国イギリスの通貨であるポンド・スターリングの強さに大きく依存していた。したがって、低開発諸国に対する資金援助計画としてのコロンボ・プランの重要性を明確に理解するためには、一九五〇年代後半のスターリングをめぐる諸問題と対スターリング圏向けの政策を考察する必要がある。

ところで、一九五〇年代のイギリス政府にとって、戦後の「ドル不足」により引き起こされた、ポンドと米ドルとの交換性の回復が、米ドルに次ぐ国際通貨としてのポンドの地位を維持するため焦眉の課題となった。イギリス政府は一九五〇年代半ばにその問題をしばしば議論し、一九五五年一二月に、大蔵省とバンクの共同作業部会が設置され、対スターリング圏政策が再考された。その部会は、一九五七年二月に、閣内経済政策委員会に最終報告書を提出した[10]。その報告書には、資本援助に関係した多くの示唆に富む考察やデータが含まれている。

大蔵省・イングランド銀行共同作業部会報告書は、国際通貨としてのスターリングの強さは、イギリス本国の経常収支に依存しており、その本国経常収支は、イギリスの海外投資(経済援助を含む)、スターリング圏諸国(the Rest of the Sterling Area: RSA)の経常収支、および非スターリング圏諸国(the Non-Sterling Area: NSA)のポンド保有額によって左右されると主張した。報告書の第二部は、全面的に、コロンボ・プランを通じたイギリスの資金援助と直接リンクした、イギリスの海外投資の分析にあてられていた。

作業部会は、スターリング圏諸国へのイギリスの長期的投資が、コモンウェルスとスターリング圏にとって政治的、経済的に重要である点を強調した。とくに、コモンウェルスの経済開発について、つぎのように要約している。

政治的諸要因に言及せねばならない。一九五二年のコモンウェルス経済会議と、一九五四年のシドニーでの蔵相会議において、イギリス政府は、コモンウェルス開発のための資金供給を続けることが政策目標であると明言し、コロンボ・プラン諸国の諸会合等を活用して資金拠出を行なってきた。(われわれは常に、イギリスがコモンウェルス開発に関与することを明らかにしているため、他のコモンウェルス諸地域への資金移動を特別に制限することはほとんど不可能である。)こうした公約を別にしたとしても、この資本流出がコモンウェルスの重要なリンクであり、長期的に見ると、コモンウェルス内部でのわが国の通商上の、また政治的地位にとって決定的に重要である。したがって、われわれが貯蓄増大を実現しない限り、たとえ実施が遅れたとしても、またかりに、国内投資と海外投資のために資金を供給する金融機構の活用が困難になったとしても、わが国のコモンウェルス開発に対する政策を意図的に覆すのは問題外である。[11]

報告書は、具体的に対コモンウェルス諸国向け海外投資がもたらすイギリスへの負担の増大を、次のように予測していた。

来る数年間のうちに、少なくとも年間一億ポンドの追加的負担がイギリスの資金にのしかかってくることが予想される。作業部会は、わが国の準備金が不充分であるがゆえに、その負担は経常収支で支えざるをえないと確信している。……現在の水準で準備金を維持するためには、たとえ長期の海外投資額を若干削減したとしても、わが国の経常収支で一億ポンド以上の負担が求められている。[12]

次いで作業部会報告書は、イギリス以外のスターリング圏諸国（ＲＳＡ）のスターリング残高の水準を考察している。この残高に関して作業部会は、全体として、スターリング圏諸国の経常収支の赤字額増加と、それにともなう諸国のスターリング・バランスの趨勢の変化を予測していた。すなわち、最近ほぼ年一億ポンドのペースで漸増傾向にあったコモンウェルス諸国と植民地の残高が、減少するであろうと予測した。低開発の独立したコモンウェルス諸国、とくにインドでは、従来の安定した残高に代わって、年間五〇〇〇万ポンド強の残高の減少が、逆に、オーストラリアなどの発展したコモンウェルス諸国では、残高の漸増が、さらに中東の産油国では、残高の大幅な増加が見込まれる、と予想した。したがって、コモンウェルス諸国全体では、年五〇〇〇万ポンド以上のペースでのスターリング保有残高の低下が起こるため、イギリス本国の経常収支にとって、年間一億〜一億五〇〇〇万ポンドの負担増となり、結局本国の準備金の重荷になる、と結論した。[13] これは、準備額を維持するために必要とされるイギリス本国の経常収支の黒字額が、前述の海外投資継続分と合わせると、年平均で二億五〇〇〇万ポンドから三億ポンドに達することを意味した。

以上の「スターリング圏の諸問題」に関する大蔵省とイングランド銀行の共同作業部会の議論から、ポンドの米ドルとの交換性回復、国際通貨としての地位の保持を重視する本国金融当局（大蔵省とイングランド銀行）にとっても、[14] スターリング圏内の低開発諸国に対する資金援助問題が大きな懸案となっていた点が明らかになる。われわれは、スターリング圏諸国のスターリング・バランス、コモンウェルス諸国の経済開発、そしてイギリス本国の経常収支と金融的資源に対する対外的な制約・束縛とのあいだで見られた、微妙な関係を認識することができる。こうした相互に矛盾した関係の存在が、一九五〇年代末の南アジアおよび東南アジアの低開発諸国に対するイギリスの諸政策に影響を及ぼすことになった。

三 「コロンボ・プランの将来」——コモンウェルス開発計画

これとほぼ同じ時期の一九五七~五九年に、アジアの加盟国を含むコモンウェルス諸国の経済開発問題が、イギリス政府とコモンウェルス諸国政府間で盛んに議論された。その転換点となったのが、一九五七年六月末の対インド・パキスタンのスターリング・バランス解除に関する政府間協定の失効と、残高急減・枯渇にともなうインドの国際収支危機であった。この問題は、一九五七年九月の南ヴェトナム・サイゴンでのプラン諮問会議のために用意されたイギリス大蔵省の覚書でも、次のように的確に指摘されている。

インドとパキスタンとのスターリング・バランス凍結解除協定は、一九五七年六月三〇日に失効した。歴史的に見れば、スターリング・バランスの解除は、インド、パキスタン、セイロンの戦後復興と開発のために賦与された対外的支援で重要な役割を果たしてきたし、われわれのコロンボ・プランに対する貢献を表明するにあたり常に際立った実績であった。実際、これらのバランスが使われたか、あるいは急速に消化されているのは、戦後直後と現在である。コロンボ・プラン最終年である昨年、インドは、大部分がスターリングからなる約一億六〇〇〇万ポンドの外貨準備を消耗した——その全額がイギリス経済に対する支払請求となった[15]。

低開発の独立したコモンウェルス諸国や植民地すべてが、対外的資金を即座に必要としていたわけではなかった。イングランド銀行の史料によれば、「たとえば、マラヤやナイジェリアのように、巨額のスターリング・バランスを保有する地域もあったが、インド、パキスタンやいくつかの植民地のように、現在あるいは近い将来、開発資金として利用可能な対外資金がまったくない地域も存在した」[6]。本節では、同時期に展開された、コモンウェルス諸国の経済開発に関する主要な議論を合わせて参照することで、コロンボ・プランを広範な開発援助計画の枠組に位置づけ直し、その意義と重みを考察する。

(1)「コモンウェルス開発金融公社」構想とパース委員会

一九五七年二月、コモンウェルス関係相のヒューム卿は、コモンウェルスの経済開発のための新機構創設をめぐり、カナダ、オーストラリア、ニュージーランド、南アフリカ、インド、パキスタン、セイロン、ローデシア・ニアサランド連邦に対して質問状を送付した[17]。この質問は、一九五六年一一月末に庶民院で行なわれた議会討論で表明された、「低開発諸国がさらに多くの資金を必要とすることへの不満」にもとづいていた。質問状の宛先には、資金拠出国と受け入れ国両方のコロンボ・プラン加盟諸国が含まれていた。この打診に対して、すべての資金拠出国は、経済開発資金の供給源としてプランが果たしてきた役割に言及し、新たな機関の創設に否定的な意見を表明した[18]。この新機関創設への懐疑論は、インド、セイロンなど資金受入国にも共有され、パキスタンは、主権と「自国の優先順位に従い自国経済開発を計画する責任」の侵害を理由に、経済開発のための新機関創設に反対した[19]。

コモンウェルス関係省によるこの打診と並行して、ガーナ（黄金海岸）とマラヤ連邦に対する独立付与に先立ち、同じく一九五七年二月、コモンウェルス経済開発委員会（通称「パース委員会」）が設立された。そして、同年五月に内閣委員会に対して、資金援助・技術協力に関する勧告と報告書が提出された[20]。パース委員会は、通常のパターンとしての政府間援助には反対し、「通常、コモンウェルス諸国が経済開発のために資金を求めるべき対象は、もっぱら民間の企業と金融であるべきだ」と提言した。同委員会は、コモンウェルスの経済開発のニーズに応えるには、コモンウェルス開発金融公社（the Commonwealth Development Finance Company: CDFC）がイギリス本国民間企業の資金と専門知識を活用するには最適な機関であると確信し、プランの役割を含めて、技術協力の重要性を大いに強調した。

この提言に対して、イングランド銀行の金融専門家は、次にように客観的に論評していた。「閣僚〔植民地相パース卿、コモンウェルス関係省政務次官オウルポート卿〕は、とりわけ技術協力とイギリスにとっての国家的威信の側面に関心を抱いているようだ。つまり、彼らは、イギリスがエリア〔コモンウェルス諸国〕の必要物すべては提供できず、追加の支援をどこか他に求めざるをえないという現実を暴露するような統計的操作を望んでいない」[21]。

このパース委員会の提言は、コモンウェルス開発でのイギリスの役割をめぐる一九五七年白書で打ち出されたイギリスの政策の基盤となった[22]。

(2) 一九五八年コモンウェルス貿易経済会議と関連諸委員会

一九五八〜一九六〇年、コロンボ・プランの一〇周年が近づき、その将来像と展望が諮問会議で議論されたときに、コモンウェルス経済開発問題とその資金源が、一九五八年のモントリオールで開催されたコモンウェルス貿易経済会議（the Commonwealth Trade and Economic Conference）といくつかの関連下部委員会で議論された[23]。

この会議の前後に、イングランド銀行は、金融政策と開発に関する小委員会を設けて、コモンウェルス諸国への開発資金の確保を検討した。バンク小委員会の報告書は、コモンウェルスの経済的発展だけでなく、コモンウェルス関係の全体構造と自由な機構の維持のためにも、経済開発が決定的に重要である点を強調した。世界的規模での資金不足の下で、すべての発展途上のコモンウェルス諸国は、程度の差こそあれ、海外から資金を引き寄せる必要がある。小委員会は、その目的のためにコロンボ・プランが果たしてきた役割を評価した。だが、その報告書ではプラン以上に、世銀の援助実績を高く評価し、世銀の開発融資能力の強化・拡充に対する支持を表明した。それによれば、世銀の融資総額（一九五九年六月末までに四四億二七〇〇万ドル）の三分の一弱の約一二億ドルが、オーストラリア、セイロン、インド、パキスタン、南アフリカなどのコモンウェルス諸国に投入され、世銀は、コモンウェルス諸国が開発プロジェクトのために利用できた最大の米ドル資金源であった[24]。

当初、コモンウェルス貿易経済諮問評議会として招集された一九五八年モントリオール会議では、（一）植民地開発公社のコモンウウェルス開発公社への再編成、（二）イギリスからの輸出信用保証制度を通じた政府間援助の拡大、（三）新たにコモンウェルス諸国への金融支援に特化した援助機構の創設可能性の検討、が議論された。そして、（三）の課題に関してコモンウェルス開発に関する特別諮問部会の設置を決め、その部会では、「（a）共同行動を通じて、コモンウェルス内外から、さらなる資金を動員するために必要な手段の検討、（b）既存の諸機関に配慮したうえで、コモンウェルスの経済開発資金を提供する新たなコモンウェルス機構の必要性」が検討課題とされた(25)。部会は一一カ国のコモンウェルス諸国・植民地の代表で構成され、議長に大蔵省事務次官のR・メイキンズが就任した。

特別諮問部会の報告書において、コロンボ・プランは資金のコモンウェルス間移動の源とされ、一九五〇年から一九五八・五九年に、オーストラリアが三〇七〇万豪ドル、カナダが二億三九〇〇万ドル、ニュージーランドが九三〇万ポンドの資金を供給したとされる。一九五九年六月には、世銀のアメリカ政府代表が、世銀の姉妹機関として、優先順位の高い健全なプロジェクトに資金を供与することで発展途上国の経済開発を促進するために、資本金一〇億ドルで、国際開発協会（International Development Association: IDA）を設立する提案を行なっていた(26)。そのため諮問部会での議論の焦点は、（一）経済開発のためのコモンウェルス金融機構設立の可能性、（二）アメリカによる国際開発協会構想の分析に当てられた。

四日間の集中的な議論のすえに、特別諮問部会は、一九五九年七月二二日に報告書を提出した。部会は、「最近の世銀、コモンウェルス開発金融公社（ＣＤＦＣ）、植民地開発公社（ＣＤＣ）の資金力増強と国際開発協会設立の提案を勘案すると、低開発コモンウェルス諸国は、これら複数の機関からの増大する開発資金の流入を期待できること」で意見が一致した。したがって、新たなコモンウェルス金融機構設立の提案に関しては否定的な見解を取った(27)。前述のバンクの小委員会報告と同様に、部会でも世銀の役割の重要性が強調された。「世銀は、コモンウェルス外部からの資金が独立後の低開発コモンウェルス諸国に投資された最も重要な経路であった。最近の世銀資金の増強により、この資金源は資金流入の増大のために活用できるし、この流れを妨げぬように配慮が必要である」[28]。この結論が示すように、世銀とコモンウェルス金融機構のあいだで資金集めの競合が起こる可能性があったため、特別諮問部会は、新たなコモンウェルス機関の創設には否定的であった。

アメリカの提案による国際開発協会について、一部のコモンウェルス諸国代表は、(たとえばコロンボ・プランのような)コモンウェルス内部やその外部からの、二国間援助の有益性を強調し、国際開発協会の設立の結果、二国間援助が減少する危険性を指摘した[29]。この点で、われわれはイギリスの資金援助に関する二国間主義の存続を認識できる。諮問部会議長の大蔵省のメイキンズは、「このアメリカの新たなイニシアティブは、重要な転機になるであろう。開発援助を供与するにあたり、アメリカ合衆国が純粋な二国間主義から多国間システムに移行する明白な兆候がある一方で、両システムが長期にわたり共存しうることも明らかである」と述べた[30]。最終的に諮問部会は、国際開発協会の詳細にわたる慎重かつ前向きな検討を勧告した。彼らは、世銀の活動を補完するかたちで、アメリカ合衆国が多額の資金提供の意思を表明したことを歓迎したのである。

このアメリカ側の提案にもとづいて、翌一九六〇年に世銀の姉妹機関として国際開発協会(通称「第二世銀」)が発足し、低開発国を対象として世銀による長期(返済期間五〇年)の無利子融資が開始された[31]。こうして、一九五八年から五九年は、アジアのコモンウェルス諸国に対する経済開発援助をめぐって、従来のコロンボ・プランに加えて、新たな資金援助を供与するための機関の創設と方法が多方面で議論され、資金援助の事実上の多角化が検討されはじめた。

(3)「コロンボ・プランの将来」——一九五九年の五年間延長

以上のような、コモンウェルスの低開発諸国に対する開発援助をめぐる原則と機構が再考されると同時に、コロンボ・プラン自体も一九五〇年代末に、ひとつの転換点を迎えていた。一九五五年のシンガポールにおける第七回諮問会議で、プラン自体は当初の六年計画を超えて、一九五七年から一九六一年まで四年間延長することで合意が得られた。そのため、プランの将来像を、一九五九年末にインドネシアのジョグジャカルタで開催予定の諮問会議で検討する必要があった。

イギリス政府は、ジョグジャカルタ諮問会議に先立つ一九五九年八月に、「コロンボ・プランの将来」とその継続期間について、「南・東南アジアに関する内閣委員会」で議論を行なった。

大蔵省は、プランが短期的な成功だけでなく、いまや、アジアの低開発諸国を支援するための西側諸国による「純粋で非政治的な努力」を目に見えるかたちで示す参照の枠組みになった、とコロンボ・プランの実績を高く評価した。プランは、アジア諸国が経済開発計画を立案する際に、西側諸国との緊密で友好的な協力を実現し、西側の政治指導者層の援助の認識を深め、さらに、低開発諸国支援に関する世界のプロパガンダ（政治的宣伝効果）においても、非常に効果的であった、とされた。こうした肯定的評価にもとづいて、大蔵省は、一九六一年からさらに五年間のプラン延長を提案した[32]。これに対して、コモンウェルス関係省は、開発計画の継続性と一貫性の観点から、プランの一〇年間の延長を主張した[33]。イギリス政府は大蔵省の提案を採用し、最終的に一九五九年一一月のジョグジャカルタ諮問会議において、一九六六年六月までプランを五年間延長することが決定された。この時点では、フルシチョフ政権のもとで一九五五年から本格化したソ連によるアジア諸国への経済援助[34]を意識したうえで、冷戦構造のもとでの西側諸国によるプランを通じた政治的・経済的な影響力の行使が重視された。

ジョグジャカルタ諮問会議直後の一九五九年一二月一〇日に、イギリス議会貴族院において、「低開発諸国向け援助」をめぐり四時間の議会討論が行なわれた。この貴族院での討論を通じて、イギリスの政策で技術協力が第一に重視されていることが明らかになり、コロンボ・プランに関するいくつかの意義深い論点が提示された。

最初に、過去四回の諮問会議でイギリス代表団を率いたレディング卿が、低開発諸国への援助問題、とりわけコロンボ・プランに注意を喚起した。彼は、プランによる援助を、借款の提供と贈与［資金援助］、資本財の供給、および技術協力の供与の三項目に分類し、イギリス政府が技術協力に専念することの妥当性を強調した(35)。野党労働党のパッケナム卿は、二国間の政府間援助と国連を通じた低開発諸国に対する多国間援助が、保守党政府のもとで不十分な水準（年間九〇〇〇万ポンド）に留まっている点を批判した(36)。

この非難の動議に応えて、外務省政務次官でジョグジャカルタ諮問会議のイギリス代表であったランズダウン卿は、彼が率いた使節団の成果（一九五〇年からの一億ポンド、一九五九年の約三〇〇〇万ポンドの資金援助、年間一〇〇万ポンドの技術支援、世銀への一一億一七〇〇万ドルの拠出金）を説明し、プランに対するイギリス政府の取り組みの正当化を試みた。彼は、プランの諮問と評価を通じて「協力、独立、さらに自助の精神」が生まれた点を強調した。くわえて、海外援助のためには強力なスターリング貨が必要であることを、次のように明確に指摘した。「われわれが貢献し援助を供与する能力は、本国における自国経済の健全さと、ポンド・スターリング貨の強さにまったく依拠している(37)」。

ランズダウンの発言は、討論の締めくくり演説において、コモンウェルス関係相のヒューム伯爵により再度強調された。ヒュームは、イギリスの海外援助の主要資金源として、近年のイギリス経常収支の黒字幅拡大（一九五七年二億五二〇〇万ポンド、一九五八年三億五〇〇〇万ポンド、一九五九年一一月までに二億五〇〇〇万ポンド）というプラスの金融要因に言及した。「この国に関して、すべての海外援助は、この国が競争力を持ち、産業面で強力であることに左右される。経常収支はあらゆる海外援助がなされる資金源であり、その受取額が黒字のときに、われわれは低開発諸国で一定の投資が可能になる(38)」。こうした政府側の発言から、イギリスの経常収支とプラン諸国向けの海外援助額の変動とのあいだに、重要な連関性を認めることができる。

この連関性に加えて、われわれは、コロンボ・プラン諸国が生産する第一次産品の価格変動と、そのイギリスによる海外援助への影響とのあいだで、もうひとつ別の関連性を見いだすことができる。シェファード卿は、このつながりを次のように明確に指摘していた。「われわれが注ぎ込んだすべての援助は、第一次産品価格の下落により価値を喪失した。われわれは、この側面に言及する際に注意せねばならない、というのも、わが国の経済状態の改善の多くは、輸入価格の低落により実現されてきたのであり、それら第一次産品の多くがこの地域［コロンボ・プラン加盟諸国］から輸入されていた。われわれの利益は、われわれが援助することを望んできた、これら低開発の第一次産品諸国の犠牲のうえで得られてきたというのが真実である」[39]。イギリスの経常収支黒字は、イギリスからの海外援助の増大につながった。しかし、イギリス本国にとって好都合なこの状況は、プランの低開発被援助国にとっての交易条件の悪化によりもたらされた。この現象は、イギリスの資金援助とアジアの第一次産品諸国のあいだで見られた、逆説的な負のリンクであった。

四　コロンボ・プラン一〇周年──東京（一九六〇年）とクアラルンプール（一九六一年）

本節では、コロンボ・プランの一〇周年の到来に関連して、プランの変容をさらに考察していきたい。一九六〇年一一月に東京において、第一二回諮問会議が開催された。イギリス政府とコロンボ・プラン事務局は、公式には一九六一年一一月に開催予定のクアラルンプール諮問会議で、プラン一〇周年記念行事を行なうことにした[40]。だが、一九六〇年は、プランによる技術支援の開始から一〇周年にあたり、東京会議で一足先にプラン一〇周年が話題になった[41]。

（1）一九六〇年東京諮問会議

東京諮問会議での閣僚会議冒頭の演説で、日本の首相・池田勇人は、明治維新以来の日本の経済近代化計画と、その過程での日本の諸産業の発展と問題点を回顧した。彼は、一九六〇年代において、産業面で低開発諸国の経済発展の実現が、世界経済が直面する最大の課題であると位置づけた。池田は、「コロンボ・プランの根本精神は、参加国の相互援助にある。日本の経済成長が南および東南アジア諸国の経済成長に貢献するように、これら諸国の成長と生活水準の向上は、我が国の経済成長の促進に寄与する」事実を重視した。彼はとくに、プラン加盟国間での相互依存を強調し、日本が工業化で採ってきた路線が、南・東南アジア諸国にとっては興味深く参考になるであろう、と示唆した。[42]

東京会議で最大の論点になったのは、従来からのコロンボ・プランおよび他の海外資金援助計画において基本的枠組みとされてきた、援助の二国間主義（bilateralism）の有効性であった。[43]スターリング貨の力の維持が、イギリス本国だけでなく、スターリングを使用しイギリスが援助しようとするすべての当事国にとって第一の関心事であった点は変わらないものの、東京会議では、「非コモンウェルス諸国に対する資本援助」と「援助の優先順位に関する多角的合意への圧力」が、フィリピンとビルマによって提起され、事前計画と資金援助の調整の問題が大きな注目を集めた。

フィリピン外相F・M・セラーノは、より平等な分配を可能とするために、援助国は、事前に援助全体の計画をすべきである、と示唆する次のような問題提起を閣僚会議の席で行なった。

わが国の代表団は、わが国あるいは他のいかなる国も、現在以上に大きな安心感を持って、資金援助計画を要請できるような新しい規則にもとづいて、コロンボ・プランの新たな可能性の探求を希望したい。すなわち、私が提案するアプローチは、以下の特徴を有するものである。（一）援助国は、現金あるいは資本財で、プランのどの財政年度にどれだけ資金を提供できるか示唆する、（二）受け入れ可能なプロジェクトの部門を示す、（三）コロンボ・プラン事務局あるいは諮問会議特別委員会は、どの援助国が特定のプロジェクト部門を優先的に考えるのか打診し、そしてその見解を援助希望国に助言する権限を委任される、（四）好感を持つ援助国と援助希望国は、公式な二国間合意に至るプロジェクトの状態と条件を詰めるために、共同して協議を行なうことができるものとする。この提起するアプローチは、単に手続きの変更を意味するだけであり、既存の二国間での合意という基本的特徴は維持されるものである。（中略）われわれは、援助国の選択と行動の自由をまったく損なうことなく、コロンボ・プランに真にダイナミックな役割を付与しようとするものである。[44]

ビルマ代表のウ・ラシッドも同様な提案を行ない、二国間交渉は資金援助の不平等な配分につながってきたため、もはや適切ではないと明言した。[45] ラオス、南ヴェトナム、さらに間接的にインドネシアの代表も、コロンボ・プラン内のすべての非コモンウェルス諸国が、フィリピンとビルマ両国の考えを是認した。その提起は、援助供与に際して二国間で話し合う従来からの二国間主義は、援助のニーズに十分に応えることができず限られた資金の有効活用につながっていない点を指摘し、プラン全体での事前調整と資金の非コモンウェルス諸国への優先的配分を主張するもので、援助原則の多角化の検討を援助国側に迫る内容であった。

この両国の提案に対して、イギリス代表ランズダウン卿は、個別プロジェクトに関する二国間交渉の原則に反するとして強く反対し、アメリカ、オーストラリア、ニュージーランドの他の援助国もイギリスを支持した。また、他のアジア諸国も、自国に対するプランを通じた資金援助の減少を懸念して、現行のプランの構造を大きく変えることには消極的であったため、フィリピン・ビルマ提案が採択されることはなかった。しかし、東京諮問会議の直後にランズダウン卿は、イギリスの資金援助が一般的にコモンウェルス諸国に限定される原則は再考すべきであると指摘した。「われわれがこれらの友好的な非コモンウェルス諸国に対するわが国の確固たる関心を示すことができなければ、コロンボ・プラン地域におけるわが国の影響力と立場は低下するだけでなく、コロンボ・プランをコモンウェルスとそれ以外に分裂させるリスクを負うことになるであろう[46]」。ここでは東京会議において、新たな多角主義援助の提案がなされた点と、プラン内部において非コモンウェルス諸国の発言力が高まったことに着目しておきたい。

(2)「一〇年経過したコロンボ・プラン」——見直し

翌一九六一年一一月のクアラルンプール諮問会議での議論に備えて、大蔵省を中心にイギリス政府内部では、コロンボ・プランに対する関与の方法が議論された。大蔵省は、一九六一年一〇月に閣内委員会での審議のために、「一〇年経過したコロンボ・プラン」（The Colombo Plan after Ten Years）と題する興味深い覚書を作成した。その覚書で大蔵省は、一九五〇年から一九六〇年までのプラン加盟国の拡大と開発計画自体の改善を評価したうえで、プロジェクトの事前投資審査の重要性を強調した。[47] また大蔵省は、イギリスの経常収支が困難な状況にあることを認めたうえで、政策上の最優先事項がスターリングを強化することである点を、次のように指摘した。「われわれは、資本流出をまかなうために、経常勘定黒字を確保せねばならないが、現在はできていない。……われわれは、貿易決済と準備通貨としてのスターリングに対し責任を負っているため、イギリスの第一の優先事項は、スターリングの強化であることは至上命題である」。

こうした大蔵省の見解にもとづいて、クアラルンプール諮問会議へのイギリス代表団は、「多くのことが経常収支の難局の打開に依存していること」を表明するよう訓令された。[48]

（3）一九六一年クアラルンプール諮問会議——一〇周年

クアラルンプール諮問会議に際して、援助供与国による援助の事前調整問題が、イギリス政府にとって難題となった。東京諮問会議からの懸案であった、資本援助の原則、二国間主義の継続か、それとも多角主義を新たな導入するのかという問題については、慎重な検討が加えられた結果、援助の相互調整を研究する必要性を認めるものの、従来の実績を考慮して、二国間主義を堅持し、資本援助の共同プール方式は採用しない点を、イギリス政府の方針としてあらためて確認した。[49]

これに加えて新たな政策方針として、イギリス政府は、大蔵省、外務省さらに新たにコモンウェルス関係省内に創設された技術協力局（Department of Technical Cooperation）の合議で、年間一〇〇万ポンド弱のコロンボ・プラン技術協力計画を、一九六六年まで現状のレベルで続けることを強調した。この「安価な援助戦略」は、一九六一年諮問会議の直前に、「プランの一〇周年記念に関連したイギリスのジェスチャー」と題する覚書で確認された[50]。イギリス政府は、次期諮問会議において、資金援助よりも安価な技術協力の分野において、そのプレゼンスを示そうと試みたといえよう。

クアラルンプール諮問会議で、韓国がコロンボ・プランのオブザーバーとして正式に承認された。閣僚会議は、マレーシア首相のトンク・アブドル・ラーマンが、プランの過去一〇年間の実績、とくに、建設的で実践的な国家間協力を賞賛する演説で始まった。次いで、ホスト役のラーマンは、第一次産品価格、とくに天然ゴムと錫の急激な変動（下落）と在庫の蓄積に言及し、援助国側からの支援を要請したのであった。この問題は、前述の一九五九年一二月の貴族院での議会討論で、シェファード卿が提起しており、開催国の事情を反映して、閣僚会議で主要議題のひとつになった[51]。

イギリス代表のランズダウン卿は、イギリスが直面する金融的困難をとくに強調したうえで、イギリスの対外援助の努力継続を表明した[52]。東京諮問会議で問題となった援助の二国間主義に関しては、事前の情報開示を求める声が一部の被援助国から表明されたものの、それへの批判は表立っては見られずに、平穏な会議に終始した。フィリピンやビルマのようなコモンウェルス非加盟国による資金援助の事前調整を求める要求は、当初の目的を達成することができなかった。クアラルンプール諮問会議後に、ランズダウン卿は、プランの過去の実績に関して、以下のような肯定的印象を表明している。「政治的宣伝の相対的欠如は、これら会議の著しい特徴である。この点は重要であり、多くが非同盟国であるコロンボ・プラン加盟の発展途上国は、明らかに政治的動機で供与される援助よりも、率直な人間らしい協力の姿勢を通じて、より効果的に影響を及ぼすことが可能である[53]」。

五　イギリスの開発援助政策の転換点——一九五八年

最後に、一九五〇後半から一九六〇年代初頭のアジア国際秩序との関連でまとめを試みたい。

第一に、当初六年間の予定でスタートしたコロンボ・プランは、当該期の一九五〇年代に、二度にわたって（一九五五年のシンガポール諮問会議と、一九五九年のジョグジャカルタ諮問会議）一九六四年まで有効期限が延長された。この全会一致での期間延長と加盟国の増加は、援助国とアジアの被援助国のあいだで、資金援助と技術協力の両方の領域において、双方で経済援助のニーズが高まったことを示している。しかし、一九五〇年代末から一九六〇年代初頭において、プランを通じた経済援助の重心は、資金援助から技術協力へとシフトした。この点は、一九六一年クアラルンプール諮問会議に先立つイギリス政府内部での議論に明確に反映されていた。このプランの変容は、イギリスの経常収支の悪化と、それによるスターリングの弱体化への懸念、さらに、インドとパキスタンのスターリング・バランス枯渇による開発用資金への新たな圧力によりもたらされた。その意味で、一九五八年はイギリスの開発援助政策の転換点になったと言えよう。

第二に、コロンボ・プランの基本原則であった二国間主義は、一九六〇年の東京諮問会議で、フィリピンとビルマによって批判された。援助計画の相互調整（coordination）や、資金の「公正な」分配、さらに多角的援助方式が、東京とクアラルンプールで議論された。[54] 援助に関するこうした新たな主張は、一九五〇年代末に始まった世銀を中心としたインド援助コンソーシアム（一九五八年）や、一九六〇年にアメリカのイニシアティブで発足した国際開発協会を通じた、低利（あるいは無利子）で長期間の経済開発援助の展開、さらにコモンウェルス諸国間での相互援助の検討（一九五八年モントリオールでのコモンウェルス貿易経済会議）など、プランに代わって登場した新たな資金援助形態の展開とも結びついていた。

第三に、アジア諸地域におけるイギリスのプレゼンスは、一九五六年末のスエズ危機の後でも、コロンボ・プランを通じた経済援助・技術協力と、通貨面でのスターリング圏の存在によって、一九五〇年代末から一九六〇年代初頭においても依然として維持されていた。しかし、当該期におけるプランの変容と、国際通貨としてのスターリングの弱体化によって、イギリスのプレゼンスを支えてきたこの金融的基盤が漸進的に掘り崩されていくことになる。だが、一年に一回開催される諮問会議と二国間主義をベースとして運営されたプランの緩やかな組織体、それを直接・間接的にリードしたアジアのコモンウェルス諸国の指導者を自認したインドのネルー外交[55]の展開によって、一九五〇年代末の南・東南アジア地域において、非常に緩やかな「開放的地域主義」(open regionalism) の萌芽が形成された。もちろん、本格的な開放的地域主義の展開は、一九六〇年代後半のヴェトナム戦争の展開やネルー死去(一九六四年)後のインド経済政策の保護主義とソ連への傾斜を経て、一九七〇年代の二度の石油危機後に持ち越されたが、コロンボ・プランを通じた相互協力の経験は、間接的にアジアの地域主義の形成に貢献したと言えよう。

注記

(1) コロンボ・プランの形成過程については、以下を参照。渡辺昭一「イギリス内閣府調査委員会とコロンボ・プランの作成過程」『ヨーロッパ文化史研究』第一一号(東北学院大学ヨーロッパ文化研究所、二〇一〇年)、同「戦後アジア国際秩序再編とコロンボ・プランの指針——一九五〇年第二回コモンウェルス諮問会議報告書分析」『歴史と文化』(東北学院大学)第四六号(二〇一〇年)。

(2) British Parliamentary Papers(以下 BPP と略す), Cmd.8080, The Colombo Plan for Co-operative Economic Development in South and Southeast Asia: Report by the Commonwealth Consultative Committee, London, September-October 1950.

(3) Bank of England Archives(以下 BoE と略す), OV44/33, Problems of the Sterling Area: Report by a Working Party of the Treasury and the Bank of England, 25 June 1956, p. 30.

(4) 各国が貿易決済を行なうため、あるいは通貨準備金、さらに第二次世界大戦時のイギリスに対する強制的貸付金(約三〇億ポンド）として、ロンドン（イングランド銀行）で保持したポンド残高。イギリス側は、その使用・取崩しを資金援助と位置づけているが、残高保有国にとっては、自国の資金の回収であった。コロンボ・プランの発足に際して、インド・パキスタンが累積した巨額の残高の段階的処理が重視された。この点については、渡辺氏の前掲諸論文、および本書第二章のトムリンソン論文を参照。

（5） BoE, OV171/1（706）, Note on ‘Development Assistance’, 21 August 1959.

（6） The National Archives, UK（以下 TNA と略す）, T236/5978（7）, The UK’s Contribution to the Colombo Plan, 19 May 1955, by H. A. F. Rumbold, Commonwealth Relations Office.

（7） TNA, CAB134/2513, O.F.T.4, H.M. Treasury, Appendix Table, UK Assistance to Colombo Plan Countries, 22 September 1959.

（8） TNA, T236/5979, T.1254–56, H.M. Treasury, A.F.T.4, Funds made available by the UK either from public funds or by Government agreement, September 1956.

（9） TNA, CAB134/1644, Future（1960）, D.S.E.（60）9, ‘United Kingdom Economic and Financial Interests in South and South East Asia’, Note by the Treasury, July 1960, p. 3.

（10） TNA, CAB134/1675, EA（57）12, ‘The Sterling Area’, Note by the Economic Steering Committee for the Cabinet Economic Policy Committee, 4 February 1957; BoE, OV44/33, Problems of the Sterling Area: Report by a Working Party of the Treasury and the Bank of England, 25 June 1956.

（11） BoE, OV44/33, Problems of the Sterling Area: Report by a Working Party of the Treasury and the Bank of England, 25 June 1956, p. 18.

（12） BoE, OV44/33, Problems of the Sterling Area, D. Implications for the UK’s Reserves and Liabilities, pp. 22–24, 32.

（13） BoE, OV44/33, Problems of the Sterling Area, The trend of the sterling balances of the R.S.A., pp. 10–16, 31.

（14） 対ドル交換性の回復をめぐる研究として、Catherine R. Schenk, *Britain and the Sterling Area: From Devaluation to Convertibility in the 1950s*（London: Routledge, 1994）; Catherine R. Schenk, *The Decline of Sterling: Managing the Retreat of an International Currency 1945–1992*（Cambridge: Cambridge University Press, 2010）, ch. 3.

（15） TNA, T236/5978（204）, Colombo Plan Consultative Meeting, Saigon 1957, UK Assistance to Colombo Plan countries, Note by H.M. Treasury, 20 September 1957. インドの外貨使用額は一九五〇～五七年九月まで、約一億六〇〇〇万ポンドと指摘されている。

（16） BoE, OV44/57, Finance for Commonwealth Development, Working Group on Commonwealth Development（chaired by Roger Makins）, 17 July 1958, p. 2.

（17） BoE, OV44/56, Circular Despatch No. 1. Confidential, from Secretary of State for Commonwealth Relations to UK High Commissioners in

Canada, Australia, New Zealand, South Africa, India, Pakistan, Ceylon and Federation of Rhodesia and Nyasaland, 26 February 1957.

(18) BoE, OV44/56, Department of External Affairs [Canada], AIDE MEMOIRE: Commonwealth Development, 1 May 1957.

(19) BoE, OV44/56, Commonwealth Development Agency and Bank, Telegram from UK High Commissioner in Pakistan to Commonwealth Relations Office, 13 May 1957.

(20) BoE, OV44/46, Cabinet Committee on Commonwealth Economic Development: Report on Provision of Capital (C.E.D.(57)44, 16 May 1957) and Technical Assistance (C.E.D.(57)45 (Final), 28 May 1957).

(21) BoE, OV44/45, Note on Commonwealth Development, 19 February 1957, by E.P.H.

(22) BPP, Cmnd.237, United Kingdom's Role in Commonwealth Development, July 1957.

(23) BPP, Cmnd.539, Commonwealth Trade and Economic Conference: Report of the Conference, 8 October 1958. 同会議については、森建資「一九五〇年代の日英通商関係（三・完）」『経済学論集』（東京大学）第七七巻二号（二〇一一年）、六七～七二頁も参照。

(24) BoE, OV44/56 (1958), C.O.(J)(58)54, Report of the Committee on Financial Policy and Development, Note by the Secretaries, 17 June 1958.

(25) BoE, OV44/58, A.G.(59)1, Commonwealth Development, Memorandum by the UK Government, 19 June 1959.

(26) BoE, OV44/58, C.E.(A.G.)(59)6 (Final), Annex: The United States Proposal for an International Development Association, 22 July 1959.

(27) BoE, OV44/58, C.E.(A.G.)(59)6, Final Report of the Commonwealth Development Advisory Group, 22 July 1959, Part I. Finance for Commonwealth Development, (1959), p. 9.

(28) Ibid., p. 8.

(29) Ibid. Part II. International Development Association, pp. 10–13. とくにインド代表は、二国間の政府間援助が国際機構による援助より望ましい点を強調した。一九五九年七月一五日会合におけるスワミナサム（Swaminatham）の発言を参照。

(30) BoE, OV44/58, C.E.(A.G.)(59) 3rd Meeting, Proposal for an International Development Association,15 July 1959, p. 11.

(31) 平野克己『アフリカ問題――開発と援助の世界史』（日本評論社、二〇〇九年）、三二～三四頁。

(32) TNA, CAB134/2513, Note by Treasury, 10 August 1959 (T.826-59), in 'Future of the Colombo Plan', pp. 46–49.

(33) TNA, DO35/8783, 1 Draft, 'The Future of the Colombo Plan'.

(34) 本書第九章のイリヤ・V・ガイドゥク「二つの戦争の間の平和攻勢」を参照。

(35) *Hansard' Dabates*, Fifth series, Vol. 220, House of Lords, 10 December 1959, 'Aid for Under-developed Countries', The Marquess of Reading, cols. 270–280.

(36) Ibid., Lord Pakenham, cols. 284–288.

(37) Ibid., The Marquess of Lansdowne, cols. 293–300.

(38) Ibid., The Earl of Home, cols. 327–331.

(39) Ibid., Lord Shepherd, col. 311.

(40) TNA, DO35/8784, 'Tenth anniversary of the Colombo Plan, 1960'; アジア協会『コロンボ計画十年の歩み』（アジア協会、一九六〇年）。そのほかに、以下を参照。Daniel Wolfstone, 'The Colombo Plan After Ten Years', *Far Eastern Economic Review*, vol. 33, no. 5 (August 1961); *The Colombo Plan*, vol. 6, no. 7, Colombo Plan Day — Special Issue (1961); *The Colombo Plan*, vol. 6, no. 8 (1961); *The Colombo Plan*, vol. 6, no. 12, Ten Years of the Colombo Plan (1961).

(41) 本書第一一章の波多野澄雄「多角的援助と『地域主義』の模索——日本の対応」も参照。東京諮問会議に関する日本側の第一次資料（外務省記録）が、なぜかすべて廃棄されているために、イギリス側の史料（TNA, DO198/12 and FO371/152524-152439）に依拠せざるをえない。

(42) TNA, FO371/152531, Ikeda addresses Colombo Plan meeting, 25 November 1960.

(43) Lalita Prasad Sign, *The Politics of Economic Cooperation in Asia: A study of Asian International Organizations* (Missouri: University of Missouri Press, 1966), p. 170.

(44) Statement by the Honourable Felixberto M. Serrano, Chairman of the Delegation of the Philippines, on the Draft Annual Report, in *The Colombo Plan for Co-operative Economic Development in South and South-East Asia: Proceedings of the Meetings of the Consultative Committee 1960* (Tokyo, 1960), pp. 93–94, 199.

(45) Statement by Houourable U Raschild, Leader of the Delegation of Burma, on the Draft Annual Report, in *ibid.*, pp. 87–90, 208.

(46) TNA, DO198/12, Lord Lansdowne's report on the 12th Session of the Consultative Committee of the Colombo Plan held at the Tokyo during November 1960, 13 December 1960, Papers on the Colombo Plan Consultative Committee in Tokyo 1960.

(47) TNA, CAB134/2515, S.E.A.(61)25, The Colombo Plan after Ten Years, Brief by the Treasury — First and Final Revise, 18 October 1961.

(48) TNA, CAB134/2515, S.E.A.(61)24, Brief for the UK Delegation: Themes for Chapter II and the UK Statement, Note by the Treasury, 19 October 1961.

(49) TNA, CAB134/2515, S.E.A.(61), 2nd Meeting, & October 1961 and 3rd Meeting, 17 October 1961, Cabinet Committee on South and South East Asia; UK Policy: CAB134/2515, S.E.A.(61)28, 20 October 1961, Policy Questions which may arise at the meetings of the Colombo Plan

Consultative Committee, Kuala Lumpur, November 1961, Draft Paper by the Treasury.

（50） TNA, FO371/160014, DH6/90, Note of a discussion with Lord Lansdowne on 13th October, 1961 regarding the Colombo Plan Meeting at Kuala Lumpur, by A. H. P. Humphery, Department of Technical Cooperation.

（51） TNA, FO371/160016, DK6/104, Text of Speech given by Tunku（Abdul Rahman）at the Meeting of the Conference, 12 November 1961, Telegram from Kuala Lumpur to Commonwealth Relations Office.

（52） TNA, FO371/160016, DK6/107, Colombo Plan meeting 1961, Text of Lord Lansdowne's speech in meeting, 15 November 1961, Telegram from Kuala Lumpur to Commonwealth Relations Office.

（53） TNA, FO371/160016, DK6/116, Lord Lansdown's report of the 13th Meeting of the Colombo Plan Consultative in Kuala Lumpur, 15 December 1961.

（54） 戦後インドの経済開発計画と海外からの援助との関連性については、別稿「経済援助、開発とアジア国際秩序」秋田茂編『アジアからみたグローバルヒストリー――「長期の一八世紀」から「東アジアの経済的再興」へ』（ミネルヴァ書房、二〇一三年）、第七章を参照。

（55） ネルーの対コモンウェルス政策については、拙稿「南アジアにおける脱植民地化と歴史認識――インドのコモンウェルス残留」菅英輝編『東アジアの歴史摩擦と和解可能性――冷戦後の国際秩序と歴史認識をめぐる諸問題』（凱風社、二〇一一年）、第一二章を参照。

第11章　多角的援助と「地域主義」の模索
日本の対応

波多野澄雄／李炫雄

一　コロンボ・プランと「地域主義」構想

(1)「経済協力」と「地域協力」

一九六〇年秋に東京で開催されたコロンボ計画諮問会議第一二回年次会議（以下、「東京会議」）は、途上国援助が国際社会の主要テーマとなりつつあったこと、日本で最初に開催された諮問委員会であったこと、発足まもない池田内閣が支援した最初の大規模国際会議であったこと、などから内外の注目を集めた。コロンボ・プランという援助の仕組みが国民のあいだに広く知られるきっかけにもなった[1]。本章の目的のひとつは、この東京会議の意義を検討することにあるが、関連の外交記録がまったく残されていない[2]。そこで、アジア援助の模索期にあった一九五〇年代を通じて、有力な援助枠組みとして提起された「地域協力」構想とコロンボ・プランとの関連性とその変化を、まず探ってみる。

一九五〇年に発足したコロンボ・プランは、コモンウェルス諸国以外の自由主義諸国にも参加を呼びかけること、域外からの援助国の誘致に広く門戸を開くことを原則としていた。したがって、一九五〇年代を通じて加盟国は順次拡大し、一九五八年の時点で日米のほか、タイ、フィリピン、ヴェトナムが加わり、一八カ国＋三地域（北ボルネオ、サラワク、シンガポール）に拡大していた。

一九五七年半ば、外務省アジア局経済協力室の一職員は、コロンボ・プランの七年間の活動を振り返って、その成果のひとつは、南・東南アジア地域の経済開発について、広く「話し合いを行う場を提供したこと」であり、もうひとつは、技術協力について、「技術援助機構を通ずる一元的供与方式」を確立したことを挙げている(3)。前者について、アジアの経済開発に関する広範な「協議の場」の設定はイギリスであればこそ可能であったという。その理由について、こう述べている。「日本が出れば必ず戦争責任を追及され、米国が出れば経済制覇の汚名をきせられ、ソ連や中共が出れば一大紛争となったであろう。英国であればこそ、南及び東南アジアにおいて多大の不満を感ぜしめずに経済開発に関する話し合いの場を提供することが出来たのである」。

コロンボ・プランそのものは、一九五〇年代後半には、アジア太平洋の国際関係の変動や援助機関の多様化、援助に関する各国の政策の変化や援助資金の減退などの影響を受け、変容を迫られる。一九六〇年の東京会議のころには、資本援助から技術援助に重点が置かれるようになり、また、その基本的な特質であった「二国間主義」の是非が問われるという危機も経験することになる。さらに、最近の研究の深まりによって、第二次世界大戦後のアジアの植民地体制の解体にともなう新たなコモンウェルス体制への移行過程における開発戦略の要と位置づけられるようになっている。しかも、単にコモンウェルス諸国の再編のみならず、アジア太平洋全域の開発と政治的安定を視野に入れた構想であったがために、非コモンウェルス諸国の取扱いや資本調達先としてのアメリカや国連とのかかわり、共産主義勢力の拡大への対抗との関連など、複雑な影響を受けつつ変容していった過程が明らかとなっている(4)。

この間、日本は、援助国としての提供資源の限界から、コロンボ・プラン自体には技術協力に重きを置かざるをえなかったものの、「協議の場」としてのコロンボ・プランを活用したさまざまな援助のあり方を模索する。その際の議論は、独自の「経済協力」という援助理念と密接に結びついていた。

「経済協力」という言葉は、一九五一年に、当時の富士製鉄社長・永野重雄がアジア資源開発関連のプロジェクトを推進した際に使用したのが最初といわれるが、そこでは、政府による政策資金が呼び水となって、途上国への民間投資や貿易を促進する効果が期待されていた。こうした経緯からしても、日本の「経済協力」という概念は、イギリスのコモンウェルス諸国との関係強化、アメリカの民主主義と自由の追求といった、明確な理念に導かれたものではなく、国際社会の直面する諸問題に対し、官民資源の有機的結合を通じて、ある種の万能薬的な政策手段を提供するものであった(5)。

とくに一九五〇年代初頭の「経済協力」の態様は、その包括性と多様な手段のゆえに、貿易商社や開発団体による無統制な現地活動が目立ち、吉田内閣はその整理を含め、経済協力政策の見直しを行ない、一九五三年一二月に「アジア諸国に関する経済協力方針」を閣議決定した(6)。その骨子は以下の四点であった。①「相手国の立場を尊重し、且つ国連及び第三国の計画に積極的に協力すること」、②「経済協力」は「原則として民間の創意により行い、政府はその実施に必要な援助を与えること」、③賠償問題の早期解決、④「経済協力が日本の経済侵略という印象を与えることを避ける」ため、一元的な斡旋機関としての「アジア協会」の設立。

この閣議決定は、その後の経済協力政策の指針となり、一九五〇年代後半までに経済協力関係の法令や組織として整備されていくが、その特徴のひとつは、アメリカの冷戦政策の延長線上に位置する「日米協力による東南アジア開発」(日米経済協力)路線が成果をあげえないなかで、現実的な「経済協力」路線の推進が目標とされていることであった。すなわち、相手国の立場の尊重、現地と民間の「創意」の重視、政府レヴェルの関与は側面支援にとどめよう、といった姿勢が明らかにされているのである。

もうひとつは、「国連及び第三国の計画に積極的に協力すること」とうたっているように、援助機関としてのエカフェやコロンボ・プランへの加入が目標とされたことである。

日本が一九五四年一〇月に、アメリカの後押しによってコロンボ・プランに加入したとき、そこにいくつかの思惑を託した。スターリング圏貿易の安定的拡大、東南アジアへの経済進出の契機となりうる、第二次大戦前の貿易競争―日本による市場撹乱というコモンウェルス諸国の「猜疑を避ける効果」、などであった。さらに、戦後日本が、国際社会の一員として再参入するためのひとつのステップとも位置づけられた。具体的な道筋は不透明ではあったが、「コロンボ計画への参加は最も確実なアジア諸国社会への加入の道」と考えられたのである。(7)

しかしながら、こうした思惑とは裏腹に、援助国としての加入による日本の実質的な貢献は専門家の派遣や研修生の受け入れなど技術分野に限られることは、加入以前から想定されていたことであった。一九五二年八月、政府は「東南アジア諸国に対する経済協力は国連その他の国際機関を通ずる技術協力に当面の主眼をおく」方針を確認していたが、前記の「経済協力方針」の決定を受け、技術援助による現地産業の育成に重点が置かれ、その手段としてのコロンボ・プランの重要性が強調されることになった。(8)

単に技術援助が主眼であれば、国連の援助計画など国際的スキームの活用という方法もありえたが、とくにコロンボ・プランに重点が置かれたのには二つの理由があった。それは、技術援助という枠組みを越えてアジアの経済発展のための「地域協力」というスキームの実現を託したからであった。つまり、加入当時は、「多角的地域協力を提唱し、その可能性を探る場」としての意味も重視されていた。(9) もうひとつは、一九五〇年代の日本の経済活動の舞台が、セイロン、パキスタン、インドなど南アジアに重点が置かれ、南アジアを含む東南アジアを広くカバーする「コロンボ・プラン地域」が、地域協力の推進基盤として適切と考えられたことである。

(2) 経済発展と「地域主義」

「地域協力機構」が熱心に追及されたのは吉田内閣の末期からであった。輸入市場としての東南アジアに注目するならば、アジア諸国の工業化を促進して域内の購買力を育成し、他方では、諸国間の工業化計画を多角的に調整して相互補完性を高めることが必要と考えられ、地域協力機構案はそうした目的にかなっていたのである。(10)

その構想の起源は、一九五二年半ばの経済安定本部の「東南アジア経済協力機構」案にさかのぼる。それは、日米経済協力方式の行方が不透明ななかで、東南アジアとの主体的な関係構築のあり方を探り、相互補完的な経済関係を構築するという構想のもとに、東南アジア決済同盟、東南アジア経済開発協力会社などを包括した組織案であった。その目標は、「補完的、協力的関係において、東南アジア経済と日本経済との合理的交流を図る」ものとされた(11)。これらの案は、アメリカへの一方的で、大規模な資金依存を前提とする吉田内閣の「日米協力による東南アジア」開発とは異なる政策的文脈に置かれ、対米資金依存をできるだけ避け、域内諸国の相互補完性を強調する点で異なっていた。経済協力室の宇山厚室長が指摘していたように、吉田首相の四〇億ドル開発基金案のような、アジア諸国にとって「経済侵略と解され勝ち」の案ではなく、「日本で独力でやり得る限度を考え、その範囲内で地味に始める……身分相応のことをして東南アジア諸国の政治経済の安定に寄与する」ための構想であった(12)。

吉田内閣の退陣と同じころ、経済審議庁は「アジア低開発諸国の経済発展と地域主義」(一九五四年一二月)と題する報告書をまとめ、アジアの「地域主義」の必要性を次のように指摘している(13)。

第一は、国連諸組織や国際金融公社など「一つの世界的な国際機関」が冷戦の影響のもとで機能を失いつつあるならば、それを克服し、補完する手段としての地域主義である。

第二は、中共の目覚ましい経済発展への危機感である。「東南アジア諸国は政治的立場においては中共の如き行き方を自国に適用しようとは考えていないが、経済建設の面における成果が顕著の場合には、従来以上に中共の経済建設方式に対して関心をひかれるに至るであろう」と指摘する。

第三は、アジア諸国の経済基盤の脆弱性から、「無差別的な自由通商の原則」をそのまま適用することは、「これら諸国の経済発展に必ずしも有利な影響をもたらすとは考えられないので、この地域の経済の改善強化の為にも地域的な協同を促進することが望ましい」という。

そして第四は、スターリング圏の存在によって地域全体としての「多角決済機構」が欠如し、地域全体の経済交流を妨げられ、これを克服する手段として、過渡的なアジア決済機構や開発基金の設置が有効であると指摘している。経済審議庁の地域主義構想には、冷戦の克服、中国の経済発展に対する危機感、スターリング決済圏の打破、グローバリズム（多角自由貿易）が低開発諸国の経済発展に及ぼす悪影響の補塡など多様なねらいが託されていたことが解る。

こうした地域主義の構想は、全面的な対米資金依存は避けることを目標としつつも、アメリカの一定の支持が不可欠とみなされていた。日本はとくに、ＦＯＡ（対外活動庁）長官スタッセンの公式、非公式の発言に注目していたが、前記の経済審議庁の構想は、一九五四年一〇月のオタワ諮問会議におけるスタッセン演説に触発されたものであった。それ以前にも、スタッセンは、アジアの非共産主義諸国への援助増額、コロンボ・プランの目的を増進させるような提案や計画を歓迎する、と発言していたが、この演説では、多国間の地域経済協力へと向かう手段についてアメリカの「特別の関心」などに触れていた。こうしたスタッセンの発言は、「日本をして戦後初のアジア地域主義構想を推進せしめた直接の要因だった」のである(14)。

二　鳩山・岸内閣と「多角的地域協力」の推進

(1)　鳩山内閣と「地域主義」の追及

鳩山内閣時には、「東南アジア全般の経済開発促進のために、必要な資金と技術を供給する機関なり制度なりを設置しようとする構想が、最近、一種の流行のように提唱されている」状況を呈することになる(15)。

具体的な日本の提案としては、まず、一九五五年三月のスタッセンの来日に続き、四月のエカフェ総会（東京）では、政府代表朝海浩一郎が、アジア各国はそれぞれ重工業偏重に陥ることなく、経済各分野の均衡のとれた発展計画を進めるべきであると提言し、バンドン会議の予備的アジェンダとして域内貿易促進や決済同盟の可能性を打診する(16)。

バンドン会議では、日本政府は政治分野より経済分野に実質的な重きをおき、「経済協力に関する提案」の行方に注目していたが、その核心は、やはり「多角的地域主義」ということができる。開発に必要な資本蓄積を各国が独自に達成するというより、先進国の援助で賄うが、その場合、双務的な援助方式より多角的方式が望ましく、そのため国連経済開発特別基金という枠組みを活用する、というものである。最終コミュニケでは、国連特別基金の設立、世界銀行の資金のアジア・アフリカに重点的割り当てなどが盛り込まれ、その意味では日本側提案の多くは受け入れられたものの、地域協力機構の設立は明示されなかった(17)。コロンボ・プランとの関連では、バンドン会議の直後に開催されたシムラ会議が重要であった。

一九五五年五月、コロンボ・プラン加盟国のうちアジア諸国とイギリスとの会合がインドのシムラで開催される。アイゼンハワー政権によるアジア援助のための二億ドルの大統領特別基金の使途を協議するためであった。インドが呼びかけたものであるが、インドは同年秋に開催されるコロンボ・プラン諮問会議のための予備的会議と位置づけていた。日本は多角的援助の方式の具体化を目標とし、域内貿易の振興に役立つ開発計画に必要資金を振り向け、資本財購入に必要な中期信用の供与、これらの措置のための「地域開発基金」や地域的金融機関の設置を提案した。各国の国内開発計画への投資も、それが「同時に他の多くの国の利益となるような計画」に限定されることが望ましかった。アジアにおいて地域機構を設立する必要性を「戦後初めてアジア諸国に向けて力説した」ものであった(18)。

しかし、こうした地域協力のスキームにアジア各国は冷ややかであった。インドは多角的援助機構の必要性を原則として認めつつも、当面は二国間方式が望ましいとして反対し、他の諸国もインドに従った。とくにパキスタンは、従来の双務協定による援助の効用を強調していたが、バンドン会議においても、各国の経済開発計画についての総合的調整は、国家主権の侵害につながるとして批判的であった(19)。

こうしてシムラ会議は、被援助国の多くが、日本が熱望していた多国間の協力方式より二国間方式を望んでいることを明らかにした。シムラ会議にも出席し、政府特使としてコロンボ・プラン被援助国一〇カ国を歴訪した荒川昌二も、

「従来日本でも唱導されてきた東南アジア共同開発基金およびアジア支払同盟などの多角的構想がはっきりと拒否され、すべて各国間の双務的な援助関係が希望されるにいたっている[20]」と書いている。また、シムラ会議に出席した大来佐武郎は、「アジア諸国相互の猜疑心、警戒心、また自国の国内問題に追われている立場から、アジアにおける地域的な協力が、スローガンは別として、現実の問題がいかに多くの困難に満ちているかを印象付ける結果になった」と、その感想を記している[21]。

外務省アジア局によれば、シムラ会議を通じて、援助計画の一元化や「中央統制援助機構」はアジア諸国の協力が得られないことが明瞭となり、「コロンボ計画の性格を決定する重要会議」であったという[22]。つまり、二国間援助の基本を再確認したという意味をもったのである。

日本は、多角的地域協力について何らかの具体案を、シムラ会議後のシンガポール諮問会議において提出する予定であったが、その準備会合では、独自案の提出は見送ることを決定している。その理由は、「開発計画は援助を受ける各国が立案すべきで、援助国の立場に立つ日本が独自の開発計画を正式に提出することは筋が通らない」という石橋湛山通産相の意見によるものであった[23]。一九五五年九月のシンガポールで開催されたコロンボ・プラン諮問会議は、日本にとっては初参加であり、石橋通産相と高碕達之助経済企画庁長官を代表として送り込み、従来からの域内協力のための提案を踏まえ、次のように「新しい地域主義」の推進を訴える。

すなわち、東南アジア諸国の工業化のためには、「各国それぞれの資源と必要に応じたものでなければならず、どの国も同じような工業化を考えることは無駄であり、アジア諸国はアジア地域内部の相互の協力と調整を考慮すべきで、ここに新しい地域主義の推進が必要とされる。この新しい地域主義はアジアだけでかたまろうという閉鎖的なものであってはならず、開放的なものでなければならない」。

「新しい地域主義[24]」とは、後述のように「開放的地域主義」にほかならなかったが、新たな具体的な提案をともなうことはなかった。

(2) 岸内閣の「アジア開発基金」構想

岸内閣となっても、地域協力に関する機構設立への熱意は衰えたわけではなく、アメリカによる援助資金の可能性が示されるたびに、さまざまな提案がなされる。

一九五五年一〇月、H・フーヴァー国務次官の来日に際して、外務省アジア局は在日米大使館を通じて前記の大統領基金の使途について、「アジア投資金融機関」(Asian Finance Corporation) の設置を提案している。このアジア向け融資機関は、資金供与のみならず、企業計画の援助、先進国との企業提携の斡旋などの活動を展開することになっていた。また、同時に「地域間の経済交流の拡大のため、貿易上の決済を行う機関」の設置が望ましいとされた[25]。この提案は、翌年三月、J・F・ダレス国務長官の来日時に、高碕長官によって「アジア開発公社案」として提案される。アメリカのみならず、アジア諸国も資金援助を分担し、アジア諸国の発意と自立を重視し、「海外援助が徒に冷戦の武器として使われる」ことを回避する「アジアによるアジア開発」を目指すものであった[26]。

この公社案は、開発に必要な資本蓄積を各国が独自に達成するというより、先進国の援助で賄うが、その場合、「ヒモつき」に傾きやすい双務的援助の弊害を防ぐという意味があった。結局、この公社案は、既存組織との競合、アジア諸国の消極性、アメリカの資金供与の消極性などによって日の目を見なかった。アジア開発基金やアジア決済圏の構想に対しても、東南アジア地域において国際決済通貨としてスターリング通貨が健在である限り、非スターリング諸国のみによる通貨圏の設定は受け入れがたいものであった。

周知のように、岸首相は、一九五七年に二度にわたって東南アジアを訪問して東南アジア開発基金構想を提唱している。岸の構想は、鳩山内閣時代のアイデアを踏まえたものであった。その中心であった「アジア開発基金」構想は、対象をアジアに限った金融機関を設置し、「その基金は米国その他コロンボ・プランに参加している国々から拠出することとし、利益を受ける東南アジア諸国自身も希望する場合、出資する」というものであった。これらの構想の基盤となっていたのは、「東南アジア全体の総合的な開発の為に地域的機構が望ましい……東南アジア全体が自主的にやって、そうしてお互いの企画を出し合って全体的に計画を進め、アジアを一つの共同市場的な方向で考えていこうとする立場」であった。

岸は訪米に先立ち、ダグラス・マッカーサー駐日アメリカ大使と予備的会合を行なっている。大使は、大規模な基金構想は非現実的であるとして退けたが、岸は、「東南アジア全体が自主的にやって、そうしてお互いの企画を示し合って全体的に計画を進めるという行き方も、これは自分としては捨てがたい」として、「一つの総合開発援助機構を作るということを議題としてもらいたい旨を力説した」結果、訪米の議題となったものであった。

訪米に同行した福田赳夫（自民党副幹事長）によれば、財務省や国務省も消極的であったが、岸や福田には「東南アジア開発のための国際的な基金というものが、現実に必要であり、また、日本というアジアで特別な地位にある国を通ずることによって」こそ、それが可能である、という信念があったという[27]。

いずれにしても、岸構想に対するアジア各国の反応は冷ややかであった。たとえば、パキスタンは、アジア各国間には、開発資金の「分配をめぐって必ず競争が起こり、寧ろ米国や日本と直接の話合いで必要な資金を得る方が好ましいように思う」と応じたが、アジア各国からみれば、それは自己利益のための経済ナショナリズムのコントロールであり、受け入れがたいものであった。日本がいかに包括的な地域協力を望んだとしても、アジア諸国はなおも二国間援助方式に固執する傾向が強かった。しかも、東南アジア諸国には依然として対日不信感が根強く残るなかで、日本主導による地域協力体制は、アジアの経済発展を従属的なものとする、という懸念も拭えないものであった。

ただ、本章との関連では、岸の東南アジア訪問について重要な点は、コモンウェルス諸国が重視されていたことである[28]。

（3）「多角地域協力」への固執

岸内閣のアジア開発基金構想の挫折に象徴されるように、一九五〇年代後半を通じて、幾度となく提案された日本の多国間方式の地域機構案はアジアとアメリカの双方から拒絶された。では、なにゆえに日本は「地域主義」構想に固執したのであろうか。

その理由のひとつは、アメリカのアジア政策が地域的枠組みの形成とアジア援助の増大に積極的となるであろうという「期待」のゆえであった[29]。アジア局経済協力室の見方のように、アメリカは援助規模の大きさだけではなく、「コロンボ計画の性格である二国内接受方法を守りながらも手をかえ品をかえて一元的多角方式を加味しようとしている点」にも魅力を感じていた[30]。

さらに、もうひとつは共産主義中国の経済発展にあった。一九五七年二月、フェアレス委員会との意見交換のなかで、岸は、「中共について注意せねばならぬのは、東南アジアとの関係である。中共が国内建設を完成して東南アジアに経済進出してくる前に、自由諸国において東南アジアを早く開発して、これにカウンターアクトするよう措置せねばならない」と説いている[31]。

一九五四年末の経済審議庁による「アジア低開発諸国の経済発展と地域主義」(前掲)にも記述されているように、東南アジア諸国は政治的には容易に共産主義には与しないが、経済建設が成果をあげる場合には、「中共の経済建設方式」に惹かれるのではないか、という経済面の脅威論は一九五〇年代後半を通じて深刻なものがあった。こうした脅威に対抗するためには、東南アジア全体の産業化と経済発展が必要であり、その先導役を日本が担うべきであった。

岸がことさら経済発展を重視したのは、「東西の抗争は依然として衰えることなく続いている。しかし、その抗争は今や軍事的分野から政治経済の分野に重点が移りつつある。国際共産主義はこの新しい線に沿ってその努力を強化しつつある」からであった。冷戦は長期化し、軍事的対立から「政治経済の分野」に移行しているという認識である。元来、日本には、東西冷戦を軍事的対立よりも、自由主義体制と共産主義体制という二つ政治経済システムのあいだの競争として把握する傾向があり、自由主義システムの優位を示すというアプローチが有効に思われた[32]。

さらに、多国間協力システムへの固執は、日本のアジア・ナショナリズムに対する基本的な姿勢とも結びついていた。

すなわち、アジアのナショナリズムが政治的に出現し、欧米諸国との対立を惹起する場合は、その「穏健化」を働きかけつつ西側諸国との妥協を「橋渡し」する役割を担い、経済的ナショナリズムに対しては、多国間機構の創出によって、相互の経済建設計画を調整させるとことを狙うものであった。スカルノに対する継続的支援も、インドネシアのナショナリズムのはけ口を、革命や戦争ではなく、開発に向けさせることを狙いとするものであった。[33]

コロンボ・プランは、あくまで二国間ベースによる援助枠組みであり、とくに鳩山政権時代に追求されていた相互補完性を重視した域内諸国の多角的な協力機構に発展する余地は小さかった。しかし、前述のように、同プランが「二元的多角方式を加味しようとしている点」に期待をかけていたこと、また、加盟国が、共産主義の脅威に対して域内諸国の政治的安定と経済発展の重要性という認識を共有していたことが[34]、日本政府がコロンボ・プランを基礎とした地域協力の枠組みの構築について望みを捨てなかった要因であろう。

三　東京会議と「地域主義」構想の変容

(1) 技術協力の意義

一九五〇年代末から一九六〇年代初めにかけて、イギリスの支払いバランスの債務とスターリングの弱体による開発援助資本の不足によって、コロンボ・プランは明瞭に資本援助から技術援助にシフトしている。[35] こうした変化は、日本にとっても好都合であり、技術援助は地味ではあるが、「資本援助に比していわゆるひも付きの恐れもすくなく、コロンボ計画の表向きの目的に最も合致したもの」とみなされるようになる。[36]

国際的な技術協力という点では、コロンボ・プランは国連やアメリカ政府のＩＣＡ（International Cooperation Administration　各種援助機関を統合し、一九五五年に発足）に匹敵する成果を挙げていた。技術協力の中心は技術専門家の途上国への派遣と、先進国への研修生の受け入れ事業であったが、前者については、一九五〇年から一九五七年の間の派遣数において、国連や米国ＩＣＡに及ばなかったが、同時期の研修生の受け入れ事業においては、国連やＩＣＡを凌駕していた。また、両者について、被援助国の独立まもない時期には、関税制度、租税制度、地方自治、警察など行政部門、銀行、保険、海運、郵便など経営部門、食糧・農業部門が上位を占めていたが、一九五六年ころから、教育、医療、保健といった分野が大きく伸び、技術援助の内容も多様化していた。日本も一九五七年以降、研修生の受け入れと技術専門家の派遣の両部門でその数を伸ばしていった(37)。

一九五〇年代後半の日本は、援助や特需に依存しない長期経済計画の策定が可能となり、予測を上回る経済成長が軌道に乗りつつあった。復興段階をいち早く脱し、自立経済を達成しつつあるという日本の経験は、アジア諸国にも共有すべきものであった。アジア局経済協力室の一室員は、「アジア社会の一員として、夙に西欧的な技術を導入して成功したところのわが国の明治以降の経済発展、産業育成の貴重な経験は、より積極的にアジア諸国に紹介され、助言に資すべきであろう」として、具体的に、潜在労働力の活用、生産性向上のための稲作技術、品種改良の指導、中小企業技術と経営改善の協力範囲の拡大、村落開発、農協組合の組織化とその運用について日本の経験を活用せしめることが重要、と論じていた(38)。

また、政府特使としてコロンボ・プラン地域を視察した荒川昌二は、「明治以後数十年のうちに農業国家から工業国家に発展したのであるが、これを今日やりとげたいのがアジア諸国の希望なのである。この日本の経験は、アジア諸国にとって実に豊富な教訓となるものである。……産業の多様化、産業の種類が限られているオーストラリアなどに比べて各種の技術経験者が豊富にいるという事実は、きわめて有利」と論じていた(39)。ここで荒川がオーストラリアにとくに言及しているのは、コロンボ・プランを通じた技術協力は、研修生の受け入れや技術専門家の派遣について、オーストラリアの貢献が大きかったためである。

コロンボ・プランにおける技術協力の比重の高まりは、技術に支えられた日本の経済発展の「成功物語」と結びつき、やがて一九六〇年の東京会議における池田首相演説として表現されることになる。

(2)「近代化モデル」としての日本

さて、一九六〇年の東京会議は、「援助国」としての日本を内外にアピールする場となったが、コロンボ・プラン加入国として具体的な提案を行なったわけではなかった。閣僚会議における池田首相の演説は、もっぱら日本の「成功物語」を、アジアの近代化モデルとして「コロンボ計画の国々に対して多くの貴重なヒントを提供するもの」として意識的に説くものであった。すなわち、明治維新から二〇年間に経済の「近代化」の基礎づくりを可能とした要因は、勤勉、貯蓄そして教育にある、としたうえ、戦後の経済復興の要因も倹約、貯蓄が巨額の投資を可能とし、熟練された技術が投資の効率性を高めたこと、「日本国民の勤勉と知識と技術は、戦争によって破壊されることはなかった。海外からの援助(とりわけ米国)は日本経済の復旧に重要な役割を果たしたが、この援助を最も効果的に利用することにより、経済の復興をもたらしたのは勤勉なわが国民なのである」と誇らしげに論じた(40)。

池田は、コロンボ・プラン諸国に対する「日本政府の意向」として、次のよう指摘している。「コロンボ計画の基本精神が参加国同士の『相互援助』にあるという事実に改めて重点を置くべきである。日本の経済成長が南・東南アジアの国々の経済成長に貢献するのと同じく、それらの国々の経済成長及び生活水準の向上がわが国の経済成長を促進し奨励する必要があるということである。……コロンボ計画は積極的な相互援助の問題として理解されるべきであり、すべての構成国がそれぞれの国力の許す範囲内で協力計画を推進するべきである」。

池田は、アジア諸国間の「相互援助」や「自助」を強調する一方、援助に関する多国間地域協力については触れず、「構成国がそれぞれの国力の許す範囲内で協力計画を推進するべきである」と述べるにとどまり、会議全体を通じても日本政府から地域協力の問題を提示することはなかった。

池田演説には具体的な提案は含まれていなかったものの、自助や相互援助の強調は、参加国のなかでも注目され、イギリス代表のランズダウンは、「池田首相は、経済の近代化への道しるべとして日本の経験から適切な教訓を引き出した」と述べ、国内の高い貯蓄率と結合した日本国民の勤勉性や高い技術力が、効果的な対外援助にとって不可欠の条件であることを示した、として高く評価した[41]。閣僚会議における迫水久常（経済企画庁長官）代表の提案は、技術援助に重点を置くもので、その規模の拡大と多様化を求め、域内各国の基盤強化のための工業化の促進、農業の生産性向上と多角化、中小企業の発展といった分野への協力の拡大を提案するものであった。

（3）二国間援助への挑戦

しかし、東京会議において最も注目を集めた問題は、資本援助に関する「二国間援助」方式の見直しという提案であった。まず、ビルマ代表ウ・ラシッドは、資本や技術の無駄を省くための域内計画の調整の必要性、地域的に共通の問題の討議を提案した。コロンボ・プランによる援助は伝統的に二国間的なものであるが、その援助の程度は、被援助国の人口や必要性に基づくものではなく、援助国の利益に基づくことが多いことから非効率的であり、「援助国が予め協議して特定年度においてコロンボ計画地域に支出しうる援助の総額を決定し、それに基づいて国別割当を行う」というものであった[42]。

また、フィリピン代表セラノは、「援助国が特定年度において行い得る資本援助の総額、援助しうるプロジェクトの種類を予め示し、コロンボ計画事務局又は協議委員会が設置する特別委員会が援助国と被援助国のあっせんを行い、その後、特定の援助国と被援助国が援助条件を話し合って最終的取極めを結ぶ」ことを提案した。ビルマとフィリピンの提案は、ただちに「多国間援助方式」や「多角主義」に結びつくものではなかったが、資本援助の額や開発プロジェクトに関する多国間の事前の調整をその内容としている点から、「二国間援助方式」への転換を迫るものとみなされた。被援助国のなかでは、ラオス、ヴェトナム、間接的にインドネシアがフィリピンとビルマの提案に賛同している。
イギリス代表は、「コロンボ計画の本質は二国間援助であり、そのためわれわれは Grouping に伴うあつれきなしに円満に事を運ぶことができるわけである」として、ビルマ代表およびフィリピン代表の提案は「いずれの利益にならない」と反対の立場を明確に示した。ニュージーランドとオーストラリアの代表はイギリス代表の立場を支持した。ビルマとフィリピンの提案は、発足まもない開発援助グループ（DAG）や、第二世銀による途上国援助のあり方をめぐる議論と連動していたとみられる。しかし、二国間援助の見直しに賛同した諸国がいずれも非コモンウェルス諸国であったことから、ランズダウンは、コモンウェルス・メンバーへの資本援助の集中が不満の現われとみなした。ランズダウンは、本国政府に次のように報告している。

コモンウェルスのメンバーに対する資本援助の集中は、それ以外の国々への不満を醸成しており、コロンボ・プランの資本援助におけるイギリスの貢献の性格を見直す時期にきていると思う。タイ、ビルマ、フィリピンといった国々に対して、その経済発展にどのように貢献するか、真剣に考えなければならない。もし、われわれが友好的な非コモンウェルス諸国に利益の提供を確信させるのに失敗するならば、コロンボ・プランにおけるわれわれの立場や影響力は低下するばかりか、コロンボ・プランが二分されてしまう危険性すらある(43)。

「二国間援助方式」の是非の問題は、援助計画の新たな調整理念、公正な資本配分との関連で一九六一年のクアラルンプール諮問委員会でも議論されるが、コロンボ・プランにおける「二国間援助」の原則は維持されていく(44)。
この間、非コモンウェルスに属しながら、援助国であるという日本の立場は微妙なものであったが、結局、イギリスの立場を支持することになる。すなわち、フィリピンやビルマの立場は、日本が望んでいた多国間協力による地域機構としてのコロンボ・プランへの脱皮を含意するものであったが、もはや日本は一九五〇年代末には地域協力機構に向け自らイニシアティブを取る意欲を失っていたことは、池田演説にもかいま見ることができる。

さらに池田内閣は、東南アジア外交の重点を、それまでの、いわば「南アジア中心主義」から変化させつつあった。一九五〇年代を通じて、日本の東南アジアに対する経済協力の重点は、賠償問題に妨げられないインド、パキスタン、セイロンに置かれ、それはコロンボ・プランが注目された理由のひとつでもあった。池田内閣は、それをビルマ以東へと重点を移動させるのである。とくに、アジア反共体制の強化という観点から、援助対象としての韓国、台湾、そしてビルマが重視されていくのである(45)。

こうした傾向は、援助枠組みとしてのコロンボ・プランの相対的な比重の低下を意味していた。しかし、日本が最初に加入したアジアにおける地域協力の枠組みとして、そこでの技術協力を中心とした持続的活動の意味は決して小さなものではなかった。そのことを最後に確認しておこう。

四 「開かれた地域主義」の基盤形成

一九五〇年代の一連のコロンボ・プランに関する諮問会議やバンドン会議など、多くの国際会議に参加した経験をもつ大来佐武郎は、一九五七年に発表した記事のなかで、「地域的協力の困難さ」を指摘しつつも、東南アジアの経済発展は、自主的努力とともに冷戦を超えた世界的な援助・協力によって実現されなければならない課題であるとし、「日本はこの地域の封鎖的な協力関係よりも、むしろ開放的な地域協力関係の設定に向って、積極的な貢献をなすべく努力しなければならない」と説いていた(46)。前述のように、一九五五年九月のシンガポールにおけるコロンボ・プラン諮問会議では、「新しい地域主義」を提唱しているが、大来の構想はその延長に位置するものである。

さらに、一九五八年のＥＥＣ（欧州経済共同体）の発足とその順調な進展に触発され、アジアの地域統合の将来を論じた調査報告（一九六二年）では、アジアの地域的協力関係の設定が、域内協力の促進と同時に、「それが世界全体の貿易ないし経済交流の拡大のワン・ステップとして考えられる点」にこそ戦前型のブロック経済との相違があると論じ、日本が関与すべき地域主義のあり方を示している[47]。そこには、もはや単なる援助方式の問題を超え、域内協力を「世界全体の貿易ないし経済交流の拡大のワン・ステップ」ととらえる新たな次元の発想がみられる。こうした展望は、一九八〇年代以降に登場する「開かれた地域主義」に通ずるものがある。ただ、「開放的地域主義」の構想が制度化に向かうためには、一九六〇年代初め、エカフェ域内貿易の増進のためのＯＡＥＣ（アジア経済協力機構）構想が、貿易自由化に反対する国内勢力によって挫折に追い込まれたように、国内産業の保護や財政負担という大きな障害を克服する必要があった[48]。

いずれにしても、イギリスのプレゼンスの低下にもかかわらず、コロンボ・プランが非コモンウェルス諸国をも対象に、開かれた開発計画の枠組みとして提供され続けたことは、一九八〇年代以降のアジア太平洋における「開放的地域主義」の浮上を支える基盤形成に一定の役割を果たしたといえるであろう。

注　記

（1）「コロンボ計画東京会議」経済外交研究会『経済と外交』第三五四号（一九六〇年一二月）。

（2）東京会議を含め、コロンボ・プランに関する外務省記録は、少なくとも一九六〇年代までは、一九五四年の加入時のものが存在するのみである。

（3）金子一夫（外務省アジア局経済協力室）「コロンボ計画の成果」『アジア問題』六巻五号（一九五七年四月）。

（4）Shoichi Watanabe, ed., *The Formation of the New International Order in Asia and the International Aid Plan* (the Interim Report by Grant-in-Aid for Scientific Research (A) in 2007–2008). 渡辺昭一「戦後アジア国際秩序再編とコロンボ・プランの指針――一九五〇年第二回コモンウェルス諮問会議報告書分析」東北学院大学『歴史と文化』第四六号（二〇一〇年）。

（5）加藤浩三『通商国家の開発協力政策』（木鐸社、一九九八年）、八四～八六頁。

(6)「総理内奏資料」、外務省記録「吉田総理欧米訪問関係一件・携行資料」A'0137（以下、リール番号を示す）。
(7) 波多野澄雄「コロンボ・プラン加入をめぐる日米関係」同志社大学アメリカ研究所『同志社アメリカ研究』別冊一四（一九九五年）。
(8)「わが国のコロンボ・プラン参加について」アジア局、一九五四年四月二日（外務省記録「コロンボ・プラン関係一件」E'0013）。
(9) 岡崎外相は加入後の参議院予算委員会（一九五四年一二月五日）で、経済協力は「成るべく国際機構で行きたいというのは前からの趣旨であります。国際機構の中の一員としてやりたい。コロンボ・プランなどもその意味で入った」と述べていた。
(10) 波多野「コロンボ・プラン加入をめぐる日米関係」。
(11) 経済安定本部「新経済政策要領（案）」（一九五二年五月一二日、総合研究開発機構戦後経済政策資料研究会『経済安定本部戦後経済政策資料　第十四巻　経済計画（8）』日本経済評論社、一九九四年）。
(12) 外務省記録「本邦における協会及び文化団体関係　アジア協会関係・連絡会議関係」第三巻（I'0088）。
(13)「アジア低開発諸国の経済発展と地域主義」（経済審議庁経済協力室、一九五四年一二月）。
(14) 保城広至『アジア地域主義外交の行方　1952-1966』（木鐸社、二〇〇八年）、七一頁。
(15) 山本重信「フィリピン賠償上の問題点について」『経団連月報』（一九五六年六月）。
(16) 大来佐武郎「一九九五年におけるアジアの国際会議」『アジア問題』第五巻二号（一九五六年一月）。
(17) 'Report of the Economic Committee of Asian-African Conference', Bundung, 22 April 1955, isued by the Econonic Secretariat.「アジア・アフリカ会議最終コミュニケ」アジア一課、一九五五年五月（以上、外務省記録「アジア・アフリカ会議関係一件」B'0049）。
(18) 保城『アジア地域主義外交の行方』、九五頁。
(19) 栗本弘「シムラ会議とアジア経済協力」『エカフェ通信』（一九五五年五月号）。
(20) 荒川昌二「経済協力への我国の方途」『アジア問題』第六巻三号（一九五七年二月）。
(21) 大来佐武郎「アジア地域協力の諸問題」大来佐武郎編『アジアにおける経済統合の可能性と条件』研究参考資料第二六集（アジア経済研究所、一九六二年）、二四四頁。
(22) 金子「コロンボ計画の成果」。
(23) 保城『アジア地域主義外交の行方』、一〇四頁。
(24) 大来佐武郎「一九五五年におけるアジアの国際会議」。
(25)「一〇月五日外務大臣より米国務次官 HOOVER 次官に手交」一九五五年一〇月三日、アジア局（外務省記録「米国の対外政策関係雑集」A'0164）。

（26） 欧米一課「エリック・ジョンストン提案ニ関スル件」一九五六年三月七日（外務省記録「米国の対外政策関係雑集」A′0164）、高碕達之助「急がれる東南アジア開発」『高碕達之助集』下（東洋製罐、一九六五年）。
（27） 福田赳夫「日米協力の新段階」『アジア問題』第七巻二号（一九五八年七月）。
（28） 権容奭『岸政権期の「アジア外交」――「対米自主」と「アジア主義」の逆説』（国際書院、二〇〇八年）、第三章。
（29） 保城『アジア地域主義外交の行方』、二五頁。
（30） 金子「コロンボ計画の成果」。
（31） 「岸大臣、フェアレス委員長会談要旨」五七年二月一一日（外務省記録「米国の対外政策関係雑集　フェアレス委員会関係」A0166）。
（32） アジアにおいて中国に対する拮抗勢力として、日本の価値を利用すべきである、という見方は英国にも見られたものである（‘Planning Paper on South East Asia’, 11 August 1959, 1959-Consultative Committee Meeting, DK6/57, FO 371/144166-152539）。
（33） 佐藤晋「戦後日本の東南アジア政策（1955–1958）」中村隆英・宮崎正康『岸信介政権と高度成長』（東洋経済新報社、二〇〇三年）、二四五～二五四頁。
（34） コロンボ・プランの共産主義の脅威への対抗という側面を重視した文献に、大庭三枝『アジア太平洋地域形成への道程』（ミネルヴァ書房、二〇〇四年）、一〇五～一〇七頁。
（35） Shigeru Akita, ‘The Transformation of the Colombo Plan and the Sterling Area in the late 1950s and the early 1960s’, in Shoichi Watanabe, ed., *The Formation of the New International Order in Asia and the International Aid Plan*（the Interim Report by Grant-in-Aid for Scientific Research（A）in 2007–2008）.
（36） 金子「コロンボ計画の成果」。
（37） 吉岡一郎（外務省アジア局経済協力室）「アジア諸国の技術訓練の現況」『アジア問題』第八巻一号（一九五九年一月）。
（38） 佐瀬六郎「アジアの経済開発と日本の立場」『アジア問題』第七巻一号（一九五七年七月）。
（39） 荒川昌二「経済協力への我国の方途」『アジア問題』第六巻三号（一九五七年二月）。
（40） ‘Ikeda Address Colombo Plan Meeting’, C. P. Meeting-Tokyo, Report of Meeting 25 November 1960, DK6/89, FO371/144166-152539.
（41） ‘Telegram from Lord Lansdowne to Foreign Office’, 6 December 1960, Colombo Plan Meeting 1960, Report by Lord Lansdowne at the Meeting, DK6/90, FO371/144166-152539.
（42） 「コロンボ計画東京会議」経済外交研究会『経済と外交』第三五四号。
（43） ‘Telegram from Lord Lansdowne to Foreign Office’, 6 December 1960.

(44) Akita, 'The Transformation of the Colombo Plan'.
(45) 波多野澄雄・佐藤晋『現代日本の東南アジア政策 1950-2005』(早稲田大学出版部、二〇〇七年)、八〇〜八一頁。
(46) 大来佐武郎「日本はいかに寄与すべきか」『中央公論』(一九五七年一月号)。
(47) 大来佐武郎編『アジアにおける経済統合の可能性と条件』、二四二頁。
(48) OAEC構想の挫折については、保城広至「一九六二年の『アジア共同体』——OAEC構想と日本」『アジア研究』第五三巻一号(二〇〇七年一月)がある。

第12章　アジアにおける国際秩序の変容と日英関係

木畑　洋一

一　一九五〇年代中葉の日本とイギリス

「もはや『戦後』でない」。一九五六年七月に出された『昭和三一年　年次経済報告』（『経済白書』）は、前年における日本の経済活動が貿易を除いて戦前の水準を上回ったとして、敗戦と占領、さらに講和発効期へと続いた戦後という時代が終わりを迎えたことを、この印象的な言葉で表現した[1]。当時流行語ともなったこの言葉は、そのころから続くことになる高度成長期のはじまりを予知した明るい内容のものであったと解されがちであるが、それに込められた意味は、実際にはかなり異なっていた。すなわち、「敗戦によって落ち込んだ谷が深かったという事実そのものが、その谷からはい上がるスピードを速やからしめた」のであり、「戦後」とは、「消費者は常にもっと多く物を買おうと心掛け、企業家は常にもっと多くを投資しようと待ち構えていた」時代だった。その「戦後」が終わってしまったということは、「いまや経済の回復による浮揚力はほぼ使い尽くされ」たことを意味した。「我々はいまや異なった事態に当面しようとしている。回復を通じての成長は終わった。今後の成長は近代化によって支えられる。そして近代化の進歩も速やかにしてかつ安定的な経済の成長によって初めて可能となる」と、この『白書』は論じている。「日本経済の成長と近代化」という副題がつけられていた所以であり、ここに見られるのは、明るい展望というよりも、むしろ重い課題意識であったといってよい。

そのような日本がこの当時めざしていたのは、国際社会への完全な復帰であった。一九五二年春の講和発効後、日本政府はそのための努力を続けてきており、一九五〇年代中葉にはその結果がいくつか具体的に示されはじめていた。まず一九五四年四月に日本はアジア極東経済委員会（ＥＣＡＦＥ）に加入し、次いで同年一〇月には、本書全体の主題であるコロンボ・プランの一員となった。さらに一九五五年四月には、アジア・アフリカ会議（バンドン会議）に参加し、同年九月には、関税及び貿易に関する一般協定（ＧＡＴＴ）のメンバーとなった。こうした一連の動きの一応の締めくくりともいうべきものが、一九五六年一二月の国際連合への加盟であった。

日本の国際社会への復帰の過程に関しては、それが日米安全保障条約体制のもとでのアメリカとの関係を軸としていたことのほか、留意すべき点がある。

それは、自衛隊の創設というかたちで実質的な再軍備を始めたとはいえ、平和国家としての姿を打ち出していた国として、振るうべき力をあくまでも経済的な力に限りながら、国際社会に足を踏み出したという点である。同じく第二次世界大戦における敗戦国であり、戦後の連合国による占領下でいったん非軍事化された西ドイツが、はっきりと再軍備の道を歩みはじめ、一九五五年五月に北大西洋条約機構（ＮＡＴＯ）に加盟したことと、日本の様相は異なっていたのである。

そうした日本が、対外的経済活動を展開していく場として着目された地域が東南アジアである。よく指摘されるように、日本と東南アジアの経済関係を促進していくことは、アメリカ政府も強く望んでいた(2)。東南アジアは、第二次世界大戦中に日本が支配下に置いた地域であったが、講和発効後は、サンフランシスコ講和条約の賠償条項にもとづいて、ビルマ（現ミャンマー）、フィリピン、インドネシア、南ヴェトナムとのあいだで賠償交渉が行なわれ、一九五五年からはビルマを皮切りに賠償支払いがはじまっていた。この賠償支払いは主として生産物と役務の提供というかたちをとったため、朝鮮戦争による特需後の日本経済の成長を刺激する役割を演ずることになった。

このような日本の動きに対し、東南アジアに植民地をもち、政治的、経済的に深い関心を抱いていたイギリスが敏感であったことはいうまでもない。本章では、一九五〇年代中葉から一九六〇年代中葉までの日英関係を東南アジアに焦点をあてつつ検討していくことを目的とするが、その問題に踏み込む前に、一九五〇年代半ばにおけるイギリスの東南アジアへの姿勢を概観しておこう。

このころの東南アジアでのイギリスの関心は、マラヤに集中していたといってよい。イギリスは、第二次世界大戦中日本によって占領されていたマラヤに戦後いち早く復帰し、植民地支配を再建していたが、一九四八年からはじまる中国系住民を主体とするマラヤ共産党の反英ゲリラ闘争への対処に苦慮し、大量の軍隊を派遣してその鎮圧につとめていた[3]。この「非常事態」(Emergency) は、一九五五年ころには鎮静化の方向に向かっていたものの、いまだに状況は不安定であった。「非常事態」がはじまったころにはマラヤへの独立付与は遠い先のことになると考えていたイギリス政府は、こうした事態が続くなかで、すみやかな独立付与の方向に舵を切り替えざるをえなくなり、一九五六年一月からマラヤ独立に向けての交渉が開始された。

東南アジアにおける脱植民地化の動きがこのように加速化するなかで、イギリスの政策決定者は、植民地独立後もこの地域において自国の影響力を維持していくための新たな方策を模索しはじめた。都丸潤子は、このころ浮上してきた「ニュールック」方針の重点として次の五点を指摘している。①イギリスとアメリカの勢力圏という考え方を放棄すること。これは、東南アジア条約機構（ＳＥＡＴＯ）に示されたようなアメリカ、オーストラリア、ニュージーランドとの協力関係をより広げていくことを意味していた。②東南アジア政策をめぐってインドとのあいだで密接な協議に入ること。これは、バンドン会議に集まった諸国や国連でのアジア・アフリカ・グループにおけるインドの力からみて、重要であると考えられた。③経済的パートナーシップ推進のための地域的組織も見通しつつ、東南アジアの小国との協力を推進すること。ここで念頭におかれていたのは、ヨーロッパにおけるヨーロッパ経済協力機構

（ＯＥＥＣ）のような組織である。④非英領、非コモンウェルス諸国に対する、技術訓練などの非軍事的援助に力点を置くこと。⑤広報の重点を共産主義への対抗よりも貿易の促進という点に置くこと(4)。

こうした方針のもとでは、イギリスの影響力維持のため、非軍事的、経済的手段の重要性が強調されていた。たとえば東南アジア総弁務官(5)であり、「ニュールック」方針ができあがる過程で大きな役割を演じたロバート・スコットは、一九五六年四月にイーデン首相に宛てた書簡のなかで、イギリスの影響力を維持するためには、平時の政策で節約していくか戦争計画で節約していくかの選択肢が存在すると指摘したうえで、みずからの選択を次のように示していた。「この地域における防衛面での節約のために必要な剰余資源を見つけて、平時の政策を力強く効果的に遂行していくということこそ私の好むところである(6)」。

その少し後、一九五六年六月には外務省副大臣レディング卿が議長をつとめる省間委員会が設立され、東アジア（当時の文書では東アジアと東南アジアという言葉はしばしば混在し、この場合の東アジア〔Eastern Asia〕は東南アジアをも含む）での影響力維持のための最善の非軍事的手段を検討することになった。翌七月に出されたこの委員会の結論は、イギリスが選びとろうとしていた方向性を明確に表現していた。

> 過去五、六年の間にこの地域〔東南アジア・東アジア〕でわが国の影響力を維持・拡大するための多くの機会をわが国が逸してきたことは疑いない。……〔しかし〕まだわが国には機会が開けている。わが国が軍事力を削減しつつそうした機会を捉えることができなければ、この地域におけるわが国の影響力は急速に低下しはじめるであろう。ただ、わが国に有利な要素はある。わが国の影響力保持のための非軍事的な手段に費やす額をわずかであっても増していけば、この目的成就のためのわが国の努力にとって不釣合いともいえるほどの大きな結果が生じることになる(7)。

この省間委員会の見解によれば、コロンボ・プランは「コモンウェルスの独立国や外国に対するイギリスの経済援助の主たる手段」にほかならなかった。

ただし、イギリスの影響力保持の方策として非軍事的、経済的手段がより重視されるようになったからといって、東南アジアへのイギリスの軍事的コミットメントが具体的に低下したわけではないという点は指摘しておく必要があろう。それは、一九五七年のマラヤへの独立付与の過程に明らかである。それより一〇年前のインド独立の際には、イギリスは独立後のインドとの軍事関係の継続を望んだものの、インド側の否定的な姿勢によってその思惑を実現することができなかった(8)。その教訓も踏まえたうえで、イギリスは独立後のマラヤとのあいだの軍事的関係の維持を重視し、マラヤ側もむしろ積極的にそれを受け入れたことによって、独立直後の一九五七年九月に「英マラヤ防衛協定」(Anglo-Malayan Defence Agreement：略称ＡＭＤＡ）が発表され、一〇月にマラヤ議会で批准されたのである。ＡＭＤＡによってイギリスは、マラヤ側が領土の対外防衛のためにイギリスの軍事援助を必要とするときにはそれを与えることに同意するとともに、マラヤ軍の訓練と開発を助けることになった(9)。

またシンガポールの英軍基地は、この地域におけるイギリスの軍事戦略の要としての位置を相変わらず保っていた。一九五六年一一月にスエズ戦争が失敗に終わった後でも、イギリスのいわゆる「スエズ以東」重視の姿勢に変わりはなく、シンガポール基地はその中心地と目され続けていたのである。

このように、影響力保持のための手段が、軍事的手段から非軍事的手段に切り替わってしまったということはできなかったものの、イギリスは非軍事的、経済的手段をそれまでよりも重視する方向をめざすようになっていた。本章で検討する一九五〇年代半ばから一九六〇年代初めにかけての東南アジアにおける日英関係は、こうした条件のもとで、展開していくことになった。

二　岸首相の提案とイギリスの反応

日本の対東南アジア政策は、一九五七年二月に、病気のため首相在任期間わずか二カ月で辞任を余儀なくされた石橋湛山の後を継いで岸信介が首相に就任して以降、活発化していった。よく知られているように、石橋と岸とはきわめて対照的な経歴をもつ政治家であった。政治・経済ジャーナリストとしての経歴を積んだ石橋は、第二次世界大戦前の日本において、日本の植民地拡大、中国大陸への侵略を正面から声高に批判した人物であった。イギリスとの関わりでいえば、石橋が日本の帝国主義的領土拡大を批判し、「小日本主義」を唱えるにあたって、一九世紀中葉のイギリスにおいてコブデンやブライトが唱えた「小英国主義」の影響を強く受けていたことに注意したい。それに対し岸は、満洲国の総務部次長をつとめた後、商工次官を経て、東条英機内閣での商工相となり、さらに商工省が軍需省に改組された後には東条軍需相を支えて国務相、軍需次官をつとめるなど、日本の大陸侵略、戦争遂行の中軸にいた人物であった。そのため、戦後はA級戦犯とされて服役したが、一九四八年に釈放され、公職からの追放が解除された五二年以降は政治の世界にすみやかに復帰していたのである。

その岸は、首相就任にあたって日本と東南アジアの関係を重視する姿勢を示し、一九五七年中に二度東南アジアを訪問した。第一回目の訪問は五月から六月にかけてであり、ビルマ、インド、パキスタン、セイロン、タイ、および台湾が訪問先となった。第二回目の旅は一一月に行なわれ、ヴェトナム、カンボジア、ラオス、マラヤ、シンガポール、インドネシアを訪れたうえ、さらにオーストラリア、ニュージーランドにまで足をのばしている。また第一回目の東南アジア訪問の直後、六月にはアメリカにも渡った。岸内閣の外交政策では、日米安全保障条約の改訂問題に焦点が絞られがちであるため、この一九五七年の訪米もそれとの関わりで論じられることが多い。しかし、東南アジアとの関係強化という点も、岸のこの訪米においてきわめて重要な位置を占めていたのであり、近年の諸研究はそれに着目している。たとえば権容奭は、訪米前に行なわれた講演での「ただ一つアジアの問題について、われわれは欧米に対して対等というか、あるいはむしろ、われわれの方が力があるという、ひとつの自信を腹のそこに持っている。それだけにわれわれはアジア問題についてももっと勉強しなければならない。そしてアジア問題について、米国をして失敗させないように、またわれわれがアジアについての透徹した考えによって、アジアの繁栄をわれわれが指導するという、お互いに矜持を持つだけの勉強をしたい」といった言明などに着目しつつ、訪米の主眼はアジアにあったのであり、岸は単なる日米関係の懸案だけでなくアジア外交のための日米関係の調整の意味をこめて訪米したのである、と論じている(10)。

岸のこうした旅や、藤山愛一郎外相(11)の九月の訪英の際に、彼らが示した岸内閣のアジア外交の骨子は、アジアの開発に日本が積極的に関わろうとする姿勢であり、具体的には、三つの機構の設立が目論まれていた。第一回目の東南アジア歴訪のときにはまだ構想が固まっておらず、アメリカ訪問にあたって具体的に示されたその三つの機構とは、①アジア開発基金、②手形再割引機関、③アジア通商基金である。アジア開発基金は、政府の公共事業や開発事業、生産性のある企業に対して低利での融資を行なうための機関であった。手形再割引機関は、東南アジア諸国への機械や工場設備の輸出のために発行されたドル、ポンドなどによる手形の再割引を行なうことによって、実質的にアジア諸国の輸入資金不足を解消することを目的としていた。さらにアジア通商基金は、東南アジア諸国の特産物の需給の調節、価格の安定を図るための組織として構想された(12)。

本書全体のテーマとの関連では、この三機構の中心となるともいえるアジア開発基金構想において、その参加国の軸としてコロンボ・プラン加盟国が想定されていたことに注目しておきたい。岸自身、このような構想を展開するに際してすでに存在しているコロンボ・プランとの関係が重要であることはよく認識しており、とりわけ第二回目の東南アジア歴訪に際しては、訪問先の指導者との会談のなかで、ほとんどつねにコロンボ・プランについて言及した(13)。

岸の構想がコロンボ・プランと関連していることを気にした駐日イギリス大使館は、岸の訪米直前に、日本外務省に対して岸の計画資料を見せてもらいたいと依頼したが、外務省はそれを断った。その際、日本側はイギリス側に対し、コロンボ・プランへの言及は参加国の範囲を説明する手掛かりにすぎない、と説明しているが[14]、このような計画をたてるにあたって、コロンボ・プランとの重なりは意識せざるをえなかったのである。

岸の計画でアジア開発基金への資金拠出国として想定されていたのは、アメリカ、イギリスなどコロンボ・プランでの援助国であり、とくにアメリカによる資金拠出が重視されていた。また基金の運営のために、支援対象となるアジア諸国を含めて全参加国代表による諮問委員会を作ることが考えられていた。しかし、岸が訪問したアジア諸国のほとんどは、この構想にみられるような集団的援助よりも二国間援助（コロンボ・プランのもとでの援助はこのかたちをとっていた）を好み、彼の提案に積極的な反応を示さなかった。岸の構想に前向きの関心をみせたのは、台湾とラオスにとどまったのである。またアメリカも、既存の経済協力促進枠組みであるＥＣＡＦＥやコロンボ・プランで十分であるとして、岸の構想を支持する態度はとらなかった[15]。

こうして諸外国からの十分な支持を得られない状況のもとで、岸は彼の構想を棚上げにせざるをえなかった。しかし、実現されなかったとはいえ、この岸構想は、アジア太平洋戦争後、東南アジアの開発に日本が具体的に関わろうとした最初の試みとして重要な意味をもった。東南アジアに財政的、技術的支援を行なおうとする考えは、石橋の前に首相をつとめた鳩山一郎の時代に浮上してきていたものの[16]、それが実際に推進されようとしたのは、この岸政権下においてだったのである。

ここで注意しておくべきは、東南アジアに対して岸がこのような計画を構想するにあたっては、この地域への彼の関心の戦前、戦中からの継続という性格が強かったという点であろう。前述したように、岸はアジア太平洋戦争において日本が大陸アジア、東南アジアに勢力を拡大するうえで重要な役割を演じてきており、そうしたアジアとの関わりの経験が、この時期になっても彼の政策には反映されていたのである。岸は一九八〇年代初めのあるインタビューのなかで、アジア諸国へのみずからの関心が、大川周明などの思想家が抱いた戦前の大アジア主義や、満洲国における彼自身の経験に根ざしていることを認めていた[17]。岸の考え方はこのように戦前から一貫していたわけであるが、このインタビューを行なった原彬久が指摘しているように、軍事力をともなった戦前の大アジア主義と異なり、戦後の岸の大アジア主義は、「軍国的要素を脱色しつつ、政治的、経済的アプローチによって日本を『アジアの中心』に押し立てていこうというものであった[18]」。

このような岸内閣の提案に、イギリスはどういった反応を示したのであろうか。岸は東南アジア歴訪に際し、コモンウェルス諸国に対しては、ガット三五条援用撤回の要求[19]、日本側に不利な貿易不均衡の是正などとならんで、アジア開発基金構想とコロンボ・プランの整合性について説明していた。とくにシンガポールでは日英関係の重要性が強調され、シンガポール総督との会談で岸は「日本がアジアにおいて英国と相携へアジアの繁栄を計りたい」と述べたのである[20]。

したがって、イギリスの反応は岸の計画にとってきわめて大きな意味をもったが、容易に想像されるように、自国が依然として最も大きな影響力をふるっていると考えていた地域で、つい一〇年前まで占領国として君臨していた日本が経済活動を活発化させることに、イギリスは神経をとがらせた。そうしたイギリスの警戒姿勢は、一九五五年からはじまっていた日本による賠償支払いに対して、すでに示されていた。

日本の賠償は金銭によらないで生産物や役務を提供する役務賠償というかたちをとったが、それについて、一九五六年の秋に内閣の相互援助委員会用にイギリス大蔵省が起草した覚書は、次のように述べていたのである。

日本には東南アジア諸国に対して巨額の賠償を支払う以外の現実的選択肢は存在しなかったが、（金銭でなく）資本財や消費財が供給されることによって、賠償支払いが終わった後でも財を引きつけ続ける長期的な市場ができあがると考えられるのも事実である。この地域に輸出をしているイギリスや他の国の眼から見れば、資本財にせよ消費財にせよ日本の工業製品が直接供給されることに結びついた賠償は、好ましくない[21]。

このようなイギリスにとってみれば、東南アジアへの経済的関与をさらに積極的に推進しようとする岸の首相就任と、その活動は、懸念をさらに深める要因となった。石橋退陣の後を受けて岸が首相の座についたしばらく後、駐日イギリス大使サー・エズラー・デニングは岸の政権掌握以後日本の貪欲さが強まってきたとみて、「日本人に少し甘く接すればつけあがるということを忘れてはならない」と警告を発している[22]。

この状況を考えれば、アジア開発基金構想などの岸の提案に、イギリス側が積極的な姿勢を見せる可能性は薄く、藤山外相のイギリス訪問に備えて用意をするなかで、イギリス外務省は、以下の結論に達した。

〔わが国に日本の貿易を助けたい気持ちはあるし、〕英日両国がともに活動するための余地は東南アジアに存在するものの、中東その他での経験の教えるところでは、東南アジア地域に日本が入り込んでくることによってわが国の輸出が被る危険性は無視できない。低開発地域における経済発展を財政的に支援するためにわが国が現在行なっている以上の関与につながる提案を激励することはできないのである。……〔日本の〕計画は、世界銀行や国際金融公社、さらに国際通貨基金といった各組織の領域を侵す危険性があるように思われる。新たな組織の結成を呼びかけることで、日本はわが国を困らせることになる[23]。

大蔵省もまたそれに似た見解を抱いていたが、日本の提案は最初の草案にすぎないものであるため、それについての立ち入った検討は時期尚早であると考えた[24]。イギリス政府の関係各省がこうした見方をしたことにより、藤山外相が訪英した際のイギリス側の対応は消極的なものとなった[25]。

ただイギリスの政策決定者のなかに、東南アジアにおける日本の動きにより積極的な対応をしようとする人々がいたことは、指摘しておく必要があろう。たとえば、駐米イギリス大使館のアーサー・ドラメア参事官は、東南アジアが日本の貿易にとってもつ重要性を強調しつつ、次のように論じた。

わが国同様、日本は新しい市場を見いだす必要がある。わが国が好むと好まざるとにかかわらず、日本は東南アジアに出ていくであろうし、それについてわが国は何もできない。もし日本が、公然とであれ暗黙裡であれアメリカの支持をえている場合は、なおさらそうである。したがって私が思うに、わが国がめざすべき方向は状況をできるだけ改善することであり、そのためには日本が一国で動くのに任せておくのでなく、日本を多国間の組織につなぎとめておくことがより安全であるのは、疑いをいれない。(26)

東南アジア総弁務官スコットも同様の考えを抱いていたが、さらに踏み込んで、岸の第二次東南アジア旅行の際、日本の計画はアジアの繁栄につながるものであり自分としてはその早期実現を望んでいる、と岸本人に対して語った。(27)前に触れたように、非軍事的な領域におけるイギリスの力の再構築を強く主張していたスコットが、岸の計画にこれほど積極的な姿勢を示したのは、イギリスの目的を追求していくうえで日本の計画はむしろ役に立つと考えたためであろう。

三　イギリスの対東南アジア政策の見直し

一九五七年におけるこの岸の計画が何ら具体的な成果を生むことなく挫折して以降、東南アジアをめぐる日英関係に目立った変化は生じなかった。ただし、一九五七年八月に独立を達成したマラヤと日本のあいだでは、経済関係の密接化が進んだ。日本によるマラヤの鉄鉱石輸入はすでに一九五四年から急増をはじめ、五五年以降マラヤは日本の鉄鉱石の最大の輸入元となっていたが、鉄鉱石貿易が先導するかたちで、日本とマラヤは経済的に接近していき、マラヤ独立に際して日本は世界で最初にマラヤ連邦を承認した国のひとつとなった。一九五八年五月には、ラーマン首相が日本を訪問し、経済関係促進のための協議を行なっている[28]。

アジア、とりわけ東南アジアをめぐる日英関係において、次に注目すべき機会となったのは、一九五九年七月の岸首相によるイギリス訪問である。

岸訪英に向けた準備にあたって、駐英大使大野勝巳は、この機会をアジア・アフリカの開発途上国に対する日英両国の政策を調整するために使うことを提案した。大野は、日本が「自由世界」の一員であると同時に、アジア・アフリカ世界にも属する点を指摘して、イギリス外務省の政務次官ランズダウン卿に対して、アジアや中東で日本は情勢緩和の役割を担うことができると、強調したのである[29]。外務次官補のマクダーモットとの会見に際しても大野は同じ主張を展開し、日本は「仲間であるアジア・アフリカの諸国とともに『自由世界』の広範な目的を推進していく上で有利な位置にある」と述べた[30]。

日本が、アジア・アフリカ世界のメンバーとして冷戦下の「自由世界」で特別の役割を演ずることができるという議論は、けっして珍しくなかった。とりわけ一九五五年春のバンドン会議に参加して以降、こうした主張は日本の新しい国際的役割を示すものとして、日本の外交担当者のあいだでしばしば表明されていた。たとえば、バンドン会議にも日本代表の一員として出席し、日本の国連加盟後は初代の国連大使となった加瀬俊一は、一九五六年の国連加盟の直前に駐日大使デニングに宛てた書簡のなかで、「国連のアジア・アフリカグループがもっている盛んなエネルギーを、より建設的な方向に向けていくために〔日本が〕役立とうと試みています」と記している[31]。加瀬は親英的な姿勢を強くもった外交官であり、バンドン会議の開催にあたって、それが植民地支配に批判的なアジア・アフリカのナショナリズムの高揚の場になることを危惧したイギリス政府が、自国と見解を共有すると思われる参加国（イギリス自体は参加国でなかった）に対して、会議が反植民地色を出さないように行動してほしいと働きかけた際、日本がその要望に応じることをイギリスに示唆したこともあった[32]。

したがって、このような日本側の姿勢は、イギリス政府の大いに歓迎するところであり、大野大使の提案も、イギリス側によって積極的に受け止められた。アジア・アフリカ世界において日英間の協力を推進していくための具体的な計画が新たに示されることこそなかったものの、岸首相の訪英に際してその点での協力の必要性は確認され、とくにコロンボ・プランがもつ重要性が指摘されたのである。一方、岸が一九五七年に提唱して挫折していたアジア開発基金構想のような計画については、岸のこの訪英時には触れられることがなく、それについての議論も起こらなかった。

イギリス政府が、アジアでの日英協力を考えていくうえでコロンボ・プランを重視していたことは、本書の主題との関連で強調しておくべき点であろう。岸を迎える準備過程でイギリス側は、コロンボ・プランについて日本がさほど積極的でないと思い、それについて日本側に働きかけようと考えていた。しかし、日本側も日英関係のなかでコロンボ・プランが占める位置は認識しており、岸はイギリス側との会談のなかで、「東南アジアにおいてコロンボ・プランは十分に機能しており、さらに拡大されるべきである。アジア・アフリカの一員としての日本は、よいコンタクトをもっており、それなりの役割を演ずるつもりである」と述べた[33]。岸は、「自由世界」の一員でありアジア・アフリカ世界の一員であるという世界のなかでの日本の位置についての定義と、それにともなう日本の役割――すなわちアジア・アフリカのナショナリズムが社会主義の方向に向かうことを抑える役割――とを、コロンボ・プランへの貢献に結びつけていた、ということができよう。岸訪英の締めくくりに際して出された日英の共同コミュニケでも、コロンボ・プランの重要性が強調されたのである。

一九五四年秋における日本のコロンボ・プラン加盟に至る過程では、イギリスは積極的な受け入れ姿勢を示したわけではなかった。イギリス政府内での見解も分かれており、外務省は比較的早くから日本の加盟に反対しないという態度をとっていたが、東南アジアにおける日本との貿易面での競合を警戒していた商務省は、日本の加盟に反対する姿勢をとり続けた。一九五四年八月末の時点でも、商務省は、「東南アジア市場のイギリスにとっての重要性は増しており、イギリス企業との競争を妨げるような提案や日本に有利な財政的・金融的インセンティブを与えるような企画には抵抗する必要がある」という理由で、消極姿勢を固持していたのである。[34] しかし、この岸の訪英時ころまでには、コロンボ・プランと日本の関係をめぐるイギリス側の警戒心は消えていたといえよう。

それは、コロンボ・プランでの日本の活動状況自体によるところも大きかった。一九五四年の加盟時以降、コロンボ・プランのもとでの東南アジアの経済発展をめぐる日本の技術協力は進んでいたものの、その規模はさほど大きなものではなかった。加盟時から一九五九年六月までをとってみると、日本は二七八人の訓練生を受け入れ、一六九人の専門家を派遣していた。期間は異なるものの、計画発足時の一九五〇年七月から一九五九年六月までにイギリスとオーストラリアが受け入れた訓練生がそれぞれ二六四四人と二六五九人、派遣した専門家が三五八人と三一七人であったことを考えると、その規模の程度は理解できるであろう。[35]

岸の訪英自体は、コロンボ・プランをめぐる協力を含め、東南アジアでの日英協力についての具体的な変化は生まなかった。とはいえ、ちょうどこのころから東南アジアでの日本の役割についてイギリス側の関心が増していったことは確かである。次の一〇年間の東南アジアでの状況予測作業の一環として一九五九年八月初めに起草された覚書のなかでは、共産主義者と欧米の影響力以外では、インドの影響力と、それより少し弱いものの日本の影響力とが重要な役割を演ずるであろうと論じられた。[36] この覚書では、一九四〇年代の日本の拡張主義的野望が忘れ去られたわけではないとも述べられていたものの、日本は東南アジアでイギリスと協力する主要なアクターとみなされるようになったのである。一九六〇年五月の外務省覚書には、東南アジアでの日本の役割についてのイギリス側の思惑が、次のように示されていた。

南アジアや東南アジアで日本が演ずる役割が増大すればするほど、この地域は中国に対する抵抗力を増していくことになろう。……わが国としては南アジア、東南アジアの経済発展において日本と密接な協働関係を作り上げることを目指さなければならない。それは、〔この地域の〕発展に日本が寄与するためであるとともに、日本を西側陣営につなぎとめておくためでもある。(37)

翌一九六〇年になると、東南アジア政策をめぐるイギリス政府の再検討は、より積極的に進められるようになった。それを促したのは脱植民地化の進展による東南アジア自体の国際環境の変化である。一九六〇年四月、東南アジア総弁務官事務所の大蔵省代表J・L・ランプトンは、経済協力の緊密化が明白となってきている東南アジアの変化にイギリスが十分な注意を払っていないと、政府の関心を喚起し、そのような動きをイギリスとしては積極的に支援すべきであると論じた。ランプトンによると、それに対してイギリス政府が共感していることが知られるようになればなるほど、イギリスが望んでいる方向に東南アジアの国々を向かわせるための影響を与えるチャンスも増大するはずであった。(38)

このようなランプトンの考え方は、彼だけのものではなく、政府は東南アジアの将来の発展をめぐる委員会の設立に踏み切った。委員会の座長に就任したのは、東南アジア総弁務官のポストをセルカーク卿に譲っていたスコットである。スコット委員会の報告書は、この地域における従来の軍事的役割をイギリスが維持することは不可能であるとしつつも、軍事力を全面的に撤退させることは考えられないと述べている。ただし、このようにそれまでのイギリスの支配力の継続につながる軍事力要因に注意を払いながらも、委員会としては、東南アジアでの経済計画により重点を置くべきであるという結論に達した。(39)

スコット委員会のこの結論は、いうまでもなく、本章においてもすでに紹介した軍事から経済への重点の移行という基本姿勢を反映したものであった。しかし、こうした政策指向に関わって、東南アジア総弁務官セルカーク卿は、東南アジアへのイギリスの経済援助策をめぐるひとつの疑問を提起していた。マクミラン首相に宛てた書簡のなかでセルカークは、イギリスの経済的支出の多くがインドやマラヤ、シンガポール、香港といったコモンウェルス内の地域にのみ向けられていることを批判したのである。そして彼は、たとえばラオスのようなコモンウェルス外の国に対してイギリスが直接の経済負担を負おうとしていないことが、イギリスの影響力の喪失につながっていると論じた[40]。こうした考えは、けっしてセルカークのみが抱いていたわけではなかった。たとえば、一九六〇年一一月に東京で開催されたコロンボ・プランの諮問会議にイギリス代表として出席したランズダウン卿も、会議後にイギリスの資本援助がコモンウェルス諸国に集中していることに疑義を表明している[41]。

しかし、マクミラン首相はこのような意見に与しなかった。セルカークに宛てた返書のなかで、彼は次のように述べている。

今日において発展の遅れた国々でイギリスの影響力を拡大するための最も効果的な手段のひとつが経済援助の供与であることは確かですし、コモンウェルス外の国々にわが国が費やしている金額の少なさゆえに外交問題におけるわが国の独立した影響力に限界があることもまた確かです。しかし、まさに問題はわが国がどれほどのことができるかという点なのです。アメリカの勢力圏であるといってよいラオス、南ヴェトナム、カンボジア、フィリピンに経済援助を行なうことを考えるべきではないと、私は思っています[42]。

マクミランは、イギリスの力の限界をよく心得ていたのである。この書簡はまた一方では、マクミランが東南アジアの状況を見るにあたって、列強の勢力圏という構図をあいかわらずあてはめていたことを示している点でも興味深い。マクミラン政府はアフリカ植民地への独立付与に踏み切ったことで知られており、一九六〇年二月に彼が南アフリカでの演説のなかで用いた「変化の風」という表現は、植民地独立の勢いを植民地支配国の指導者が認めたことの徴として有名になったが、彼は従属地域で強まってきたナショナリズムの新しい意味を十分に理解していたわけではなかった。植民地が独立していく要因にしても、マクミランは、「彼ら〔イギリス人〕は、統治する意志や力をなくしたわけではない。ただ、彼らは永遠に支配する権利を自分たちがもっているとは思っていなかった。何世紀もかけて自分たちが勝ち取ってきたすぐれた点を他の民族に拡げていくことこそ、彼らの義務だったのだ[43]」と述べるなど、「遅れた人々」を育て最終的に独立させることこそが帝国支配の目的だったのであり、脱植民地化はその当然の帰結であると考えていた。東南アジアの国際秩序に関して、勢力圏論に示される伝統的な「上からの」秩序に彼がとらわれていたことも、異とするに足りない。

しかし東南アジアでは、そのような構図におさまらない新しい状況が生まれつつあった。一九六〇年七月、マラヤ首相アブドゥル・ラーマンがフィリピン、タイと協力して地域協力のための機構を設立する構想を明らかにし、翌六一年七月三一日、八月一日にタイのバンコクで東南アジア連合（Association of Southeast Asia: ASA）設立のための三国外相会議が開かれたのである。三国の外相が、この会議後に発表したＡＳＡ設立宣言（バンコク宣言）によると、ＡＳＡは、経済・社会・文化・科学・行政の各分野における友好的協議・協力・相互援助を目的とすることになっていた[44]。このＡＳＡが東南アジアにおける新たな国際秩序という文脈のなかに位置づけられることは決して多くない。目立った成果もないままに、一九六七年に発足した東南アジア諸国連合（Association of South-East Asian Nations: ASEAN）にとって代わられるかたちになったことから、ＡＳＡは冷戦下における東南アジアの西側陣営の国々の動きの一エピソードとして片づけられがちなのである。しかし、山影進が一九八〇年に発表した論文で鋭く指摘したように、このＡＳＡ設立に至る過程が示したのは、「異なる宗主国に支配されてきた東南アジア諸国は、ようやくみずからの意思で『遠い』隣国と交流するようになった[45]」という新たな事態であった。帝国主義世界体制の下において常態であった、支配列強による「上からの」地域秩序押しつけ（そこでは勢力圏分割がしばしば見られた）に対して、植民地支配を脱した国々による「下からの」地域秩序形成の動きがはじまったのである。

このＡＳＡを日英両国政府はどのように見ていたのであろうか。まず日本政府であるが、外務省アジア局は、

ＡＳＡが将来的により広範な東南アジア協力機構に発展する可能性は否定しなかったものの、現状では問題を多く抱えていると見ていた。問題とされたのは、資本・企業家・技術が不足していること、一次産品に限られた輸出品構成で相互補完性を欠くこと、対外的バーゲニング・パワーの強化を期待しがたいこと、西欧ブロックとの結びつきの強さのためにアジアの中立諸国（インドネシア、ビルマ、カンボジア）に反発されたり敬遠されたりすることである[46]。

一方イギリス政府ではコモンウェルス関係省が、この地域の将来の経済的繁栄への一歩になるものとしてＡＳＡの設立を歓迎しつつ、それへの支持姿勢を公然と表明することは控えた方がよいとの見解を示していた。イギリスが支持姿勢を示すことによって、それに加入する可能性がある中立諸国がＡＳＡの「西側陣営への傾斜に対する猜疑心を強める」恐れがある、というのがその理由であった[47]。

このように日英両政府とも、これらの資料にみられる限りでは、ＡＳＡの誕生を肯定的に評価しつつも、その発展に積極的に関わろうとする姿勢は示さなかった。帝国主義世界体制のもとでこの地域の「上からの」秩序形成の柱となっていたイギリス（そもそも東南アジアという言葉自体、第二次世界大戦期にイギリスがこの地域を日本から奪還するために作られた「東南アジア司令部」の名称から定着していったものである）にせよ、「大東亜共栄圏」にこの地域を包含しようとした日本にせよ、新たな状況下での新たな地域協力の動きをいわば傍観していたのである。

ちなみに、このような動きについてのイギリス政府内の反応は、一九六三年に外務省調査局東南アジア課が起草した、東南アジアにおける地域協力に関する覚書にうかがうことができる。この覚書は、東南アジアの歴史についての次のような記述からはじまっていた。「東南アジアのナショナリストのあいだでは、かつての西欧の支配者たちが地域をバルカン化し、人々を分断し、何世紀も続いてきた文化的・政治的接触を断ちきった、ということは常識化している。これは確かに一理ある批判である」。東南アジアを支配してきた宗主国の側での議論としては、かなりバランスのとれたものであるといってよい。しかし、この覚書の結論は、そうした歴史を東南アジアの人々がみずから修正し、地域としてのつながりを取り戻していく地域協力の展開可能性については、懐疑的なものとなっており、次のように述べていた。

状況は流動的であり、可能な道は多数ある。明らかだと思われるのは、経済的協力関係が緩やかに拡大していくとしても、東南アジアが全体として政治的次元での地域協力の緊密な体制に向けて進んでいく可能性が現在のところほとんどないということである。[48]

このときはASAが目立った成果を生むことなく存在していた時期であり、こうした観察も不思議ではないが、この四年後に設立されたASEANが、地域協力体制を広げて新たな地域秩序を作り出していったことを考えると、旧宗主国の側の眼に一定のバイアスがかかっていたことは否定できない。

四　一九六〇年代初頭におけるイギリスの日本観

一九六〇年の末に外相ヒュームはマクミラン首相に宛てて次のように書き送った。

東南アジア条約機構（SEATO）に関わるひとつの疑問点があります。それは、イギリスが軍事力によってアジアで意味のある影響力をどれほど振るいうるかという問題です。極東のことはアメリカに任せてしまって、われわれはアフリカの面倒をみることを試みるという分業をやるべきではないでしょうか。そうした方針を私が好んでいるわけではないのですが、わが国の力は、拡散してしまうときわめて小さくなってしまいます。[49]

このような議論を行なうことで、東南アジアでのイギリスの経済的影響力が将来どのようになるとヒュームが予測していたかは、明らかでない。しかし、「アフリカの年」と呼ばれた一九六〇年のアフリカにおける大きな変化を想起してみれば、アフリカでのイギリスのプレゼンスと役割の維持をヒュームが強調していた理由は理解できる。イギリスを含むヨーロッパ諸国が、その少し前まではまったく予期していなかったスピードでアフリカの植民地に独立を認めることを余儀なくされるなかで、アフリカでの影響力保持は喫緊の課題となっていたのである。興味深いことに、アフリカ問題重視というイギリスの姿勢は、一九六〇年代初頭における日本との関係のなかにもあらわれている。アフリカにおける日英協力というテーマが、このころ両国間で盛んに話しあわれ、一九六二年夏には、この協力をめぐる日英の官僚間の一連の協議が持たれたのである[50]。

前記のヒュームの考えは、十分に考え抜かれたものとは言い難いが、ある意味では一九六〇年代半ばから強まっていくイギリスの「スエズ以東」からの軍事的撤退論を先取りしたものと見ることも可能であろう。しかし、いうまでもなく、この書簡でヒュームが主張したように「極東のことはアメリカに任せて」しまう用意は、イギリス政府にはなかった。

そのことは、一九六〇年代前半から半ばにかけて東南アジアにおけるイギリスの関心を支配したといってもよいマレーシアの創設問題と、それにともなうインドネシア - マレーシア「対決」(マレーシア紛争)によくあらわれていた。一九六三年九月にマラヤ連邦とシンガポール、それに北ボルネオのサバとサラワクが合体してマレーシアという国がつくられるにあたっては、この地域での影響力保持をめざすイギリスの思惑が強く働いていたのである。このマレーシア創設に至る動きをまず始めたのは、マラヤのラーマン首相であったが、イギリスの役割もまた大きかった[51]。マシュー・ジョウンズによれば、マレーシアをつくろうという動きの背景にあった動機は、マラヤとシンガポールを合併させることによってクアラルンプールの政府当局が国内治安をコントロールすることを可能にして、シンガポールで強かった政治的急進主義を抑え込み、イギリスが軍事基地施設を継続使用できるようにする、というものであった[52]。

マレーシアをつくろうとする動きがはじまったころ、東南アジアにおける日本の役割をイギリス政府がどのように考えていたかを示す、イギリス外務省調査局の覚書がある。少し長くなるが核心部分を引用してみたい。

賠償支払いの結果もあって、日本はかなり堅固な経済的足がかりを築くのに成功したものの、最近に至るまで、ヨーロッパで西ドイツが成し遂げたような大々的な復帰を成し遂げたという兆しもなければ、またそれを成し遂げる力について自信を抱いているという兆しもない。……〔日本が何度か提案してきたのは〕アメリカの資金と日本の技術を合体させるということであったが、そのような働きかけは熱意をもって迎えられてはこなかった。……日本は近年〔コロンボ・プランへの〕関心を積極化させてきたが、……この地域での日本の活動は、これまでのところ日本独自の貿易利害に役立つようなかたちとなっており、西側諸国の協調した努力の文脈をはずれたところで行なわれている。……南アジア、東南アジア開発のための西側諸国の努力に、技術支援と訓練という分野以外での日本の本格的な助けを得られる見通しは暗いと思われる。……多角的なプロジェクトやコンソーシアムの仕組みのもとでのローンへの資本参加よりは、主として技術支援と訓練の分野で日本の協力を求める方が現実的であると思われる。(53)

ちょうどこのころ東京では、オスカー・モーランド英駐日大使が、過去三、四年の岸・池田両政権（岸は安保条約改定を強行した後、一九六〇年七月に首相の座を池田隼人に譲っていた）は、アジア諸国との関係よりも「自由世界」の国々とのつながりを重視する傾向にあったと述べつつ、アジア諸国との関係の重要性も忘れられてはいない、と指摘していた。(54)

池田内閣のアジア政策は、その所得倍増政策などの陰に隠れて、かつてはあまり注目されていなかったが、最近の研究においては、池田が南アジア・東南アジア諸国との地域的経済関係の促進に意を用いていたことが、強調されるようになってきている[55]。首相に就任する直前、池田は「東南アジア開発を援助することは、日本が生き、発展していく上にも、また共産主義に対する面からもどうしても必要なこと」であると、力説した[56]。また首相として一九六一年一一月に池田が行なった、パキスタン、インド、ビルマ、タイへの歴訪は、日本が「アジアの一員」であるとの彼の確信を強める効果をもち、彼はアジアで日本が指導的国家として振る舞うことができるという自信を深めていった。この南アジア・東南アジア訪問直後の一九六二年一月に自民党の彼の派閥である宏池会の機関紙に書いた「真の意味での大国になろう」という論考のなかで、池田は日本を「自由国家群の有力な一員」と規定するとともに、アジアにおける「責任を痛感」していると述べたのである[57]。そして、一九六二年春にＥＣＡＦＥがアジア経済協力機構（ＯＡＥＣ）という機構の創設を提案した際、日本政府は消極的な態度を示したが、政府内においては、この構想に否定的であった大蔵省や農林省と対照的に、池田自身はそれをみずからの考えていた「アジア共同体」と軌を一にする要素を含むとみて、好意的な姿勢をとっていた[58]。

日本とアジアの関係についてこのような考えをいだいていた池田は、一九六二年一一月にイギリスを訪問した。この訪問は、それまでの懸案であった日英通商航海条約の調印が行なわれたことによって、日英関係にとって大きな意味をもつものとなった。これによって両国間の貿易における最恵国待遇の適用が認められることとなり、それと連動して、日本の念願であったＧＡＴＴ条約三五条の援用（注19参照）撤廃も実現することになった。訪問中池田はマクミラン首相との会談において、東南アジアをめぐって次のように述べた。

> 英国もインド、パキスタンだけでなく、東南アジア全体に目を向けてほしい。東南アジアの中には英国の評判はあまりよくない国もあるが、今後の南北問題の重要性を考慮して戴きたい。国連の意思決定にはＡＡ諸国は決定的な力を持っている。日本はアフリカにも伸びつつある。この地域における経済問題の処理について、英国とよく相談してやって行きたい。日本はＡＡの一員である地位を利用して大いに役割を果したい。……日英関係を日

米関係並みに持って行きたい[59]。

池田によるこうした発言は、東南アジアにおける日英間の協力という問題についてのイギリス側の関心を呼び起こした。池田の訪英後、モーランド大使はヒューム外相に宛てた書簡のなかで、東南アジアでのイギリスの影響力保持が望ましいことに池田が触れ、彼が日英協力を望んでいることを考えると、そうした協力についてイギリス側が日本政府に公式の接触を行なうべきではないかと、提案したのである[60]。しかし、この提案が具体化することはなかった。前述したマレーシア創設に向けた動きをめぐる東南アジア情勢の変化が、日英関係にも影を落としたのである。池田訪英と一九六三年春のヒューム外相の訪日の結果として開始された日英間の定期協議でも、マレーシア紛争（「対決」）をめぐる議論が中心となり、東南アジアでの経済問題についての日英協力に向けた検討はなされなかった。

五　イギリスの後退と日本の台頭

マレーシア紛争は、一九六三年一月のインドネシア外相スバンドリオが、マレーシアの創設をインドネシアは認めずそれに対して「対決」していくとの声明を出してから、深刻化していった。マレーシア創設に向けての動きをそれまで傍観していたスカルノ大統領が、それをイギリスによる「新植民地主義」の表われとして非難しはじめたのである。インドネシアとフィリピン（フィリピンはマレーシアの一部となる予定の北ボルネオのサバを自国領とみなしていた）の反対にもかかわらず、一九六三年九月にマレーシアが発足すると、インドネシアはボルネオにおける軍事行動に踏み切り、イギリスはそれに対抗するマレーシアを軍事的に援助するため、大量の軍隊の派遣を行なった。紛争のピーク時には、六万八〇〇〇人の兵士をマレーシアに送っている。しかし、大量の軍事力を送りこんでも、それによってこの地域の状況がイギリスの好むかたちになっていくわけではないことを、イギリス政府は認識せざるをえなかった。マレーシア紛争は、インドネシア内部の政治変動(一九六五年の九・三〇事件)を経過して初めて解決の方向に向かったのである。

日本の方は、このマレーシア紛争に、東南アジアで積極的な国際的役割を演ずる機会を見いだした。宮城大蔵の研究が示しているように、マレーシアとインドネシアおよびフィリピンとのあいだの外交的仲介を行なおうとする日本政府の試みは、アジアの国際関係のなかでの日本の存在感を増す効果をもったのである。イギリスは当初、日本がインドネシアに対して経済的支援を行なおうとしているのを一種の宥和政策と見て、日本の関与を歓迎しない姿勢を示していたが、そのうちに紛争解決に向けた日本のイニシアティブを認める態度に転換していった[61]。

このことも含め一九六〇年代中葉には、東南アジアへの日本の関与は深まった。一九五〇年代半ば、「もはや『戦後』でない」との認識のもとで、経済成長をめざし国際社会のなかでの新たな位置を探っていた日本は、高度経済成長の軌道に乗り、東南アジアでの存在感を増したのである。一九六六年に、アジア開発銀行が設立された際、本部を東京に誘致することには失敗したものの総裁を日本から出すに至ったこと、同じ年に東南アジア開発閣僚会議を日本政府のイニシアティブのもとで開催したことなどは[62]、こうした東南アジアへの日本の関与の深化を象徴していた。

同じ一九六六年には、マレーシアの貿易主要相手国がイギリスから日本へと変わっている[63]。マレーシアでのそのような事態がイギリスにとってもつ意味について、一九六七年に佐藤栄作首相がマレーシアを訪問した際、クアラルンプール駐在のイギリス高等弁務官マイケル・ウォーカーは、本国の植民地相に次のように書き送った。「[マレーシアと日本の緊密な通商関係は]東南アジアの安定に貢献する要因として歓迎すべきである。(中略)もっとも、それはわが国の輸出品にとって将来さらに厳しい競争をもたらすのは確実であるが[64]」。イギリスとマレーシアの経済関係についての専門家ニコラス・ホワイトがこのウォーカーの言を引きつつ指摘するように、合成ゴムの発達でマレーシアの天然ゴムの経済的意味が低下するといった要因を背景として、一九六〇年代半ばまでに、マレーシアにおけるイギリスの経済利害は大きく縮小しており[65]、イギリスは日本の経済的進出を、地域安定の要因として歓迎する姿勢をとったのである。

そしてこのころ、東南アジアにおけるイギリスの軍事的関与も後退の方向を見せていく。軍事費負担削減のための「スエズ以東」（その中心はシンガポール基地）からの軍事的撤退の流れである。それに関する議論は、一九六四年秋にハロルド・ウィルソンの労働党内閣が成立してから本格化しており、撤退に向けた動きはマレーシア紛争が六六年八月に終結したことで加速化していった。一九六六年秋の日英定期協議で椎名悦三郎外相が、「東南アジアで英国の影響力が著しく減退するのを見ることを望まない」と述べ、「日本のアジアにおける役割が軍事的ではなく経済的であり続けるためにも、この地域の安全保障が英軍によって維持されることを望む姿勢を示すなど[66]、日本政府はイギリスの「スエズ以東」からの撤退に反対したが（それはアメリカによる強い反対姿勢に同調したという側面ももつ）、ウィルソンは最終的に一九六八年一月、七一年末までにイギリス軍を撤退させる方針を発表するに至った。

このように、東南アジアにおける日英の存在感に変化がみえるなかで、モーランド駐日大使が日英間の唯一の協力手段とみなしていた[67]コロンボ・プランと両国の関係も、その後変わっていった。ピーター・ロウは、コロンボ・プランが一九五〇年の発足時に考えられていた目的を一九六五年ころまでには達したと、イギリス政府が見ていた、と論じている[68]。しかし、コロンボ・プランを作り出すにあたって中心的役割を演じたイギリスのコロンボ・プランへの関与はしだいに薄れていき、一九九一年には計画から脱退することになる。他方、日本は一九七七年に、それまでのアメリカに代わってコロンボ・プランでの最大の援助国としての位置につき[69]、現在でもそのメンバーである。

日本が国際社会への復帰を果たしてから一〇年強で、東南アジアをめぐる日英間の位置関係は大きく変容したのである。しかしそのことが東南アジアにとってもった意味は、東南アジア自体の変化に比べればたいしたものではなかった。ＡＳＡ結成の歴史的意味についてはすでに言及したが、マレーシア紛争が終結を迎えた後、一九六七年にはＡＳＥＡＮが結成された。成立当時のＡＳＥＡＮが、当時ヴェトナム戦争を遂行中であったアメリカに支援された冷戦下での反共組織という性格を帯びていたことは確かであるが、それはかつてイギリスや日本などの帝国支配国が「上から」この地域に作り上げようとした国際秩序とは異質なものであった。イギリスにせよ日本といった、かつてこの地域に君臨した外部諸国の思惑とはまったく別に、東南アジアは発展をとげていくことになるのである。

注記

(1) 経済企画庁『昭和三一年 年次経済報告』<http://www5.cao.go.jp/keizai3/keizaiwp/wp-je56/wp-je56-000i1.html>(二〇一二年一一月二二日アクセス)。

(2) William S. Borden, *The Pacific Alliance. United States Foreign Economic Policy and Japanese Trade Recovery, 1947–1955* (Madison: Wisconsin University Press, 1984); Andrew J. Rotter, *The Path to Vietnam. Origins of the American Commitment to Southeast Asia* (Ithaca/London: Cornell University Press, 1987).

(3) 木畑洋一『帝国のたそがれ――冷戦下のイギリスとアジア』(東京大学出版会、一九九六年)、第二部を参照。

(4) Junko Tomaru, 'Japan in British Regional Policy towards South-East Asia, 1945–1960', in Iokibe Makoto et al., eds., *Japanese Diplomacy in the 1950s: From Isolation to Integration* (London/New York: Routledge, 2008), pp. 61–62.

(5) 東南アジアにおけるイギリスの政策を統括する役職で、本国の外務省、植民地省、国防省のいずれにも直接つながるかたちのポストとして、大きな発言権をもった。

(6) The National Archives(以下、TNA), FO371/123212, Scott to Eden, 15 April 1956.

(7) TNA, CAB130/118, Cabinet Committee on Eastern Asia, Report on Political, Economic and Information Measures in Eastern Asia, 13 July 1956.

(8) 木畑洋一「英印外交・軍事関係の変貌――脱植民地化と南アジア」秋田茂・水島司編『現代南アジア 六 世界システムとネットワーク』(東京大学出版会、二〇〇三年)参照。

(9) Karl Hack, *Defence and Decolonisation in Southeast Asia: Britain, Malaya and Singapore 1941–68* (Richmond, Surrey: Curzon, 2001), p. 225.

(10) 権容奭『岸政権期の「アジア外交」――「対米自主」と「アジア主義」の逆説』(国際書院、二〇〇八年)、七三頁。

(11) 一九五七年二月に首相の座についたとき、岸は自前の内閣を作ろうとせず、石橋内閣の閣僚を引き継いだ。彼がみずからが選んだ閣僚によって組閣を行なったのは、七月のことである。そのとき外務大臣に任命された大物財界人の藤山愛一郎が、アジア諸国に強い関心をもち、アジアとの交流の経験をもっていることは、よく知られていた。

（12）権『岸政権期の「アジア外交」』、七六〜七七頁。

（13）岸の第二回東南アジア歴訪の記録は、外務省外交記録、A'-0151。

（14）TNA, FO371/127529, Selby to de la Mare, 14 June 1957.

（15）樋渡由美「岸外交における東南アジアとアメリカ」『近代日本研究』一一（一九八九年）、二二四頁、権『岸政権期の「アジア外交」』、第二章。

（16）波多野澄雄・佐藤晋『現代日本の東南アジア政策【1950–2005】』（早稲田大学出版部、二〇〇七年）、四一頁。

（17）原彬久編『岸信介証言録』（毎日新聞社、二〇〇三年）、三五五頁。

（18）同前、三三八頁。

（19）日本が一九五五年九月にＧＡＴＴに加入するに際して、ＧＡＴＴ条約三五条（新規加盟国に対して既加盟国がＧＡＴＴ関係を認めないことができるという条項）が援用された。日本のＧＡＴＴ加入に対するイギリスの政策については、木畑洋一「日本の国際社会復帰と日英関係」小菅信子／ヒューゴ・ドブソン編『戦争と和解の日英関係史』（法政大学出版局、二〇一一年）、一七八〜一八〇頁。

（20）権『岸政権期の「アジア外交」』、一二二頁。

（21）TNA, CAB134/1292, Treasury Memorandum, 'Japan in South-East Asia', 10 October 1956.

（22）TNA, FO371/127239, Dening to Morland, 15 March 1957.

（23）TNA, FO371/127531, Foreign Office Memorandum on Japanese Plans for an 'Asian Development Fund', 17 September 1957.

（24）TNA, CAB134/2224, Note by the Treasury, 'Japan in South-East Asia', 4 September 1957.

（25）Junko Tomaru, *The Postwar Rapprochement of Malaya and Japan* (Basingstoke: Macmillan, 2000), p. 179. 田中孝彦「冷戦初期における国家アイデンティティーの模索」木畑洋一他編『日英交流史 1600–2000　二　政治・外交Ⅱ』（東京大学出版会、二〇〇〇年）、二五三〜二五六頁。

（26）TNA, FO371/129339, de la Mare to Dalton, 23 July 1957.

（27）外務省外交記録、A'-0151、岸総理大臣とサー・ロバート・スコット英国東南アジア総弁務官との会談録、一九五七年一一月二六日。Tomaru, *The Postwar Rapprochement of Malaya and Japan*, p. 189.

（28）Tomaru, *The Postwar Rapprochement of Malaya and Japan*, ch. 6; 都丸潤子「戦後日本の対マラヤ復交とイギリス—賠償なき関係回復

（一九四五～六一年）」『国際政治』一二四（二〇〇〇年）、一二八～一三〇頁。

（29）TNA, FO371/141435, Lansdowne to Miller, 1 June 1959.

（30）TNA, FO371/141435, McDermot to Morland, 6 May 1959.

（31）TNA, FO371/121036, Kase to Dening, 16 November 1956.

（32）TNA, FO371/116976, Tokyo to Foreign Office, 20 January 1955.

（33）TNA, PREM11/2738, Record of Conversation between the Minister of State and the Japanese Prime Minister, 13 July 1959.

（34）TNA, CAB134/868, E.D.(S.A.)(54)26, Memorandum by the Board of Trade, 'South East Asia Treaty. Japan's Trade with South East Asia', 26 August 1954.

（35）アジア協会『コロンボ計画十年の歩み』（アジア協会、一九六〇年）、第二表。'Japan's Contributions under the Colombo Plan', *The Colombo Plan*, 5-12（1960）参照。

（36）TNA, DO35/8864, Memorandum on Main Trends of Development in South East Asia, August 1959.

（37）TNA, CAB21/5128, Memorandum by the Planning Section, the Foreign Office, 19 May 1960.

（38）TNA, CAB134/1644, Memorandum by Rampton, 29 April 1960.

（39）スコット委員会の最終報告書は、TNA, CAB134/1645 にある。また報告書の概要は、TNA, CAB21/5128 にある。

（40）TNA, PREM11/3276, Selkirk to Macmillan, 23 January 1961.

（41）TNA, DO198/12, Lansdowne to Sandys, 6 December 1960.

（42）TNA, PREM11/3276, Macmillan to Selkirk, 23 March 1961.

（43）John Darwin, 'British Decolonisation, A Pattern or a Puzzle?', *Journal of Imperial and Commonwealth History*, vol. 12, no. 2（1984）, p. 188.

（44）山影進「東南アジア連合成立過程の分析」『東南アジア研究』一八巻一号（一九八〇年六月）、一一頁。

（45）同前、一一頁。

（46）外務省外交記録、B'-200, B'.6.1.0.69、外務省アジア局「東南アジア連合（ASA Association of Southeast Asia）の結成について」一九六一年一二月一五日。

（47）TNA, CAB134/2515, Note by the Commonwealth Relations Office, 'Association of South East Asia', 14 November 1961.

（48）TNA, DO187/34, Research Department Memorandum, 'Movements towards Regional Co-operation in South-East Asia', 15 July 1963.

（49）TNA, CAB21/5128, Home to Macmillan, 27 December 1960.

(50) この協議記録は、TNA, FO371/164973 に収録されている。Kweku Ampiah, 'Anglo-Japanese Collaboration about Africa in Early 1960s: The Search for "Complementarity" in the Middle of Decolonisation', *Journal of Imperial and Commonwealth History*, vol. 39, no. 2 (2011) 参照。

(51) John Subritzky, 'Britain, Konfrontasi, and the End of Empire in Southeast Asia, 1961–65', *Journal of Imperial and Commonwealth History*, vol. 28, no. 3 (2000); 鈴木陽一「マレーシア構想の起源」『上智アジア学』一六号（一九九八年）。

(52) Matthew Jones, *Conflict and Confrontation in South East Asia, 1961–1965: Britain, the United States and the Creation of Malaysia* (Cambridge: Cambridge University Press, 2002), p. 162.

(53) TNA, FO370/2671, Memorandum by Research Department, the Foreign Office, 'Prospects of Japanese Cooperation with the West in the Development of South and South-East Asia', 4 July 1962.

(54) TNA, FO371/164964, Memorandum by Morland, 8 August 1962.

(55) 保城広至『アジア地域主義外交の行方：1952–1966』（木鐸社、二〇〇八年）、第五章、吉次公介『池田政権期の日本外交と冷戦――戦後日本外交の座標軸一九六〇－一九六四』（岩波書店、二〇〇九年）。

(56) 吉次公介『池田政権期の日本外交と冷戦』、三九頁。

(57) 同前、一四〇頁。

(58) 保城広至『アジア地域主義外交の行方』、二〇二頁。

(59) 外務省外交記録、A'-0364、「池田総理、マクミラン首相会談録」、一九六二年一一月一二日。

(60) TNA, FO371/164964, Morland to Home, 20 December 1962.

(61) 宮城大蔵『戦後アジア秩序の模索と日本』（創文社、二〇〇四年）、第二～四章。

(62) 保城『アジア地域主義外交の行方』、第七章。

(63) Nicholas J. White, 'The Survival, Revival and Decline of British Economic Influence in Malaysia, 1957–70', *Twentieth Century British History*, vol. 14, no. 3 (2003), pp. 227–228.

(64) N・J・ホワイト「帝国の残影」渡辺昭一編『帝国の終焉とアメリカ――アジア国際秩序の再編』（山川出版社、二〇〇六年）、一二〇頁。

(65) 同前、一二〇頁。

(66) クリストファー・ブラディック「遠き友邦：グローバル化の時代における日英関係――一九五八―二〇〇〇年」木畑洋一他編『日英交流史 1600–2000　二　政治・外交Ⅱ』（東京大学出版会、二〇〇〇年）、三二六～三二七頁。

(67) TNA, FO371/164964, Morland to Home, 20 December 1962.

(68) Peter Lowe, *Contending with Nationalism and Communism: British Policy towards Southeast Asia, 1945-65* (Basingstoke: Palgrave Macmillan, 2009), p. 82.

(69) Daniel Oakman, *Facing Asia: A History of the Colombo Plan* (Canberra: Pandanus Books, 2004), pp. 280-281.

あとがき

「二〇世紀」を歴史の対象として捉える機運が高まりつつある背景には、単に冷戦の終結やアジア経済の急激な発展という世界情勢だけでなく、つぎつぎと公文書の閲覧制限が解除されるようになったという事情がある。コモンウェルス関連では、一次史料を網羅的に扱った *British Documents on the End of Empire*（London: HMSO, 1995–2006）などが公刊されたほか、特定分野の史料コレクションもマイクロフィルムで市販されるようになり、研究を推進していくうえで非常に恵まれた状況となってきている。われわれも各国の公文書館に赴き一次史料を収集するとともに、アジア経済開発の史料、*Asian Economic History Series Two: Economic Development in Brunei, Hong Kong, Malaysia, Singapore, South Korea and Taiwan, 1950–1980, Parts 1–4*（Wiltshir: Adam Matthew Publications, 2002）を利用することができた。

戦後の南アジア、東南アジア、東アジアの各領域に関して、膨大かつ優れた研究成果が蓄積されてきたことは言うまでもないが、現状分析が主流を占め、国際関係史の視点からアジア全体を総括的に扱った文献は必ずしも多くない。そうしたなかで、一次史料を駆使して、アジアにおける冷戦外交問題（菅英輝）、冷戦下における脱植民地化問題（木畑洋一）、アジアにおける国際秩序形成の問題（秋田茂）、さらには戦後アジア間貿易網の問題（杉原薫）などを追求する研究が、今日のアジア情勢を展望する新たな歴史的視点を提示していることが注目されよう。本編著も、これらの研究成果を取り入れつつ、国際政治経済史の観点から冷戦体制下のアジア全体を視野に入れ、欧米諸国の開発援助（コロンボ・プラン）がアジア新国際秩序形成にどのような歴史的影響を及ぼしたのかを究明したものである。

われわれのプロジェクトの出発点は、二〇〇二～二〇〇五年度の「帝国統治システムの移転とアジア・欧米関係の変化に関する研究」（基盤研究B）において、アジアにおける脱殖民地化（帝国の解体）とアメリカへのヘゲモニー移転の関連をめぐって検討したことにあった。二〇〇四年五月の日本西洋史学会（東北学院大学）において、ロンドン大学東洋アフリカ研究院のB・R・トムリンソン教授とアメリカのコルゲート大学歴史学部のA・ロッター教授を招いて国際シンポジウム「帝国の終焉と国際秩序の再編――アジアをめぐる欧米諸国の相克」を組織した際、英米における戦後アジアに関する最新の研究動向を確認できたのは大きな成果であった。これについては、渡辺昭一編『帝国の終焉とアメリカ――アジア国際秩序の再編』（山川出版社、二〇〇六年）としてまとめている。

脱植民地化とヘゲモニー移転の関連を追及していくなかで、いかにしてアジアが政治的のみならず経済的自立を達成したか、という点についても関心が広がった。幸いにも二〇〇七～二〇一一年度に「アジアにおける新国際秩序の形成と国際援助計画の総合的研究」（基盤研究A）を組織することができ、これまであまり注目されてこなかったアジア戦後復興プランであるコロンボ・プランに焦点をあて、アジア諸国の自立化とそれに果たした経済援助計画の歴史的役割を検討してきた。

その中間報告として Shoichi Watanabe et al., *The Formation of the New International Order in Asia and the International-Aid Plan* (2009) をまとめ、二〇〇九年八月上旬にオランダのユトレヒト大学で開催された第一五回国際経済史学会で発表する機会を得た。その前後に、秋田茂氏の研究ネットワークの支援を受け、二〇〇八年一二月には台北の國史館、二〇〇九年一二月にはインドのネルー大学で国際ワークショップを開催し、国際的な議論を重ねてきた。台湾においては、館長の林満紅教授とそのスタッフに大変お世話になった。またネルー大学においても、A・ムカージー教授夫妻や南アジア史研究者とさまざまな議論を展開することができた。その後、日本においても二〇一〇年六月に社会経済史学会（関西学院大学）、一〇月には日本国際政治学会（札幌コンベンションセンター）で部会報告を行ない、多くの方々から貴重なご意見をいただき、論点をさらに精査してきた。

本書は、このような基盤研究Aによる共同研究成果をまとめたものである。本書の考察時期は戦後から一九六〇年代初頭までに限定されているが、国際政治経済史の脈絡においてコロンボ・プランの果たした役割と限界を明らかにできたのではないかと思っている。

一九六〇年代以降については、コモンウェルス諸国、国連、アメリカ合衆国、日本、共産圏諸国など援助国の多極化がより顕著になっていき、被援助国のアジア諸国が国際的開発援助をめぐって発言力を増し、多国間交渉と双務的交渉を巧みに利用しようとしたのではないかと考えられる。この問題は、次なる課題として検討する予定である。

最後に、本書を出版するにあたって、法政大学出版局の勝康裕氏に大変お世話になった。非常に細部に至るまで丁寧、かつ粘り強くお付き合いいただいたことにあらためて感謝申し上げ、ここに付記したい。

二〇一四年一月

渡辺　昭一

[ヤ　行]

[ラ　行]

事項索引

226
ブルガーニン，ニコライ（Bulganin, Nikolai）253, 255, 259–260
フルシチョフ，ニキータ（Khrushchev, Nikita S.） 17, 253, 255–256, 259–260, 263–266, 286
プレス－バーナサン，ガリア（Press-Barnathan, Galia） 237
プレビッシュ，ラウル（Prebisch, Raul） 145
ベヴィン，アーネスト（Bevin, Ernest） 28, 32–34, 36–37, 39, 42, 50, 54, 64, 68, 170–172
ベナム，フレデリック（Benham, Frederic）116, 118, 124–125
ホー・チ・ミン（Ho Chi Minh） 39
ホームズ，ジュリアス（Holmes, Julius C.）222
ホルト，ジョージ（Holt, George P.） 135
ボールドウィン，チャールズ（Baldwin, Charles） 232

［マ 行］
マクダーモット，ブライアン（MacDermot, Brian） 332
マクドナルド，マルコム（MacDonald, Malcolm） 29–30, 39, 44, 46, 50, 70, 171
マクミラン，M. ハロルド（Macmillan, M. Harold） 156, 158–159, 161, 183, 335–337, 339, 342
マーシャル，デイヴィッド（Marshall, David）122
マッカーサー，ダグラス（MacArthur, Douglas） 308
マレンコフ，ゲオルギー（Malenkov, Georgii） 256, 260
マンサー，ニコラス（Mansergh, Nicholas）6, 76
ムハマド，グラム（Mohamned, Ghulam） 38, 42
メイキンズ，ロジャー（Makins, Roger）284–285
メノン，V. K. クリシュナ（Menon, V. K. Krishna） 253
毛沢東 115, 259, 266
モートン，トラストン（Morton, Thruston B.）232
モートン，フレッド（Morton, Fred） 133
モーランド，オスカー（Morland, Oscar）341–343, 345
モロー，ケネス（Morrow, Kenneth） 227
モロトフ，ヴャチェスラフ（Molotov, Vyacheslav） 255

［ヤ 行］
ヤング，ケネス（Young, Kenneth T.） 240
吉田 茂 256, 301–303

［ラ 行］
ラジャパクス（Rajapakse, L.） 38
ラーマン，トゥンク・アブドゥル（Rahman, Tunku Abdul） 128, 162, 292, 332, 337, 340
ランズダウン卿（Marquess of Lansdowne）287, 290, 292, 313–314, 332, 336
ランドール，クラレンス（Randall, Clarence B.） 240
ランプトン，ジャック（Rampton, Jack L.）335
ランボウルド，アルジャーノン（Rumbold, Argernon F.） 122–123, 126, 135
リーシング，パーシヴァル（Liesching, Percivale） 32
ルイ，ロジャー（Louis, Roger W.） 129
ルイス，W. アーサー（Lewis, William Arthur） 145
レディング卿（Marquess of Reading） 122, 175, 181, 286, 324
ロカナサン，パラマダイ（Lokanathan, Palamadai S.） 195–198, 203, 206–207
ロバートソン，ウォルター（Robertson, Walter S.） 232
ロビンソン，ロナルド（Robinson, Ronald）129
ローワン，レスリー（Rowan, Leslie） 223

［ワ 行］
ワイトマン，デイヴィッド（Wightman, David） 193

ジャヤワーデン，ジューニアス（Jayawardene, Junius R.） 35, 42
周恩来 254, 259
ジョンソン，リンドン（Johnson, Lyndon B.） 211
シン，ラリタ・プラサド（Singh, Lalita Prasad） 193
スカルノ（Sukarno） 178, 258, 310, 343
スコット，ロバート（Scott, Robert） 177, 324, 331, 335
スタッセン，ハロルド（Stassen, Harold E.） 206, 232-234, 304
ストックウェル，アンソニー（Stockwell, Anthony J.） 129
ストラング，ウィリアム（Strang, William） 66
スバンドリオ（Subandrio） 343
スペンサー，オスカー（Spencer, Oscar） 116-117, 119-120, 133, 158
スペンダー，パーシー（Spender, Percy） 14, 31, 33, 36-38, 40-44, 46, 48-49, 53-54, 61, 222, 230
スミス，ジェームズ（Smith, James H., Jr.） 241-242
セナナヤケ，ドン・スティーブン（R. Senanayake, Don Stephen） 14, 28, 32-33, 35, 39, 54
セラーノ，フェリクスベルト（Serrano, Felixberto M.） 289, 313
セルカーク卿（Lord Selkirk） 183, 335-336

[タ 行]
高碕達之助 306
ダラル，アルデシャール（Dalal, Ardeshir） 96
ダレス，ジョン・フォスター（Dulles, John Foster） 227, 232, 235, 240, 242-243, 245, 259, 307
タン（Tan, C. C.） 121
タング，アーサー（Tange, Arthur） 123
チャンドス卿（Lord Chandos） 104
ディロン，C. ダグラス（Dillon, C. Douglas） 241, 243
デシュムク，チンタマン（Deshmukh, Chintaman D.） 49
デニング，エズラー（Dening, Esler） 32, 222-223, 330, 332
ドイジ，フレデリック（Doidge, Frederick） 36, 38, 42, 48
東条英機 326
ドムニツキー，アンドレイ（Domnitsky, Andrei） 256
ドラメア，アーサー（de la Mare, Arthur） 331
トルーマン，ハリー（Truman, Harry S.） 67, 71, 130, 222-227
ドロイーダ卿（Lord Drogheda） 174

[ナ 行]
永野重雄 301
ネルー，ジャワハルラル（Nehru, Jawaharlal） 8, 28-33, 34, 36-39, 42, 53-54, 67, 72-74, 97, 100-102, 255, 263, 294
ノエル－ベーカー，フィリップ（Noel-Baker, Philip） 36

[ハ 行]
バイロード，ヘンリー（Byroade, Henry A.） 232
バオ・ダイ（Bao Dai） 31, 39-40, 54
パース卿（Lord Perth） 283
パーソン，レスター（Pearson, Lester） 38, 42
ハーター，クリスチャン（Herter, Christian） 241
パッケナム卿（Lord Pakenham） 287
ハート，トム（Hart, Tom） 116
鳩山一郎 256, 304, 307, 310, 328
バトラー，リチャード（Butler, Richard） 75, 206
バートン，ジョン（Burton, John. W.） 222
原 彬久 329
ハンフリー，ジョージ（Humphrey, George） 232, 241
ハンフリー，ヒュー（Humphrey, Hugh） 158, 162
ヒャム，ロナルド（Hyam, Ronald） 6
ヒューム伯（Earl of Home） 282, 287, 339-340, 3 43
ファン・ヴァン・ドン（Pham Van Dong） 260
フーヴァー，ハーバート（Hoover, Herbert, Jr.） 241, 307
福田赳夫 308
藤山愛一郎 327, 330
フランクス，オリヴァー（Franks, Oliver）

人名索引

［ア　行］
アイゼンハワー，ドワイト（Eisenhower, Dwight） 16, 181, 206-207, 227, 233-235, 241, 243, 252, 305
朝海浩一郎　304
アザド，マウラナ（Azad, Maulana） 100
アチソン，ディーン（Acheson, Dean） 223, 226-227
アデレケ，アデモーラ（Adeleke, Ademola） 129, 238
アトリー，クレメント（Attlee, Clement） 29, 32, 64
荒川昌二　305, 311
アリ・カーン，リアーカット（Ali Khan, Liaquat） 28
アリソン，ジョン（Allison, John） 230-231
アレン，ジョージ（Allen, George V.） 228
アンダーソン，ロバート（Anderson, Robert B.） 241
池田隼人　288, 299, 312-313, 315, 341-343
石橋湛山　306, 326, 328, 330
イスマイル（A. ラーマン）博士（Dr. Ismail Abdul Rahman） 122, 134
イーデン，R. アンソニー（Eden, Robert Anthony） 170, 324
ウ・ヌー（U Nu） 255
ウ・ラシッド（U Raschild） 290, 313
ウィルソン（Wilson, G. M.） 172
ウィルソン，ハロルド（Wilson, Harold） 345
ウォー，サミュエル（Waugh, Samuel C.） 232
ウォーカー，マイケル（Walker, Michael） 344
ウォリング，フランク（Waring, Frank A.） 228
ウッド（Wood, C. H.） 120
宇山　厚　303
エヴァット，ハーバート（Evatt, Herbert） 30, 32
エンクルマ，クワメ（Nkrumah, Kwame） 153, 157, 183
オウルポート卿（Baron Alport） 283
大川周明　329
大来佐武郎　306, 315
大野勝巳　332-333

［カ　行］
加瀬俊一　332
カミル，ニック（Kamil, Nik） 117, 121
岸　信介　18, 208, 304, 307-309, 326-334, 341
グプタ博士（Gupta, Dr. S. R.） 99
クラーク（Clarke, R. W. B.） 49
クリップス，リチャード（Cripps, Richard S.） 28
ケイシー，リチャード（Casey, Richard） 133
ゲイツケル，ヒュー（Gaitskell, Hugh） 47-50, 70, 119
ケナン，ジョージ（Kennan, George F.） 71
ケネディ，ジョン（Kennedy, John F.） 210
権容奭　327

［サ　行］
迫水久常　313
佐藤栄作　344
サルカール，ナリーニ（Sarkar, Nalini R.） 96-97
椎名悦三郎 345
ジェサップ，フィリップ（Jessup, Philip） 222-223
シェファード卿（Lord Shepherd） 287, 292
ジャクソン，ウィリス（Jackson, Wills） 103, 107
ジャファール，ダト・オン（Ja'afar, Dato Onn bin） 121

李炫雄（イ ヒョンウン）［第 11 章］
1972 年生まれ。駐新潟大韓民国総領事館先任研究員。専攻は戦後日本外交史，国際政治。主な著書に，『原子力をめぐる「日米協力」の形成と定着　1953-1958』（龍渓書舎，2013 年），『日本民主党政権の誕生と崩壊（韓国語）』（共著，図書出版オルム，2014 年）など。

木畑 洋一（きばた よういち）［第 12 章］
1946 年生まれ。成城大学法学部教授。専攻はイギリス近現代史。主な著書に，『支配の代償——英帝国の崩壊と「帝国意識」』（東京大学出版会，1987 年），『帝国のたそがれ——冷戦下のイギリスとアジア』（東京大学出版会，1996 年），『第二次世界大戦——現代世界への転換点』（吉川弘文館，2001 年），『イギリス帝国と帝国主義——比較と関係の視座』（有志舎，2008 年）など。

and Japan in South-East Asia (Basingstoke and New York: Macmillan, 2000), *Japanese Diplomacy in the 1950s: From Isolation to Integration* (Co-editor, London: Routledge, 2008),『イギリス帝国と 20 世紀 ④ 脱植民地化とイギリス帝国』(共著，ミネルヴァ書房，2009 年),『国際文化関係史研究』(共著，東京大学出版会，2013 年),「イギリスの対東南アジア文化政策の形成と変容（1942–1960）」『国際政治』146 号（2006 年 11 月）など。

山口 育人（やまぐち いくと）［第 7 章］
1973 年生まれ。帝京大学総合教育センター講師。専攻はイギリス現代史。主な論文に，「アトリー労働党政権の対外経済政策と植民地」『史林』第 82 巻 4 号（1999 年），「英米借款協定再考——イギリスの戦後世界経済構想とアトリー労働党政権」『二十世紀研究』第 5 号（2004 年），「コロンボプランの成立とアトリー労働党政権のスターリング政策」『史林』第 90 巻 6 号（2007 年),「第二次チャーチル保守党政権とスターリング」『紀要（帝京大学短期大学）』第 33 号（2013 年）など。

菅　英輝（かん ひでき）［第 8 章］
1942 年生まれ。京都外国語大学客員教授。専攻はアメリカ外交史，国際関係論。主な著書に，『アメリカの世界戦略——戦争はどう利用されるのか』(中公新書，2008 年),『東アジアの歴史摩擦と和解可能性——冷戦後の国際秩序と歴史認識をめぐる諸問題』(編著，凱風社，2011 年),『冷戦史の再検討——変容する秩序と冷戦の終焉』(編著，法政大学出版局，2010 年),『アメリカの戦争と世界秩序』(編著，同，2008 年),『アメリカ 20 世紀史』(共著，東京大学出版会，2003 年)，訳書，ジョン・ルカーチ『評伝　ジョージ・ケナン——対ソ「封じ込め」の提唱者』(法政大学出版局，2011 年）など。

イリヤ・V. ガイドゥク（Ilya V. Gaiduk）［第 9 章］
1961 年生まれ。元ロシア科学アカデミー世界史研究所上級研究員。専攻は冷戦史，国連史。主な著書に，*The Great Confrontation: Europe and Islam through the Centuries* (Chicago: Ivan Dee, 2003), *Confronting Vietnam: Soviet Policy Toward the Indochina Conflict* (Washington: Wilson Center Press; Stanford: Stanford University Press, 2003), *The Soviet Union and the Vietnam War* (Chicago: Ivan Dee, 1996）など。

秋田　茂（あきた しげる）［第 10 章］
1958 年生まれ。大阪大学文学研究科教授。専攻はイギリス帝国史，グローバルヒストリー。主な著書に，『イギリス帝国とアジア国際秩序』(名古屋大学出版会，2003 年),『イギリス帝国の歴史——アジアから考える』(中公新書，2012 年),『アジアからみたグローバルヒストリー——「長期の一八世紀」から「東アジアの経済的再興」へ』(編著，ミネルヴァ書房，2013 年), *Gentlemanly Capitalism, Imperialism and Global History* (Basingstoke and New York: Palgrave Macmillan, 2002), *The International Order of Asia in the 1930s and 1950s* (edited with N. J. White, Farnham and Burlington: Ashgate Publishing, 2010）など。

波多野 澄雄（はたの すみお）［第 11 章］
1947 年生まれ。筑波大学名誉教授，ハーヴァード大学客員研究員。専攻は日本政治外交史，国際関係史。主な著書に，『幕僚たちの真珠湾』(朝日新聞社，1991 年),『太平洋戦争とアジア外交』(東京大学出版会，1996 年),『歴史としての日米安保条約』(岩波書店，2010 年),『国家と歴史——戦後日本の歴史問題』(中公新書，2011 年),『太平洋戦争』(編著，東京大学出版会，1993 年),『戦後日本の東南アジア政策 1950–2005』(編著，早稲田大学出版部，2007 年), *The End of the Pacific War: Reappraisals* (Co-authored, Stanford: Stanford University Press, 2007),『日本の外交 2　外交史　戦後編』(編著，岩波書店，2013 年）など。

執筆者紹介（執筆順）

渡辺 昭一（わたなべ しょういち）【編者】［序章，第1章］
1953年生まれ。東北学院大学文学部教授。専攻はイギリス帝国史，国際関係史。主な著書に，『ヨーロピアン・グローバリゼーションの歴史的諸相——「自己」と「他者」の関係史』（編著，勉誠出版社，2013年），『帝国の終焉とアメリカ——アジア国際秩序の再編』（編著，山川出版社，2006年），『イギリス帝国と20世紀② 世紀転換期のイギリス帝国』（共著，ミネルヴァ書房，2004年），ダニエル・R. ヘッドリク『インヴィジブル・ウェポン——電信と情報の世界史 1851-1945』（共同監訳，日本経済評論社，2013年）など。

ブライアン・R. トムリンソン（Brian. R. Tomlinson）［第2章］
1948年生まれ。ロンドン大学東洋アフリカ研究院名誉教授。専攻は英印関係史。主な著書に，*The Indian National Congress and the Raj: the Penultimate phase, 1929-42*（Cambridge: Cambridge University Press, 1976），*The Political Economy of the Raj, 1914-1947*（London and Basingstoke: Macmilan-now Palgrave, 1979），*The Economy of Modern India, 1860-Twenty-first Century*（second edition, Cambridge: Cambridge University Press, 2013）など。

横井 勝彦（よこい かつひこ）［第3章］
1954年生まれ。明治大学商学部教授。専攻はイギリス経済史・帝国史。主な著書に，『日英兵器産業とジーメンス事件——武器移転の国際経済史』（共著，日本経済評論社，2003年），『日英経済史』（編著，同，2006年），『日英兵器産業史——武器移転の経済史的研究』（共編著，同，2005年），『軍拡と武器移転の世界史——兵器はなぜ容易に広まったのか』（共編著，同，2012年）など。

ニコラス・J. ホワイト（Nicholas J. White）［第4章］
1967年生まれ。リヴァプール・ジョン・ムーアズ大学教授。専攻は帝国・コモンウェルス史。主な著書に，*Business, Government and the End of Empire: Malaya, 1942-57*（Kuala Lumpur: Oxford University Press, 1996），*British Business in Post-colonial Malaysia, 1957-70: 'neo-colonialism' or 'disengagement'?*（London and New York: Routledge, 1994），*Decolonisation: the British Experience Since 1945*（second edition, Abingdon: Taylor & Francis, 2014）など。

ゲイロールト・クロゼウスキー（Gerold Krozewski）［第5章］
1960年生まれ。南アフリカ自由国家大学特別研究員。専攻はイギリス植民地・コモンウェルス史。主な著書に，*Money and the End of Empire: British International Economic Policy and the Colonies, 1947-58*（Basingstoke: Palgrave, 2001），*Africa, Empire and Globalization: Essays in Honor of A. G. Hopkins*（collaboration, Durham: Carolina Academic Press, 2011）など。

都丸 潤子（とまる じゅんこ）［第6章］
1963年生まれ。早稲田大学政治経済学術院教授。専攻は戦後国際関係史，国際移動論，国際文化論。主な著書に，*The Postwar Rapprochement of Malaya and Japan, 1945-61: The Roles of Britain*

コロンボ・プラン
戦後アジア国際秩序の形成

2014年3月12日　初版第1刷発行

編著者　渡辺 昭一
発行所　一般財団法人 法政大学出版局
〒102-0071　東京都千代田区富士見2-17-1
電話03（5214）5540／振替00160-6-95814
製版・印刷　平文社／製本　誠製本
装丁　奥定泰之

©2014 Shoichi Watanabe
ISBN 978-4-588-37711-2　　Printed in Japan

関連書

A. H. アムスデン 著／原田太津男・尹春志 訳　2800円
帝国と経済発展　途上国世界の興亡

菅 英輝 編著　3800円
冷戦史の再検討

小菅信子／ヒューゴ・ドブソン 編著　5200円
戦争と和解の日英関係史

平良好利 著　5700円
戦後沖縄と米軍基地　「受容」と「拒絶」のはざまで　1945〜1972年

藤原帰一・永野善子 編著　3200円
アメリカの影のもとで　日本とフィリピン

李鍾元・木宮正史・浅野豊美 編著　（Ⅰ）5500円／（Ⅱ）6500円
歴史としての日韓国交正常化（Ⅰ・Ⅱ）

李東俊 著　6000円
未完の平和　米中和解と朝鮮問題の変容　1969〜1975年

J. ルカーチ 著／菅 英輝 訳　2900円
評伝 **ジョージ・ケナン**

河西晃祐 著　4800円
帝国日本の拡張と崩壊　「大東亜共栄圏」への歴史的展開

進藤久美子 著　9500円
市川房枝と「大東亜戦争」　フェミニストは戦争をどう生きたか

丸山直起 著　5800円
太平洋戦争と上海のユダヤ難民

J. C. トーピー 著／藤川隆男・酒井一臣・津田博司 訳　3700円
歴史的賠償と「記憶」の解剖
ホロコースト・日系人強制収容・奴隷制・アパルトヘイト

法政大学出版局　（表示価格は税別です）